Sagesses d'hier

Du même auteur
aux Éditions J'ai lu

Traité de philosophie à l'usage des jeunes générations
N° 8735

Apprendre à vivre
N° 8795

La sagesse des mythes
N° 9090

La révolution de l'amour
N° 9784

Le cardinal et le philosophe
N° 10855

Sagesses d'aujourd'hui
N° 11356

Luc
FERRY

Sagesses d'hier

ESSAI

J'AI LU

Précédemment paru aux éditions Flammarion sous le titre *Sagesses d'hier et d'aujourd'hui*. La parution poche se fera en deux temps et en deux ouvrages sous les titres *Sagesses d'hier* et *Sagesses d'aujourd'hui*.

Préface

Ce livre est une nouvelle édition, revue, complétée et corrigée des livrets que j'ai publiés durant l'année 2012 avec *Le Figaro* et Flammarion. J'ai bien évidemment tout relu et partiellement réécrit : il s'agit donc d'une version nouvelle qui remplace définitivement la première. J'en ai cependant conservé le style oral, malgré ses imperfections évidentes : ceux qui me connaissent m'entendront pour ainsi dire parler, car je me suis adressé de fait, avant de rédiger ces leçons et pour ainsi dire les « tester », à un petit public de spécialistes et de non-spécialistes, de professeurs de philosophie mais aussi de grands débutants, et j'ai voulu conserver cette part de spontanéité.

On pourra me reprocher certains manques. Par exemple, je n'ai pas parlé de Fichte ni de Schelling, alors que j'ai consacré ma thèse de doctorat d'État au premier, dont j'ai traduit plusieurs œuvres, et que j'ai également traduit, commenté et publié les premiers écrits du second. Je n'ai pas non plus évoqué les penseurs religieux, juifs, arabes ou chrétiens, ni même parlé de Montaigne, de Husserl ou de Bergson. J'aurais peut-être dû, mais il fallait bien faire un choix, ne pas augmenter indéfiniment un volume déjà fort épais, et j'ai voulu m'en tenir à ce qui me paraissait malgré tout l'essentiel dans la trame fondamentale de cette histoire de la pensée philosophique.

Je voudrais que mon lecteur comprenne bien la méthode que j'ai suivie. Il ne s'agit en rien d'un « résumé de doctrine » comme on en trouve dans les manuels et les histoires de la philosophie ordinaires. Je ne crois pas une seconde aux résumés : soit ils sont incompréhensibles, parce qu'à la fois trop ramassés et trop abstraits, soit ils sont fallacieux, simplistes, caricaturaux. La plupart du temps, du reste, ils sont les deux et je vous l'avoue : je n'ai jamais pu lire aucune histoire de la philosophie, aucun manuel procédant de la sorte. Je n'y comprends rien et ils me tombent des mains au bout de quelques minutes. Même si chaque mot, chaque phrase semble à première vue assez clair, au final, aucun accès n'est réellement donné à la pensée des auteurs que le malheureux rédacteur essaie désespérément de présenter en dix ou vingt pages prétendument « synthétiques ».

Voilà pourquoi j'ai décidé de procéder tout autrement, non pas en résumant et en réduisant les grands penseurs, ce qui n'a aucun sens à mes yeux, mais en choisissant chaque fois les dix ou douze idées qui me paraissaient géniales chez eux et fondatrices de leur pensée. On trouvera donc ici, pour prendre une métaphore, ce que j'emporterais d'eux sur l'île déserte ou, ce qui revient au même, ce que je raconterais à un être cher s'il me demandait de lui dire ce qu'il y a de si grandiose chez Platon, Kant ou Hegel qui mérite qu'on s'y arrête et qu'on prenne tant de temps à les lire. Bien évidemment, ces idées les plus fortes sont aussi les piliers de leurs pensées, les véritables clés du château, celles qui permettent réellement d'ouvrir les portes et d'aller visiter par soi-même.

1

D'HOMÈRE À PLATON

La naissance de la philosophie

L'œuvre de Platon est d'un abord assez facile en apparence. Le genre littéraire qu'il a privilégié, à savoir le dialogue, le plus souvent autour de Socrate, son maître et son personnage central, donne le sentiment qu'on peut comprendre sans trop de peine ce qui se joue dans les discussions des divers protagonistes sur la beauté, le courage, la vertu ou la justice. L'apparence, comme Platon le pensait lui-même, est assez trompeuse. Derrière cette simplicité de surface, se dissimule une architecture philosophique d'une profondeur et d'une complexité abyssales. Si on veut vraiment la comprendre (et comme vous allez voir, elle en vaut singulièrement la peine), il est nécessaire de se munir de quelques clés. Ce sont ces clés que je voudrais vous donner aujourd'hui, de la façon, je l'espère, la plus simple et la plus intéressante qui soit.

Permettez-moi donc de planter d'abord le décor, de vous dire en quelques mots où nous en sommes, ce qui se joue sur le plan intellectuel à l'époque de Platon, en Grèce autour du Vᵉ siècle avant J.-C. C'est ce qu'on a appelé le « miracle grec », c'est-à-dire la naissance de la philosophie occidentale. Beaucoup considèrent Platon comme le premier grand philosophe de notre tradition. La vie intellectuelle d'Athènes dans ce Vᵉ siècle avant J.-C., puis plus encore peut-être au IVᵉ siècle, voit fleurir toute une pléiade de grandes écoles philosophiques. Il y a l'Académie, bien sûr, mais aussi le Lycée d'Aristote, l'école des cyniques, celles des atomistes, des sophistes, sans compter le Jardin d'Épicure, mais aussi la *Stoa*, ces fameuses arcades sous lesquelles enseignent les premiers stoïciens, et quelques autres encore. Pourquoi ce « miracle » ? Pourquoi cette incroyable production philosophique qu'aucune nation n'avait connue nulle part jusqu'alors dans toute l'histoire de l'humanité ? Et comment situer l'œuvre de Platon au sein de cette nouvelle atmosphère intellectuelle ?

Le mot philosophie *(philosophia)* signifie étymologiquement « amour de la sagesse » (*philo* signifie « aimer » et *sophia* « sagesse »). Amour est ici à entendre au sens d'une recherche ou d'une quête – en quoi, du reste, le philosophe ne doit pas être confondu avec le sage lui-même, qui ne cherche plus la sagesse mais, comme Socrate, la vit et la pratique.

La première chose qu'il faut se demander, c'est ce que représente le discours philosophique, cette quête bien particulière de la sagesse, par rapport à d'autres types de discours, par rapport aux grandes religions par exemple, ou aux grandes mythologies, à la mythologie grecque en premier lieu. Voilà ce que je voudrais commencer par essayer de comprendre avec vous, avant d'entrer dans l'œuvre de Platon elle-même.

VALEURS MORALES ET VALEURS SPIRITUELLES

Je vous propose de partir de la distinction, à mes yeux fondamentale, entre deux types de valeurs : d'un côté les valeurs morales, et de l'autre, ce que j'appellerais les valeurs spirituelles, non au sens religieux du terme, mais au sens de la vie de l'esprit, donc au sens large de l'expression.

Valeurs morales d'un côté, valeurs spirituelles de l'autre. Il importe de bien comprendre cette distinction – la plus cruciale, peut-être, de toute l'histoire de la philosophie – pour saisir comment le discours philosophique va apporter quelque chose de neuf par rapport aux mythologies, par rapport aux religions, comment il va produire cette chose très étrange que j'appelle une « spiritualité laïque », c'est-à-dire une définition de la vie bonne, une quête de la vie bonne, une quête de la sagesse, mais qui, contrairement aux religions, ne passe ni par Dieu ni par la foi.

La philosophie est avant tout un effort pour définir la vie bonne, la sagesse – le sage est celui qui parvient à la vie bonne –, sans recourir à la foi, sans recourir à un dieu, par les moyens du bord, si je puis dire, en acceptant la finitude humaine, c'est-à-dire le fait que nous sommes des mortels, irrémédiablement, et en se contentant de la lucidité de la simple raison. C'est donc, en ce sens, une spiritualité laïque ou « sécularisée », pour employer un vocabulaire contemporain.

Mais n'en restons surtout pas aux mots et aux formules, et voyons concrètement ce que cela signifie.

Que signifie cette distinction entre valeurs morales et valeurs spirituelles, distinction qui va nous permettre de bien définir la philosophie ? Partons de la morale : qu'est-ce que la morale ? Quelles que soient les grandes visions morales du monde, religieuses ou laïques, la morale, depuis des millénaires, comprend toujours deux éléments. En premier lieu, le respect d'autrui : nous nous conduisons moralement avec autrui quand nous le respectons ; ensuite vient toujours quelque chose de l'ordre de la bonté, de la gentillesse, de la bienfaisance ou de la bienveillance – le fait d'être généreux et de se soucier des autres, si possible activement. Dans toutes les grandes visions morales, qu'elles soient du reste adossées ou non à des religions, l'idée fondamentale, c'est que nous nous conduisons moralement avec *autrui quand nous le respectons, et quand nous lui voulons, si possible activement et efficacement, du bien.* On pourrait dire, pour aller à l'essentiel, que la formule générale de la morale, c'est donc le respect des autres + la bonté. Pour parler un peu naïvement, pour nous, aujourd'hui, la morale c'est d'abord le respect des droits de l'homme et quelque chose en plus, la bonté, le souci actif et doux du bien d'autrui. On pourrait bien sûr raffiner, discuter longuement cette définition de la morale, mais pour ce que j'ai à vous montrer, elle suffit.

En effet, elle va vous permettre de comprendre la différence entre valeurs morales et valeurs spirituelles. Pour y parvenir, imaginez simplement cette petite fable : supposons que nous ayons la baguette magique qui nous permettrait de faire en sorte qu'aujourd'hui, tous les êtres humains se conduisent moralement les uns vis-à-vis des autres. Imaginez que nous appliquions parfaitement les principes de la morale la plus sublime qui soit : respect d'autrui et bonté envers les autres. Cela changerait évidemment la face du monde, parce qu'il n'y aurait plus de guerre, plus de génocide, plus de massacre, plus de prison, plus de viol, plus de vol, plus d'inégalités économiques criantes. Cette baguette magique, cependant, et la situation moralement sublime qu'elle nous permettrait de créer, ne nous empêcheraient pas de mourir, ni même de vieillir. Vous pouvez être très gentil avec vos voisins, vous mourrez quand même ! C'est injuste et fou, sans doute, mais que voulez-vous, c'est ainsi. La question de la mort n'est pas une question morale. Allons plus loin : vous pouvez être très gentil et très respectueux des autres, vous vieillirez quand même. La question des âges de la vie n'est pas non plus une question morale. Or, ces questions n'en sont pas moins, vous me l'accorderez, pleines de valeurs, à vrai dire sans doute de beaucoup plus de valeurs que toutes les questions morales que vous voudrez envisager. Elles sont pleines de soucis, d'interrogations, mais aussi d'investissements affectifs, surtout quand elles touchent à la mort de ceux que nous aimons.

Poursuivons : le fait de se conduire merveilleusement, de manière très respectueuse et très aimable avec autrui, n'empêche pas non plus le moins du monde la perte d'un être cher, de connaître l'épreuve terrible du deuil d'un être aimé. Cela n'a aucun rapport avec la morale. Vous pouvez être très gentil et entendre un soir le gendarme vous annoncer quand même que votre fils ou votre fille a eu un accident de voiture. L'épreuve de la perte d'un être aimé ne relève pas de la morale, mais d'un autre ordre de valeurs, ce que j'appelle justement la « spiritualité », la vie de l'esprit. Continuons encore à repérer quelques-unes de ces valeurs, non pas morales, mais spirituelles : vous pouvez être extrêmement respectueux d'autrui, très bon avec autrui, et être néanmoins malheureux en amour. Toute l'histoire de la littérature, depuis *La Princesse de Clèves* jusqu'à Proust, *Un amour de Swann*, en passant par *Andromaque* ou par *Les Travailleurs de la mer* de Victor Hugo, par exemple, toute l'histoire de la littérature se plaît à raconter les malheurs de gens épatants moralement, qui sont des êtres tout à fait moraux, respectueux d'autrui, très gentils et très bons avec les autres, mais qui sont malgré tout malheureux en amour, parce qu'ils sont amoureux de quelqu'un qui ne les aime pas, tout simplement. De toute évidence, la logique de l'amour n'est pas celle de la morale.

Et même, pour aller un peu plus loin encore, la question de l'ennui, la question de la banalité de la vie quotidienne, n'est pas non plus une question morale – or Dieu sait qu'elle peut parfois être, elle aussi, singulièrement préoccupante. Vous pouvez être quelqu'un d'épatant sur le plan éthique, et éprouver la lassitude de vivre le métro-boulot-dodo, comme on dit, d'avoir toujours la même femme ou le même homme dans le même lit chaque matin, de voir toujours les mêmes nez au milieu des mêmes figures autour de soi au bureau ou à la maison. On peut ainsi rêver d'avoir une autre vie, rêver que « la vraie vie est ailleurs », pour parler comme Rimbaud.

Toutes ces questions, la question de l'amour, la question de la mort, la question des âges de la vie, la question du deuil de l'être aimé, la question de l'ennui et de la banalité sont des questions qui sont pleines de valeurs, mais pas de valeurs morales !

On perçoit immédiatement ici que les valeurs que j'appelle, faute de mieux, « spirituelles », au sens de ce que Hegel appelait « la vie de l'esprit », n'appartiennent pas au cercle de la morale.

La spiritualité laïque

Ce que la philosophie va apporter, par rapport aux grandes religions et par rapport à la mythologie, à la mythologie grecque en l'occurrence, c'est justement ce que j'appelle une « spiritualité laïque ». Là encore, tâchons d'être tout à fait clair. Il existe des définitions de la vie bonne qui passent par Dieu et par la foi – ce sont les grandes religions qui les donnent. Puis il y a des définitions de la vie bonne qui ne passent pas par Dieu ni par la foi, où l'on s'en tire avec les moyens du bord, par la lucidité de la raison et en acceptant la condition de mortel, donc sans prétendre à un salut qui passerait par une promesse d'immortalité : ce sont des réponses laïques, et c'est cela, tout simplement, qu'on appelle la philosophie.

Les grandes philosophies, pour l'essentiel, sont de grandes spiritualités laïques, c'est-à-dire des grandes réponses apportées à la question de la vie bonne sans passer par Dieu ni par la foi, et en acceptant surtout, nous allons le voir dans un instant, la condition qui est la nôtre, à nous les humains, c'est-à-dire la condition de mortel ; des réponses fondées, donc, sur l'acceptation de la « finitude » humaine.

Deuxième clé de compréhension de ce fameux « miracle grec », de cette naissance de la philosophie en Grèce avec Platon (même s'il y a des philosophes « présocratiques » avant Platon, c'est quand même lui le premier très grand philosophe, le premier dont on ait gardé une œuvre monumentale qui va influencer toute l'histoire de la philosophie) : en fait, ce « miracle » n'est pas si miraculeux qu'on le croit d'ordinaire, du moins si l'on perçoit comment les philosophes vont en réalité reprendre des grands thèmes de la mythologie grecque qui était déjà le fond de la culture grecque bien avant eux. Au lieu de les formuler de façon littéraire, sous la forme du mythe, ils vont exprimer les grandes idées que contenait déjà la mythologie, mais ils vont le faire de manière rationnelle, ou conceptuelle, voire de façon « sécularisée », c'est-à-dire sans faire appel en permanence aux dieux comme le fait la mythologie. Ils vont tenter de traduire les grands thèmes de la mythologie dans un vocabulaire rationnel, mais aussi avec des argumentations laïques, sans référence à des personnifications du divin.

DANS LE SILLAGE DE L'*ODYSSÉE*

Voilà pourquoi, si l'on veut comprendre la naissance de la philosophie, et notamment celle de Platon, il est indispensable de partir des mythes, et tout particulièrement, de revenir au premier grand récit mythologique et littéraire qui contient déjà les grands thèmes que la philosophie va reprendre et développer. Mais il les contient encore sous une forme mythique, sous une forme littéraire, sous la forme d'une épopée : il s'agit bien sûr de l'*Odyssée* d'Homère, premier texte écrit en grec, au VIIIe siècle avant J.-C., œuvre que Platon connaît quasiment par cœur, à laquelle il fait référence à maintes reprises, et dont on sait aussi qu'Aristote – le plus grand disciple de Platon (un disciple dissident, comme on verra dans un prochain exposé) – l'enseigna à Alexandre le Grand. Les philosophes connaissaient admirablement la mythologie : c'était tout simplement la culture commune de leur temps et, sous une apparence littéraire, elle fourmillait déjà d'idées métaphysiques d'une profondeur inouïe. C'est en ce sens, comme je vous l'ai dit, que la philosophie va consister d'abord et avant tout en une présentation rationnelle et laïque des grands thèmes de la mythologie, et notamment de cette immense et magnifique épopée qu'est l'*Odyssée* d'Homère – (Je rappelle au passage que le titre de l'« Odyssée » vient d'« Odysseus », qui est tout simplement le nom grec d'Ulysse : l'*Odyssée,* c'est donc l'histoire d'Ulysse).

Je voudrais retracer très brièvement le fil conducteur principal de ce grand récit en essayant d'en dégager la signification philosophique pour que vous compreniez ce que fut la première spiritualité laïque, la première définition non religieuse de la vie bonne pour les humains, pour les mortels, définition qui ne passe ni par Dieu ni par la foi. Ce sera donc mon deuxième préalable (le premier, c'était la différence entre valeurs morales et valeurs spirituelles) avant d'entrer dans l'œuvre de Platon. Cette grande épopée d'Homère est en effet la matrice de toute la philosophie grecque et même, à mes yeux, de toute l'histoire de la philosophie. C'est pourquoi il est essentiel de commencer par elle.

Cela nous permettra aussi de donner, au passage, une signification très concrète à cette idée de spiritualité laïque, à cet immense projet de définir la vie bonne pour les mortels sans passer par la religion. Voilà pourquoi je voudrais vous raconter brièvement l'*Odyssée*. Je ferai comme si vous ne la connaissiez pas. Il y a sans doute parmi vous des personnes qui la connaissent déjà très bien et d'autres qui ne la connaissent pas du tout. Reprenons donc les choses à zéro : je me méfie du bien connu, qui est souvent le méconnu.

Du chaos à l'harmonie

L'histoire d'Ulysse commence par la guerre – la guerre de Troie – et s'achève par le retour dans sa ville – Ithaque, une cité grecque dont il est le roi. Il part du chaos le plus total, du malheur le plus grand : il est loin de chez lui, il est dans le conflit le plus atroce qui soit, la guerre de Troie, qui est une guerre terriblement cruelle, très sanglante – d'une cruauté telle que certains passages de l'*Odyssée* ou de l'*Iliade*, relatant d'atroces tortures, ne peuvent être aisément racontés aux enfants auxquels on fait lire dans les collèges des versions expurgées. L'*Odyssée* raconte comment, à partir de ce point de départ qu'est la guerre, le conflit, la dysharmonie, la discorde et la haine, Ulysse va s'efforcer tout au long de son voyage de retrouver l'harmonie, la paix et l'amour : il va finalement retrouver les bras de sa femme, Pénélope, son palais et tous les siens, mais aussi ce qu'Aristote appellera joliment « son lieu naturel » dans l'ordre cosmique, c'est-à-dire la place singulière qui lui appartient dans l'Univers.

Nous reviendrons sur cette idée que chacun d'entre nous possède son « lieu naturel » dans le cosmos, que le retrouver quand on l'a perdu est le sens même de la vie, idée très profonde qui occupera bientôt une place tout à fait centrale dans la philosophie grecque, notamment dans le stoïcisme.

Mais voyez déjà que l'histoire d'Ulysse est bien d'entrée de jeu une histoire philosophique, l'histoire de quelqu'un qui cherche le sens de sa vie, qui cherche la sagesse : *philo-sophia*. Il est déjà philosophe, il est déjà dans la quête de la sagesse. La sagesse consiste pour lui à aller du chaos de la guerre de Troie vers l'harmonie d'Ithaque, vers la réconciliation avec les siens, avec sa famille, mais aussi vers la réconciliation avec le monde, avec l'ordre cosmique. C'est cette histoire, qui va durer vingt ans, que raconte Homère.

Ce grand récit possède un préalable auquel Homère fait allusion, mais qu'il ne développe pas lui-même, un préalable tout à fait significatif, un préalable qui explique l'origine de cette volonté proprement philosophique qui anime Ulysse lorsqu'il veut passer du chaos à l'harmonie, de la guerre à la paix – ce qui constitue tout simplement le sens de sa vie et qui suppose, en arrière-fond, qu'Ulysse possède une idée assez claire de ce qu'est une vie bonne : ce préalable, c'est l'histoire avec laquelle toute la guerre de Troie commence, à savoir la fameuse affaire de la « pomme de discorde ».

Il faut en dire quelques mots pour comprendre à quel point, dans l'imaginaire grec, la sagesse était liée à l'idée d'harmonie, au passage du chaos et de la discorde à l'ordre cosmique et à la paix. L'histoire de la pomme de discorde était autrefois racontée dans un poème que nous avons malheureusement perdu aujourd'hui, qui s'appelait les *Chants cypriens*. Cette histoire était connue de tout le monde, en Grèce. Elle était aussi célèbre que l'histoire de « La Belle au bois dormant » ou du « Chat botté » dans les familles d'aujourd'hui ; elle faisait partie, comme tous les grands mythes grecs, de la culture commune et il est probable que les parents la racontaient à leurs enfants comme nous leur racontons aujourd'hui encore des contes de fées. Les *Chants cypriens* expliquent cette première origine de la guerre de Troie, origine que je vous résume en quelques mots.

La pomme de discorde et l'émergence du chaos

Tout commence le jour d'un mariage, sur l'Olympe. L'Olympe, c'est la montagne des dieux, la montagne sur laquelle habitent les Olympiens, c'est-à-dire les douze (ou quatorze)[1] dieux principaux du panthéon grec. L'Olympe, c'est la montagne de Zeus, Zeus étant le roi des dieux, le dieu des dieux. Zeus a organisé ce jour-là le mariage d'une divinité importante, Thétis. Comme toutes les déesses, elle est évidemment immortelle et d'une parfaite beauté. Or Thétis a choisi, ce qui n'est pas si courant chez les dieux, d'épouser un mortel, un certain Pélée. Thétis et Pélée sont surtout connus dans la mythologie grecque pour être les futurs parents d'Achille, le plus grand héros grec de la guerre de Troie, mais je laisse de côté cet aspect de l'histoire pour m'en tenir à l'essentiel (la mythologie est pleine de ramifications, pleine de « tiroirs » qu'on ne peut

1. Dans la mythologie grecque, l'Olympe est le mont sur lequel se réunissent les principaux dieux, sous l'autorité de Zeus. Si l'on a toujours compté douze divinités olympiennes, la liste n'est pas figée : Zeus, Poséidon, Héra, Arès, Héphaïstos, Athéna, Apollon, Artémis et Hermès sont constamment présents ; en revanche, Hadès, Déméter, Hestia, Aphrodite et Dionysos y figurent tour à tour.

tous ouvrir...). Zeus a lancé les invitations et il a « oublié » (je mets le terme entre guillemets, car il a évidemment fait exprès de commettre cet oubli) d'inviter une divinité qu'on n'aime jamais inviter à un mariage, lequel est en principe une fête joyeuse, un moment de bonheur : cette divinité, c'est Éris et, en grec, Éris, c'est la discorde.

Dans Éris, les Grecs entendaient probablement une proximité avec Éros, divinité de l'amour. Pourquoi ? Parce qu'on ne se dispute jamais aussi bien, aussi profondément et avec autant de haine qu'avec les êtres qu'on aime : ceux qui vous sont indifférents le sont dans la haine comme dans l'amour. En tout cas, Zeus a fait exprès, évidemment, d'oublier d'inviter Éris. Furieuse, vexée, Éris s'invite elle-même, bien décidée à semer la discorde dans la noce (on retrouvera un thème analogue dans « La Belle au bois dormant », par exemple, où la méchante sorcière n'est pas invitée, puis, vexée par cet oubli volontaire, s'invite elle-même pour se venger). Et que fait-elle pour semer la discorde ? Elle jette sur la table où les jeunes gens sont en train de faire la noce et de banqueter une sublimissime pomme en or. Cette pomme vient d'un jardin magique, le jardin des Hespérides, gardé par le Titan Atlas, le frère de Prométhée et d'Épiméthée – mais je laisse, là aussi, ce petit tiroir de côté sans l'ouvrir ; elle jette cette pomme, absolument magnifique, qui est comme un bijou rayonnant, sur la table et cette pomme semble éclairée de l'intérieur, de sorte que chacun peut lire l'inscription qui y figure. Il est écrit très lisiblement : « Pour la plus belle. » Toutes les femmes qui sont autour de la table mettent la main sur la pomme et s'écrient d'une même voix : « C'est donc pour moi, c'est moi la plus belle ! » et elles commencent à se disputer. Éris a gagné son pari : la discorde s'installe au cœur de la noce.

Au final, trois femmes sublimes restent en lice. Trois déesses, trois divinités ravissantes, qui sont toutes les trois infiniment chères au cœur de Zeus. Il y a d'abord sa femme, Héra (en latin, Junon). Puis sa fille préférée, Athéna (en latin, Minerve). Enfin sa tante, Aphrodite (en latin, Vénus), la déesse de la beauté et de l'amour. Et ces trois femmes, ces trois divinités, se tournent vers leur chef – si je puis dire –, vers Zeus, pour lui demander de trancher, de dire à qui revient la pomme, qui est la plus belle. Zeus, bien qu'immortel, se dit : « Si je dois trancher entre ma femme, ma fille et ma tante, je suis mort ! » Il se précipite donc vers les montagnes et ramène par la peau du cou un petit berger innocent, qui doit avoir quatorze ou quinze ans, un très ravissant jeune homme d'ailleurs, et il lui dit : « Tu vas me rendre service, tu vas me dire à laquelle de ces trois femmes la pomme de discorde, la pomme d'Éris, doit revenir, laquelle des trois est la plus belle. Comme ça, je survivrai. »

Ce petit berger se retrouve alors en face des trois déesses, et chacune d'entre elles va, si je puis dire, lui offrir ce qu'elle a de plus magnifique en magasin pour essayer d'obtenir la pomme. Héra, l'impératrice, promet au petit berger un empire s'il la choisit. Elle offre ce qu'elle a à offrir : elle est l'impératrice, la femme de Zeus, de l'empereur, elle offre donc un empire. Minerve, Athéna, étant la déesse de la guerre, dit au petit jeune homme : « Si tu me choisis, si tu me donnes la pomme, je te permettrai de gagner toutes les guerres. » Arrive alors Aphrodite, déesse de la beauté et de l'amour, qui lui déclare : « Mais si tu me choisis moi, si tu me donnes la pomme, je te permettrai de mettre dans ton lit la femme la plus belle du monde. » Bien évidemment, comme vous et moi, le petit berger choisit Aphrodite...

Qu'allons-nous apprendre dans la suite de l'histoire (c'est, comme je vous l'ai dit, le début de la guerre de Troie) ? Nous allons découvrir que ce petit jeune homme n'est en vérité pas du tout un berger comme les autres : il s'appelle en réalité Pâris, et il est le frère d'Hector et de Cassandre, donc un des fils de Priam, le roi de la ville de Troie. Priam l'a abandonné quelques années plus tôt, parce qu'un oracle lui avait prédit que son jeune fils conduirait la ville de Troie à sa perte (ce qui, bien entendu, va se révéler juste). Qui donc est la femme la plus belle du monde ? Bien évidemment, c'est la belle Hélène, et la belle Hélène est, hélas pour Troie, une princesse grecque. Elle est même mariée avec Ménélas, le roi de Sparte. Sparte, c'est la ville des guerriers : les « *Spartoí* », les spartiates, ce sont, en grec, « les semés », ceux qui ont été semés à partir des dents d'un terrible dragon et qui naissent de la terre tout armés, voués d'emblée, dès leur naissance, à la guerre et à la violence. Mais là aussi, laissons de côté cette ramification pour nous en tenir à l'essentiel : c'est donc parce qu'un jeune homme, en vérité un prince troyen, va séduire la femme la plus belle du monde, une reine grecque – la belle Hélène, la femme de Ménélas, la femme du roi grec de la ville de Sparte –, c'est parce qu'un prince troyen va enlever la belle Hélène que la guerre entre les Grecs et les Troyens va se déclencher.

Tout commence donc, comme on peut voir, avec le chaos. Un grand poème d'Hésiode, poète du VIIe siècle avant J.-C., la *Théogonie* (en grec : la naissance des dieux) commencera lui aussi par le chaos, comme l'histoire d'Ulysse, et cette idée, comme on verra, marquera aussi toute la philosophie grecque. Ce premier chaos, le chaos de la pomme de discorde, est suivi par un deuxième chaos, le chaos de la guerre de Troie. La guerre va durer dix ans. Je vous ai dit qu'elle était terrible, très sanglante et très cruelle, et elle se termine par un troisième chaos (toute cette histoire, comme l'histoire du monde et des dieux, commence donc par une incroyable succession de chaos !) : celui au cours duquel Ulysse va faire gagner la guerre aux Grecs. C'est sans doute l'épisode le plus connu de l'*Odyssée*[1] : Ulysse fait entrer dans la ville de Troie, dans la ville de Priam et de Pâris (et de son frère Hector, qu'Achille vient de tuer dans un combat singulier) un cheval dont les flancs sont tout emplis de soldats grecs qui, la nuit, vont sauter hors de la statue et massacrer les Troyens.

Le troisième chaos, c'est ce massacre par lequel la guerre prend fin. Il est tellement abominable que même les dieux qui ont soutenu les Grecs en sont horrifiés. En particulier Athéna, qui n'apprécie pas que les Grecs violent les Troyennes jusque sur le parvis de son temple avant de les égorger ! Voilà le troisième chaos qui se trouve au départ du voyage d'Ulysse de Troie vers Ithaque. Il y a donc eu dix ans de guerre, de chaos, au cours de ce conflit entre Grecs et Troyens dont l'*Iliade* raconte quelques moments (« Ilion » étant tout simplement le nom grec de la ville de Troie). Puis Ulysse va mettre encore dix ans à rentrer chez lui, à retrouver la paix à Ithaque (et encore, il lui fau-

1. À vrai dire, c'est surtout dans *L'Énéide* de Virgile qu'on en trouve le récit détaillé.

dra combattre les jeunes aristocrates de sa ville, ces fameux « prétendants », qui le croyant mort, « prétendent », en effet, lui voler sa femme et son palais).

L'angoisse d'Ulysse : perdre le sens de sa vie

C'est dire que, pendant vingt ans, Ulysse va rester dans le malheur. Il va rester, si je puis dire, « délocalisé » : loin d'Ithaque ; loin de Pénélope, sa femme ; loin de Télémaque, son fils, et de son père, Laërte, loin de sa ville, loin de son lieu naturel dans l'ordre cosmique. Il est dans le malheur, dans la discorde – la pomme de discorde n'étant que le coup d'envoi de ce long périple –, dans la guerre, dans le chaos.

Pourquoi met-il si longtemps, dix ans, à rentrer chez lui après les dix années de guerre ? Je vous le rappelle d'une phrase : il a crevé l'œil d'un Cyclope, Polyphème, et ce Cyclope, malheureusement, est un des nombreux fils de Poséidon. Poséidon est un dieu terrible, le dieu de la mer, un dieu assez vindicatif. De toute façon, c'est la règle : Poséidon doit venger son fils. Même s'il ne l'aime pas spécialement, Polyphème est son rejeton, et Ulysse lui a crevé l'œil. Pour le venger, que va faire Poséidon ? Il va s'acharner à pourrir littéralement la vie d'Ulysse, en l'empêchant de rentrer chez lui.

Si un jour vous avez envie de lire ou de relire l'*Odyssée*, vous pourrez vous apercevoir que tous les obstacles semés par Poséidon sur la route du retour d'Ulysse vers Ithaque, sur son passage, donc, de la vie mauvaise à la vie bonne, sont liés à l'oubli. C'est un point philosophiquement très profond : il s'agit, pour Poséidon, de faire *oublier* à Ulysse le sens de sa vie, qui est toujours d'aller du chaos vers l'harmonie (nous verrons plus loin comment, chez Platon aussi, la quête de la vérité et de la vie bonne passe par une lutte contre l'oubli). Le chant des sirènes fait perdre la mémoire, tout comme les grains de lotus qui rendent les marins d'Ulysse parfaitement amnésiques, ou comme encore, le chant de la magicienne, Circée. Il en va de même de ces sommeils subits qui s'emparent du héros au moment où il s'approche de la côte d'Ithaque, où cette terre tant désirée est en vue : saisit par la fatigue, il s'endort, oublie à nouveau le sens de son voyage, de toute sa vie en vérité, et le vent le repousse vers le cœur de la mer où il est à nouveau perdu : tout cela, ce sont des figures de l'oubli. Chaque fois, il s'agit de lui faire oublier le sens de sa vie, qui est d'aller vers l'harmonie, vers la vie bonne.

Parmi toutes les figures de l'oubli, il en est une particulièrement charmante, et c'est elle qui va nous permettre de saisir très exactement, de manière à la fois très précise et très concrète, la différence entre une spiritualité religieuse et une spiritualité laïque ou philosophique. Nous allons voir comment les Grecs, pour la première fois probablement dans l'histoire de l'humanité, vont définir la vie bonne sans recourir à Dieu ni à la foi : c'est en cela que l'histoire d'Ulysse est la matrice de la philosophie définie comme spiritualité laïque.

Quelle est cette nouvelle figure de l'oubli qui va faire perdre beaucoup de temps à Ulysse (sept ans exactement, sur les dix années de son retour vers Ithaque) ? Elle porte un bien joli nom : elle s'appelle Calypso. Calypso est une divinité charmante. Son nom, en grec, vient du verbe *caluptein*, qui veut dire « cacher ». La petite Calypso est ravissante mais elle va décider de cacher Ulysse sur son île le plus longtemps possible, de le garder pour elle, par amour. Comme toutes les déesses, elle est d'une beauté absolue. Comme toutes les divinités, elle est aussi immortelle. Ulysse débarque sur l'île de Calypso pour faire eau, pour remettre des vivres dans son bateau : dès que Calypso l'aperçoit, elle tombe folle amoureuse de lui et décide de le garder sur son île.

La vie bonne : retrouver sa place dans l'ordre cosmique

Non seulement Calypso est sublime, mais son île est un véritable paradis. Homère prend soin de souligner, dans une phrase très parlante, que Calypso appartient bien, elle aussi, aux figures de l'oubli qu'Ulysse doit sans cesse affronter : elle essayait, écrit-il, de « faire oublier à Ulysse Pénélope et Ithaque ». Calypso organise donc la vie d'Ulysse de la façon la plus douce et la plus agréable qui soit. L'île est vraiment paradisiaque. Il y a autour des deux amants – parce qu'elle passe son temps à faire l'amour avec lui – toute une pléiade de nymphettes qui s'affairent à leur rendre la vie particulièrement douce et agréable.

Tout cela a l'air en effet paradisiaque, et pourtant, chaque soir, Ulysse va s'asseoir sur un rocher : il regarde dans la direction d'Ithaque et pleure toutes les larmes de son corps. En apparence, il a tout pour être heureux, tout ce qu'un homme peut désirer et pourtant il ne cesse de pleurer. Pourquoi ? Parce qu'il n'est pas à sa place dans l'Univers, il n'est pas encore rentré chez lui, il n'a pas retrouvé la vie bonne – nous verrons tout à l'heure pourquoi l'idée d'être « à sa place » dans l'ordre cosmique est cruciale pour définir la vie bonne dans la philosophie grecque et, déjà, dans l'histoire d'Ulysse. Alors il pleure, il pleure tous les soirs, pendant sept ans. Puis, pour des raisons qui seraient trop longues à raconter ici, Athéna, la fille préférée de Zeus, prend Ulysse en pitié et demande à son père de donner l'ordre à Calypso de le laisser rentrer chez lui. Zeus envoie alors Hermès, son messager, dire à Calypso qu'elle doit laisser partir Ulysse. Calypso est folle de rage et de désespoir. Elle peste contre les dieux. Elle leur dit : « Voilà, dès que nous, les divinités secondaires, nous tombons amoureuses d'un mortel, vous nous punissez ! » Elle est désespérée parce qu'elle aime vraiment Ulysse.

C'est alors qu'elle va inventer un stratagème qui va nous permettre de voir exactement la différence entre une spiritualité religieuse et une spiritualité philosophique ou laïque. Ce petit moment-là est pour moi le point de départ de la philosophie. On le retrouvera chez Platon tout à l'heure, et c'est évidemment crucial, à proprement parler : on est à la croisée des chemins entre religion et philosophie. Pourquoi ? Que dit Calypso à Ulysse ? Elle lui dit ceci : « Si tu restes avec moi malgré l'ordre de Zeus, donc si tu restes avec moi volontairement, je t'offrirai ce qu'aucun mortel n'a jamais pu obtenir. » Et elle va lui faire une promesse religieuse, une promesse quasiment chrétienne avant la lettre, elle lui dit : « Si tu restes avec moi, je t'offrirai l'immortalité et la jeunesse éternelle. »

Ce dernier détail est d'ailleurs assez comique dans le texte d'Homère. Calypso ajoute à l'immortalité la jeunesse éternelle en songeant à un précédent fâcheux : une divinité comme elle, Aurore, la fameuse Aurore aux doigts de rose, divinité du matin, était tombée comme Calypso amoureuse d'un mortel, un certain Tithon. Elle avait demandé elle aussi l'immortalité pour son homme, pour le garder avec elle, mais elle avait oublié d'y ajouter la jeunesse. Le malheureux finit par se ratatiner dans un coin du palais, devint totalement impropre à la consommation et, comme elle ne pouvait pas le tuer, Aurore le transforma en cigale pour s'en débarrasser. La petite Calypso dit donc à Ulysse : « Je ne ferai pas cette erreur, je te donnerai, en plus de l'immortalité, la jeunesse éternelle. » Vous voyez bien qu'il s'agit d'une promesse religieuse : elle lui propose de dépasser la condition de mortel, de dépasser la condition humaine pour accéder à l'immortalité (ce que les Grecs appellent une « apothéose », une divinisation de l'humain : elle veut le transformer en immortel, c'est-à-dire en dieu). C'est une promesse d'immortalité comme en feront la plupart des grandes religions.

Or, tenez-vous bien, Ulysse refuse – et ce refus signe la naissance de la philosophie en Grèce. Pourquoi ? Parce que ce refus signifie qu'aux yeux de ce sage qu'est devenu Ulysse au fil de ses guerres et de ses voyages, une vie de mortel réussie, une vie bonne de mortel est préférable à une vie d'immortel ratée. Pour lui, une vie d'immortel ratée, c'est une vie délocalisée, loin non seulement de chez soi, mais aussi une vie loin de soi-même puisque, en acceptant le statut de divinité, il cesserait d'être ce qu'il est vraiment, à savoir un humain. Il ne serait plus lui-même : il cesserait d'être Ulysse, il perdrait son identité. On voit ici apparaître en creux, dans ce refus d'Ulysse, la première définition laïque, non religieuse, philosophique, de la vie bonne. Essayons de la détailler brièvement.

La première définition laïque de la vie bonne ou la naissance de la première sagesse philosophique

Cette définition de la vie bonne, présente déjà chez Homère, va donner naissance à ce qu'on a appelé les « sagesses du monde », les sagesses cosmologiques, c'est-à-dire ces sagesses philosophiques qui vont s'incarner dans la grande tradition qui va de Platon aux stoïciens en passant par Aristote. Précisons qu'il y aura aussi, en Grèce, ce qu'on pourrait déjà appeler une contre-culture ou une « contre-philosophie », incarnée essentiellement par les atomistes, les épicuriens et les sophistes.

Nous en reparlerons aussi dans un prochain exposé. Mais revenons à ce qu'Homère vient de nous apprendre : la définition de la vie bonne qui émerge, qui apparaît avec Ulysse, va comporter trois éléments fondamentaux. Je vous les indique parce que ces trois éléments permettent de comprendre concrètement ce qu'est une spiritualité laïque, c'est-à-dire une définition non religieuse, philosophique, de la vie bonne. Ce n'est pas une formule : c'est un immense projet philosophique qui se profile derrière cette idée de spiritualité laïque. C'est un projet extraordinairement puissant et concret en même temps.

Quels sont ces trois éléments de la vie bonne telle que la sagesse d'Ulysse va les léguer aux grands philosophes – ces philosophes qui n'auront plus, au fond, qu'à reprendre cette définition pour la formuler de façon rationnelle, conceptuelle, sécularisée, bref, philosophique ?

Vaincre les peurs pour accepter la condition de mortel

Premier élément : le sage (n'oubliez pas qu'il s'agit toujours de quête de la sagesse – *philo-sophia*) est d'abord et avant tout celui qui accepte la condition de mortel, qui accepte d'être lui-même et de ne pas devenir un dieu, de ne pas se transformer en autre chose qu'un humain. Cela signifie quelque chose d'extraordinairement profond. Un vaste programme philosophique est en train de naître : le sage est capable d'affronter les peurs. Les peurs sociales, les timidités de tous ordres, mais aussi les peurs que les psychanalystes appelleraient aujourd'hui « psychiques », les phobies par exemple, mais enfin et surtout la grande peur, la peur de la mort – la peur de sa propre mort mais aussi de celle des êtres que nous aimons. Le sage est d'abord et avant tout celui qui parvient à la sérénité en ayant vaincu les peurs. Ainsi se trouve tracé l'un des grands programmes de la philosophie grecque : vaincre les peurs. Pourquoi est-ce indispensable à la sagesse ? Tout simplement parce que, lorsque nous sommes saisis par l'angoisse (pensez aux phobies, par exemple, lorsqu'elles s'emparent de nous), nous perdons d'un seul coup toute liberté de pensée et toute capacité de nous ouvrir aux autres. En d'autres termes, la peur nous rend tout à la fois stupides et égoïstes, tout le contraire, donc, de la sagesse, qui est par excellence pétrie d'intelligence et d'ouverture aux autres, de capacité à penser et à aimer. Vaincre les peurs, voilà le programme de la philosophie, un programme qui traversera les siècles jusqu'à ce que l'écologie et le pacifisme contemporains fassent de la peur, à l'encontre d'une tradition millénaire, une passion positive : non plus une passion infantile, niaise et égoïste, mais le premier pas vers une nouvelle forme de sagesse identifiée non à l'audace, mais à ce qu'on appelle aujourd'hui le « principe de précaution ». Pas certain, à vrai dire, qu'il s'agisse d'un progrès de la « modernité », mais c'est là une autre affaire…

Le sage est celui qui parvient à « habiter le présent »

Le *deuxième élément* qui affleure à travers l'histoire d'Ulysse est, lui aussi, extraordinairement profond : le sage est celui qui parvient à vivre au présent. Il est capable de ce que Nietzsche appellera l'*amor fati*, c'est-à-dire l'amour du *fatum*, l'amour de ce qui est là, du réel qui est devant nous, ici et maintenant : l'amour du destin. Pourquoi cet élément est-il indispensable à cette définition laïque de la vie bonne ? Parce que les Grecs pensaient (c'est déjà présent dans Homère et ce sera repris notamment par les stoïciens, nous y reviendrons quand nous étudierons leur pensée) que deux grands maux pesaient sur la vie humaine : le passé et le futur. Le passé, quand il a été heureux, nous tire en arrière par un sentiment très puissant que les romantiques exploreront, la nostalgie, la nostalgie des temps heureux, de l'été dernier, du bon vieux temps… Mais quand il a été malheureux, le passé nous tire tout autant en arrière par d'autres passions, que Spinoza appellera les passions tristes : les remords, les regrets, les culpabilités qui nous réveillent la nuit.

Et puis, quand on parvient à s'arracher au passé, à la nostalgie, aux regrets, aux remords, aux culpabilités, on est pris par une autre illusion – ainsi pensaient les Grecs : l'illusion du futur, de l'espérance, de l'idée que « ça ira mieux après ». Tu parles ! Comme le dit Sénèque, qui en fait le thème principal de ses fameuses *Lettres à Lucilius*, c'est pure illusion : on s'imagine que ça ira mieux après, quand on aura changé de ceci ou de cela, de chaussures, de coiffure, de voiture, de mari, de femme, de maison, de tout ce que vous voudrez. C'est la grande illusion par excellence, car en fait, le passé et le futur nous empêchent de vivre au présent. *Carpe diem*, dira Horace. *Amor fati*, dira Nietzsche : le sage est celui qui parvient à habiter le présent, ou, comme le dit heureusement mon ami André Comte-Sponville d'une jolie formule d'inspiration stoïcienne : le sage est celui qui parvient à regretter un peu moins (c'est-à-dire à vivre un peu moins dans le passé), à espérer un peu moins (à vivre un peu moins dans le futur), et donc à aimer un peu plus, à vivre un peu plus dans le présent.

Regardez l'histoire d'Ulysse : elle est à cet égard édifiante ! Ulysse, pendant les vingt années que durent la guerre de Troie, puis son voyage de retour à Ithaque – vingt années délocalisées, comme je disais tout à l'heure –, est toujours plongé dans la nostalgie ou dans l'espérance d'Ithaque, jamais dans l'amour d'Ithaque : il ne vit jamais au présent, jamais dans l'amour. Il est toujours coincé entre ces deux pièces de l'étau, entre ces deux mâchoires que sont, d'un côté le passé, de l'autre le futur. Or ces dimensions du temps sont toutes deux des formes du néant puisque le passé *n'est plus*, que le futur *n'est pas* encore, de telle sorte qu'Ulysse n'est jamais dans la réalité, jamais dans l'amour du présent.

Le sage est celui qui parvient à espérer un peu moins, à regretter un peu moins, à aimer un peu plus : voilà la deuxième idée qui se dégage de l'histoire d'Ulysse et qui va permettre aux philosophes, après Homère, de définir conceptuellement la vie bonne. Accepter la mort, la condition de mortel, être capable de vivre au présent, qu'est-ce que cela signifie ? Cela ne veut pas dire être inculte, oublier l'histoire, ne pas avoir de projets, cela veut dire : être capable, malgré l'histoire et les projets, d'habiter quand même le présent. Lorsque Ulysse, à la fin de l'*Odyssée*, retrouve Pénélope, sa femme, les dieux vont distendre l'instant des retrouvailles dans le lit nuptial pour qu'ils puissent passer une très grande nuit. Combien de temps dure-t-elle, on ne sait pas, puisque l'instant est distendu, mais symboliquement, cela signifie que cet instant présent, distendu, cet instant où Ulysse cesse enfin d'être dans le passé ou dans le futur, dans la nostalgie d'Ithaque ou dans l'espérance d'Ithaque, n'est plus relativisé par le passé ni par le futur. Ce moment présent est, au fond, ce que Nietzsche appellera très joliment « un fragment d'éternité », un atome ou un grain d'éternité. Le sage est celui qui est capable d'habiter le présent comme s'il était l'éternité.

Devenir un fragment d'éternité

Là est la *troisième condition* de la vie bonne. Elle apparaît lorsque Ulysse parvient à se réconcilier avec l'ordre cosmique, lorsqu'il retrouve sa place dans le cosmos. Ulysse est un peu comme ces petits chats ou ces petits chiens dont on nous raconte parfois les aventures rocambolesques à la fin de l'été, qui ont été perdus sur l'autoroute et qui parcourent sept cents ou huit cents kilomètres pour rejoindre leur maison. Ulysse, lui aussi, veut retrouver sa maison. Quand on parvient à retrouver son chez-soi, à s'ajointer, si je puis dire, ou à s'ajuster à l'ordre du monde, à l'ordre cosmique, on réalise que ce moment où l'on est enfin dans le présent est aussi, puisque le cosmos, pour les Grecs, est éternel, un moment où l'on est soi-même comme un fragment d'éternité, un fragment de cosmos et que, du coup, la mort n'est rien pour nous. La formule est épicurienne, mais elle pourrait être utilisée par Homère comme par les stoïciens. Le sage comprend que la mort n'est qu'un passage, et que, finalement, ce n'est pas si grave que cela. Grand thème stoïcien, que l'on retrouvera plus tard, mais que l'on découvre aussi chez Platon et chez Aristote, avec cette idée – qui figure dans l'une des grandes œuvres de Platon, le *Timée*, mais aussi à la fin de l'*Éthique à Nicomaque*, le grand livre d'éthique d'Aristote – qu'il faut se rendre immortel autant qu'il est possible. Et le meilleur moyen de se rendre immortel, c'est de vivre au présent et de s'ajuster à l'ordre cosmique, parce qu'on devient alors comme un fragment d'éternité.

Les trois grands axes de la philosophie

La philosophie va transformer ce message d'Homère – ce message de la mythologie grecque, ce message d'Ulysse – qui est à cet égard le premier grand sage grec. Elle va le transformer en le rationalisant dans trois grandes directions. Toute philosophie digne de ce nom couvrira ses trois grands axes

– que je vais vous indiquer très rapidement en guise de dernier préalable avant de rentrer dans l'œuvre de Platon. C'est essentiel, car, une fois encore, toutes les grandes philosophies suivront, depuis Platon jusqu'à Heidegger, ces trois grandes sphères d'interrogation, ces trois grands domaines de questionnement – mais comme vous allez voir aussi, à l'encontre d'un poncif envahissant dans la pensée contemporaine, la philosophie ne se contente pas de poser des questions, de pratiquer, comme on dit, « l'étonnement » : elle apporte aussi, fort heureusement, de vraies réponses (ce que, du reste, nous avons déjà commencé à voir avec la sagesse d'Ulysse et sa belle définition de la vie bonne).

Le *premier grand axe* est celui de la connaissance, ce que les Grecs appellent la *théôria*, la contemplation du monde : à quoi sert la connaissance, si ce n'est à se faire une idée de ce qu'est, je dirais, le *terrain de jeu* de l'existence humaine ? Le terrain de jeu, parce que c'est bien dans ce monde que nous allons jouer nos existences. Il s'agit de savoir si ce monde est aimable ou pas, s'il est favorable ou pas, s'il est beau ou pas, s'il est connaissable ou pas... Il ne s'agit pas d'une interrogation scientifique – les sciences véritables sont toujours partielles, elles sont par exemple sciences de l'organisme (biologie), de la matière (physique), des planètes (astronomie), etc. Avec la *théôria* philosophique, il s'agit de se faire une vision globale du monde entendu comme le terrain de jeu de l'existence humaine. Bien sûr, pour y parvenir, il faut utiliser les sciences positives, mais le but n'est pas de connaître tel ou tel secteur de l'Univers, mais de se faire si possible une certaine idée de l'Univers tout entier.

Le *deuxième axe* de la philosophie vise à comprendre, non plus le terrain de jeu, mais les *règles du jeu*. Quelles sont les règles qui régissent le jeu que nous, les humains, jouons avec les autres. On touche là à la dimension morale, pratique ou éthique, voire juridique et politique, de la philosophie, celle qui concerne la justice, les règles de conduite des hommes les uns envers les autres.

Il y a enfin une *troisième dimension*, qui est plus élevée que les deux autres – mais elles sont toutes importantes –, c'est la dimension du sens. Quel est le *but du jeu* ? Non pas le terrain, non pas les règles mais : à quoi jouons-nous au fond ? Sommes-nous là en touristes, pour nous divertir un maximum, comme des enfants dans un parc d'attractions, ou avons-nous, en tant qu'humains, quelque chose à faire de spécifique sur cette terre ? On voit très bien à quoi joue Ulysse : à vrai dire il ne s'amuse pas vraiment. Le moins qu'on puisse dire est qu'il n'est guère dans le divertissement, même si son voyage est parfois passionnant. S'il joue à quelque chose, c'est à chercher la vie bonne. Il veut retrouver l'harmonie, il veut retrouver Ithaque. Le sens de sa vie est là. C'est le but du jeu d'Ulysse, si je puis dire : il est dans un terrain de jeu qui s'appelle le cosmos. Il veut certainement connaître le monde et ceux qui le peuplent, il est donc aussi dans la théorie – (c'est, par exemple, cette curiosité qui le pousse, pour son malheur, à aller à la rencontre des Cyclopes). Il possède aussi, très certainement, une morale – on y reviendra –, mais il est avant tout animé par l'idée du sens de sa vie, qui est de retrouver son coin de cosmos, de rejoindre Ithaque et les siens, Pénélope et Télémaque.

Cette troisième question est celle de la sagesse, de la vie bonne, l'équivalent de celle qui relève, dans les grandes religions, de la doctrine du salut. Le « salut », vous le savez – en français comme en grec ou en latin d'ailleurs –, renvoie à l'idée de « sauvetage ». Trouver son salut, c'est être sauvé. De quoi ? Des peurs qui nous coincent et nous empêchent de parvenir à la vie bonne, à la sérénité, à commencer par la peur fondamentale : celle de la mort. Comme je vous l'ai dit, le sage est d'abord celui qui a vaincu la peur et qui, en ce sens très philosophique, est « sauvé ». Le salut, il se trouve pour Ulysse à Ithaque : lorsque Ulysse est réconcilié avec Ithaque, il est en quelque sorte dans un instant d'éternité, il est enfin dans la sérénité, sinon dans le bonheur. D'une certaine manière, il est lui aussi sauvé.

Rassurez-vous, tout au long de ces exposés, nous aurons l'occasion de revenir plus en profondeur sur ces trois grands axes pour mieux les comprendre. Ce n'est qu'un début…

Théorie : le dialogue platonicien en quête de la vérité

Venons-en maintenant à Platon lui-même. Voyons comment, à bien des égards, sa philosophie va être, comme je vous l'avais annoncé, une sécularisation, une formulation rationnelle de certains des grands thèmes déjà esquissés dans l'*Odyssée* d'Homère. Ça, c'est la « continuité » sur laquelle j'ai voulu d'abord insister. Mais voyons aussi en quel sens la philosophie de Platon va rompre avec le genre littéraire et religieux du mythe en adoptant la forme, *a priori* rationaliste, car par essence argumentative, du *dialogue*.

Mais pour commencer, quelques mots d'abord sur la vie de Platon, pour le situer brièvement dans son histoire. Il est né en 427 (ou 428) avant J.-C., dans une famille riche de la très haute aristocratie athénienne. Il a vingt-trois ans au moment de la chute d'Athènes, durant la guerre du Péloponnèse : Sparte, la cité guerrière par excellence, vient de l'emporter. L'armée athénienne est réduite à néant et les spartiates installent un gouvernement ultra-autoritaire, le gouvernement des « Trente », où Platon compte de nombreux amis et même quelques parents, ce qui est normal étant donné la famille dont il est issu. Mais Platon est attiré par d'autres horizons. Il va bientôt faire une rencontre qui va marquer toute son existence, celle de Socrate, en 407. Il a vingt ans et Socrate soixante-trois. Il suivra les cours du maître pendant huit ans, jusqu'en 399, l'année où Socrate, après la chute du gouvernement des Trente, est condamné à mort. Un célèbre dialogue de Platon, l'*Apologie de Socrate*, racontera l'histoire de ce jugement inique ainsi que la façon dont Socrate l'accueille et, finalement, accepte de boire le poison (la ciguë), malgré l'injustice et l'absurdité des élucubrations de ceux qui l'envoient à la mort.

Platon quitte Athènes, il voyage beaucoup. À dire vrai, on ne sait pas exactement où, sinon qu'en 388, il se rend à Syracuse, à la cour du tyran Denys l'Ancien qu'il tentera sans succès de convertir à l'idée d'instaurer un gouvernement par la philosophie. En 387, il rentre à Athènes où il fonde son école, l'Académie – le nom vient, comme presque toujours pour les écoles grecques, du lieu où est installée l'institution, en l'occurrence dans un des faubourgs d'Athènes, près du tombeau d'un héros nommé Académos. On dit souvent de l'Académie qu'elle fut la première université dans l'histoire de l'humanité : et de fait, on y trouve non seulement des salles de cours, mais aussi des chambres d'étudiant, un réfectoire, une bibliothèque… Platon y enseignera pendant quarante ans, jusqu'à sa mort, en 347, à l'âge de quatre-vingts ans. On dit aussi que ses dialogues étaient joués devant les élèves, comme le seraient aujourd'hui des pièces de théâtre, et qu'ils prenaient plaisir, ayant reçu l'enseignement du maître, à en déchiffrer le sens. Platon retournera par deux fois encore à Syracuse, mais son incursion en politique sera, pour l'essentiel, un cuisant échec, et il sera même particulièrement maltraité par les tyrans du lieu.

Revenons maintenant à l'essentiel, c'est-à-dire à son œuvre, dont je vous disais qu'en dehors de quelques exceptions, elle est constituée de dialogues. Presque tous mettent en scène un personnage principal, Socrate. Il n'est pas indifférent que la philosophie commence par prendre cette allure dialogique, « dialectique » même, c'est-à-dire qu'elle adopte une manière de pensée en rupture avec le mythe. La philosophie théorique va en effet se définir d'abord et avant tout comme une quête de la vérité qui consiste, en première approximation, à surmonter les contradictions qui traversent le monde des opinions courantes pour parvenir à la vérité. Elle va donc des apparences trompeuses et manifestes aux réalités cachées. Quelles contradictions s'agit-il de surmonter au juste ? Les contradictions entre les opinions multiples qui s'affrontent sur un même sujet, bien sûr, mais aussi les contradictions internes aux opinions fausses. Ce sont ces contradictions que le dialogue essaie de dépasser pour parvenir à la vérité, à l'idée vraie, qui, elle, est évidemment non contradictoire, unique et stable, conforme au principe logique de l'identité. Où l'on voit que par-delà la continuité que j'ai voulu souligner parce qu'on la sous-estime trop souvent, *mythos* et *logos*, le mythe et la philosophie sont évidemment différents : la présentation mythique et la présentation rationnelle ne sont pas identiques, même s'il reste vrai que la philosophie grecque va être pour une très large part une traduction conceptuelle de la mythologie.

Je vous propose d'analyser maintenant les principales caractéristiques du dialogue platonicien. Nous allons voir de cette façon comment elles vont vous donner les clés pour visiter le « palais Platon », le château de Platon. Ce sont les clés du gardien, en somme, et je vous propose de commencer par les examiner une à une.

Dépasser lieux communs et opinions contradictoires au nom de la « volonté de vérité »

Première clé : les dialogues platoniciens commencent presque tous par ce qu'Aristote appellera une « topique ». En grec, vous le savez peut-être, le mot *topos* veut simplement dire « le lieu ». Ça a donné par exemple « topologie » ou « topographie » en français. Les dialogues de Platon commencent en général par un repérage des « lieux communs », c'est-à-dire, à proprement parler, par une « topologie », par une présentation des *opinions* qui « courent » sur un sujet donné, donc par ce que les Grecs appelaient la « *doxa* » (« l'opinion », à quoi s'oppose bien sûr la vérité). Il s'agit dans un premier temps de faire un bilan des opinions courantes, de celles qui « traînent » – si je puis dire – autour d'un thème tel que la vertu, la beauté, la justice, le courage, etc. C'est du reste un des modèles cachés de nos fameuses dissertations de philosophie, celles qu'on impose encore aujourd'hui à nos élèves de terminale. Comme au bac ou à l'agrégation, on va choisir un sujet (la vérité, la justice, le courage, la beauté, etc.) ou une question (La justice peut-elle s'enseigner ? Qu'est-ce que la vertu ? etc.), puis on va repérer les opinions qui « courent » sur le sujet. C'est donc cela qu'on appelle la « topique », l'exposé des lieux communs.

Ensuite, dans un deuxième temps, le dialogue va pour ainsi dire « frotter » les opinions les unes contre les autres. Socrate anime en général le débat. Il va montrer en quoi les opinions se contredisent. Éventuellement, quand quelqu'un tient vraiment à son opinion, il va lui montrer qu'il se contredit lui-même, tout son travail consistant à dévoiler, puis à dénoncer ce qui est contradictoire dans les opinions ordinaires. Puis, en surmontant les contradictions, on essaie de parvenir à l'idée vraie, non contradictoire : elle dépasse les contradictions pour atteindre l'identité et, ce faisant, elle apparaît comme la vérité.

On voit que le moteur du dialogue platonicien, comme Nietzsche le dira à juste titre, c'est la *volonté de vérité*. On suppose toujours que les principaux interlocuteurs sont pour l'essentiel de bonne foi, qu'ils cherchent avec bonne volonté la vérité. Parfois, bien sûr, certains sont quand même de mauvaise foi – c'est le cas des sophistes comme Gorgias, ou Protagoras, j'y reviendrai tout à l'heure, car c'est chez eux tout à fait assumé –, mais, globalement, Socrate et ses interlocuteurs « non sophistiques » sont de bonne foi : ils cherchent sincèrement la vérité.

Notez au passage que très peu de philosophes remettront en question ce postulat que la philosophie consiste dans la recherche de la vérité : on trouvera ça, par exemple, chez Rousseau et Nietzsche. Même les sceptiques cherchent la vérité en ce sens qu'ils pensent qu'il est vrai qu'on ne peut pas connaître la vérité. Mais Rousseau et Nietzsche mis à part, la plupart des philosophes seront, de ce point de vue, des platoniciens, comme d'ailleurs tous les scientifiques : ils considéreront que le but du travail intellectuel est de parvenir à des vérités qui tiennent debout, à des idées ou des concepts non contradictoires. Le trait caractéristique de la vérité est, en effet, la non-contradiction, alors que la *doxa* – l'opinion – s'empêtre sans cesse dans des contradictions que Socrate tente de dévoiler et de dépasser. Mais nous verrons qu'il le fait de manière non dogmatique, sans s'imposer lui-même : il essaie de faire en sorte que ses interlocuteurs dépassent par eux-mêmes la contradiction, à la manière d'un professeur de philosophie qui invite ses élèves à réfléchir. Socrate restera en ce sens le modèle de la pédagogie moderne.

La première caractéristique du dialogue, c'est donc de tenter de surmonter les apparences pour aller vers l'idée vraie, non contradictoire, stable, l'idée qui vaut en tout temps et en tout lieu, qui vaut pour tous les êtres humains, qu'ils soient riches ou pauvres, puissants ou faibles. Nietzsche dira de la vérité platonicienne qu'elle est « roturière », démocratique, « plébéienne ». Pourquoi ? En un sens, il a parfaitement raison : justement parce qu'elle vaut pour tout le monde, en tout temps, en tout lieu, pour tous les êtres humains quels qu'ils soient. Et c'est vrai, il y a quelque chose de profondément démocratique, voire de républicain (au sens propre : *res publica*, la chose commune) dans l'idée même de la philosophie entendue sur le plan théorique comme la recherche d'une vérité qui vaut pour tous.

La théorie platonicienne de la vérité

La deuxième caractéristique, ou la deuxième clé du dialogue platonicien – absolument fondamentale, comme on va voir – c'est une théorie de la vérité qui va traverser toute l'histoire de la philosophie, jusqu'à Marx, et même jusqu'à Heidegger compris. Bien qu'ils prétendent s'y opposer et la critiquer comme « idéaliste » ou « métaphysique » et illusoire, ils ne peuvent pas s'en détacher tout à fait. Cette théorie de la vérité vient en réponse à un sophisme, c'est-à-dire à un raisonnement spécieux, mais qui a l'air vrai. Quel est ce sophisme et comment Platon va-t-il y répondre en élaborant une théorie de la vérité d'une profondeur sans équivalent ?

Ce fameux sophisme est exposé dans un dialogue de Platon, le *Ménon*, du nom de l'interlocuteur de Socrate. Il consiste à dire que l'idée même d'une recherche de la vérité est absurde – en quoi la sophistique apparaît d'emblée comme une contre-philosophie, comme le contraire absolu du principe même de la philosophie comme volonté de vérité. De deux choses l'une, en effet : ou bien nous avons déjà la vérité et alors, ce n'est pas la peine de la chercher, ce serait absurde. Si nous avions déjà la vérité, par définition, nous ne la chercherions pas ! Ou bien nous n'avons pas la vérité et, dans ce cas, nous ne la trouverons jamais. Pourquoi ne la trouvera-t-on jamais, poursuit le sophiste (je continue à développer son paradoxe) ? On ne trouvera jamais la vérité parce que, parmi toutes les opinions qui traînent, parmi toutes les opinions courantes, il faut, pour distinguer celles qui sont vraies de celles qui sont fausses, un critère. Le mot « critère » vient du verbe grec *krinein*, qui veut dire distinguer, séparer : séparer le bon grain de l'ivraie par exemple, avec un « crible », un tamis. C'est aussi l'origine des mots « crise » et « critique », qui ont la même étymologie. Le critère est ce qui est nécessaire pour reconnaître la vérité et la distinguer des opinions fausses. Or, dit le sophiste, si jamais on tombait par hasard sur la vérité, parmi toutes les opinions qui courent sur le marché des idées, il faudrait bien avoir un critère vrai pour distinguer la vérité de l'opinion fausse. Pour que ce critère soit pertinent, dit le sophiste pour embêter Socrate, il faudrait bien qu'il soit vrai. Par conséquent, pour trouver la vérité, il faut déjà la posséder : voilà le paradoxe sophistique !

Résumons une dernière fois l'argument sophistique : soit vous avez déjà la vérité, et vous ne la cherchez pas, soit vous la cherchez – ce qui suppose que vous ne l'avez pas –, mais vous ne la trouverez jamais, parce que vous n'aurez jamais le moyen de distinguer parmi les opinions qui traînent celles qui sont vraies et celles qui sont fausses.

Le paradoxe n'est peut-être pas très puissant, mais la réponse de Socrate est en revanche géniale. C'est toute la philosophie de Platon, toute sa théorie de la vérité comme réminiscence, qui va être contenue dans cette réponse. Je vais maintenant vous l'indiquer en citant d'abord le passage du *Ménon*, dialogue de Platon où l'idée apparaît le plus clairement :

> Ménon : et de quelle façon chercheras-tu, Socrate, cette réalité dont tu ne sais absolument pas ce qu'elle est ? Laquelle des choses qu'en effet tu ignores, prendras-tu comme objet de ta recherche ? Et si même, au mieux, tu tombais dessus, comment saurais-tu qu'il s'agit de cette chose que tu ne connaissais pas ?
>
> Socrate : je comprends de quoi tu parles, Ménon. Tu vois comme il est spécieux, cet argument que tu débites, selon lequel il n'est possible à un homme de chercher ni ce qu'il connaît ni ce qu'il ne connaît pas ! En effet, ce qu'il connaît, il ne le chercherait pas, parce qu'il le connaît, et le connaissant, n'a aucun besoin d'une recherche ; et ce qu'il ne connaît pas, il ne le chercherait pas non plus, parce qu'il ne saurait même pas ce qu'il devrait chercher.
>
> Ménon : ne crois-tu donc pas que cet argument soit bon, Socrate ?
>
> Socrate : non, je ne le crois pas.
>
> Ménon : peux-tu me dire en quoi il n'est pas bon ?
>
> Socrate : oui [...]. Comme l'âme est immortelle et qu'elle renaît plusieurs fois, qu'elle a vu à la fois les choses d'ici et celles de l'Hadès [le monde de l'invisible], c'est-à-dire toutes les réalités, il n'y a rien qu'elle n'ait appris. En sorte qu'il n'est pas étonnant qu'elle soit capable, à propos de la vertu comme à propos d'autres choses, de se remémorer ces choses dont elle avait justement, du moins dans un temps antérieur, la connaissance. [...] Ainsi, le fait de chercher et le fait d'apprendre sont, au total, une réminiscence.

Voici la thèse de Platon (Platon/Socrate : je ne fais pas, en l'occurrence, de différence entre les deux) : notre rapport à la vérité passe par trois phases, par trois temps.

Premier temps : nous avons connu la vérité, avant notre naissance, c'est-à-dire quand l'âme n'était pas prisonnière du corps, avec ces fichus cinq sens qui nous trompent sans cesse, quand l'âme était encore toute seule, avant qu'elle ne tombe dans un corps, avant l'incarnation. Vous connaissez peut-être ce jeu de mots que Socrate avance dans ce contexte, à savoir que le corps (en grec, *soma*, qui a donné par exemple « somatiser ») est une prison (en grec, *sema*) pour l'âme. Avant que l'âme ne soit « emprisonnée » dans ce corps sensible, elle voyait les idées sans déformation, elle les contemplait par-delà les apparences, dans leur pureté intellectuelle, non sensible, elle pouvait voir la vérité « toute nue ». Elle était encore dans le ciel, dans ce que les chrétiens appelleraient le paradis.

Mais vient justement le deuxième temps, celui de la chute, de la déchéance, de l'incarnation dans la prison du corps : c'est le moment de la naissance, de cette souffrance de la venue dans le monde sensible (voyez d'ailleurs les hurlements de tous les nouveau-nés qui n'ont pas l'air d'y être *a priori* très heureux). L'âme tombe dans un corps, elle s'incarne dans cette prison sensible et trompeuse (on va voir en quoi dans une seconde) : c'est la fameuse descente dans la caverne de Platon.

Pourquoi le sensible nous trompe-t-il ? Pourquoi Platon pense-t-il d'entrée de jeu que le sensible est trompeur, qu'il est un obstacle sur le chemin de la vérité authentique, qui, bien entendu, est intelligible ? C'est un point important. Pourquoi s'agit-il d'une chute au sens d'un déclin, d'une décadence ? Réponse : parce que le sensible a cette caractéristique – je vais le dire très simplement – de nous faire prendre des choses identiques pour des choses différentes. Il contredit le principe le plus fondamental de la logique, c'est-à-dire de la rationalité par excellence, à savoir le principe de non-contradiction. Pour donner un exemple tout simple, lorsque nous touchons, en hiver, de l'eau transformée en glace, elle nous paraît dure et froide. Si nous en restions à la simple sensation, à l'univers des seuls sens, nous n'aurions jamais l'idée que cette eau est la même que celle dans laquelle on se baignait en été et qui était douce, chaude et liquide. Le sensible – si l'on en reste aux seuls sens – nous fait donc croire que deux choses qui sont en vérité identiques (la glace et l'eau tiède sont au fond, du point de vue de l'intelligence scientifique, la même chose) sont deux choses différentes. Il faut donc dépasser le sensible contradictoire par l'intelligence pour accéder à l'idée de l'eau, à ce qu'on désignerait dans la science d'aujourd'hui par la formule H_2O, par exemple, formule « idéale » qui n'est accessible qu'à l'intelligence. Il faut donc dépasser le sensible pour accéder à l'intelligence de l'idée, et dépasser le sensible, c'est « sortir de la caverne » (pour reprendre la métaphore platonicienne), ce qui exige d'une certaine manière de sortir du corps, de se débarrasser de ce monde d'illusion et d'apparence qu'est le monde de la sensibilité.

Ce qui nous conduit au troisième temps de cette théorie de la vérité, c'est-à-dire à ce que Platon appelle la « remémoration ». En grec, cela se dit *anamnèse* : il s'agit du travail de réminiscence, après la chute de l'âme dans un corps sensible qui l'emprisonne, d'une vérité qu'on a déjà connue mais qu'on a perdue, qu'on a oubliée. La connaissance est donc toujours à proprement parler une *re-connaissance*, la connaissance véritable est souvenir, lutte contre l'oubli.

C'est cette idée qui va permettre de résoudre le fameux sophisme initial : car si la connaissance est remémoration d'une vérité perdue, cela explique que, lorsqu'on la retrouvera, on saura que c'était la vérité, puisqu'on la connaissait avant et qu'on se contentera de la reconnaître. Voilà comment Platon répond au paradoxe sophistique par cette théorie de la vérité à trois temps : nous avons connu la vérité ; puis vint la chute dans le corps sensible, avant qu'un long et douloureux travail de retour à la vérité (c'est là la partie théorique et dialectique de la philosophie) nous permette de sortir de la caverne et de reconnaître la vérité. L'allemand l'exprime comme en grec : *kennen* c'est *erkennen* – connaître, c'est reconnaître, effectuer un travail de remémoration. Dans le dialogue, c'est ce travail philosophique, en l'occurrence théorique, que Socrate anime en posant toujours à ses interlocuteurs les questions qui les guident vers la vérité perdue, oubliée. Et c'est aussi en cela qu'il se compare sans cesse à une sage-femme.

Socrate en sage-femme :
de la philosophie comme « maïeutique »

Socrate, donc – et c'est la troisième caractéristique ou troisième clé de ces dialogues – se compare toujours à une sage-femme. On sait d'ailleurs que sa mère était sage-femme. Le travail de l'accouchement se dit en grec *maieutikê*, c'est la maïeutique : la maïeutique socratique consiste à accoucher, non pas les corps des femmes, mais les esprits des hommes – dit-il dans un des plus grands dialogues de Platon, le *Théétète* (de façon qu'on jugerait machiste aujourd'hui, mais pas d'illusion rétrospective, d'anachronisme virulent :

nous sommes dans une autre époque !). La philosophie est donc le contraire du dogmatisme. Son travail n'est pas d'apporter la vérité de l'extérieur, comme le ferait un dogmatique du haut de son savoir tout constitué et non critiquable. Non ! Le travail de Socrate est un travail qui aide seulement son interlocuteur à la remémoration. Il l'aide à se souvenir d'une vérité qu'il a connue puis oubliée et il le fait, un peu comme un psychanalyste d'aujourd'hui, en lui posant des questions. C'est dans ce contexte qu'il se compare à une sage-femme, mais parfois aussi à un taon, à un insecte qui pique, qui vous dérange, parce qu'il va asticoter son interlocuteur, lui poser des questions jusqu'à ce qu'il retrouve la vérité.

Dans le *Ménon*, Socrate entame le dialogue avec un petit esclave pour montrer à son interlocuteur (Ménon) qu'il est possible de retrouver la vérité sans qu'on vous l'apporte de l'extérieur. Il fait retrouver à l'enfant qui n'a pas fait d'études le théorème de Pythagore, sans rien imposer d'en haut, simplement en lui posant des questions, pour montrer que l'enfant lui-même connaissait déjà la vérité, qu'il l'a oubliée – c'est le deuxième temps –, et qu'il peut la retrouver (troisième temps) par l'anamnèse, par la maïeutique, si on l'aide en lui posant les questions qui conviennent. Citons ce que Platon dit à ce sujet, via Socrate bien entendu, dans un autre dialogue, le *Théétète* :

> Socrate : à mon métier de faire les accouchements, appartiennent toutes les autres choses qui appartiennent aux accoucheuses, mais il en diffère par le fait d'accoucher des hommes, mais non des femmes, et par le fait de veiller sur leurs âmes en train d'enfanter, mais non sur leurs corps. [...] pourtant, j'ai au moins cet attribut,

qui est propre aux accoucheuses : je suis impropre à la conception d'un savoir, et ce que beaucoup m'ont déjà reproché, à savoir que je questionne les autres, mais que moi-même je ne réponds rien sur rien parce qu'il n'y a en moi rien de savant, c'est un fait véritable qu'ils me reprochent. Et la cause de ce fait, la voici : procéder aux accouchements, le dieu m'y force, mais il me retient d'engendrer.

Le fait est donc que je ne suis moi-même absolument pas quelqu'un de savant, pas plus qu'il ne m'est survenu, née de mon âme, de découverte qui réponde à ce qualificatif ; mais ceux qui se font mes partenaires, au début, bien sûr, quelques-uns paraissent même tout à fait inintelligents, mais tous, quand nos rapports se prolongent, ceux-là auxquels il arrive que le dieu le permette, c'est étonnant tout le fruit qu'ils donnent : telle est l'impression qu'ils font à eux-mêmes et aux autres ; et ceci est clair : ils n'ont jamais rien appris qui vienne de moi, mais ils ont trouvé eux-mêmes, à partir d'eux-mêmes, une foule de belles choses, et en demeurent les possesseurs. De l'accouchement, oui, le dieu est cause, et moi aussi.

L'ironie socratique

Bien évidemment, en tant que « sage-femme des hommes et des esprits », Socrate est toujours dans l'ironie – et c'est là la quatrième caractéristique du dialogue platonicien : comme tout professeur de philosophie, il est en décalage avec ses élèves. Pourquoi ? Socrate dit toujours : « La seule chose que je sais, c'est que je ne sais rien. » Ben voyons ! Évidemment, il a déjà en réalité fait le trajet de la remémoration. Socrate est déjà sorti de la caverne, il a déjà fait le travail de l'anamnèse, il sait où il va. Il est donc toujours dans une espèce de dédoublement, de décalage avec ses interlocuteurs, et c'est là la fameuse « ironie socratique ». En vérité, il fait semblant de ne pas savoir, il pose des questions qui sont faussement naïves, comme le professeur de philosophie qui sait, lorsqu'il pose des questions à ses élèves, sinon la vérité, du moins où il veut en venir. Socrate sait où il veut aller, il sait où il veut emmener son interlocuteur.

Si l'interlocuteur est de bonne foi, ça fonctionne. S'il est de mauvaise foi, les dialogues risquent d'être, comme on dit, « aporétiques », c'est-à-dire qu'ils ne débouchent pas sur une solution, sur une vérité, ils s'arrêtent et tournent courts. Mais, dans tous les cas de figure, Socrate est dans une position d'ironie.

C'est précisément ce que Nietzsche critiquera, reprochant à Socrate d'être un philosophe « réactif » (on reviendra à cette idée quand on abordera la philosophie de Nietzsche). Pourquoi ? Parce que, comme nous avons vu que Socrate le dit lui-même, il n'apporte rien, il ne crée rien, il lui est refusé d'engendrer, ou comme dit Nietzsche, « il ne pose pas activement des valeurs ». Il ne fait que persécuter ses interlocuteurs. Il a, dira Nietzsche, la « méchanceté du rachitique », le ressentiment des faibles vis-à-vis des forts. C'est un démocrate, il cherche une vérité qui vaut pour tout le monde, mais il est incapable, comme le véritable aristocrate ou comme le véritable artiste, de poser des valeurs, de créer des perspectives nouvelles pour la vie. Il ne fait qu'accoucher des esprits qui ne sont même pas le sien.

En fait, Socrate connaît déjà ce reproche, nous l'avons vu dans le *Théétète*. Il a déjà conscience de ce que Nietzsche lui reprochera beaucoup plus tard, à savoir d'être celui qui met les autres en difficulté en posant des questions, mais sans rien apporter lui-même, celui qui donne mauvaise conscience à ses interlocuteurs sans leur donner de solution. D'ailleurs, Socrate se compare lui-même, non seulement à un taon, qui dérange, mais à une torpille, ce poisson électrique qui paralyse et tétanise ceux qu'il pique de son redoutable dard.

Du point de vue de Nietzsche, il s'agit là du plus grand défaut de la philosophie platonicienne. Nous verrons pourquoi en profondeur quand nous parlerons de Nietzsche. Mais il est clair que Socrate, lui, ne cesse au contraire de revendiquer le fait que son seul travail, c'est la maïeutique, le même travail que celui de sa mère, le travail d'accoucheur. C'est de son point de vue le mérite de sa philosophie que de n'être point dogmatique, de ne pas terroriser l'interlocuteur, l'élève, mais de lui faire se remémorer par lui-même la vérité, ce qu'il a déjà su. Au fond, il propose déjà une philosophie de l'autonomie, du « penser par soi-même ».

Une théorie de la vérité qui est aussi une théorie du plaisir et de la douleur

Cinquième caractéristique du dialogue : cette philosophie de la vérité est en même temps, aussi curieux que cela puisse paraître à première vue, une théorie du plaisir et de la douleur. Il existe un lien entre théorie de la vérité et théorie du plaisir et de la douleur, lien qui permettra aussi de comprendre la philosophie platonicienne de l'amour.

En quoi consiste ce lien ? En ceci que la douleur, pour commencer par elle, connaît les mêmes trois phases que la théorie de la vérité. Qu'est-ce que la douleur, en effet ? On part d'un équilibre avec le monde, l'organisme est en bon état, en harmonie avec le réel, tout va bien. Par exemple, on n'a ni faim ni soif. Puis se produit une rupture brutale d'équilibre. Par exemple, on se coupe le doigt avec un couteau. Cet événement correspond au deuxième temps de la théorie de la vérité, à cette chute qu'est la naissance. Puis vient le retour à l'équilibre, qui en l'occurrence est lent : il correspond à l'anamnèse, au travail, forcément difficile et pénible, de la remémoration. Je suis en équilibre, je me coupe le doigt, puis la cicatrisation est lente. Voilà ce qu'est la douleur.

Le plaisir, c'est l'inverse, mais toujours avec trois temps. Je suis dans un état d'équilibre, mais, cette fois-ci, à la différence de ce qui a lieu avec la douleur, la rupture d'équilibre est lente. Le modèle, c'est la soif ou la faim : je ne m'aperçois même pas que j'ai soif, que j'ai faim, cela prend du temps, mon corps se dessèche peu à peu. En revanche, le retour à l'équilibre, lui, est très rapide : je bois un grand verre d'eau glacée et c'est un vrai bonheur ! Où l'on retrouve nos fameux trois temps…

On a donc là une théorie du plaisir et de la douleur qui a la même structure que la théorie de la vérité, et cela permet de comprendre pourquoi la sortie de la caverne est douloureuse. C'est un point important pour Platon car il permet aussi de comprendre pourquoi la vie philosophique est rare. Peu de gens auront le courage de vivre une vie philosophique, une vie consacrée à la connaissance des idées, parce que cela fait mal de sortir de la caverne. Quand on arrache le prisonnier à la caverne, il a mal aux yeux, le soleil l'éblouit, c'est douloureux, pénible, le chemin qui va vers la vérité est rocailleux, escarpé, fatigant. La vie philosophique sera donc réservée à une petite élite. On est dans une vision aristocratique de la philosophie.

Cela permet aussi de comprendre que le véritable amour est celui qui porte sur ce qu'on a déjà connu, avant d'en être séparé pour le retrouver dans un troisième temps. Cela vaut pour l'amour humain, qui est toujours reconnaissance (d'une moitié d'orange dont on a été séparé, selon un mythe platonicien qui restera fameux). Mais cela vaut surtout pour la connaissance philosophique, pour l'amour de la vérité et de la sagesse, qui est un pur plaisir, puisqu'il est finalement le seul qui ne soit pas précédé d'une souffrance, d'un manque, puisqu'on a déjà connu ce qu'on cherche.

« Connais-toi toi-même », « Rien de trop » : sache qui tu es, quelle est ta place et sache y rester !

Une sixième caractéristique ou clé du dialogue – elles s'enchaînent, se complètent, et forment un merveilleux système – est constituée par le fait que Socrate/Platon va inventer une nouvelle signification à la célèbre devise qui orne le temple de Delphes, le temple d'Apollon, et qui parcourt toute la mythologie grecque : « Connais-toi toi-même. » À côté d'elle figure au fronton du temple une autre devise : « Rien de trop. »

En vérité, la signification de ces deux formules, qui ont le même sens dans la mythologie grecque, dans la culture grecque, chez Homère par exemple, ou chez Hésiode, n'est pas du tout celle qu'on croit d'ordinaire aujourd'hui. Elles n'ont rien à voir avec l'introspection, avec la psychanalyse. « Connais-toi toi-même » et « rien de trop », cela signifie : « Reste à ta place », « sache qui tu es », « ne pèche pas par *hybris* », comme disent les Grecs. Qu'est-ce que l'*hybris* ? C'est l'arrogance, la démesure, le fait de ne pas rester à sa place. Tantale, par exemple, pèche par *hybris* lorsqu'il se prend pour l'égal des dieux. Tantale invite les dieux de l'Olympe à dîner chez lui – ce qui est déjà une forme d'arrogance, de prétention, puisqu'il n'est qu'un humain –, il croit qu'il est au même niveau qu'eux, que les dieux ne sont pas omniscients. Alors, pour tester leur prétendu savoir, il leur fait manger son propre fils, Pélops. Il le tue, il le fait cuire, puis il invite les dieux et il leur sert la chair de son fils à dîner. Évidemment, les dieux s'en aperçoivent (sauf Déméter qui a la tête ailleurs et qui mange un petit bout d'épaule de Pélops, que les autres dieux répareront plus tard, quand ils lui rendront la vie). Ils s'en aperçoivent parce qu'ils sont bien omniscients et ils punissent Tantale. Les punitions dans la mythologie sont toujours en rapport avec le péché commis. Tantale a péché par la cuisine – si je puis dire –, il sera puni par la cuisine. Le supplice de Tantale, comme vous le savez, est qu'il est condamné à avoir faim et soif. Mais n'oubliez pas que, dans le supplice de Tantale, il y a quelque chose de plus : un rocher qui dans l'Hadès, dans les enfers, bascule en permanence au-dessus de sa tête, qui le menace de mort en permanence pour lui rappeler qu'il n'est qu'un mortel et non un dieu.

L'*hybris* de Tantale réside dans le fait de se prendre pour ce qu'il n'est pas, de ne pas rester à sa place. Le « connais-toi toi-même » des Anciens avait cette signification-là : il faut savoir qui l'on est, pour ne pas se prendre pour plus qu'on est. Socrate et Platon vont ajouter une signification moderne : « Connais-toi toi-même » signifie « remémore-toi (c'est bien sûr l'anamnèse qui est visée ici) la vérité que tu as en toi mais que tu as oubliée, qui est enfouie en toi ». On entre là dans une vision moderne de l'autonomie de la pensée. Il s'agit de se reconquérir soi-même, d'une certaine manière. Un peu comme dans la psychanalyse, le but est de se réapproprier un passé qu'on a perdu, qu'on a oublié. Il y a là une conception de la recherche de la vérité qui va marquer toute l'histoire de la philosophie.

Discours philosophique versus *discours sophistique*

Évoquons enfin une dernière caractéristique du dialogue platonicien avant de dire quelques mots, pour conclure, de la morale et de la doctrine du salut platoniciennes (mais ce sera beaucoup plus bref, parce que l'essentiel est lié à la *théôria*, à la théorie de la connaissance). C'est à partir de Platon que l'on va voir s'opposer deux grands types de discours – et cette opposition va parcourir elle aussi toute l'histoire de la pensée : d'un côté, le discours poético-sophistique, orienté vers la séduction et le charme, la persuasion pure, et de l'autre le discours scientifique ou philosophique, orienté tout entier vers la vérité. Le discours scientifique ou philosophique cherche la vérité par le dialogue, en essayant de surmonter les contradictions pour parvenir à l'idée vraie. Le discours sophistique, lui, ne vise pas la vérité, il s'en moque : comme le discours des hommes politiques, il vise seulement à convaincre, par tous les moyens s'il le faut, y compris le mensonge, la mauvaise foi. Aux yeux de Socrate, c'est le discours faux et démagogique par excellence. Il vise seulement à persuader, fût-ce au prix de l'illusion, au mépris de la vérité.

Le discours sophistique peut revêtir plusieurs formes. Il peut s'agir, par exemple, du discours amoureux, qui n'est pas spécialement, lui non plus, un discours de vérité. Généralement, dans le discours amoureux, on se vante, si possible habilement, sans que cela se voit trop, on se met en tout cas en valeur, on fait des compliments à la femme – ou à l'homme – qu'on a envie de mettre dans son lit. Les compliments sont en général assez peu soucieux de la vérité, en tout cas, ils sont excessifs, ils sont controuvés. Le discours sophistique recourt aussi aux images poétiques, ou encore au discours humoristique qui lui non plus n'est pas, pour l'essentiel, un discours de vérité (même lorsqu'il dit des vérités...).

On a donc affaire à un discours qui vise à charmer, un discours « aristocratique », dira Nietzsche, parce qu'il s'agit de poser activement des valeurs singulières et non de chercher des vérités universelles en se bornant, négativement, à réfuter des opinions fausses. Le discours scientifique ou philosophique est un discours négatif, en ce sens qu'il cherche sans cesse à parvenir à la vérité en éliminant les erreurs, les mensonges, les apparences, les illusions, bref, tout ce qui relève de la sensibilité – on a vu pourquoi. C'est un discours antiartistique et antiaristocratique. Au fond, les sophistes sont des artistes du langage comme les poètes, alors que Socrate est un philosophe du langage.

Parfois, dans les dialogues de Platon, Socrate fait quelque chose de terrible, que Nietzsche déteste par-dessus tout : il fait exprès d'arriver en retard pour gêner son adversaire. Le sophiste vient, par exemple, de raconter une magnifique histoire, un grand mythe, comme un poète vous offre un magnifique poème. Il a enthousiasmé son auditoire, il est en sueur, il vient de terminer son discours, il a donné tout ce qu'il avait dans le ventre pour convaincre les gens et les séduire. L'auditoire est charmé. Socrate, le petit bonhomme, laid, teigneux (« doté d'une méchanceté de rachitique », comme dit Nietzsche dans le petit essai qu'il consacre à Socrate dans son livre, *Le Crépuscule des idoles*), arrive exprès après coup. Et que fait-il ? Il dit au sophiste : « Je suis désolé, Protagoras, excuse-moi, je suis arrivé en retard, je ne l'ai pas fait exprès [évidemment qu'il a fait exprès !]. Peux-tu me résumer ce que tu as dit ? »

Ça c'est le coup de pied de l'âne, le poison dans la queue, le *in cauda venenum*. Car demander au sophiste de résumer son discours, c'est comme demander à Baudelaire de résumer son poème. Alors, « L'Albatros », c'est quoi ? Un gros volatile qui n'arrive pas à décoller ? Évidemment, si on résume, ça marche moins bien… Quand Protagoras est obligé de résumer son discours, il ne reste plus rien, parce que ce n'est pas un discours résumable. « Parler pour ne rien dire », disent les sophistes : tel est leur art. Si on leur demande : « Qu'as-tu dit ? » – c'est la question socratique –, ils n'ont rien à répondre. Ils ont séduit, mais ils n'ont pas dit à proprement parler « quelque chose », un contenu intelligible, identifiable. Ils ont produit un effet de charme, de séduction, voilà tout.

On voit là émerger l'opposition qui sera thématisée par Nietzsche entre deux discours : un discours aristocratique/artistique et un discours qui n'est plus le discours de l'art mais celui de la vérité, le discours de la science et de la philosophie qui est un discours démocratique, en ce sens que la vérité recherchée vaut pour tout le monde.

Pratique : les fondements de la morale aristocratique

Quelques mots encore sur le deuxième axe de la philosophie, donc sur la morale et la politique de Platon, puis sur le troisième, c'est-à-dire sur la doctrine du salut.

Quant à la morale, Platon va mettre en place une idée qu'on va retrouver dans l'essentiel de la philosophie grecque – à l'exception de la contre-culture des sophistes, des épicuriens et des atomistes. On la retrouvera en particulier, bien que sous des formes différentes, chez Aristote et chez les stoïciens. Elle est développée essentiellement dans la *République*, l'œuvre morale et politique majeure de Platon : l'idée fondamentale, comme nous allons le voir, c'est que le juste, la justice, ce n'est pas ce qui est démocratiquement voté par la majorité, mais c'est ce qui est ajusté à l'ordre inégalitaire et hiérarchisé du monde, à l'ordre cosmique. Nous sommes là au cœur des premières grandes morales aristocratiques.

Une éthique aristocratique fondée sur l'idée de hiérarchie naturelle des êtres

Le juste, en effet, n'est pas pour Platon, comme il le sera pour les Modernes à partir de Rousseau, ce que veut la « volonté générale », la souveraineté nationale ou populaire dégagée par les lois du suffrage universel. Platon est aux antipodes de nous, démocrates ou républicains modernes (encore que la majorité puisse évidemment se tromper, mais c'est là un sujet que je laisse ici de côté : globalement, la source légitime de la loi se situe pour nous, Modernes, dans la volonté générale). Le juste, pour les Anciens, et notamment pour Platon, ce n'est pas ce que veut le peuple mais c'est ce qui est conforme au cosmos, à l'ordre harmonieux et hiérarchisé du monde.

Le monde aristocratique, contrairement au nôtre, repose non seulement sur l'idée qu'il existe une hiérarchie naturelle des êtres, mais surtout sur la conviction que la cité est juste quand elle imite ou reflète cette hiérarchie (là où les démocrates modernes, à la limite, considèrent plutôt que la justice consiste à corriger les inégalités naturelles). Certains êtres sont bons par nature, d'autres sont moyens par nature, d'autres encore sont mauvais par nature –, et la cité est juste quand elle se trouve en harmonie avec cette hiérarchie harmonieuse du monde. Le juste n'est pas l'égalité, c'est l'équité, et ce qui est équitable, c'est que chacun soit à sa place.

Platon retrouve là la vieille idée d'*hybris*, c'est-à-dire l'idée que le monde est en désordre, donc injuste, quand les gens ne sont pas à leur place. Dans la cité de Platon, il y a donc un ordre politique juste. Quel est-il ? Il ressemble au corps humain : la tête est en haut, le cœur est au milieu, et les désirs les plus vils, les désirs sensuels, sont en bas, dans le bas-ventre. À ces trois parties du corps, correspondent les trois parties de la vie de l'esprit. L'intelligence est en haut, dans la tête : c'est ce que les Grecs nomment le *noûs*.

Le courage, le cœur, comme on dit, est au milieu, au niveau du diaphragme : c'est le *thumos*. Et puis l'*épithumia* – le désir bas – prend sa source dans le bas-ventre. Et par nature, les trois parties de la vie de l'esprit – l'intelligence, le courage et les désirs vils – correspondent aux trois parties du corps humain.

L'organisation de la cité

Les trois parties de la cité vont correspondre à cet ordre naturel qu'on observe dans la vie de l'esprit comme dans le corps humain lui-même. La cité est un organisme, un cosmos, un ordre harmonieux. Ce qui correspond à la tête et à l'intelligence, ce sont les philosophes et, selon Platon, ils doivent être en haut : de même que la tête est en haut dans le corps humain, le philosophe doit diriger la cité. C'est la fameuse doctrine du « philosophe-roi ». Le courage correspond aux guerriers. Les guerriers, qui défendent la cité, doivent être sous les ordres du philosophe : ils sont au milieu. Et en bas se trouvent les artisans et les ouvriers, les esclaves en vérité, qui font tourner la boutique et qui apportent les biens matériels nécessaires à la vie de tous.

En résumé, la cité est juste quand les philosophes sont en haut, quand les guerriers sont au milieu et quand les esclaves, ou les artisans et les ouvriers, sont en bas. Il s'agit là – fondée sur l'idée qu'il y a une hiérarchie naturelle des êtres – de la première grande représentation aristocratique de la justice, de l'ordre juste, de la cité juste.

Citons ce que Platon lui-même dit, *a contrario*, de ce qu'est dans cette perspective l'injustice dans la *République* (434b-434d). L'injustice advient quand celui qui est fait par nature pour occuper une place bien particulière se prend pour ce qu'il n'est pas, pèche donc par *hybris* et tente d'occuper une autre place que la sienne, quand par exemple un artisan se prend pour un guerrier ou un guerrier pour un philosophe, bouleversant ainsi l'ordre naturel :

> Je suppose que si un artisan ou quelqu'un d'autre naturellement doué pour les affaires, après s'être élevé par la richesse ou par le nombre de ses gens, ou par sa puissance ou pour d'autres raisons de ce genre, entreprenait de joindre les rangs de la classe militaire, ou alors que l'un des guerriers qui ne le mériterait pas entreprenait de joindre la classe responsable du conseil [...], et que ces gens échangeaient les uns avec les autres leurs outils et la reconnaissance qu'ils tirent de leur fonction, ou alors si un même homme entreprenait d'accomplir toutes ces tâches en même temps, alors je pense que tu jugerais que ce renversement et cette dispersion dans les tâches constitueraient la destruction de la cité.
>
> — Tout à fait.
>
> — Cette dispersion dans une multiplicité de tâches au sein des trois classes de la cité, cette inversion des tâches les unes avec les autres, constituent donc le plus grand tort pour la cité, et c'est tout à fait à bon droit qu'on les jugerait comme une calamité extrême.

Pour nous, Modernes républicains et démocrates, ce discours aristocratique paraît inacceptable, peut-être même scandaleux, mais dans le monde grec, et à vrai dire dans l'univers de la féodalité jusqu'à la Révolution française, on va vivre sur l'idée que la cité est juste quand elle reflète de manière équitable la hiérarchie naturelle des êtres. Tout le droit romain partira de cette idée d'une justice aristocratique conforme à la réalité de l'ordre cosmique. La formule clé du droit romain, « à chacun le sien », signifie, comme dans les devises du temple de Delphes, que la justice consiste à rendre à chacun ce qui lui revient en fonction de sa nature, à mettre, par conséquent, chacun à sa juste place dans l'ordre du monde.

C'est en ce sens que j'avais évoqué dans un de mes livres, *Le Nouvel Ordre écologique*, paru il y a déjà bien longtemps, les procès d'animaux. Au Moyen Âge, il y avait toutes sortes de procès d'animaux : des procès de charançons, de sauterelles, de dauphins dans le port de Marseille, des procès de rats, de souris, de grenouilles... Lorsque les animaux péchaient par *hybris*, c'est-à-dire qu'ils sortaient de leur juste place dans l'ordre naturel du cosmos, lorsque, par exemple, une prolifération d'animaux prenait l'allure d'un véritable fléau, on convoquait le juge, voire le bourreau, pour juger ces animaux et les remettre à leur juste place et, pour ce faire, on leur intentait sans hésiter un procès, avec parfois même, des plaidoiries d'avocats en bonne et due forme !

Aussi bizarre que cela puisse nous paraître aujourd'hui, la justice était, pour les hommes du Moyen Âge comme pour Platon, un analogue de la médecine. De même que la médecine remet de l'ordre dans un corps que la maladie a mis en désordre, le juge – même s'il s'agit d'animaux – doit réinstaller de l'ordre dans la cité en remettant chacun à sa place, en « rendant à chacun le sien », peu importe qu'il s'agisse d'un charançon, d'une sauterelle ou d'un être humain. L'ordre juste doit être rétabli et le juge est là pour ça, voilà tout. Nous vivrons dans cette idée de la justice aristocratique jusqu'à la Révolution française. À bien des égards, tout le monde féodal sortira de cette morale qui apparaît pour la première fois dans la *République* de Platon.

Sotériologie : la sagesse et la quête de la vie bonne

Venons-en au dernier point – à la troisième partie de la philosophie, c'est-à-dire celle qui est consacrée à la sagesse suprême, à la doctrine du salut (« sotériologie ») et de la vie bonne. Je vous ai dit en commençant ces leçons qu'on devait distinguer trois parties de la philosophie. La théorie, c'est la connaissance du terrain de jeu ; la morale, c'est la connaissance des règles du jeu, ce qui comprend également la politique et le droit ; la dernière partie de la philosophie, c'est la connaissance du sens ou du but du jeu, du sens de la vie, qui réside bien évidemment dans la quête de la vie bonne (et même si l'on tient que la vie humaine n'a pas de sens en soi, il est clair, à tout le moins, qu'il y a du sens *dans* la vie, et du sens, notamment, à rechercher la vie bonne).

La recherche de l'harmonie et de la sagesse

Il faudrait bien entendu beaucoup plus de temps pour entrer vraiment dans le détail. Mais disons, pour essayer d'aller à l'essentiel, que le sens de la vie, la vie bonne, réside d'abord et avant tout pour Platon dans la vie philosophique, c'est-à-dire dans le fait de vivre en harmonie avec ce qui est spécifiquement humain en nous et qui se situe, comme nous l'avons déjà suggéré, au niveau du *noûs*, de la raison, donc dans la vie avec la pensée.

Pourquoi, après tout, un tel parti pris rationaliste ? Il ne va pas de soi. Pourquoi ne pas défendre plutôt une vie de plaisirs sensibles et de bonheur, de divertissement et de jouissances ? Il y a, comme on va le voir, à cela des raisons de fond, des raisons plus profondes qu'il n'y paraît à première vue parce qu'elles engagent en vérité, comme toute doctrine du salut, un certain rapport à la mort et à l'éternité. Ce n'est pas, contrairement à ce que dit Nietzsche de manière un peu trop facile, par peur du sensible, du corps, voire du sexe, que Platon se réfugierait dans la vie avec la pensée, mais parce que c'est le seul mode de vie qui nous permette d'accéder, pour nous les mortels, à une certaine forme d'éternité. Même s'il distinguait nettement éternité et immortalité, Spinoza, comme nous verrons dans l'exposé que je lui consacrerai plus tard, n'aurait pas désavoué Platon sur ce point.

Platon explique, en effet, dans le *Timée* que, lorsqu'on vit avec la pensée, lorsqu'on parvient à vivre philosophiquement, on entre dans une certaine forme d'éternité, au sens où, comme le dira aussi Spinoza, le sage meurt finalement moins que le fou. Comme je vous l'ai dit au début de ce chapitre, le sage – celui qui parvient à la vie philosophique authentique – n'est pas le philosophe. Le philosophe cherche la sagesse, donc il n'est pas *dans* la sagesse. Le sage, c'est celui qui, comme Socrate, n'écrit pas des livres : il est dans la vie même, pas dans le « commentaire sur », il pratique la sagesse, il ne la cherche pas. Dans ce jeu de rôle qui les unit et les sépare sans cesse, Platon est le philosophe, Socrate est le sage.

Le sage est celui qui parvient à vivre dans le monde intelligible. Et comme ce monde intelligible est éternel – les idées sont éternelles, elles sont vraies une fois pour toutes – on peut considérer que le sage mourra à peine : il est presque immortel, puisqu'il est déjà dans l'éternité. On oppose souvent Spinoza à Platon, mais c'est en l'occurrence une erreur – sur ce point, ils sont très proches.

Mourir entièrement ou participer à l'immortalité

Je vous cite le texte de Platon qui dit à mon sens tout cela de la façon la plus claire et la plus profonde. Il est très beau et il doit maintenant vous paraître limpide parce qu'il reprend tout ce que je vous ai dit sur les différentes parties du corps et de l'esprit. Cet extrait du *Timée* est tout à fait significatif de la pensée platonicienne :

> Dieu nous l'a donné, ce *noûs* [cette intelligence, cette partie de la tête] comme un génie, et c'est le principe que nous avons dit logé au sommet de notre corps – c'est-à-dire dans la tête – et qui nous élève de la terre vers notre parenté céleste, car nous sommes une plante du ciel, non de la terre. Nous pouvons l'affirmer en toute vérité. Car dieu a suspendu notre tête et notre racine à l'endroit où l'âme fut primitivement engendrée et ainsi, il a dressé tout notre corps vers le ciel.

Maintenant, écoutez bien la suite :

> Or, quand un homme s'est livré tout entier à ses passions, ou à ses ambitions, et applique tous ces efforts à les satisfaire [il s'agit là, bien sûr, de celui qui vit de manière folle, non sage, dans le sensible, dans le corps, dans la volonté d'acquérir le pouvoir pour dominer les autres] [...] quand un homme s'est exercé tout entier à ses aspects corporels sensibles et mortels de la vie

humaine, rien ne lui fait défaut pour devenir entièrement mortel.

En clair, lui, il va mourir entièrement. Ayant consacré toute sa vie à la partie mortelle de l'homme, il va mourir complètement, puisque c'est à cela qu'il s'est exercé.

> Mais lorsqu'un homme s'est donné tout entier à l'amour de la science [c'est-à-dire à l'amour des idées, de la vérité selon la *philo-sophia*] et à la vraie sagesse et que, parmi ses facultés, il a surtout exercé celle de penser à des choses immortelles et divines, s'il parvient à atteindre la vérité, il est certain que, dans la mesure où il est donné à la nature humaine de participer à l'immortalité, il ne lui manque rien pour y parvenir.

La condition humaine

Où l'on retrouve l'idée que le but de la philosophie, comme le but du voyage d'Ulysse, est de parvenir autant qu'il est possible, en s'ajointant à soi-même comme à l'ordre intelligible ou naturel du monde, à l'immortalité – en étant authentiquement soi-même, en vivant dans ce que l'homme a de plus authentique, de plus spécifique, c'est-à-dire dans la vie intellectuelle, philosophique, avec les idées, « avec la pensée », comme dira Hannah Arendt. Là encore, on voit que le fou meurt plus que le sage, le sage meurt moins que le fou – ce qui donne une idée du but de la philosophie comme doctrine du salut, comme ce qui nous sauve, sinon de la mort, du moins de la peur qu'elle engendre chez l'ignorant.

Voyez comme le point est crucial : on mesure ici combien le but de la philosophie est, au fond, le même que celui de la religion. Mais dans la philosophie, dans la spiritualité laïque, on cherche à l'atteindre par soi-même, par les moyens du bord, et en acceptant quand même cette part de mortalité qui est inhérente à la condition humaine.

Une influence incomparable dans l'histoire de la pensée

En guise de conclusion, je ferai deux remarques, mais il y aurait tellement plus à dire…

La première, c'est que cette théorie de la vérité à trois temps – la connaissance initiale, avant la naissance, des idées vraies dans leur pureté, ensuite la chute avec la naissance, et puis le retour progressif et douloureux vers l'équilibre perdu, vers le stade antérieur, vers le premier stade – marquera toute l'histoire de la philosophie jusqu'à Marx et même Heidegger.

Regardez par exemple la philosophie de l'histoire de Marx : curieusement, sans que Marx ait évidemment la moindre idée qu'il est platonicien, sa philosophie de l'histoire commence par le communisme primitif, une société dans laquelle il n'y a pas de propriété privée, pas encore, donc, de lutte des classes ni d'État pour assurer la domination de la classe dominante et l'exploitation de l'homme par l'homme. Puis vient la rupture, la chute, avec l'apparition des premières formes de propriété privée, donc les premiers conflits de classes. Alors commence la succession des divers modes de production qui vont s'enchaîner dans l'histoire jusqu'au retour à l'équilibre, jusqu'au retour à l'origine perdue, à une société sans propriété et sans lutte des classes, à ceci près bien sûr, que le communisme final s'est enrichi de toute l'histoire passée. Et, comme chez Platon, le chemin vers la vérité ultime est douloureux...

Cette structure ternaire, aussi curieusement que cela puisse paraître, est encore présente même chez Nietzsche et Heidegger : on rencontre chez eux l'idée qu'il y eut une période – celle des « grands Hellènes » pour Nietzsche, des présocratiques chez Heidegger – où la philosophie était « plus vraie », plus authentique, où, pour parler comme Heidegger, la question de l'Être était encore posée. Puis vient la chute, l'oubli de l'Être : c'est la naissance de la métaphysique de la subjectivité. Enfin, on nous promet un retour lent vers la redécouverte de la question oubliée, vers l'authenticité des premiers temps, avec le dépassement des illusions de la métaphysique....

Tout se passe comme si aucun philosophe, après Platon, ne pouvait parvenir à se débarrasser complètement de sa théorie de la vérité, même quand ils sont matérialistes comme Marx, même quand ils sont déconstructeurs comme Nietzsche et Heidegger. Sans pouvoir aller plus loin ici, disons seulement qu'il y a une très grande puissance du platonisme.

Postérité chrétienne

Il y aura aussi, bien évidemment, c'est ma seconde et dernière remarque, une postérité chrétienne considérable, notamment (mais pas seulement) à travers l'œuvre de saint Augustin, l'un des premiers grands théologiens chrétiens. Saint Augustin est clairement un héritier de Platon. Bien sûr, il rompt aussi avec Platon, puisqu'il considère que seule la religion peut conduire à la vie bienheureuse et que la philosophie, qui la refuse, pèche par arrogance. Pourquoi ? Parce que les philosophes, justement, prétendent toujours s'en tirer par eux-mêmes au lieu de faire appel à Dieu et d'avoir l'humilité de s'en remettre avec foi et confiance entre les mains de la providence. Augustin apostrophe toujours les philosophes néoplatoniciens par ces mots : « Vous, les superbes ! », c'est-à-dire : « Vous, les orgueilleux ! » Néanmoins, le fond de la philosophie augustinienne est platonicien, et l'Église catholique sera très fortement marquée par la philosophie de Platon, notamment par la distinction entre les deux mondes, le monde sensible et le monde intelligible.

On connaît d'ailleurs la fameuse formule de Nietzsche : « Le christianisme, c'est du platonisme pour le peuple. » Et de fait, même si Nietzsche, comme souvent, pèche par un côté lapidaire, le dualisme chrétien est très largement inspiré de Platon. Lorsque nous aborderons l'œuvre de Nietzsche, nous verrons comment il critique ce dualisme en le dénonçant comme une forme de nihilisme. Mais ce sera pour une autre fois...

2
ARISTOTE

Aujourd'hui, je vais tenter, comme je l'ai fait pour Platon, de vous donner les idées principales, les lignes de force ou, pour reprendre la métaphore que j'utilisais la dernière fois, les « clés du château », indispensables pour visiter ce magnifique palais qu'est la philosophie d'Aristote.

Aristote est né vers 385 à Stagire, une petite ville de Macédoine située non loin de l'actuel mont Athos, ce qui lui vaut d'être souvent appelé le « Stagirite ». Il est issu d'une famille où l'on était médecin de père en fils. Son père, Nicomaque (le nom qu'Aristote donnera aussi à son fils), soignait le roi Amyntas II, qui était lui-même le père de Philippe de Macédoine et, par conséquent, le grand-père du futur Alexandre le Grand.

Comme tant d'autres jeunes gens intéressés par la vie de l'esprit, Aristote vient étudier à Athènes vers 366, vers l'âge de dix-sept/dix-huit ans, et jusqu'à la mort de Platon, il sera élève de l'Académie avant d'y entrer comme chargé d'enseignement. Avant de mourir, Platon avait désigné pour lui succéder son neveu Speusippe alors qu'Aristote rêvait de prendre sa place. En a-t-il été meurtri ou a-t-il pris acte de divergences désormais insurmontables ? Toujours est-il qu'il abandonne définitivement l'Académie pour s'installer à Assos pendant deux ou trois ans, à la cour du tyran d'Atarnée, Hermias, un vieil ami et probablement lui aussi ancien étudiant de l'Académie. Hermias ayant entrepris de résister au joug des Perses, la situation politique devient précaire. Aristote se réfugie alors à Mytilène, dans l'île voisine de Lesbos, où il fonde une école. Il consacrera un hymne à son ami Hermias, mis à mort par les Perses.

En 342-343, Aristote est appelé à Pella, la capitale de la Macédoine, par le roi Philippe II, qui lui confie l'éducation du jeune Alexandre, lequel a quatorze ans. Il y reste huit années, à propos desquelles on ne sait à peu près rien. À la mort de Philippe II, en 335, Alexandre devient roi et Aristote revient à Athènes. Il décide alors de fonder sa propre école et s'installe dans le Portique d'Athènes consacré à *Apollon Lyceios*. D'où le nom donné à cette institution désormais rivale de l'Académie : le « Lycée ». On l'appelait également *Péripatos*, sorte de péristyle où l'on se promenait en discutant, ce qui a conduit à désigner les disciples d'Aristote comme des « péripatéticiens ».

Aristote y enseigne douze ans. À la mort d'Alexandre, en 323, une réaction antimacédonienne se produit à Athènes. Suspect de « macédonisme », Aristote se voit impliqué dans un procès pour impiété : on lui reproche d'avoir immortalisé un mort, Hermias, en lui consacrant un hymne. Aristote choisit de quitter Athènes afin, aurait-il dit, d'éviter aux Athéniens de « commettre un nouveau crime contre la philosophie ». Il se réfugie à Chalcis, la ville natale de sa mère, où il meurt l'année suivante, en 322, à l'âge de soixante-trois ans.

Les œuvres d'Aristote telles que nous pouvons les lire aujourd'hui n'ont pas été publiées par lui-même. Ses œuvres publiées, sans doute des dialogues de facture platonicienne, sont perdues. Les textes auxquels nous avons accès sont en fait des notes rédigées en vue de l'enseignement qu'il réservait à ses seuls élèves (on les nomme pour cette raison « traités ésotériques »). Leur style peut paraître ennuyeux au regard de la séduction littéraire exercée par les dialogues de Platon. Après une pérégrination assez rocambolesque, les originaux d'Aristote parviendront jusqu'à Rome, où un grammairien Grec, Tyrannion d'Amisos, sera chargé de les mettre en ordre.

Ce travail sera poursuivi par Andronicos de Rhodes, auquel on doit, vers 60 avant J.-C., soit près de trois siècles après la mort du philosophe, la première édition scientifique de son œuvre. Formé aux méthodes de la philologie alexandrine, Andronicos a déterminé la forme et les titres des textes tels qu'ils se présentent à nous aujourd'hui. La *Métaphysique*, par exemple (une notion qui signifie « après la physique » : *Méta ta phusika*) est un titre dont Aristote n'est pas l'auteur, mais qui indique une place dans l'ordre didactique de présentation des livres conçu par Andronicos. Cet ordre ne correspond évidemment pas à l'ordre chronologique de leur composition : la *Métaphysique* d'Aristote comprend ainsi une douzaine de petits traités rédigés à des moments et dans des contextes différents. Si c'est au travail d'Andronicos que l'on doit la formidable postérité d'Aristote dans les mondes grec, latin, byzantin, islamique et chrétien médiéval, il n'en interféra pas moins entre les intentions du philosophe et le lecteur, ce qui donnera matière à diverses interprétations.

IMPORTANCE DE LA *THÉOGONIE* D'HÉSIODE : MYTHOLOGIE ET PHILOSOPHIE

Aristote est donc au départ un élève de Platon. Plus tard, des divergences profondes vont apparaître, notamment sur la théorie des idées, comme nous le verrons dans un instant, ce qui explique le mot qu'on prête à Aristote, un mot devenu célèbre après sa mort, selon lequel il aurait été « l'ami de Platon, mais plus encore de la vérité ». Il fut donc, au IVe siècle avant J.-C., ce qu'on pourrait nommer un disciple « dissident » de l'Académie.

Comme je vous l'expliquais à propos de Platon, la philosophie d'Aristote constitue, elle aussi, une reprise des grands thèmes de la mythologie grecque, mais sous une forme rationnelle et conceptuelle. Avec Aristote comme avec Platon, on passe du mythe à la raison – du *mythos* au *logos* –, et ce passage d'un récit littéraire et mythologique à un récit rationnel et conceptuel fut probablement dû au fait que la démocratie s'installait en Grèce, obligeant ceux qui « fabriquent » les lois à argumenter sur la place publique, sur l'agora : la nécessité de l'argumentation démocratique pour défendre ses opinions sur une matière législative, pour les argumenter et si possible les démontrer, voilà sans doute la raison profonde du passage de la mythologie à la philosophie dans le monde grec. Mais chez Aristote comme chez Platon, nous allons voir que si la forme varie – la forme philosophique est différente de la forme mythique –, le contenu demeure très largement le même.

Pour comprendre la vision du monde qui est celle d'Aristote, pour comprendre sa cosmologie et sa physique, il n'est donc pas inutile de repartir des grands mythes fondateurs, notamment d'un texte magnifique : la *Théogonie* d'Hésiode, poète du VIIe siècle avant J.-C. Il s'agit, avec l'*Odyssée* d'Homère, d'un des premiers textes écrits en grec. Le mot « Théo-gonie » signifie simplement : « naissance des dieux ». Dans la mythologie, la naissance des dieux ne se distingue pas de la naissance du monde, de la naissance de ce que les Grecs nomment le « cosmos ». Pour employer les termes grecs, on peut dire que la « théo-gonie » est une « cosmo-gonie ». Qu'est-ce que cela signifie ? Tout simplement que dans la mythologie, les dieux incarnent des parties de l'Univers, ils personnifient pour ainsi dire des « morceaux du cosmos » : la déesse qu'on appelle Gaïa, par exemple, n'est pas seulement une divinité, elle est aussi la Terre elle-même ; Ouranos, c'est le Ciel, Pontos les Eaux des fleuves, Tartare, dieu des Enfers, se confond avec les entrailles de Gaïa, avec les sous-sols de la Terre, etc. Raconter, comme le fait Hésiode dans son poème, la naissance des dieux, c'est donc tout aussi bien raconter la naissance du monde, du cosmos.

Or, l'idée de cosmos renvoie dans la culture grecque, dans la mythologie d'abord, puis, comme nous allons le voir, dans la philosophie, à l'idée que l'Univers n'est pas un désordre, un chaos, mais tout au contraire un ordre harmonieux, juste, beau et bon. Il faut dire que quand on vit dans les îles grecques, il doit être assez facile de se représenter le monde comme une belle et harmonieuse organisation. Cette conception du monde comme cosmos harmonieux est thématisée pour la première fois dans la *Théogonie* d'Hésiode. Je voudrais vous montrer comment la philosophie d'Aristote va reformuler le récit fondateur de la *Théogonie* en termes rationnels, sécularisés, non religieux, sans faire appel aux dieux (ou en tout cas beaucoup moins et sur un autre mode que dans la mythologie), bref, de manière philosophique et non plus mythologique. Et comme l'histoire de la naissance des dieux et du monde telle que la raconte Hésiode est tout simplement magnifique, je vous propose de nous y arrêter un instant pour commencer.

Naissance de l'ordre cosmique harmonieux selon Hésiode

Dans la *Théogonie*, Zeus, le roi des dieux, le dieu des dieux, va installer l'ordre cosmique en combattant le chaos initial.

C'est en effet par la guerre contre les premiers dieux (les Titans), que Zeus va être à l'origine de la création d'un ordre cosmique harmonieux, juste, beau et bon. Mais il faut que vous compreniez bien d'entrée de jeu que cette histoire de la création du cosmos n'a rien d'une anecdote. Ce n'est pas non plus une approximation vague ou encore enfantine de la science moderne (au sens où les Grecs, comme on l'a longtemps dit, seraient « l'enfance de l'humanité »), mais elle représente en réalité un enjeu philosophique majeur qu'il vaut mieux que vous ayez tout de suite à l'esprit si vous voulez bien comprendre la naissance de la pensée philosophique aussi bien chez Platon que chez Aristote.

En effet, si la vie bonne consiste à trouver sa place dans l'ordre cosmique – comme dans l'*Odyssée* d'Homère, lorsque Ulysse trouve sa place dans le monde à Ithaque, où il est enfin chez lui, réconcilié avec les siens –, si la sagesse se définit en termes de réconciliation avec le cosmos, encore faut-il que ce cosmos existe au préalable. Sans cosmos, sans ordre juste et harmonieux qui préexiste aux hommes, pas de vie bonne possible ! Notez, du reste, que la *Théogonie* et l'*Odyssée* ont la même structure : dans les deux cas, on va de la guerre à la paix, du chaos au cosmos, du désordre à l'ordre, du conflit et de la haine à la réconciliation et à l'amour, bref, de la vie mauvaise à la vie bonne.

Voilà pourquoi il est essentiel de bien comprendre pourquoi et en quel sens déjà philosophique, même si le récit est encore mythique, la *Théogonie* d'Hésiode nous montre comment le cosmos harmonieux s'est construit et comment, une fois institué, il est garanti par Zeus pour l'éternité, permettant ainsi aux hommes de trouver le sens de leur vie, d'accéder à la vie bonne entendue comme réconciliation avec l'ordre du monde. Encore une fois : la construction d'un cosmos harmonieux, d'un monde bien organisé est la première condition, la condition préalable à toute quête de la vie bonne, donc à toute quête philosophique.

La théogonie d'Hésiode décrit la naissance de ce monde harmonieux, de ce cosmos bien organisé, mais cette naissance, comme vous allez le voir, est difficile. Elle ne va pas de soi. Comme dans l'histoire d'Ulysse, l'harmonie n'est pas donnée au départ. Au contraire, tout commence, ici aussi, avec le chaos et avec la guerre. L'harmonie et la paix sont des conquêtes difficiles, pas des réalités données dès l'origine. Voyons donc comment Hésiode décrit cette longue histoire de la naissance du cosmos harmonieux auquel les humains vont pouvoir s'ajuster s'ils veulent être enfin sages et heureux. En quoi on voit déjà comment la mythologie annonce la définition de la philosophie comme *philo-sophia*, comme quête ou comme recherche « amoureuse » de la sagesse.

Je vais bien entendu me borner ici aux grands moments de cette histoire, à ses principales articulations. Je vais me concentrer sur les événements et les personnages principaux, mais sachez qu'il y a aussi dans ce récit des personnages secondaires à foison. Je ne vous indiquerai que ce qui est nécessaire, mais aussi suffisant, pour comprendre le sens philosophique de la naissance des dieux et du monde harmonieux.

Au commencement, il n'y a pas le Verbe, le *logos* rationnel, divin et harmonieux, comme dans l'Évangile de Jean. Au contraire, la première divinité, celle qui précède vraiment toutes les autres et qui naît bien avant Zeus, s'appelle « Chaos » – soit tout le contraire du *logos* harmonieux, tout le contraire du cosmos final, de l'ordre cosmique auquel on va aboutir après la guerre des dieux.

Chaos n'est pas encore une divinité personnelle, ce n'est pas une personne. Il n'a pas de visage, pas de caractère, pas de conscience. C'est juste un abîme, un trou noir, une espèce de puits sans fond, un lieu où tout est indistinct (*apeiron*, en grec : sans délimitation). Si vous voulez vous faire une idée plus concrète de

Chaos, pensez à ces rêves, à ces cauchemars que nous faisons tous un jour ou l'autre, où l'on tombe sans fin, sans pouvoir jamais s'arrêter. Chaos, c'est exactement cela. C'est un trou noir, et si vous tombiez dedans, rien ne pourrait plus jamais arrêter votre chute.

Fort heureusement, une deuxième divinité apparaît – on ne sait pas trop comment, c'est une sorte de miracle. Cette divinité est comme la rose du poète : elle est « sans pourquoi », elle n'a pas d'explication, c'est le « miracle de l'Être », pour parler comme Heidegger. Elle s'appelle Gaïa, la Terre. En tout cas, une fois qu'elle est là, ce qui est certain, c'est qu'elle est tout le contraire de Chaos. Gaïa, elle, ne vous laisse pas tomber. Dans tous les sens du terme. C'est du solide. Si vous posez le pied sur elle, elle vous soutient. C'est à la fois la Terre, mais c'est aussi la mère sur laquelle on peut compter, sur laquelle on peut s'appuyer. C'est d'elle que vont sortir quasiment toutes les autres divinités, à commencer par la troisième : Ouranos, le Ciel.

Gaïa engendre Ouranos à partir d'elle-même, avec ses propres forces. Elle le tire d'elle-même, sans avoir besoin pour cela ni d'un mari ni d'un amant. Mais une fois qu'Ouranos est né, justement, il devient son amant. Ouranos, le Ciel, est pour Gaïa comme une seconde peau. Il est en permanence couché sur elle. Il n'y a pas un centimètre carré de Gaïa qui ne soit recouvert par un centimètre carré d'Ouranos. En mathématique, on dirait que ce sont deux « ensembles identiques », symétriques, un peu comme les deux mains qui se recouvrent parfaitement. Ouranos passe son temps à faire l'amour à sa femme – qui est aussi sa mère : on est dans l'inceste le plus total, mais au début, évidemment, il n'y a pas moyen de faire autrement.

À force de faire l'amour avec Gaïa, Ouranos lui fait toute une série d'enfants. Il y en a trois lignées principales, trois types de frères et sœurs différents, trois catégories majeures dans la fratrie :

1. D'abord, il y a les douze Titans – six hommes et six femmes. Ils sont terribles. Ils possèdent une force inimaginable, « titanesque » comme on dit encore de nos jours dans le langage courant. Ils sont bien sûr, comme tous les dieux, immortels, donc totalement indestructibles. Ce sont des espèces de « terminator », d'une beauté mais aussi d'une violence absolues. Ce sont des êtres de guerre, et ce pour une raison de fond : ce sont les premiers dieux personnels et, en tant que premiers dieux, ils sont encore très proches du chaos originel, donc très proches de la violence et de la guerre. On les appelle aussi les dieux « chtoniens » parce qu'ils sont sortis de la terre (*Chthôn*), parce qu'ils sont des « autochtones » ;

2. Ensuite, il y a les trois Cyclopes (à ne pas confondre avec les Cyclopes qu'Ulysse croise pendant son voyage de retour à Ithaque) dont les noms sont parlants : ils s'appellent Foudre, Tonnerre et Éclair. On verra plus tard qu'ils vont donner leurs armes à Zeus, quand Zeus fera la guerre contre les Titans ;

3. Enfin, la troisième catégorie des enfants d'Ouranos et de Gaïa est celle de ces géants terrifiants qu'on appelle les « Hécatonchires », ce qui en grec veut simplement dire les « Cent-Bras », parce que ce sont des espèces de monstres qui possèdent chacun cent bras immenses, gigantesques. Les « Cent-Bras » sont encore plus violents et plus forts, si c'est possible, que les Titans…

Or tous ces enfants – les douze Titans, les trois Cyclopes et les trois « Cent-Bras » – sont enfermés dans le ventre de Gaïa comme dans une prison. Ils sont des prisonniers, ils ne peuvent pas sortir des entrailles de leur mère. Pourquoi ? Tout simplement parce que Ouranos, leur père, ne veut surtout pas prendre le risque de les laisser voir le jour. Il les déteste *a priori*. À vrai dire, comme vous l'avez sans doute déjà compris, Ouranos a peur de ses enfants. Il a peur qu'ils ne lui prennent sa place, qu'ils ne lui prennent sa femme et son pouvoir. Ouranos reste donc collé à Gaïa. Il la couvre si bien qu'il ne laisse aucun espace pour que les petits puissent sortir et voir le jour.

Mais Gaïa est furieuse. Elle en a assez, par-dessus la tête de ce mari – ou de ce fils, Ouranos, encore une fois, est les deux – qui ne veut pas laisser ses enfants la quitter. En plus, son ventre est devenu énorme, et il lui fait mal. Et puis elle aimerait tout de même bien voir la tête qu'ils ont, ces enfants. Alors Gaïa a une idée. À l'intérieur de son ventre, elle s'adresse à ses fils. Elle leur tient ce langage : « Y en a-t-il un parmi vous qui aura le courage de nous débarrasser d'Ouranos, de nous débarrasser enfin de ce père indigne qui ne veut pas vous laisser sortir de mon ventre pour voir le jour ? Si vous voulez sortir, si vous voulez naître et voir la lumière, je vous y aiderai. »

Et c'est le cadet des Titans, le plus jeune d'entre eux, le petit Kronos, qui répond « oui » à sa mère. Il est prêt à combattre son père, Ouranos, à en débarrasser l'Univers. Alors Gaïa fabrique en son sein un couteau, à vrai dire une petite faucille en métal. Elle la donne à son fils, Kronos, et quand Ouranos fait à nouveau l'amour avec elle, quand il plonge son sexe en elle, Kronos saisit le sexe de son père de sa main gauche et il le tranche avec la serpe – selon la mythologie c'est à cause de cet épisode que la main gauche deviendra pour toujours la mauvaise main, la *sinistra* des Latins.

Le sexe coupé d'Ouranos donnera encore lieu à trois autres naissances :

1. Celles des Érinyes, d'abord, qu'on appelle les « bienveillantes » (les « Euménides » qui deviendront les « Furies » des Romains), qu'on nomme ainsi par antiphrase : ce sont des êtres effrayants, voués exclusivement à la vengeance : elles ont pour mission de venger les crimes commis dans les familles, celui de Kronos envers son père Ouranos étant le premier et le modèle de tous les autres. Ce sont elles qui emporteront le malheureux Œdipe dans les sous-sols de la Terre à la fin de sa triste existence ;

2. Ensuite, du sang d'Ouranos mélangé à Gaïa, naissent les Méliennes (ou Méliades) qui sont des nymphes de la guerre qui règnent sur les frênes, les arbres dans lesquels on fabrique les armes de combat, les lances et les flèches ;

3. Enfin, Kronos a jeté le sexe de son père dans l'eau et de lui s'écoule lentement une espèce d'écume qui se mélange à l'écume de la mer : de ce mélange va naître la fille de l'*aphros* (l'écume), c'est-à-dire Aphrodite, la déesse de la Beauté et de l'Amour, qui va atterrir à Cythère, puis s'installer à Chypre...

Notez bien, avant que je n'en vienne à la fin de cette histoire, que cette castration d'Ouranos va symboliser la naissance de l'espace et du temps. N'oubliez pas la problématique de départ : nous sommes toujours dans un récit de la construction du monde, et la naissance de l'espace, comme celle du temps, en font évidemment partie. Dans ce contexte, en effet, la castration d'Ouranos explique d'abord la naissance de l'espace : sous le coup de la douleur que lui cause la castration, Ouranos se décolle enfin de Gaïa. Le Ciel s'écarte ainsi de la Terre pour laisser un espace libre entre les deux. Ouranos cesse de couvrir Gaïa, de la coller en permanence. Il s'enfuie en hurlant « vers le haut », là où il est aujourd'hui, et il devient une espèce de « plafond du monde ». Ça, c'est la naissance de l'espace.

Mais justement, c'est dans cet espace nouveau que les enfants vont pouvoir sortir du ventre de leur mère : la castration d'Ouranos est donc aussi la naissance du temps, de l'histoire, car c'est seulement maintenant que les enfants vont pouvoir avoir eux-mêmes des enfants. C'est donc seulement maintenant que les générations d'enfants vont pouvoir se succéder, ce qui sera l'histoire même. Avant la castration d'Ouranos, le temps, l'histoire étaient pour ainsi dire arrêtés, bloqués. La naissance des Titans symbolise ainsi la naissance de la succession des générations. Kronos avec un K va devenir Chronos avec un « Ch », c'est-à-dire le dieu du Temps (Saturne en latin).

La suite de l'histoire est vraiment magnifique, du moins dès qu'on en comprend la signification philosophique véritable.

Kronos va épouser une de ses sœurs, une « titanide » du nom de Rhéa. Et avec elle, il va avoir à son tour six enfants. Mais comme son père Ouranos, il se méfie d'eux. Il faut dire qu'il est bien placé pour savoir que les enfants sont dangereux, lui qui a coupé le sexe de son propre père ! Kronos décide donc de manger ses propres enfants, avant qu'ils ne commencent à grandir – en fait, c'est là aussi, comme le soulignera Cicéron dans un des ouvrages qu'il consacre aux dieux de la mythologie, un symbole du temps qui « se mange » pour ainsi dire lui-même en permanence : les années mangent les jours, les jours mangent les heures, les heures dévorent les minutes, qui dévorent les secondes, etc. Voyez, on croit parfois à première vue qu'il s'agit d'histoires simples, de contes de fées, alors qu'en réalité, la mythologie grecque est remplie à n'en plus finir d'idées philosophiques. Mais continuons…

Donc, Kronos dévore ses enfants. Mais, Rhéa, comme Gaïa, sa mère, en a elle aussi plus qu'assez, elle en a par-dessus la tête d'un mari qui mange ses enfants ! Elle aussi aimerait bien les voir, les connaître. Alors, Rhéa décide de sauver le petit dernier, le cadet là encore – et on va voir dans un instant qu'il s'agit de Zeus, de ce roi des dieux qui va construire le cosmos et mettre fin au chaos.

Pour que Kronos ne dévore pas son dernier enfant, Zeus, Rhéa le cache dans une grotte, dans une caverne profonde et bien gardée. Et elle fait tout cela avec l'aide de sa mère, Gaïa, qui a aménagé cet espace protégé en son sein. Puis elle met une pierre dans les linges, dans les couches du petit Zeus, et elle fait manger le caillou à Kronos. Kronos, apparemment pas très gastronome, avale le tout sans souci. Et pendant ce temps-là, le petit Zeus grandit dans sa grotte, dans sa caverne bien cachée, où il est soigné par une chèvre magique, la fameuse chèvre Amalthée, avec sa « corne d'abondance » d'où coulent des nourritures divines.

Le petit Zeus grandit donc très vite et très bien à l'abri des fureurs de son père, Kronos. Il devient un adolescent magnifique, puis un jeune adulte d'une beauté et d'une force incomparables. Zeus va alors décider de faire la guerre à son père pour libérer ses frères et sœurs qui sont encore en vie dans le ventre de Kronos (puisqu'ils sont immortels). Ce sera la fameuse « guerre des dieux » dont parlera encore Max Weber, guerre entre la première génération des dieux, celle des Titans, et la seconde, celle de Zeus et de ses frères et sœurs, ceux qu'on va appeler les Olympiens parce qu'ils font la guerre depuis le mont Olympe.

Une dernière précision avant de nouer tous les fils de cette histoire et de vous en raconter la fin : Kronos ne se méfie pas seulement de ses enfants, mais aussi de ses frères. C'est pour cela qu'il a fait enfermer les Hécatonchires et les Cyclopes au fond de la Terre, dans un lieu effrayant, sombre, froid et humide qu'on appelle le « Tartare ».

Zeus, qui est non seulement d'une force gigantesque mais aussi d'une intelligence sans limites (il faut dire qu'il a avalé Métis, sa première femme – Métis c'est la ruse et l'intelligence à la fois) – donc Zeus, sur le conseil de Métis, a l'intelligence de libérer les Cyclopes et les Hécatonchires. Il les fait sortir de la prison du Tartare et, du coup, les Cyclopes et les Hécatonchires deviennent ses alliés, ses amis reconnaissants. C'est comme cela que les Cyclopes vont offrir leurs armes à Zeus : la foudre, l'éclair et le tonnerre et c'est en grande partie grâce à eux que Zeus va gagner la guerre contre les Titans.

Je laisse de côté le détail de cette guerre et j'en viens à sa conclusion qui donne tout le sens philosophique de cette histoire.

Dès que Zeus a gagné la guerre contre les Titans, dès qu'il les a fait enfermer à leur tour dans le Tartare, derrière d'énormes portes de bronze gardées par le chien Cerbère et par les Cent-Bras, il va faire quelque chose de très important, il va prendre une décision qui va être tout simplement le fondement de la philosophie grecque : il va décider de partager le monde de manière juste, selon la justice. Il va le partager entre tous les dieux qui l'ont aidé et avec leur accord. Zeus agit ici non seulement selon la ruse (Métis, sa première femme), non seulement avec la force que lui donnent les Cyclopes, mais il agit en plus selon la Justice, Thémis, qui est, il faut s'en souvenir ici, sa deuxième femme. On peut donc dire pour résumer que *c'est grâce à la ruse et à la force qu'il gagne la guerre, mais que c'est grâce à la justice qu'il va conserver la victoire.*

Zeus partage donc le monde selon la justice et c'est de ce partage originaire, cet *Ur-teil*, comme dit si bien l'allemand, que le cosmos va naître. Comme le dira plus tard la devise fondamentale du droit romain, la justice consiste, comme l'a fait Zeus, à « rendre à chacun le sien », c'est-à-dire à donner à chacun sa juste part, ce qui lui revient selon sa place dans le cosmos. Avec ce partage originaire du monde, Zeus récompense les bons et punit les méchants selon la justice. Il enferme les Titans dans le Tartare, et il donne à chacun des autres dieux la partie du monde, du cosmos, qui lui revient : la mer à Poséidon, la terre à Gaïa, le ciel à Ouranos, les sous-sols à Hadès, les saisons et les moissons à Déméter, etc. Et c'est de ce juste partage que *naît enfin l'idée d'un monde harmonieux*, totalement à l'opposé du chaos initial, l'idée d'un cosmos équilibré, bien organisé comme un organisme vivant où chaque membre, chaque organe est à sa place.

Et c'est ce monde que les philosophes grecs vont désigner sous le nom de Cosmos. C'est de lui qu'ils vont dire, comme chez les stoïciens, qu'il est à la fois divin et logique, divin parce que fait par les dieux et non par les hommes, mais logique, parce qu'il est compréhensible par la raison. Or c'est lui, *c'est ce cosmos qui va servir à définir la vie bonne*, à définir le sens de la vie, comme dans l'histoire d'Ulysse : la vie bonne c'est la vie en harmonie avec le cosmos, en harmonie avec l'harmonie. Le sens de la vie va donc du chaos vers l'ordre cosmique, comme chez Ulysse aussi, de la guerre des dieux à la paix, d'Éris à Ithaque. Et vous comprenez bien que pour pouvoir définir la vie bonne comme un ajustement à ce qui est juste, comme une mise en harmonie de soi avec l'harmonie du monde, il fallait d'abord au moins que cet ordre, ce cosmos existât ! C'est maintenant chose faite.

Tous les mythes grecs, presque sans exception, vont tourner désormais autour de la même question : comment maintenir cet ordre, ce cosmos, face aux résurgences toujours possibles des forces titanesques, des forces originaires du chaos et du désordre ? Voyez, par exemple, les fameux travaux d'Héraclès, celui qu'Hésiode présente comme un « lieutenant » de Zeus : chaque fois, il s'agit pour le héros de rétablir l'ordre initialement instauré par le jugement de Zeus, cet ordre que des monstres menacent de perturber ou de détruire. Où l'on voit que la culture commune des Grecs devait véhiculer une idée déjà assez nette du cosmos. Les forces du désordre peuvent s'incarner dans des monstres, comme ceux contre lesquels Héraclès doit lutter. Elles peuvent aussi s'incarner dans les humains qui, depuis que Prométhée leur a donné le feu et les arts, pèchent par *hybris*, par orgueil, par arrogance et par démesure – thème qu'on retrouvera encore bien des siècles plus tard dans l'écologie contemporaine où l'homme est défini comme le seul animal capable d'*hybris*, comme le seul être qui soit susceptible de ne pas rester à sa place au point de menacer, voire de dévaster l'ordre cosmique si durement conquis…

Je ne vais pas rentrer dans le détail de ces mythes, mais, encore une fois, ils sont tous, comme je l'ai montré dans un de mes livres, des variations sur ce thème fondateur.

Théôria : la *Physique* d'Aristote ou le passage du mythe à la raison

Après avoir retracé l'histoire de la naissance du monde, du Cosmos, telle qu'Hésiode la raconte de manière poétique, voyons comment la *Physique* d'Aristote va reprendre, mais cette fois-ci de manière rationnelle et sécularisée, l'idée selon laquelle le monde, l'ordre cosmique global, ressemble à un magnifique organisme vivant.

L'harmonie du Cosmos

Disons les choses simplement : quand un biologiste ouvre le ventre d'une souris, d'une grenouille ou d'un lapin, que voit-il ? Non pas un chaos – ce fameux chaos initial –, mais un ordre magnifique. C'est exactement ce type d'ordre que les Grecs appellent « cosmos », c'est-à-dire une organisation harmonieuse au sein de laquelle chaque chose est parfaitement à sa place. Le cœur, la rate, les poumons, les yeux : non seulement chaque organe est en lui-même une sorte de perfection, mais tout est bien en place, bien en ordre – de sorte que l'organisme vivant est plus beau, plus juste, plus harmonieux que toutes les machines artificielles construites par les humains. En cela réside fondamentalement l'idée de cosmos, que le jugement de Zeus, le partage originaire du monde qui fait suite à la guerre des dieux, léguera, *via* Hésiode, à Platon, Aristote et, plus tard, aux stoïciens.

Pour une large part, la *Physique* d'Aristote, une œuvre grandiose qui a influencé la pensée religieuse et philosophique jusqu'à la « révolution scientifique » du XVIIe siècle (pratiquement jusqu'à Galilée et Newton), va consister dans une présentation conceptuelle, rationnelle, sécularisée (sans les dieux), de l'idée cosmologique déjà présente chez Hésiode et, plus largement, dans l'imaginaire grec, dans cette espèce de culture générale dont témoigne la mythologie et qui fait constamment appel à cette représentation du monde comme cosmos harmonieux menacé par des puissances monstrueuses, par des résurgences possibles des forces initiales du chaos.

Du coup, vous allez pouvoir comprendre assez aisément pourquoi le cosmos d'Aristote va posséder quatre grandes caractéristiques, quatre traits fondamentaux que sa physique, c'est-à-dire sa philosophie de la nature, va développer et que je vais vous indiquer maintenant de la manière la plus simple mais aussi la plus juste possible :

I. D'abord, et c'est là le *premier trait*, sans doute le plus fondamental pour comprendre la physique d'Aristote, l'Univers est fini, c'est un *monde clos*. Un grand historien des sciences, Alexandre Koyré, a écrit un livre remarquable sur ce thème, sur la distance qui sépare la vision ancienne du monde d'avec nos représentations modernes de l'Univers comme d'un Univers infini. Son livre s'intitule d'ailleurs tout simplement : *Du monde clos à l'univers infini*, c'est-à-dire, en clair : « De la physique d'Aristote à la physique de Newton. » Nous, Modernes, concevons le temps et l'espace comme illimités. Aristote pense, au contraire, que le monde est clos, de sorte que les différents lieux du monde peuvent être situés *absolument* (et non, comme dans un monde infini, *relativement* à ces coordonnées arbitraires, ces fameuses « coordonnées cartésiennes » qu'on appelle l'abscisse et l'ordonnée). Cela aura des conséquences gigantesques, y compris sur le plan moral et politique, notamment sur la vision aristocratique du monde, et j'en indiquerai quelques-unes dans un instant (même si je ne veux pas trop développer car il s'agit d'une physique, c'est-à-dire d'une cosmologie très difficile à comprendre pour nous tant elle est devenue étrangère à nos manières de penser d'aujourd'hui) ;

II. Ensuite, *deuxième caractéristique*, c'est un monde *harmonieux*. Comme je viens de le suggérer, ce monde tout entier ressemble à un organisme vivant, donc à une organisation parfaite, mille fois mieux faite que tous les artefacts, que toutes les machines humaines. Cela signifie aussi que sur le plan éthique, politique et même esthétique, ce monde organisé est un modèle : le cosmos est foncièrement bon, c'est-à-dire juste, bien proportionné, à l'image du jugement rendu par Zeus à la fin de la guerre des dieux, ce jugement qui « rend à chacun le sien », donne à chacun sa juste part. Mais cette harmonie possède aussi, par-delà le bien et le mal, une évidente dimension esthétique : elle possède sa part de beauté, de sorte que l'œuvre d'art sera d'abord et avant tout un « microcosmos », un cosmos en petit, le reflet, dans une statue ou dans un tableau, de l'harmonie générale du grand tout ;

III. *Troisième caractéristique* : c'est un monde *hiérarchisé*, au sens où il y a des êtres qui sont faits par nature, par essence, pour être en haut, d'autres en bas, d'autres pour être à droite, d'autres à gauche, etc. L'idée d'une hiérarchie naturelle des êtres sera bien entendu au fondement de toutes les grandes éthiques aristocratiques. Elle se prolongera dans l'Europe féodale jusqu'à la Révolution française, qui consacrera pour la première fois en politique le principe de l'égalité. Pour ce qui est de la physique, l'idée que chaque être possède une place bien à lui dans l'Univers nous semble aujourd'hui très étrange. Quand Aristote dit, par exemple, que les corps légers, comme le feu, ont leur place, leur « lieu naturel », vers le haut, tandis que les corps lourds, comme les pierres, ont leur « lieu naturel » en bas, cela nous semble, à nous Modernes, tout à fait exotique, pour ne pas dire extravagant. Bien entendu, quand on regarde les flammes, elles « vont vers le haut » et les corps lourds, comme les pierres, vont bien vers le bas dès que nous les lâchons. Mais pour nous, l'explication est tout autre que celle d'Aristote qui pense qu'il y a un « lieu naturel », une place pour chaque chose, pour chaque être dans le monde, de même que dans un organisme vivant, chaque organe possède sa place propre.

La théorie aristotélicienne du mouvement nous semble, du coup, relever de ce qu'on appelle l'animisme, c'est-à-dire de l'idée que les corps seraient « animés » par des intentions, par des « causes finales » : elle part, en effet, de l'idée que les corps se meuvent pour rejoindre la place qu'ils ont perdue, comme Ulysse se « meut » pour retrouver Ithaque, ou comme un chien ou un chat qui se sont égarés dans la forêt ou sur la route vont parfois faire des kilomètres pour retrouver leur maison perdue : tout cela nous parle, bien sûr, mais nous semble relever d'un autre registre que celui de la science positive. Nous allons y revenir aussi dans un instant ;

IV. Enfin, *quatrième caractéristique*, c'est un monde *finalisé*. Pourquoi « finalisé » ? Parce que, justement, comme je viens de le suggérer, les mouvements sont animés par des causes finales et non par des causes efficientes. Encore une fois, cette idée « animiste » nous paraît très bizarre, car elle semble impliquer que les corps, les objets de natures, pourraient être mus par des intentions, par des représentations. Notre physique moderne a totalement exterminé la finalité de ses considérations « positives » – en quoi elle a totalement rompu avec l'aristotélisme. Là aussi, il va nous falloir faire un effort pour comprendre le monde d'Aristote, un peu comme un ethnologue doit mettre ses préjugés de côté pour comprendre une tribu lointaine...

Des repères absolus

Je vais, dans ce but, vous donner quelques exemples tirés de sa physique afin de mieux vous faire percevoir le sens de ces quatre caractéristiques.

Tout d'abord, je vous disais que le monde tel qu'Aristote le conçoit est un monde clos. La conséquence est évidemment étrange sur le plan physique, mais elle l'est au moins autant sur le plan moral : c'est que tous les lieux ne se valent pas. Dans un monde clos, vous pouvez, en effet, situer un lieu de manière absolue, et pas simplement de manière relative. Par exemple, Aristote explique qu'il y a une gauche et une droite absolues. Pour nous, la gauche et la droite sont relatives à l'observateur : pour celui qui est en face de moi, la gauche et la droite sont l'inverse de ce qu'elles sont pour moi. Pour Aristote, non. Bien entendu, il comprend bien la relativité – il n'est pas idiot –, mais pour lui, il y a une gauche et une droite absolues puisque, le monde étant fini, il comporte forcément des repères absolus.

Au contraire, dans la physique moderne, celle de Newton, par exemple, pour situer un point dans l'espace, on est obligé, comme je l'ai dit, de recourir à des coordonnées arbitraires, les fameuses « coordonnées cartésiennes » : une abscisse, une ordonnée, une longitude, une latitude. On situe un point par rapport à deux axes, et ces deux axes sont pour ainsi dire « flottants », conventionnels, ils sont posés par le mathématicien par commodité, pour se repérer. Dans la physique d'Aristote, ce n'est pas le cas : il y a des lieux absolus et tous les lieux ne se valent pas.

Quelles sont les implications morales et juridiques de cette idée ? Dans l'univers de la physique moderne, dans le monde newtonien doté d'un espace et d'un temps infinis, à partir du moment où on est obligé d'utiliser des coordonnées pour situer un point, il est clair que tous les lieux se valent, ils sont tous, à proprement parler, *équivalents*. Sur le plan juridique, cette conception du monde sous-tend la doctrine des droits de l'homme, qui en est pour ainsi dire la traduction : au sein de la cité, toutes les places se valent, tous les êtres sont égaux. En revanche, dans le monde d'Aristote, la hiérarchie politique, juridique et morale constitue le reflet de la hiérarchie naturelle des êtres qui est pour ainsi dire fondée dans la physique, dans la cosmologie.

La théorie du mouvement

Le deuxième aspect qui peut nous paraître étrange aujourd'hui, c'est cette fameuse théorie du mouvement que je commençais d'évoquer tout à l'heure. L'idée d'Aristote est que les êtres se meuvent, y compris les êtres matériels, les corps, les pierres, le feu, les arbres (les arbres ne se déplacent pas, mais ils croissent et une branche, par exemple, peut en tomber), pour rejoindre leur lieu naturel, la place dans l'ordre du monde dont ils ont été déplacés. Pour Aristote, les mouvements que l'on observe dans l'Univers sont soit des mouvements naturels, qui sont animés par la nature de l'objet lui-même, soit des mouvements contraints – c'est le cas, par exemple, lorsque vous poussez une boule de billard : elle se meut par contrainte, mais c'est aussi le cas, sur un plan moral, lorsque Ulysse quitte sa ville, Ithaque, pour aller faire la guerre de Troie.

C'est ainsi que dans cette vision ancienne du monde, le feu, par exemple, se meut vers le haut parce que telle est sa nature. La pierre se meut vers le bas, non pas parce qu'elle est attirée, comme chez Newton, par un gros aimant enfoui dans la terre – la théorie de la gravitation –, mais parce qu'il est pour ainsi dire dans la nature des corps lourds d'aller vers le bas. C'est là le sens de la fameuse formule d'Aristote selon laquelle « la nature est le principe du mouvement ». En grec (et cela se comprend, je crois, même si on n'a pas étudié le grec) : « *Phusis archè kinéseôs.* » *Physis*, c'est la « nature » (d'où le mot « physique »), *Archè*, c'est le « principe » (*archè* comme dans « monarque », par exemple) et *kinèseôs*, c'est le « mouvement » (comme dans cinéma, par exemple). *Phusis archè kinéseôs* : la nature intime d'un être est le principe de son mouvement, c'est-à-dire que la nature des corps légers, c'est d'aller vers le haut ; celle des corps lourds, d'aller vers le bas, comme la nature du petit chien perdu est de retrouver sa maison ou d'Ulysse de retrouver Ithaque.

C'est en ce sens profond que, dans cette vision animiste du cosmos qui va dominer l'Europe pendant des siècles, la nature est bien le principe du mouvement. C'est d'ailleurs là, sans doute, le meilleur résumé qu'on puisse donner de la physique d'Aristote : une physique où les mouvements sont en quelque sorte engendrés par une espèce de volonté inconsciente animant les êtres de nature, volonté qui les pousse à rejoindre le lieu naturel d'où ils ont été déplacés par des mouvements contraires. Voyez au passage en quel sens on a bien affaire à un Univers complètement finalisé, totalement dominé par les causes finales.

L'absence de vide

Telle est aussi la raison pour laquelle le monde d'Aristote est aussi un monde dans lequel, contrairement à ce qu'enseigne notre physique moderne, il n'y a pas de vide. En effet, si un corps était séparé de son lieu naturel par du vide, il ne saurait plus où aller ! Aristote explique que s'il y avait du vide dans la nature, si elle « faisait des sauts », comme on dit parfois, il n'y aurait plus aucune raison d'aller dans un sens plutôt que dans un autre : pour qu'il y ait finalité des mouvements, pour qu'ils aient un sens, pour que les corps soient animés par leur destination finale, il faut qu'il y ait un continuum. Nous avons donc affaire à un système de physique complètement opposé à celui que nous avons en tête, nous autres héritiers de Newton et d'Einstein.

Si l'on veut cependant comprendre cette cosmologie, il faut essayer de se remettre en pensée dans le monde grec. Il faut, par exemple, se dire que, pour Aristote, quand on ouvre les yeux sur le monde, on voit un ordre et non pas un chaos. De là résulte cette analyse du cosmos comme terrain de jeu de l'existence humaine, cette connaissance du monde comme entité globale (qui n'est pas une connaissance scientifique au sens où nous l'entendons, mais plutôt une connaissance guidée par l'éthique, une espèce de vision morale du monde). Cet ordre naturel va très largement servir de modèle à la philosophie morale et à la philosophie politique. Je vais vous montrer – et là réside, au fond, l'essentiel – comment la physique d'Aristote fonde à bien des égards son éthique et sa théorie politique.

C'est ce qu'on pourrait appeler le « cosmologico-éthique », par analogie avec le « théologico-politique ».

Ce qu'on appelle le « théologico-politique », en effet, ce sont ces systèmes politiques enracinés dans des textes religieux. Dans les théocraties d'aujourd'hui, par exemple, des imams dirigent le pays en s'appuyant sur des textes sacrés, sur le Coran et la Charia. Si, dans certains pays où la religion est au pouvoir, les femmes peuvent être répudiées et si un mari peut prendre quatre épouses, c'est en vertu d'un texte religieux, lequel sert de source à la loi. Pour nous, républicains héritiers de la Révolution française, la loi est censée s'enraciner dans la volonté générale des êtres humains (incarnée en principe dans le Parlement) ; dans une théocratie, elle s'enracine dans la littérature religieuse.

Par analogie avec le théologico-éthique, on pourrait dire que l'éthique d'Aristote se présente comme une espèce de cosmologico-éthique : sa vision politique et morale du monde s'enracine, non dans une religion, mais dans une cosmologie largement inspirée par la *Théogonie* d'Hésiode et l'*Odyssée* d'Homère.

Une éthique aristocratique

Entrons tout de suite dans le cœur de sa philosophie morale et politique, exposée, pour l'essentiel, dans son grand livre, l'*Éthique à Nicomaque.*

Nicomaque est le nom de son père, mais aussi celui de son fils, et s'il écrit cette morale, c'est pour lui léguer ce qu'il a de plus précieux, le fond de sa pensée. Sa philosophie morale consiste dans une profonde et subtile éthique aristocratique qui repose sur quatre piliers fondamentaux.

La hiérarchie naturelle des êtres

Le *premier pilier*, c'est l'idée qu'il existe une *hiérarchie naturelle des êtres*. De même que le feu est fait pour aller vers le haut, de même que la pierre est faite pour aller vers le bas, il y a des êtres qui sont par nature faits pour être en haut de la cité, pour exercer le pouvoir, pour être dans la « lumière », et d'autres qui sont par nature esclaves, faits pour être en bas de la société. Entre ces deux catégories – ceux qui sont tout à fait en haut, les souverains, et ceux qui sont tout à fait en bas, les esclaves –, il y a, comme dans la nature, toute une hiérarchie des êtres : les humains sont au-dessus des animaux, les animaux au-dessus des plantes, etc. Cette hiérarchie inscrite dans l'être des choses forme un ordre harmonieux et juste qui, nous l'avons vu, s'appelle le cosmos.

Du coup, la cité est juste, non pas du tout, comme nous le concevons nous, démocrates, républicains et Modernes, quand elle répond à la volonté générale (pour parler à la manière de Rousseau), voire à la volonté d'une majorité qui s'exprimerait dans des élections : elle est juste quand elle imite le mieux possible cet ordre cosmique, cet ordre naturellement hiérarchisé du monde.

La question de l'esclavage

Voilà pourquoi, Aristote, tout comme Platon, légitime et justifie l'esclavage par nature. Vu d'aujourd'hui, bien entendu, les textes d'Aristote qui vont dans ce sens choquent les étudiants parce qu'ils vont directement à l'encontre de nos principes démocratiques, à commencer par nos sacro-saints droits de l'homme – que la pensée grecque, comme l'avait montré Michel Villey, l'un de nos philosophes du droit, ignore superbement. D'autant que quand on parle d'« esclavage par nature », il faut avoir bien en tête l'idée qu'il y a deux formes d'esclavage : l'esclavage par la guerre et l'esclavage par nature. L'esclavage par la guerre, c'est quand le vainqueur peut transformer l'ennemi vaincu en esclave. Cet esclave-là n'est pas naturellement en bas de la cité. Il peut même s'agir à l'origine d'un roi ou d'un philosophe comme Épictète, par exemple, qui fut réduit en esclavage à l'issue d'une guerre.

Les esclaves par nature, en revanche, sont ceux dont on estime que la nature, comme celle des corps lourds, est d'être en bas de la société. Un texte extrait de la politique d'Aristote reflète parfaitement cette vision aristocratique du monde. C'est d'ailleurs un texte que les aristotéliciens n'aiment pas beaucoup, parce qu'il a mauvaise presse. Il ne faut cependant pas le dissimuler, mais au contraire, essayer de le comprendre. Il est extrêmement intéressant et très profond philosophiquement, même s'il est pour nous, Modernes et démocrates, choquant. Il n'en est pas moins caractéristique d'une vision morale du monde qui va dominer l'univers de la féodalité jusqu'à la Révolution française.

Le régime féodal fut en effet, sinon inspiré par elle, du moins en phase avec cette éthique aristocratique.

Aristote commence par une interrogation : « Il faut examiner s'il existe ou non quelqu'un qui soit ainsi par nature, s'il est meilleur et juste pour quelqu'un d'être esclave, ou si cela ne l'est pas, tout esclavage étant contre nature. » Y a-t-il donc quelque être pour lequel il soit préférable et juste d'être esclave ? L'esclavage est-il toujours contre nature ? Après tout, se dit Aristote, on pourrait, comme nous le faisons du reste aujourd'hui, tenir l'esclavage pour mauvais en soi : réduire des êtres en esclavage pourrait apparaître comme moralement ignoble *a priori*. Aristote se pose donc la question, ne considérant pas que cette pratique aille de soi. Mais il y répond en termes de justice – et c'est cela qui reste, pour nous, étonnant : il va, à proprement parler, justifier l'esclavage, non comme une nécessité économique, ou comme un simple effet de la force des vainqueurs, mais comme étant juste d'un point de vue éthique :

> La raison le montre aussi bien que les faits l'enseignent. Car commander et être commandé font partie non seulement des choses indispensables, mais aussi des choses avantageuses. Et c'est dès leur naissance qu'une distinction a été opérée chez certains, les uns devant être commandés, les autres commander.

Voyez ce que signifie ce passage : c'est immédiatement après la naissance que tout est déterminé. Il y a des gens bien doués et bien nés ; d'autres mal doués et mal nés, et ce, dès le départ. Il s'agit d'une « dotation initiale », si je puis dire, que l'on pourrait presque qualifier, aujourd'hui, de « génétique ». C'est le principe aristocratique : il y a des aristocrates par nature et il y a des esclaves par nature.

Et il continue ainsi, un peu plus loin :

> Le même rapport se retrouve entre l'homme et les animaux. D'une part, ceux qui sont apprivoisés ont une meilleure nature que ceux qui sont sauvages, d'autre part, il est meilleur pour tous ceux qui sont apprivoisés d'être commandés par l'homme, car c'est ainsi qu'ils trouvent leur sauvegarde.

Jusque-là, on le suit à peu près. Mais la suite est plus difficile à comprendre aujourd'hui :

> De plus, le mâle est par nature à la femelle ce que le plus fort est au plus faible, c'est-à-dire ce que le commandant est au commandé. Il en est nécessairement de même chez tous les humains. Ceux qui sont aussi éloignés des autres hommes qu'un corps l'est d'une âme et une bête sauvage d'un homme (et sont ainsi faits ceux dont l'activité consiste à se servir de leur corps, et dont c'est le meilleur parti que l'on puisse tirer), ceux-là sont par nature esclaves, et il est meilleur pour eux d'être soumis à cette autorité magistrale, puisque cela est vrai pour ce dont nous avons parlé. Est, en effet, esclave par nature celui qui, en puissance, appartient à un autre (et c'est pourquoi il appartient de fait à un autre) et qui n'a la raison en partage que dans la mesure où il la perçoit chez les autres mais ne la possède pas lui-même, car les animaux ne perçoivent aucune raison, mais sont asservis à des impressions.

Contrairement aux bêtes, l'esclave est donc doté de raison, mais sa raison est encore sensible, il ne s'agit pas d'une raison rationnelle, si je puis dire. De même que la femme est inférieure à l'homme, l'esclave est inférieur à l'homme libre. Il est donc des cas où, par nature, certains hommes sont libres et d'autres esclaves. Et pour ces derniers, demeurer dans l'esclavage est à la fois bienfaisant et juste.

La cité harmonieuse respecte les inégalités

Juste ? Oui, juste, parce qu'il est équitable que chacun soit à sa place. N'oubliez pas que, dans toute la cosmologie grecque, le péché fondamental, c'est l'*hybris* (ne pas être à sa place, sortir de sa « case », de son lieu naturel). Dans la mythologie grecque, les héros sont précisément là pour remettre à leur place ceux qui en sont sortis.

Pour nous, la cité doit combattre les inégalités naturelles. C'est la démocratie. Pour Aristote, elle doit au contraire imiter sur le plan politique la hiérarchie naturelle des êtres. Nous avons la conviction qu'il faut protéger les plus faibles contre les plus forts. Au contraire, dans la vision aristocratique, il est normal que chacun reste à sa place : la hiérarchie de la cité doit s'aligner sur la hiérarchie cosmique, la hiérarchie que dégage la physique.

L'aristocratie au regard de la démocratie

Notez bien que ce qui nous paraît aujourd'hui insupportable au regard du féminisme et de la démocratie, conserve néanmoins un sens tout à fait légitime dans certains domaines extérieurs à la morale et à la politique. Par exemple, l'éthique aristocratique d'Aristote conservera une signification très profonde et très juste dans le domaine des arts et des sports. Rien n'est plus aristocratique que le classement mondial du tennis. Nous trouvons alors juste que les meilleurs soient en haut et les mauvais en bas. Or, les meilleurs sont très largement en haut par nature. On prétend qu'ils travaillent beaucoup, mais ce n'est pas toujours vrai. Sans doute, ils s'exercent, mais la base naturelle est là dès le départ. Dans les succès d'un grand champion ou d'un grand artiste, il y a beaucoup plus de nature, de talent ou de don naturels, que de travail. Par exemple, un tennisman de génie comme McEnroe avait l'habitude de dire qu'il ne travaillait jamais. Il était à vrai dire tellement doué qu'il n'avait guère besoin de travailler au sens où nous l'entendons d'ordinaire, c'est-à-dire comme une activité laborieuse qui consiste à transformer une nature rétive. L'aristocrate se définira justement, tout au long de l'histoire de l'Europe, comme celui qui ne travaille pas. Pourquoi ? Parce qu'il est doué. Il s'exerce, mais il ne travaille pas et il y a une grande différence entre ces deux mots, différence sur laquelle je reviendrai du reste un peu plus tard dans cet exposé.

Il en va de même dans le domaine des arts. Le petit Yehudi Menuhin jouait les grands concertos romantiques dès l'âge de huit ans. Il n'avait donc pas beaucoup travaillé, en tout cas pas très longtemps. Il jouait les concertos de Brahms, de Beethoven, de Mendelssohn après avoir eu son premier violon à trois ans, ce qui signifie qu'en tout état de cause, il n'avait travaillé que cinq ans au plus. Or, vous pourrez toujours travailler cinq ans, si vous n'êtes pas doué, vous ne jouerez jamais comme Menuhin, même à huit ans ! Quand vous regardez les images des petits champions de tennis, pour reprendre cet exemple, eux aussi ont déjà, à huit ans, les gestes parfaits, comme si c'était dans leur nature. Or, contrairement à ce qui a lieu dans l'ordre politique, cette inégalité fondamentale ne nous gêne pas dans ces deux domaines. Un des grands charmes du sport dans les sociétés démocratiques tient même au fait qu'on y voit la hiérarchie aristocratique et naturelle se reconstituer de manière légitime. Et ici, elle ne nous déplaît pas, au contraire, elle nous réjouit.

Je fais ces remarques pour que vous compreniez en quel sens on peut dire qu'une philosophie est, d'une certaine manière, dépassée tout en continuant cependant de nous parler, de conserver un sens. La philosophie politique d'Aristote, notamment sa légitimation de l'esclavage, ne nous convient plus. Mais, en même temps, elle garde un sens dans d'autres domaines, comme ceux des arts et des sports.

Un peu comme dans l'histoire de l'art, les arts anciens ne sont pas dépassés par les arts nouveaux : personne ne dirait, sans prêter à rire, que Bach est inférieur à Ravel ou Debussy. Les arts premiers, tout comme les philosophies anciennes, gardent une signification pour nous, à la différence de ce qui se passe dans l'histoire des sciences : quand une théorie scientifique est dépassée parce qu'elle est tout simplement fausse, elle l'est vraiment, elle est mise au rebut. La physique de Descartes, par exemple, ne nous sert plus à rien parce qu'elle est presque de part en part erronée. On relègue donc les théories scientifiques au musée, dans le meilleur des cas, à la poubelle dans les autres, et on ne s'y intéressera plus vraiment, à moins d'être un érudit. En revanche, la vision du monde d'Aristote nous parle encore, même lorsqu'elle nous choque sur le plan politique.

De la vertu comme actualisation de dispositions naturelles excellentes

Le *deuxième trait caractéristique* de cette vision morale du monde aristocratique, c'est que la vertu, au sens moral du terme, ne se définit pas comme une lutte contre la nature, mais tout au contraire comme un prolongement de la nature.

Nous autres, héritiers du christianisme et, pour la plupart, républicains, nous voyons dans la vertu plutôt une lutte contre la nature. Voyez, par exemple, l'éthique républicaine telle qu'elle s'est incarnée dans nos écoles, avec leurs « bons points », leurs bonnets d'âne et leurs célèbres « Peut mieux faire ! » : pour l'instituteur, le hussard de la République, la nature se confond avec l'égoïsme et la paresse contre lesquels il faut en permanence lutter par le travail, lequel relève en dernière instance de notre liberté. De là aussi les notions d'effort et de mérite qui dominent le monde scolaire républicain. Quant à ce qu'on appelle l'altruisme, c'est-à-dire le souci de l'autre, qui est le pilier fondamental de toute morale, nous le considérons, non comme une donnée naturelle, mais bien plutôt comme une conquête lente et difficile de la liberté humaine et de l'éducation sur une nature plutôt mauvaise et rétive *a priori*.

Tous les enseignants savent que, dans les petites classes, les enfants sont assez spontanément racistes de même qu'ils moquent volontiers un de leurs camarades affectés par un handicap ou une différence quelle qu'elle soit. L'instituteur de Pagnol corrige le tir, il apprend aux enfants à se soucier des autres : il s'agit d'une acquisition, une conquête, pas d'une évidence naturelle. En résumé, la civilisation et la morale républicaines nous paraissent être une victoire de l'éducation contre une nature plutôt mauvaise *à l'origine*. C'est bien ainsi qu'en tant qu'héritiers du christianisme et de l'idée républicaine, nous pensons spontanément la vertu.

En revanche, pour Aristote, suivant les principes fondamentaux de l'éthique aristocratique, la vertu n'est nullement lutte contre la nature, mais tout au contraire, elle est actualisation d'une nature bien douée, généreuse, bien disposée et bien née. Aristote introduit ici, dans sa physique comme dans sa morale, une catégorie fondamentale : l'opposition entre la puissance (en grec, *dynamis*, au sens de ce qui est encore virtuel, « en puissance » mais pas encore réalisé) et l'acte *(energeia)*. *Energeia*, c'est ce qui est « actualisé », au sens où cela est passé dans la réalité, de la puissance à l'acte. L'éducation morale des meilleurs, pour Aristote comme pour toute éthique aristocratique, consiste à faire passer à l'acte ce qui est encore en puissance chez un enfant bien doué et bien né. L'éducation consiste dans l'actualisation des dispositions naturelles. En ce sens, l'aristocrate véritable, accompli, est celui qui fera passer de la puissance à l'acte des dispositions naturelles heureuses, harmonieuses ou excellentes.

Que la vertu est un « juste milieu »

Venons-en justement au *troisième point*, à cette idée d'excellence, qui est peut-être la caractéristique principale de l'éthique aristocratique : chez Aristote comme dans toutes les éthiques aristocratiques, la vertu se définit par l'excellence, par la perfection. L'*arètè*, la vertu grecque, renvoie toujours à l'excellence. En quel sens ? Cela peut surprendre quand on lit l'*Éthique à Nicomaque*, mais Aristote parle, par exemple, d'un œil ou d'un cheval « vertueux ». Aujourd'hui, nous les Modernes, les républicains façonnés par un héritage judéo-chrétien, il ne nous viendrait pas une seconde à l'idée de parler d'un « œil vertueux » ou d'un « cheval vertueux ». De telles expressions prêteraient à rire. Nous réservons l'idée de vertu à l'humain. Que signifient alors pour Aristote ces expressions ? Et quel est le rapport avec l'idée d'excellence ?

L'excellence, pour Aristote, est un juste milieu – un juste milieu qui n'est pas centrisme mou, une motion de synthèse, mais une perfection. L'œil vertueux, l'œil excellent, c'est celui qui se situe exactement à égale distance de ces deux défauts extrêmes que sont la myopie et la presbytie. L'œil vertueux peut donc être considéré, nous dit Aristote, comme une « *médiété* », un juste milieu. Voilà la vertu. De même, le cheval vertueux sera celui qui porte parfaitement son cavalier au combat en ce qu'il n'est ni téméraire ni lâche : le courage, pour le cheval comme pour l'homme, se situera à égale distance de la témérité (le cheval trop fougueux) et de la lâcheté (le cheval qui recule devant l'obstacle). Où l'on retrouve cette idée que la vertu réside dans une perfection, dans une excellence qui est un juste milieu entre deux défauts, entre deux extrêmes également mauvais. À quoi il faut ajouter ce que nous avons déjà vu, à savoir que cette vertu, cette excellence, ne doit pas rester seulement « en puissance » : elle doit être actualisée chez cet être excellent par nature qu'est l'aristocrate, en faisant passer ce qui est en puissance à l'acte.

Les fins morales sont « domiciliées dans la nature »

À la différence des grandes morales républicaines, par exemple de la morale kantienne, la troisième caractéristique de l'éthique aristocratique réside dans l'idée que les fins morales – c'est-à-dire les objectifs que nous devons nous proposer pour agir moralement en réponse à la question « Que dois-je faire ? » – n'apparaissent pas sous la forme d'un idéal s'opposant au réel.

Pour la plupart des Modernes que nous sommes, les fins morales constituent très largement un idéal, elles ne sont pas d'emblée, comme je l'ai dit à propos de l'école et du rôle des maîtres, une réalité : il nous faut apprendre à nos enfants à respecter les autres, à dire « bonjour », « merci », etc. La morale nous apparaît en effet comme un impératif, pas comme une réalité donnée et naturelle. Pour parler comme les philosophes, l'idéal moral apparaît comme un « devoir être » et non comme un « être », comme une visée idéelle et non comme une réalité actuelle.

Dans la morale aristocratique d'Aristote, au contraire, pour reprendre la formule d'un philosophe allemand de l'écologie, Hans Jonas, qui fut à sa façon un grand disciple d'Aristote, les fins morales (les objectifs moraux) sont « domiciliées dans la nature ». Qu'est-ce que cela signifie au juste ? D'abord ceci : la première interrogation d'Aristote, dans son *Éthique à Nicomaque*, porte sur la finalité propre de chaque être. De même qu'un chien de chasse est fait pour chasser, un oiseau pour voler, les poumons pour respirer, les abeilles pour fabriquer du miel, etc., tous les êtres, dans la nature, dans l'ordre cosmique, doivent bien posséder une destination finale et il serait absurde aux yeux d'Aristote d'imaginer que l'homme n'en aurait pas.

Que doit-il faire sur le plan éthique, comment doit-il agir pour se comporter moralement ? Pour le savoir, il faut commencer par déterminer la « fonction propre » de l'homme, son « *ergon* » dit le texte grec, c'est-à-dire sa tâche ou sa finalité propres. Il serait assez étrange, selon Aristote, qu'il n'y ait pas de fonction particulière à l'homme. Le cordonnier a une fonction : fabriquer des chaussures ; le flûtiste aussi : jouer de la flûte. Il doit donc bien y avoir aussi une destination de l'homme en général, et il faut la trouver si l'on veut connaître les fins morales qu'il doit se proposer de réaliser.

Si l'homme est, à la différence de tous les autres animaux, l'animal rationnel par excellence, si sa spécificité (sa « différence spécifique », dit Aristote) par rapport aux autres êtres vivants consiste dans l'exercice de la vie contemplative, dans la vie avec la raison, alors la destination ultime de l'homme sur le plan éthique sera de vivre avec la pensée : ce sera la vie philosophique.

Je ne rentrerai pas ici dans le détail des vertus – il y en a plusieurs – mais l'essentiel si l'on veut comprendre le principe de sa vision morale du monde, c'est qu'Aristote situe la vertu la plus haute dans la vie théorétique (la vie avec la raison). Et il ajoute que cette vertu doit être pratiquée quotidiennement, car – et c'est là l'origine du fameux adage selon lequel « une hirondelle ne fait pas le printemps » – la vertu n'est pas quelque chose qui s'acquiert d'un seul coup, d'un claquement de doigts, mais une pratique répétée, une habitude, en grec : une *hexis*.

Une distinction cruciale entre « travail » et « exercice »

La *quatrième caractéristique* de cette morale aristotélicienne est que l'aristocrate ne travaille pas : il s'exerce.

Je voudrais revenir un instant, comme je vous l'annonçais, sur cette distinction, fondamentale et souvent mal comprise, entre travail et exercice. Pour reprendre l'exemple des sportifs, ils se donnent souvent un air méritant en évoquant le fait qu'ils travaillent énormément. À les en croire parfois, s'ils sont des champions, c'est par leur mérite, parce qu'ils s'en donnent les moyens, qu'ils sont des gens sérieux. Ils nous disent qu'ils s'entraînent à longueur de temps, et bien entendu, il y a là une part de vérité, nul n'en doute. Certains tapent dans le ballon ou dans la balle pendant des heures, comme un violoniste ou un pianiste fait ses gammes : comment prétendre dans ces conditions qu'ils ne travaillent pas, même s'ils sont des aristocrates dans leur domaine ? Cela semble absurde, évidemment contraire à la réalité.

Mais en vérité, si l'on y réfléchit plus avant, on verra que leur entraînement ne relève pas véritablement du travail, mais de l'exercice. Quelle est la différence ? L'exercice, activité aristocratique par excellence, consiste à faire passer à l'acte des dispositions naturelles (ou vertueuses, au sens grec) encore virtuelles ou en puissance. À la limite, si vous empêchez un grand violoniste ou un grand joueur de tennis de s'exercer, vous le rendez malheureux. S'il ne peut pas jouer, il souffre.

Le travail, c'est tout l'inverse, comme l'indique de reste l'étymologie du mot : le *tripalium* désigne un instrument de torture. Le travail ne consiste pas à actualiser une nature bien douée et bien née, mais tout au contraire à transformer une nature mauvaise et rétive pour tenter, souvent en désespoir de cause, de l'améliorer. On fait un travail sur soi quand on s'efforce de bien jouer au tennis et qu'on n'est pas doué naturellement, quand on essaie de devenir un tant soit peu altruiste, de se soucier de l'autre, alors qu'on est plutôt égocentrique, voire égoïste par nature. Il s'agit d'un travail pénible, on se force, et c'est pourquoi nous associons à l'idée d'effort celle de mérite, notion fondamentale qui s'inscrira au cœur de l'idée républicaine avec le fameux « Peut mieux faire ! » de nos professeurs : il signifie que le hussard de la République préfère un élève peu doué mais méritant à celui qui possède des « facilités », c'est-à-dire des dons naturels (l'aristocrate), mais qui ne travaille pas assez et pourrait donc mieux faire – méritocratie moderne, qui, aux antipodes de la pensée grecque, valorise le travail et se traduit par l'usage des bons points et des bonnets d'âne.

Arrêtons-nous un instant encore à ceci : que veut dire, au fond, ce fameux « Peut mieux faire ! » des hussards de la République ? Pourquoi, après tout, l'instituteur préfère-t-il un élève peu doué, mais travailleur et méritant (on lui donnera un bon point), à un élève qui possède des talents naturels, qui « a des facilités » aristocratiques, mais qui ne travaille pas ? C'est que notre hussard à la Pagnol valorise le travail, contrairement au monde aristocratique. Il préfère l'élève laborieux, celui qui s'efforce (il valorise l'effort par-dessus tout) à l'élève talentueux par nature. L'essentiel, comme dit l'adage, c'est de participer, pas forcément d'être un champion, d'être le meilleur. Nous sommes ici à l'opposé de la morale aristocratique.

La rupture chrétienne avec l'éthique aristocratique

On mesure j'espère ici à quel point travail et exercice sont deux choses différentes. Le travail, pour l'élève laborieux, est une souffrance ; l'exercice, pour l'élève bien doué, même s'il comporte ses contraintes et ses fatigues, reste quand même plutôt un bonheur, une joie.

Pourquoi avons-nous perdu le sens de cette distinction ?

Sans aucun doute parce qu'une vraie rupture a eu lieu avec la révolution chrétienne, une révolution qui s'est opérée assez largement contre le monde moral des grecs et qui s'est notamment inscrite dans l'Évangile, avec la fameuse parabole des talents. Souvenez-vous de l'histoire de ce maître qui part en voyage et qui distribue des « talents », des pièces (les *talenta*, en grec, ce sont les pièces d'argent) à trois de ses serviteurs. Il donne cinq talents au premier, deux au deuxième et un au dernier. Quand il revient, il demande des comptes. Le premier serviteur, celui qui a reçu cinq talents, en rend dix et il est félicité chaleureusement par le maître. Le deuxième en rend quatre, et il est félicité tout aussi chaleureusement, exactement dans les mêmes termes que le premier (« bon serviteur, entre dans la joie de ton maître ») : il a fait progresser les choses de la même manière, dans la même proportion, il a donc le même mérite, même si son résultat est moins élevé. Le dernier serviteur, enfin, ne rend qu'un seul talent, celui qu'il avait au départ et qu'il restitue intact. Il a eu peur, dit le texte de l'Évangile – idée intéressante : c'est la peur, mauvaise conseillère, qui l'a paralysé – si bien qu'il a enterré le talent, la pièce d'argent, et l'a rendue intacte au maître. Celui-ci l'insulte et le chasse de son royaume.

Voilà le signe manifeste de la rupture avec le monde aristocratique. Pourquoi ? Parce que cette parabole, d'une profondeur abyssale, signifie que la dignité d'un être ne dépend pas de la « quantité » qu'il a reçue au départ, ici la quantité de talents – c'est d'ailleurs à partir de là que le mot « talent » désignera non plus seulement les pièces d'argent, mais deviendra une métaphore des dons naturels. La dignité naturelle d'un être ne dépend donc pas de ce qu'il a reçu au départ (dix, cinq ou un talents, peu importe). Ce qui compte, c'est ce qu'il va en faire. En d'autres termes, et voyez à quel point cette rupture va marquer toute l'histoire de la pensée philosophique, ce n'est pas la nature, mais la liberté qui fait la valeur morale d'un être, ce ne sont pas les dons naturels qui comptent moralement, mais ce qu'on va en faire par son travail et sa volonté libre.

Au début de son grand livre de morale, les *Fondements de la métaphysique des mœurs*, Kant reprend l'argumentation chrétienne dans un cadre républicain, sous une forme sécularisée, c'est-à-dire sans faire appel à une théologie. Son argumentation, à la fois toute simple et très profonde est, pour aller à l'essentiel, la suivante : s'il est bien une preuve que les dons naturels, contrairement à ce que pensent les éthiques aristocratiques comme celle d'Aristote, n'ont aucune valeur intrinsèque sur le plan moral, c'est bien le fait, incontestable, que tous ces dons quels qu'ils soient – l'intelligence, la beauté, la force, la mémoire, etc. – peuvent être mis indifféremment au service du mal comme au service du bien. On peut utiliser son intelligence ou sa beauté pour faire du mal aussi facilement (et même plus parfois !) que pour faire du bien aux autres. Ce qui compte moralement, ce ne sont donc pas les talents en eux-mêmes, mais ce que l'on en fait. Les talents sont sans doute admirables, par exemple sur un plan esthétique ou scientifique, mais ils n'ont rien de moral en eux-mêmes. Est moral ce que l'on fait de ce que l'on a reçu, d'où le lien que vous voyez apparaître clairement, je l'espère, avec la valorisation méritocratique du travail. D'un point de vue chrétien, qui sera repris intact dans les grandes morales républicaines, un petit trisomique 21 aura la même valeur morale qu'un génie comme Aristote. De là aussi l'idée démocratique que tous les êtres humains, bien qu'inégaux en fait (en talents), n'en sont pas moins égaux en droit.

Voilà ce qui légitime le travail dans la tradition chrétienne. Là où l'aristocrate ne travaille pas, les premiers lettrés à travailler (ceux qui parlaient ou lisaient le latin et parfois même le grec) sont les moines : on se mettra à travailler pour être fidèle à la parabole des talents, parce qu'on partage désormais cette conviction que, sur le plan moral, le travail est une vertu. Transformer la nature, la sienne, comme celle qui est au-dehors, représente une activité vertueuse, qui nous rend plus dignes – ce qui nous vaudra de la part des moines, dans l'histoire de l'Europe, des inventions magnifiques : le champagne, la Chartreuse, le Cointreau, les confits d'oie, les conserves, et quelques autres encore, toutes choses produites par des érudits obligés de travailler de leurs mains, par des savants qui ne pouvaient pas simplement rester dans la seule prière ou la seule méditation. L'aristocrate contemple, médite, il fait la guerre, il ripaille, il joue, il fait mille choses, mais il ne travaille pas. Le moine, lui, sera le premier à travailler dans les couches supérieures de la société – le travail manuel étant réservé dans le monde aristocratique aux esclaves, aux serfs et aux artisans.

C'est donc bien une révolution démocratique qui s'inaugure avec la parabole des talents, révolution que la pensée républicaine assumera et amplifiera avec ses fameux « bons points » et ses « bonnets d'âne ». Au fond, l'idée de l'école républicaine n'est qu'une sécularisation de l'idée chrétienne avec laquelle elle fait front contre le monde aristocratique.

Une spiritualité sans Dieu

Malgré tout, pour finir, l'essentiel réside peut-être dans le fait que la philosophie théorique (la physique) et la philosophie morale d'Aristote culmineront dans une doctrine « laïque » de la sagesse, dans une spiritualité sans dieu – du moins sans un Dieu transcendant et créateur du monde, comme dans les grands monothéismes. Finalement, sa doctrine de la vie bonne ne passe pas par la foi, mais par la raison, en quoi, même quand il parle de Dieu, Aristote est bien philosophe, et non théologien. On trouve cette idée à la fin de l'*Éthique à Nicomaque* : la vie philosophique est là pour nous permettre d'accéder, « autant qu'il est possible, à l'immortalité ». C'est le salut même. D'une certaine façon, la vie philosophique nous permet déjà de vivre dans l'éternité.

Je conclurai par ce texte d'Aristote, puisqu'il clôt lui-même l'*Éthique à Nicomaque* :

> Certains prétendent que la vie théorétique, la vie avec la raison, est un genre de vie trop élevé pour la condition humaine, car ce n'est pas en tant qu'homme qu'on vivra cette façon, mais en tant que quelque élément divin est présent en nous. Pourtant, si l'intellect – le *noûs* – est quelque chose de divin par comparaison avec l'homme, la vie selon l'intellect est également divine, comparée à la vie humaine. Il ne faut donc pas écouter ceux qui conseillent à l'homme, parce qu'il est homme, de borner sa pensée aux choses humaines, et parce qu'il est mortel, aux choses mortelles, mais l'homme doit, dans la mesure du possible, s'immortaliser et tout faire pour vivre selon la partie la plus noble qui est en lui.

Vous voyez que l'on retrouve là encore cette compétition, si je puis dire, entre une spiritualité religieuse et une spiritualité philosophique ou laïque. Il s'agit bien de parvenir à la vie bonne, et même à l'immortalité autant qu'il est possible, mais il y a une « petite » restriction, à savoir que nous sommes des mortels : il s'agit d'y accéder par les moyens du bord, sans recourir à un dieu transcendant, au salut divin ni à la foi, mais par l'exercice de la raison. Vivre dans la vérité, vivre en harmonie avec l'ordre cosmique c'est en un sens, vivre dans l'éternité puisque la vérité est immuable et le cosmos aussi. On est très proche du *Timée* de Platon, mais aussi de ce qu'écrira Spinoza dans l'*Éthique*, lorsqu'il professera que le sage meurt moins que le fou parce que, par sa vie avec la raison, il est déjà dans l'éternité.

Je ferai encore deux remarques sur des aspects complémentaires : d'un côté sur la théorie de la connaissance, de l'autre sur la question du salut, de la vie bonne et de la sagesse, qui est la finalité de toute philosophie.

Comment Aristote ouvre le débat entre idéalisme et matérialisme

La première remarque touche à ce que je vous disais en commençant au sujet de cette déclaration d'Aristote qui affirme être « l'ami de Platon mais, plus encore, l'ami de la vérité ». Aristote fut en effet un dissident par rapport à Platon, et il s'en est séparé sur un point fondamental qu'il faut avoir présent à l'esprit en raison de son immense postérité : il s'agit de la théorie des idées. Dans la philosophie de Platon, notamment à partir d'un de ses dialogues, le *Parménide*, deux questions toutes nouvelles dans l'histoire de la pensée, vont se poser touchant cette fameuse théorie des idées. Or, comme vous allez voir, elles seront toutes les deux vouées à traverser, et pour une part même à façonner, toute l'histoire de la philosophie.

La première, c'est la question de savoir si les idées ont une existence propre. Existe-t-il une espèce de « monde intelligible », différent du monde sensible mais tout aussi réel, voire plus réel, dans lequel des notions générales auraient une réalité (certes idéelle, mais une réalité quand même) ? Il s'agirait au fond d'une sorte de structure qui, bien qu'accessible seulement par la pensée, aurait une réalité forte. Pour évoquer un cas concret, lui aussi voué à une longue postérité, considérons les idées mathématiques, par exemple l'idée de triangle : dans la géométrie euclidienne, la somme de ses angles est, comme on sait, égale à cent quatre-vingts degrés ; ou encore l'idée que la ligne droite représente le plus court chemin d'un point à un autre : ces notions mathématiques, bien que très générales et très abstraites, nous apparaissent cependant avec une telle force de persuasion et de vérité que nous éprouvons le sentiment qu'elles sont bel et bien réelles, contraignantes : face à elles, nous sommes obligés de nous incliner ou pour le dire autrement, le fait que la somme des angles d'un triangle fasse cent quatre-vingts degrés n'est pas une affaire de goût, une question d'opinion, mais incontestablement, cela s'impose à moi comme une réalité incontestable, bien qu'idéelle, comme s'il y avait bel et bien un monde des idées lequel, pour être intelligible et non sensible, n'en est pas moins aussi réel que celui dans lequel nos sens nous promènent.

Il y a quelques années encore, un débat d'une belle ampleur a eu lieu très exactement sur cette même question, ce qui prouve bien qu'elle a traversé l'histoire, entre un de nos grands mathématiciens français, Alain Connes, couronné par la médaille Fields (l'équivalent du prix Nobel de mathématiques) et un éminent biologiste, Jean-Pierre Changeux. Le mathématicien Alain Connes se situait du côté de Platon : il était évident à ses yeux, en travaillant sur les idées mathématiques, qu'il existe un ciel ou un cosmos des idées, et que Platon a raison. Il y a bel et bien un monde intelligible, une logique propre aux idées qui, si elle n'est pas palpable par les sens, est cependant palpable par la pensée. Le biologiste Jean-Pierre Changeux lui répondait en matérialiste : il fallait au contraire, selon lui, considérer les idées, non comme appartenant à un monde à part, un monde intelligible autonome, mais comme des produits du cerveau : produites par la matière, elles ne sont que relatives au cerveau, elles sont des expressions de notre vie neuronale.

Or il vous faut savoir que ce type de débat commence déjà avec la querelle qui va opposer Aristote à Platon. Mais avant de voir comment il se met en place, il faut évoquer la seconde question que va soulever Aristote contre la théorie platonicienne des idées.

Les prémices du nominalisme

Ce second débat culminera chez les empiristes, notamment David Hume et George Berkeley. Il est lui aussi capital par sa durée et son importance dans l'histoire de la philosophie – ce pourquoi j'y reviendrai beaucoup plus en détail quand je vous parlerai des grands empiristes anglo-saxons. Je me contenterai ici de le résumer à grands traits : en admettant même que ces idées générales existent – l'idée de triangle, de cercle, de table, de chien, etc. –, resterait à aborder un autre problème, non plus métaphysique mais tout simplement psychologique : si l'on y réfléchit bien, on devra convenir, en effet, qu'il est parfaitement impossible de se représenter concrètement une idée générale. Car pour se la représenter, il faut pour ainsi dire la particulariser, en donner une illustration concrète, de sorte qu'au moment même où je parviens à me représenter de façon un tant soit peu précise une table, un triangle ou un chien, leur idée cesse d'être à proprement parler générale.

Voyez bien ce que je veux dire. Pensez à n'importe quelle idée prétendument générale, l'idée de « chien » ou de « table », pour en rester à mes exemples. Essayez donc de vous représenter un chien en général ! Chaque fois que vous essaierez, vous vous représenterez un caniche, un épagneul, un teckel, il aura une couleur, une forme, une race particulières. De même pour une table ou pour un triangle. Votre triangle sera isocèle ou rectangle, il aura telle ou telle taille. Voilà, au fond, l'argument d'Aristote contre Platon, argument qui sera repris de manière puissante par les empiristes contre les idéalistes, par Hume et Berkeley contre les idées innées de Descartes et de Platon.

Chaque fois que vous tenterez de mettre concrètement dans votre tête une idée générale, elle aura deux caractéristiques qui contredisent la notion même de « généralité » : une fois « installée » pour ainsi dire dans votre conscience, cette idée deviendra nécessairement tout à la fois particulière (avec une forme, une couleur, une taille particulières, etc.) et temporelle, parce qu'elle sera située dans le temps de votre conscience.

Cet argument sera développé dans ce qu'on appelle le « nominalisme ». Le nominalisme, notamment chez les grands empiristes comme Hume, Berkeley ou Condillac, se définit par le fait que les idées générales ne sont que des noms vides : ce sont des noms, mais il n'y a rien dessous. Dès qu'on met quelque chose dessous, elles deviennent des idées à la fois particulières et situées dans le temps de notre conscience. C'est là ce que dit, par exemple, Condillac dans son *Traité des sensations* : qu'est-ce, au fond, que la réalité d'une idée générale et abstraite ? Qu'est-ce qu'elle possède comme réalité dans notre esprit ? Ce n'est qu'un nom. D'où l'appellation de « nominalisme », pour signifier que les idées générales ne sont que des noms vides. Ou, si l'idée est autre chose qu'un nom, ajoute Condillac, elle cesse nécessairement d'être abstraite et générale, devenant particulière et temporelle. Il s'agira d'une idée précise (un caniche, un épagneul, une table à un pied, à quatre pieds, ronde, rectangulaire ou carrée, etc.), mais il ne s'agira pas du chien en général ni de la table en général, hors du temps et des caractéristiques particulières. Notez bien que l'argument des nominalistes et des empiristes ne se situe pas d'abord sur un plan métaphysique : il se situe sur le plan de la psychologie, du fonctionnement concret de l'esprit humain.

Éviter l'écueil du scepticisme

Comment répondre à ces deux objections, qui au fond se rejoignent ? Aristote tente d'apporter une solution à ce problème, une solution qui, du reste, ne manque pas de profondeur ni d'élégance.

Revenons aux idées générales : comment se les représenter tout en les gardant générales, sans arriver à la conclusion sceptique qui est nécessairement celle des empiristes ? Pourquoi « sceptique » ? Parce qu'il n'y a, du coup, d'idées que relatives. C'est le scepticisme même : les idées ne valent que pour une catégorie d'êtres. Elles sont relatives à l'état du corps, du cerveau, de l'histoire, etc. Il n'y a donc pas de science absolue ou de vérité absolue : il n'y a que des vérités relatives. Voilà ce qui gêne déjà Aristote : il voit bien que la théorie des idées se heurte à une objection forte sur le plan psychologique, mais en même temps il ne veut pas non plus d'une conséquence sceptique qui conduirait à un pur relativisme et dissoudrait l'idée même de vérité.

Deux solutions existent, qui permettent à la fois de préserver la science et d'expliquer sur le plan psychologique comment on peut se représenter des idées générales de manière particulière et temporelle.

La première solution, c'est justement celle d'Aristote, qui consiste à établir que dans tout être vivant ou non vivant, il y a toujours deux aspects : la forme et la matière. La forme, c'est ce qui est commun à l'espèce, ou si l'on veut à l'objet « en général » (au chien en général, à la table en général, au triangle en général, etc.), tandis que la matière, c'est ce qui particularise cette forme générale, ce qui la temporalise. Les idées de Platon ne vivent pas dans un ciel extérieur à la réalité, elles sont incarnées dans la réalité sensible elle-même.

On peut, pour illustrer cette solution d'Aristote, songer aux règles d'un jeu, par exemple, les règles du jeu d'échecs. Bien évidemment, ces règles n'existent pas en soi, elles n'existent qu'incarnées dans des parties réelles, empiriques et situées dans le temps ; la forme, soit l'équivalent de la règle du jeu, n'existe qu'incarnée dans une matière, les parties concrètes que les joueurs conduisent dans le temps. La forme n'est pas séparable de la matière. Pourtant, on peut, par abstraction, dégager les règles du jeu, par exemple, on peut les écrire sur une feuille de papier, pour rédiger une notice à l'usage des débutants. Voilà la solution d'Aristote. Il y a bien des idées, mais elles ne sont pas détachables de la matière, sinon par abstraction : elles sont la forme de chaque être matériel et, dans tout être, il y a la forme et la matière.

Au XVIIIe siècle, Kant inventera encore une autre solution (nous y reviendrons quand nous aborderons la philosophie kantienne) : c'est ce qu'il appelle le « schématisme ». Il s'agit, comme chez Aristote, d'une idée simple et très profonde. Comme Aristote aussi, Kant admet l'argument nominaliste/empiriste selon lequel, en effet, les concepts généraux ne sont pas des représentations générales. Non, les concepts généraux ne sont pas des images générales, mais ce sont des méthodes de construction des images. Prenons, là encore, un exemple compréhensible, celui d'un triangle. Le concept de triangle n'est nullement une idée générale, comme le pense Platon, mais c'est une méthode universelle et intemporelle de construction d'un objet qui, chaque fois, en fin de parcours, sera un objet particulier et situé dans le temps. L'idée de triangle n'est en fait rien d'autre, selon Kant, que la série des opérations qu'on doit observer pour construire, avec la règle, le compas et le crayon, ce qui sera au bout du compte un triangle qui aura telle taille et telle forme, mais qui sera de toute façon particulier. Notez bien que ce travail de construction du triangle s'accomplira dans le temps et qu'à la fin, le triangle sera toujours un triangle particulier, mais la règle de construction, elle, sera toujours la même pour tous les triangles, en tout temps et en tout lieu. Voyez la solution du problème : la règle de construction d'un triangle est universelle et intemporelle, en quoi on évite le scepticisme, mais les opérations de construction et le résultat (l'image du triangle sur ma feuille de papier) sont particulières et situées dans le temps, de sorte que l'argument psychologique tombe.

Voilà encore une solution profonde et élégante apportée à la question du rapport entre les idées et la réalité, solution d'ailleurs assez proche, finalement, de celle conçue par Aristote, en tout cas plus proche de celle d'Aristote que de celle de Platon. Bien entendu, nous y reviendrons longuement lorsque je vous parlerai de Kant, mais cela vous donne déjà une idée de la postérité des débats théoriques ouverts par Platon et Aristote.

Une tradition philosophique ouverte sur l'expérience et sur la science

Il y aurait mille conclusions à tirer d'un exposé, fût-il très bref, sur cet immense philosophe qu'est Aristote. Sa pensée va très largement dominer toute l'Europe jusqu'à la Renaissance.

La cosmologie d'Aristote sera aussi intégrée par l'Église, et je voudrais en dire un mot, car la doctrine chrétienne compte, en dehors de la tradition juive, deux ancêtres philosophiques majeurs du côté des Grecs : Platon d'une part, *via* saint Augustin (saint Augustin est un chrétien platonisant, comme Pascal) ; et la tradition aristotélicienne d'autre part, reprise notamment par saint Thomas. Du fait de cette solution apportée à la théorie des idées, la tradition thomiste sera beaucoup plus ouverte sur l'expérience, sur le sensible et sur les sciences de la nature que la tradition chrétienne platonicienne.

Ces traits permettront au christianisme de tradition thomiste/aristotélicienne, en particulier, de ne pas être hostile à la science. *Fides et ratio*, qui est, je crois, l'avant-dernière encyclique de Jean-Paul II, l'exprime très bien : d'un point de vue chrétien, il n'est ni nécessaire ni légitime de s'opposer aux scientifiques. Pas d'obscurantisme ! Jean-Paul II, contrairement à une opinion courante mais fausse, ne rejette par exemple en rien la théorie de l'évolution. Pas davantage celle du Big Bang. Son idée, héritée d'Aristote et de saint Thomas, c'est qu'il faut toujours laisser la science progresser. Au final, comme le dit saint Thomas, il ne peut pas y avoir deux vérités, des vérités de foi et des vérités de raison, il ne peut pas y avoir de contradiction entre foi et raison. C'est au fond aussi le mot de Pasteur : « Un peu de science éloigne de Dieu, beaucoup de science nous y ramène. » Il faut finalement laisser le travail scientifique progresser, parce qu'il ne peut aller que vers la confirmation de l'harmonie du monde, de l'harmonie cosmique. Plus le savant travaille, plus il s'aperçoit que le monde est sublime et rationnel, et par conséquent compatible avec l'idée d'un créateur intelligent.

Voilà comment Aristote permettra à la religion chrétienne de ne pas être hostile à la science et d'intégrer les découvertes scientifiques. Encore une fois, le Big Bang ou la théorie de l'évolution sont aujourd'hui acceptés par l'Église parce que, dans une perspective thomiste ou aristotélisante, et grâce à cette solution non platonicienne du problème posé par les idées, quelque chose permet à la « religion » et à la « science », à « Dieu » et à la « science », pour reprendre une topique célèbre, de s'harmoniser.

3

LE STOÏCISME

Je vais tenter de vous raconter maintenant les aspects les plus fondamentaux de la philosophie stoïcienne.

Commençons par l'anecdotique : d'où vient le mot « stoïcien » ? Comme j'ai déjà eu l'occasion de vous le dire à propos de Platon et Aristote, dans l'Athènes du IVe siècle avant J.-C., les noms des écoles philosophiques étaient la plupart du temps liés au lieu dans lequel l'enseignement se tenait : l'« Académie » de Platon s'appelle ainsi parce qu'elle se situe à côté du sanctuaire d'un héros grec, Academos. Le « Lycée » d'Aristote se tenait lui aussi à côté d'un sanctuaire, qui était devenu un lieu de promenade dans l'Athènes du IVe siècle, le sanctuaire d'Apollon de Lycos : c'est de là que vient le nom de son école, le « lycée ». De manière analogue, le mot « stoïcien » vient tout simplement du grec *stoa*, qui signifie « arcades » ou « portique ». Le père fondateur de l'école stoïcienne, Zénon de Cition (à ne pas confondre avec un autre Zénon, Zénon d'Élée, qui est connu pour ses paradoxes sophistiques), avait installé son école sous des portiques *(stoa)* à l'ombre desquels il donnait ses cours. Il s'agit donc, là encore, d'une simple allusion au lieu dans lequel l'enseignement se déroulait.

Les trois âges de l'école stoïcienne

Quelques mots, très brefs, sur l'histoire du stoïcisme. La vie de l'école stoïcienne s'étend sur trois grandes périodes.

Il y a d'abord ce qu'on appelle le « stoïcisme ancien », qui prend son essor au IVe siècle avant J.-C., et qui est représenté essentiellement par trois auteurs dont, malheureusement, les œuvres sont presque intégralement perdues. Le père fondateur est Zénon, auquel succède Cléanthe, puis Chrysippe, troisième directeur de l'école, à Athènes. Nous ne connaissons guère leur pensée que par ceux qu'on nomme les « doxographes », c'est-à-dire les érudits qui rapportaient les opinions des philosophes (« doxographe » signifie étymologiquement : « qui écrit les opinions »), notamment grâce à Diogène Laërce, un auteur du IIIe siècle après J.-C. Cicéron (Ier siècle avant J.-C.) est aussi une de nos principales sources pour nous faire une idée de ce premier stoïcisme que pour l'essentiel, donc, nous ne connaissons que par des textes de deuxième main.

La deuxième période est celle du « moyen stoïcisme », représenté par des penseurs eux aussi fort mal connus de nos jours : Diogène le Babylonien, Antipater de Tarse, Panaïtios de Rhodes…

Heureusement, nous avons accès à une troisième période, celle du « stoïcisme impérial » – « impérial », parce qu'il se développe dans l'Empire romain, pour l'essentiel à Rome. Il abonde en auteurs fort connus, qui ont laissé des œuvres nombreuses, si bien qu'on peut véritablement se faire une idée précise et fiable de leur message philosophique. Le premier d'entre eux est évidemment Sénèque, qui vécut au Ier siècle après J.-C. Il a été le précepteur, puis le ministre du terrifiant Néron. Il a écrit quantités d'œuvres. Ceux qui ont étudié le latin au lycée se souviendront forcément d'avoir traduit ses fameuses *Lettres à Lucilius*, dont je vous parlerai plus loin.

Un autre philosophe majeur du stoïcisme impérial est un esclave grec, Épictète, qui a vécu entre le Ier et le IIe siècle après J.-C. Ses œuvres nous sont bien connues, essentiellement les *Entretiens* et le *Manuel*, grâce à certains de ses élèves, en particulier Arrien, qui a retranscrit ses cours. Il est l'auteur du premier « manuel » de toute l'histoire de la philosophie. Pourquoi ce mot « manuel » ? Parce que, selon ses disciples, pour vivre avec la pensée du maître, pour séjourner en permanence dans la méditation stoïcienne, il fallait toujours avoir ses pensées « sous la main », comme un soldat, disait-on, doit avoir son poignard ou son épée à portée de main. Marc Aurèle, troisième grande figure du stoïcisme impérial, fut empereur de Rome, au IIe siècle après J.-C. Il a écrit lui aussi de nombreux ouvrages, notamment les *Pensées pour moi-même*, sur lesquelles je reviendrai aussi.

La diversité linguistique, sociale et culturelle de ces auteurs illustre déjà par elle-même une idée chère aux stoïciens, à savoir que leur sagesse vaut pour tout le monde : aussi bien pour un ministre comme Sénèque qu'un esclave comme Épictète ou un empereur comme Marc Aurèle. C'est dire qu'elle est universelle : elle s'adresse à l'humanité entière et traverse classes sociales et frontières.

Pour présenter la pensée stoïcienne, qui est, vous allez le voir, sinon en tout point convaincante, du moins souvent passionnante, je reprendrai la tripartition fondamentale dont je vous ai dit comment elle traversait toutes les grandes philosophies, depuis Platon et Aristote jusqu'à Nietzsche et Heidegger : la *théôria,* c'est-à-dire contemplation ou connaissance du monde comme terrain de jeu de l'existence humaine ; la *morale ou éthique* – je ne ferai pas de différence entre les deux termes : l'un vient du latin et l'autre du grec, mais il n'y a aucune raison *a priori* de les distinguer ; et puis la *sotériologie, la doctrine du salut* ou de la sagesse, de la vie bonne, laquelle couronne cet édifice philosophique.

La *théôria* stoïcienne

Théôria *: « Voir le divin »*

Arrêtons-nous un instant encore à l'étymologie du mot *théôria* – en tout cas à l'une des étymologies, qui est probablement juste, même si ce n'est pas absolument certain, mais qui possède à tout le moins l'avantage d'être déjà attestée dans la philosophie grecque. Étymologiquement, *théôria* viendrait du verbe *orao,* qui signifie tout simplement « voir », et de *théos,* qui désigne « le divin ». La théorie consisterait donc à voir le divin, elle résiderait dans la contemplation du divin. Cela peut sembler *a priori* paradoxal, d'autant plus que la philosophie, à la différence des religions, était une doctrine du salut *sans dieu,* une réflexion sur la vie bonne qui ne passe ni par la foi ni par un Être suprême, donc une spiritualité laïque ou une doctrine laïque de la sagesse. Or n'a-t-on pas ici, au cœur même du mot *théôria*, affaire à quelque chose de religieux, à savoir la contemplation du divin ? N'y a-t-il pas là une contradiction, ou à tout le moins un paradoxe ?

L'idée, en vérité, est tout à fait laïque : elle n'est pas religieuse, en tout cas pas au sens des grandes religions monothéistes. La *théôria* stoïcienne, comme chez Platon ou Aristote, c'est en vérité la connaissance du monde, la contemplation de l'ordre cosmique. Comme nous l'avons vu au chapitre précédent, elle repose tout entière sur l'idée que le monde qui nous entoure, le Cosmos, comme l'appellent les Grecs, est semblable – ou pour le moins analogue – à un gigantesque organisme vivant. Il est magnifique, harmonieux, ordonné, mille fois mieux organisé que toutes les machines humaines, même les plus perfectionnées. Il est semblable à ce qu'un médecin, un biologiste, un scientifique qui s'intéresse au vivant va découvrir lorsqu'il ouvre le ventre d'un lapin, d'une souris, ou d'une grenouille : un organisme (un système organisé) merveilleusement bien fait. Tout est en place : non seulement le système lui-même est bien fait, formidablement agencé, chaque organe étant parfaitement à sa place à l'intérieur de cette belle totalité qu'est l'organisme : le cœur, les poumons, les yeux, la rate, tout est bien placé ; mais en outre, chaque élément de cette belle harmonie est en lui-même une sorte de perfection : rien de mieux fait qu'un œil pour voir, que le système sanguin pour irriguer les muscles, que les poumons pour respirer, etc.

Les Grecs, et notamment les stoïciens, pensaient que le monde était semblable à un gros organisme vivant. Dans le jargon philosophique, on appelle cette vision du monde un « hylozoïsme » (en grec, *hylé*, c'est la matière, et *zôon*, l'animal), ce mot désignant une vision du monde selon laquelle la matière qui nous entoure, la nature ou l'univers tout entier est comme un « gros animal ». Il s'agit d'une forme d'animisme puisque l'ordre cosmique, l'Univers matériel, comparé par les stoïciens à un gigantesque être vivant, est doté d'une âme. Il est « animé », merveilleusement bien fait, harmonieux, juste, beau et bon.

Lever le voile sur l'ordre cosmique

Quel rapport avec l'idée de divinité ? En quoi la connaissance de ce gros organisme vivant qu'est le Cosmos a-t-elle quelque chose à voir avec l'idée de *théôria*, de « voir le divin » ?

Ce qui domine la *théôria* stoïcienne, cette connaissance du monde – qui va mobiliser aussi les sciences qu'on dirait aujourd'hui positives : la physique, la biologie, l'astronomie, les mathématiques, etc. –, c'est l'idée que cet ordre harmonieux, juste, beau et bon, est bel et bien divin, non pas au sens d'un dieu transcendant et créateur du monde, comme dans les grandes religions, mais au sens plus modeste où cette perfection qui nous entoure de toute part *n'a pas été créée par les humains.* Nous, les humains, nous n'avons nullement fabriqué le cosmos, la nature qui nous entoure, nous ne l'inventons pas, nous la découvrons. Les mots ont un sens : « découvrir », ce n'est pas inventer ; découvrir, c'est lever le voile. Voilà l'activité intellectuelle par excellence : lever le voile sur un ordre du monde qui nous préexiste et qui va, à mesure que nous le connaîtrons, nous apparaître comme de plus en plus harmonieux, de plus en plus « divin ». Où l'on voit qu'ici le divin n'est nullement un dieu personnel, mais l'ordre du monde lui-même avec la perfection duquel il se confond.

Voilà pourquoi, dans la philosophie stoïcienne, trois mots grecs (qui sont assez compréhensibles en français) vont être considérés comme équivalents : le *cosmos*, le *theion* – c'est-à-dire le divin –, et le *logos* : le *logos* n'est pas simplement le langage. Le terme renvoie aussi à l'idée d'ordre logique, rationnel. Toute la philosophie théorique des stoïciens va être dominée par l'idée que l'ordre cosmique tout entier est à la fois divin et « logique », rationnel. Divin, parce que la perfection qui le caractérise n'est pas créée, produite par les humains (encore une fois, les humains la découvrent, ils ne l'inventent pas ; ils en sont une petite partie, ils n'en sont pas les auteurs) ; mais aussi logique ou rationnel, parce que la *théôria*, par exemple l'astronomie, va montrer que cet ordre du monde est agencé selon l'ordre des causes et des raisons. *Logos*, *cosmos*, *theion* sont donc trois mots qui se renvoient les uns aux autres et qui sont pratiquement équivalents dans cette partie théorique de la philosophie stoïcienne.

Voir le divin (théorie), c'est voir la perfection du cosmos

Marc Aurèle, dans ses *Pensées*, nous invite à réfléchir sur le fait qu'évidemment, si on regarde de trop près, si l'on a l'œil rivé à la vitre, on ne voit pas la beauté, la logique et la divinité de l'ordre cosmique. Mais dès qu'on prend un peu de champ – voilà l'activité théorique par excellence ! –, dès qu'on regarde les choses d'un peu loin et que l'on prend une distance qui est celle de la réflexion et de l'intelligence, on s'aperçoit que cet ensemble cosmique est merveilleusement harmonieux.

Écoutons Marc Aurèle :

> La crinière du lion, l'écume qui coule de la gueule du sanglier, et bien d'autres choses, si on les observe en détail, sont sans doute loin d'être belles. Et pourtant, parce qu'elles dérivent du fait qu'elles sont engendrées par la nature, elles sont un ornement et elles possèdent leur charme. Et si l'on se passionnait pour les êtres de l'Univers, si on avait une intelligence plus profonde, il n'est sans nul doute aucun d'entre eux qui ne paraîtrait une agréable créature. Même chez les vieux et les vieilles, on pourra voir une certaine perfection, une beauté, comme on verra la grâce enfantine si on a les yeux du sage.

Pour le sage, même la bave du sanglier ou la vieillesse sont belles, parce qu'elles font partie d'un ordre qui est magnifiquement agencé, et c'est ça qu'il s'agit de comprendre par la théorie, par la connaissance, voire, comme je vous l'ai dit, par le biais de toutes les sciences disponibles à l'époque : l'astronomie, la biologie, la physique, les mathématiques et la logique. Les grands philosophes de l'Antiquité se voulaient, en effet, de bons scientifiques. Mais loin de se borner à une science particulière, ils tentaient, à l'aide de toutes les connaissances disponibles, de se faire une image *globale* du monde, c'est-à-dire, pour revenir à notre métaphore, une image globale du terrain de jeu de l'existence humaine.

De la *théôria* à l'éthique : la connaissance, fondement de la philosophie morale

Pourquoi une image globale ? Pourquoi ne pas se limiter, comme le font les savants d'aujourd'hui, à une science positive particulière comme la biologie ou la physique par exemple ? Réponse : parce que, dans la perspective qui est celle de la philosophie antique, il s'agit de préparer par la *théôria* (par la connaissance de l'Univers) le deuxième niveau de la philosophie : celui de l'éthique, de la philosophie morale.

Comment cela se met-il en place ? Pour l'essentiel, la morale stoïcienne – et cela vaut pour la plupart des grands penseurs grecs, comme nous l'avons vu déjà avec Homère et Hésiode – va nous inviter à trouver notre place dans l'ordre cosmique, notre lieu naturel bien à nous au sein du grand tout de l'Univers. De même qu'un organe doit être à sa place dans un organisme pour que le tout fonctionne harmonieusement et soit en bonne santé, il faut que chaque être humain soit à sa place dans l'ordre du monde – d'où le fait que le péché majeur, pour les Grecs, réside toujours dans ce qu'ils appellent l'*hybris*, dans cette démesure qui pousse les humains, par arrogance et par orgueil, à vouloir plus que leur part, à vouloir toujours s'élever au-dessus de leur condition naturelle légitime. Mais trouver sa juste place dans l'ordre cosmique ne va pas de soi. Cela suppose au préalable que l'on dispose d'une vue de l'ensemble, que l'on ait acquis, donc, la connaissance du tout cosmique, de l'Univers dans sa globalité, bref, cela suppose d'abord la *théôria*. On ne peut pas trouver sa place dans l'Univers si l'on n'a pas de celui-ci une idée qui ne soit pas trop approximative, de manière à savoir où nous sommes dans ce monde. Trouver sa place dans le monde, voilà la première et principale recommandation de l'éthique stoïcienne.

Mais avant d'entrer plus avant dans l'analyse des principes fondamentaux de cette morale, il faut encore insister, sur un plan strictement théorique, sur deux aspects de l'ordre cosmique.

J'ai dit qu'il était, aux yeux des stoïciens, divin et logique ; qu'il était harmonieux, juste, beau et bon ; qu'il était comme un bel organisme vivant. Deux autres caractéristiques très importantes vont permettre de mieux comprendre comment on passe de l'analyse théorique du cosmos (de la philosophie comme connaissance) à l'éthique, à la philosophie comme philosophie morale.

Déterminisme et « superstition »

En premier lieu, il faut rappeler qu'aux yeux des stoïciens – et c'est peut-être même là le thème le plus insistant de leur pensée théorique – l'ordre du monde est totalement déterminé, au sens du déterminisme : c'est-à-dire que rien n'arrive sans cause dans le monde, aucun événement n'est sans raison, mais au contraire, les événements s'enchaînent les uns aux autres de manière intégralement et parfaitement déterminée par l'ordre des raisons. Nous considérons parfois qu'il y a du hasard dans le monde, que si une pièce est sur la tranche, par exemple, elle peut aussi bien tomber d'un côté que de l'autre, et l'on dit : « C'est le hasard qui fait qu'elle va tomber côté pile ou côté face. » Pour les stoïciens, il s'agit là d'une illusion totale, d'une bévue simplement liée au fait que notre connaissance est limitée, qu'elle bute sur les détails, car en vérité il n'y a pas, il n'y a jamais de hasard : il existe toujours des causes, fussent-elles minuscules, à peine perceptibles, qui expliquent parfaitement, rationnellement, tous les événements du monde, de telle sorte que les choses arrivent de manière entièrement déterminée. C'est du reste pour cette raison qu'il n'y a chez eux aucune place pour ce que l'on appellera, dans la philosophie moderne, le libre arbitre, ni pour une philosophie des possibles. On est déjà – si je puis dire – dans Spinoza, c'est-à-dire dans une vision intégralement déterministe de l'Univers. Nous verrons que les conséquences en sont très importantes sur le plan éthique.

Ainsi, lorsque les stoïciens disent que le monde est logique, qu'il relève de cet ordre du *logos*, cela signifie notamment que rien n'est sans raison. Ils ne formulent pas encore le principe de raison – il reviendra à Leibniz, au XVIIe siècle, d'en donner la première formulation abstraite : *Nihil est sine ratione*, c'est-à-dire : « Rien n'est sans raison » –, mais l'idée est déjà présente au cœur du stoïcisme : rien n'arrive dans l'Univers sans qu'il y ait une raison, et même une bonne raison à cela. Tout est explicable : il n'y a pas de mystère dans l'Univers.

Aussi bizarre, et même tout à fait paradoxal que cela puisse paraître à première vue, ce rationalisme est ce qui explique… les raisons pour lesquelles les stoïciens étaient « superstitieux », au sens où nous l'entendrions aujourd'hui ! Ils croyaient au destin et pensaient même qu'il est possible de prévoir l'avenir. Voyez pourquoi ce qui nous semblerait aujourd'hui tout à fait irrationnel, non scientifique, à savoir la superstition, est paradoxalement dans le stoïcisme un effet de son rationalisme exacerbé : étant donné que tout est déterminé par des causes qui précèdent, qui sont donc installées dans le passé, on doit pouvoir, en analysant ces causes, prévoir l'avenir. L'avenir n'est que la poursuite d'une trajectoire déjà inscrite dans le réel et, de même qu'on peut prévoir à peu de chose près, en regardant une pierre qu'on vient de jeter, l'endroit où elle va tomber, on doit bien pouvoir prévoir l'avenir en considérant le passé et le présent. Ce n'est donc pas la superstition, mais plutôt une espèce d'hyperrationalisme qui amenait les stoïciens romains à penser que l'avenir pouvait être prévisible et que l'on pouvait, en lisant les signes astrologiques par exemple, essayer de prévoir l'issue d'un combat, de jeux ou de guerres.

La liberté des stoïciens n'est qu'intérieure

Le deuxième point qu'il nous faut prendre en considération pour comprendre la morale stoïcienne, touche la distinction absolument cardinale – c'est peut-être la plus célèbre thèse de philosophie stoïcienne – entre « les choses qui dépendent de nous » et celles qui « n'en dépendent pas ». Voici ce que dit le *Manuel d'Épictète* à ce sujet :

> 1. Des choses les unes dépendent de nous, les autres ne dépendent pas de nous. Ce qui dépend de nous, ce sont nos jugements, nos tendances, nos désirs, nos aversions, en un mot tout ce qui est opération de notre âme ; ce qui ne dépend pas de nous, c'est le corps, la fortune, les témoignages de considération, les charges publiques, en un mot tout ce qui n'est pas opération de notre âme.
>
> 2. Ce qui dépend de nous est, de sa nature, libre, sans empêchement, sans contrariété ; ce qui ne dépend pas

de nous est inconsistant, esclave, sujet à empêchement, étranger.

3. Souviens-toi donc que si tu regardes comme libre ce qui de sa nature est esclave, et comme étant à toi ce qui est à autrui, tu seras contrarié, tu seras dans le deuil, tu seras troublé, tu t'en prendras et aux dieux et aux hommes ; mais si tu ne regardes comme étant à toi que ce qui est à toi, et si tu regardes comme étant à autrui ce qui, en effet, est à autrui, personne ne te contraindra jamais, personne ne t'empêchera, tu ne t'en prendras à personne, tu n'accuseras personne, tu ne feras absolument rien contre ton gré, personne ne te nuira ; tu n'auras pas d'ennemi, car tu ne souffriras rien de nuisible.

Donc, certaines choses dépendent de nous : ce sont celles qui relèvent de notre vie intérieure, par exemple, ce sont nos jugements de valeur, les appréciations que nous portons sur le monde et sur les autres. Bref, nos aversions, nos goûts et nos dégoûts. Ils relèvent de la vie intérieure et, pour les stoïciens, ils appartiennent quand même à quelque chose comme la liberté : on peut choisir d'aimer le monde ou de le détester. On peut choisir de se révolter ou d'accepter. Voilà la liberté que nous accorde la philosophie stoïcienne. Encore faut-il ajouter que ce n'est qu'une liberté intérieure, qui ne peut pas vraiment transformer le monde extérieur puisque celui-ci est complètement déterminé. Est-ce pensable ? Est-ce contradictoire ? Personnellement, je dois vous l'avouer, je pense que le déterminisme absolu est contradictoire. Je pense que, comme dans le spinozisme, les grands penseurs déterministes ne peuvent jamais s'empêcher de réintroduire de manière subreptice, voire tout à fait incohérente au regard de leur propre doctrine, un minimum de libre arbitre, ne serait-ce que pour expliquer cette liberté de choix qui nous permet d'opter pour la sagesse ou au contraire de rester dans la vie ordinaire. Nous y reviendrons très en profondeur quand je vous parlerai de Spinoza, justement. Mais notez déjà que, dès l'Antiquité, par exemple chez Plutarque, quantité de critiques touchant cette question sont déjà formulées : une liberté purement intérieure est-elle vraiment une liberté ? Une liberté qui ne peut avoir aucun effet dans le monde a-t-elle encore un sens ? Et du reste, si tout est déterminé par l'enchaînement des causes et des raisons, pourquoi la vie psychique devrait-elle échapper au déterminisme ? Oui, tout cela n'est pas très cohérent, il faut bien l'avouer. Je vous propose malgré tout de faire abstraction de ces difficultés pour essayer de comprendre de l'intérieur la pensée stoïcienne. Car en dépit de ses contradictions, elle reste tout de même passionnante à bien des égards et, après tout, c'est cela l'essentiel et c'est cela qu'il faut essayer de bien comprendre.

Laissons donc de côté ce débat, mais gardons en tête que, chez les stoïciens, les jugements de valeur dépendent de nous. Mais rien d'autre n'en dépend : la santé, la maladie, les honneurs, la richesse, la naissance et la mort échappent à notre contrôle. Nous ne sommes pas plus maîtres de notre mort que de notre naissance. Même le suicide, pour les stoïciens, ne relève pas de la liberté. Tous ces éléments qui occupent la vie sociale (vanités, honneurs, richesses, maladie, santé, naissance et mort) ne dépendent pas de nous. Les choses qui dépendent de nous forment la « citadelle intérieure » comme le dira l'un des grands commentateurs de la pensée grecque, Pierre Hadot. La citadelle intérieure, le *forum* intérieur, c'est le siège de nos pensées qui, elles, dépendent de nous. Derrière cette conviction se profile l'idée que même un esclave peut être parfaitement libre (comme c'est, du reste, le cas d'Épictète).

Sénèque suggère à ce propos une métaphore très parlante : « Les destins conduisent ceux qui les acceptent et traînent ceux qui les refusent », métaphore qu'il explicite à l'aide d'une image bien connue dans le monde stoïcien : nous sommes comme des petits chiens attachés à un traîneau, et si nous refusons le déterminisme qui régit le monde, nous serons quand même tirés de force, que nous le voulions ou non, par ce traîneau. Nos pattes traîneront par terre, s'abîmeront dans les graviers et seront douloureuses. Nous souffrirons énormément. Si, en revanche, nous acceptons le destin et l'ordre du monde – parce que nous l'avons compris : d'où l'importance de la théorie, de la connaissance du monde et des causes –, alors nous serons comme le petit chien qui trottine gentiment derrière le chariot et qui ne souffre pas. Il séjourne dans une espèce de liberté intérieure parce qu'il a accepté l'ordre du monde.

On retrouvera cette philosophie stoïcienne dans un passage célèbre du *Discours de la méthode* de Descartes, lorsqu'il reprend, à titre de morale provisoire, cet aspect de l'éthique stoïcienne : « Mieux vaut changer ses désirs que l'ordre du monde. » Chez Sénèque, comme plus tard chez Spinoza, la philosophie est hostile à l'idée même de révolte. C'est une philosophie de l'acceptation du monde, de la réconciliation avec ce qui est : le petit chien qui comprend que le traîneau suit un cours totalement déterminé, que tout cela ne dépend pas de lui, trottine gentiment et sans souffrance tandis que celui qui se révolte est quand même traîné, mais dans la peine et le malheur. Philosophie de la soumission, philosophie d'esclave ? Déjà, au temps des premiers stoïciens, les épicuriens ne manqueront pas d'adresser cette critique, il faut dire non négligeable, à leurs « chers collègues » en philosophie... Beaucoup plus tard, elle sera reprise parfois contre le bouddhisme et contre le spinozisme, qui posent, en effet, des problèmes analogues à ceux que soulève déjà le stoïcisme.

Connaître le monde pour vivre en accord avec lui

Ces deux traits fondamentaux que nous venons d'évoquer, le déterminisme et la distinction entre ce qui dépend de nous et ce qui n'en dépend pas, vont vous permettre de bien comprendre comment on passe de la première partie de la philosophie, à savoir la théorie, à la deuxième partie, à savoir la morale ou l'éthique (encore une fois, c'est volontairement que je ne fais pas ici de distinction entre ces deux termes). La théorie, en effet, nous dévoile l'ordre du monde, et la morale, pour l'essentiel, consiste – comme je vous le disais tout à l'heure – à essayer de trouver sa place dans cet ordre cosmique, comme un organe doit avoir sa juste place dans un organisme – sans quoi l'organisme fonctionne mal et l'organe lui-même dépérit.

Dans cette philosophie, la théorie est tout entière tendue vers un deuxième niveau de réflexion, qui est le niveau moral. Je citerai un petit texte de Cicéron qui, sur ce point, est particulièrement clair et pertinent. Dans un commentaire célèbre de la pensée stoïcienne qui figure dans son livre intitulé *Des fins des biens et des maux*, il écrit ceci : « Celui qui veut vivre en accord avec la nature doit partir de la vision d'ensemble du monde et de la Providence. »

« Celui qui veut vivre en accord avec la nature » : tel est le but même de la morale. S'ajuster, s'ajointer à l'ordre du monde, au cosmos, voilà la finalité tout entière de l'éthique. Et celui qui veut vivre en accord avec la nature doit d'abord partir de la *théôria* (c'est-à-dire d'une vision globale du monde, pour savoir comment y trouver sa place) et de la Providence (la Providence, c'est simplement le destin, le déterminisme dont nous venons de parler).

Cicéron écrit encore ceci, à propos des stoïciens : « On ne peut porter des jugements vrais sur les biens et sur les maux, sans connaître le système entier de la nature », donc sans savoir à quelles conditions la nature humaine peut se mettre en accord avec la nature universelle. Et, ajoute Cicéron, on ne peut voir, sans la physique (sans la *théôria*), quelle importance – et elle est immense – ont les anciennes maximes des Sages : « Obéis aux circonstances », « Suis Dieu », « Connais-toi toi-même », et « Rien de trop ». Ces deux dernières formules figurent au fronton du temple de Delphes et sont cruciales dans l'imaginaire grec. Il importe de bien comprendre ce qu'elles veulent dire.

« Connais-toi toi-même » : la formule n'a rien à voir avec la psychanalyse ou avec une philosophie de l'introspection. Elle signifie : « Sache qui tu es et où tu es dans le monde. » Complétée par « Rien de trop », elle rappelle ce que je vous disais tout à l'heure, à savoir que le plus grand péché, pour les Grecs (dans toute la mythologie mais aussi dans cette tradition « cosmologique » qui remonte à Parménide, Platon, Aristote et aux stoïciens), est l'*hybris*, l'arrogance, la démesure, le fait de ne pas être à sa place, de se prendre pour quelqu'un d'autre. « Pour qui se prend-il ? », dit-on parfois, et c'est bien de cela qu'il s'agit lorsque les Grecs évoquent l'*hybris* : celui qui se prend pour un dieu, comme Tantale, qui a l'audace insigne de vouloir tester leur omniscience en leur servant un repas composé avec la viande de son propre fils, Pélops, est puni : il n'est pas à sa place, il s'est pris pour l'égal des dieux qu'il a voulu défier de manière arrogante. Il a péché par la nourriture, il sera puni par la nourriture ! « Connais-toi toi-même » signifie donc : sache qui tu es, pour pouvoir trouver ta juste place dans le monde et pas une place supérieure ou inférieure à celle qui te revient. Il s'agit de « se connaître soi-même » pour obéir à l'autre formule, « Rien de trop ! ». Autrement dit, l'impératif signifie : ne pèche pas par *hybris*, par arrogance. Tantale est puni parce qu'il s'est pris pour un dieu, il a péché par arrogance, par orgueil, par *hybris* ; il n'est pas à sa place, il est « trop », si je puis dire, et les dieux l'y remettent brutalement par son terrible châtiment.

La théorie est donc le préalable à la morale : il faut s'ajuster à l'ordre du monde, et pour y parvenir, il faut d'abord le connaître. Voilà une idée bien intéressante : le juste – au sens de la justice –, c'est la *justesse*. La justice, c'est la justesse. Ce qui est juste, c'est ce qui est ajusté à l'ordre cosmique que la *théôria* a dévoilé. Comme un luthier ajuste les cent vingt pièces de bois qui forment un violon, pour que le violon sonne, pour qu'il soit en harmonie, de la même manière, la morale stoïcienne nous invite à nous ajuster à l'ordre du monde, après avoir compris quelle est notre juste place à l'intérieur de cet ordre cosmique.

Une philosophie pratique nourrie par des exercices

L'enseignement de la philosophie stoïcienne, contrairement à ce qui se passe aujourd'hui dans nos lycées ou dans nos universités, développait tout un volet pratique. C'est là un point extrêmement intéressant, que Pierre Hadot a bien mis en Lumière, notamment dans son beau livre consacré à Marc Aurèle, *La Citadelle intérieure*. L'enseignement de l'école n'était pas simplement transmis aux élèves sous la forme d'un discours, mais il comportait des exercices pratiques de morale appliquée.

Ces exercices peuvent nous faire sourire aujourd'hui, mais leur signification est profonde. Zénon, le père fondateur de l'école stoïcienne, avait été l'élève des cyniques, et notamment de Cratès. Étymologiquement, les « cyniques », en grec, ce sont les « chiens ». On comparaît les cyniques, qui étaient donc les maîtres des premiers stoïciens, à des chiens, et ce pour deux raisons que nous allons retrouver dans ces exercices pratiques de morale appliquée chers aux stoïciens. La première raison c'est que, sur les places des marchés à Athènes, ils s'amusaient à asticoter les gens, à leur poser des questions pour les sortir de leurs « certitudes bourgeoises », comme on dirait aujourd'hui, pour les inciter à la réflexion philosophique. Ils titillaient donc les « bourgeois » comme des roquets viendraient vous mordiller les mollets ou les chaussures. La deuxième raison est plus profonde : on les comparait à des chiens parce qu'ils étaient, à ce qu'on dit, très sales, hirsutes et débraillés, et qu'ils se comportaient comme des chiens, qui vont mettre le museau là où il ne faut pas, qui font leurs besoins devant tout le monde, sans la moindre bienséance ni la moindre pudeur.

Quel rapport avec les cyniques ? Il tient bien sûr au fait que les cyniques grecs avaient déjà cette idée, reprise par les stoïciens, que la vraie morale (qui, selon un mot de Pascal, « se moque de la morale », c'est-à-dire des conventions artificielles) consiste à s'ajuster à l'ordre cosmique, donc à vivre en harmonie, en accord avec la nature. Or la nature, comme on voit chez les chiens, se moque bien de la pudeur et de la bienséance, du moins telles qu'elles sont définies par les « bourgeois ».

Qu'est-ce, en effet, que vivre en accord avec la nature ? C'est d'abord se moquer du qu'en-dira-t-on, des conventions, des codes artificiels de la civilité construite par les humains qui s'autoproclament « civilisés ». Il s'agit donc de se débarrasser de ce fatras de principes artificiels, afin de vivre en accord avec la vraie nature, et pas avec la prétendue civilité de ces citoyens de Rome ou d'Athènes qui ne vivent plus en accord avec l'ordre cosmique parce qu'ils sont entrés dans une société, aux yeux des cyniques comme aux yeux des stoïciens, déjà dégradée. On retrouvera cette idée chez Rousseau. Le vrai sage est celui qui se moque des conventions mais qui, en revanche, respecte la nature – comme le chien, finalement. Aux yeux du bourgeois, le chien est sale et « mal élevé », mais aux yeux du cynique ou du stoïcien, il est simplement naturel. De là leurs provocations, destinées bien sûr à faire réfléchir les autres, à les sortir de leurs certitudes enkystées et de leur torpeur dogmatique.

Voilà pourquoi stoïciens et cyniques recommandaient des exercices de sagesse à leurs élèves. On raconte qu'ils les obligeaient, par exemple, à tirer un poisson mort sur la place publique, les jours de marché à Athènes – ou à Rome, du reste. Évidemment, on se moquait du malheureux élève qui tirait comme un petit chien au bout d'une laisse son poisson mort : il était victime de tous les quolibets possibles et imaginables. Quel était le but de l'exercice ? Il visait à apprendre à l'élève, justement, à se moquer du qu'en-dira-t-on, afin de se *convertir* – au sens étymologique du terme : c'est-à-dire de détourner son regard des conventions artificielles pour le jeter vers la nature, vers l'ordre cosmique. La finalité de cet exercice était de commencer à porter un œil neuf sur l'ordre cosmique afin de le comprendre (par la *théôria*). Le premier pas du disciple stoïcien était donc de se déprendre du poids du qu'en-dira-t-on et des conventions sociales pour être d'abord capable de connaître la nature véritable de l'Univers, mais pour pouvoir aussi, dans un second temps, grâce à ce savoir rare et précieux, vivre enfin en accord avec elle.

On mesure ici à quel point cet enseignement était un enseignement pratique. Il s'agissait à proprement parler d'*apprendre à vivre*, et pas simplement d'apprendre à parler ou même à penser. La sagesse était d'abord et avant tout une sagesse pratique, même si elle devait passer, comme je vous l'ai dit, par beaucoup de théorie.

Diogène Laërce évoque encore un deuxième exercice. Il raconte que Cratès (le maître de Zénon, l'un des plus grands penseurs de la tradition cynique), qui habitait une grotte assez infâme à Athènes et qui était marié à une femme, Hipparchia, dont on dit qu'elle était très belle, prenait soin de faire l'amour en public avec elle. On dit de lui qu'il était très sale – c'est en tout cas l'image que l'on en a, mais c'est sans doute plus une métaphore ou un symbole, car bien évidemment toutes ces biographies sont mythiques : elles ont une signification philosophique, et il ne faut sans doute pas les prendre au pied de la lettre. On dit que lorsque Cratès faisait l'amour avec Hipparchia, il prenait soin de lever le rideau qui fermait sa caverne afin que tout le monde en profite, ce qui, bien évidemment, « choquait le bourgeois ». C'était du reste le but, puisqu'il s'agissait au fond de leur adresser le message suivant : « Vivez si vous voulez selon les conventions artificielles, moi je vis selon la nature, et faire l'amour avec sa femme n'a rien de scandaleux, n'a rien d'antinaturel, c'est au contraire parfaitement conforme à l'ordre du monde. » Il obéissait donc à une double stratégie qui consistait bien sûr à « choquer les bourgeois » mais aussi, en même temps, à se déprendre soi-même du regard des autres, pour vivre vraiment dans la sagesse.

La victoire sur la mort : de l'éthique à la sagesse et au salut

Mais, comme je vous l'ai dit, la théorie et la morale, si importantes soient-elles, ne sont pourtant que des préalables à la troisième partie de la philosophie, la partie la plus haute et la plus importante, à savoir la doctrine de la vie bonne, la doctrine de la sagesse et du « salut » : la sotériologie. C'est le troisième niveau de la réflexion philosophique. *Soterios*, en grec, veut simplement dire « le salut ». Le « salut », étymologiquement, c'est « ce qui sauve », ou, plus exactement, c'est « le fait d'être sauvé ». Sauvé de quoi ? Des peurs, qui nous empêchent d'accéder à la vie bonne, évidemment, parce qu'elles nous interdisent de penser et d'aimer librement – en particulier la peur de la mort. Quand l'angoisse s'empare de nous, nous devenons très rapidement aussi stupides qu'égocentriques : nous pensons mal, et d'abord à nous, ce qui est le contraire même de la sagesse. Quel rapport y a-t-il entre ce que nous venons de voir, la *théôria* (la contemplation de l'ordre cosmique), puis l'éthique, entendue comme la volonté de s'ajuster à l'ordre du monde, et enfin la sotériologie, la question du salut, de la victoire sur les peurs, de la sagesse ou de la vie bonne ?

La mort n'est qu'un passage

Dans la pensée stoïcienne (mais aussi dans la culture dominante des Grecs : souvenez-vous, ici encore, de l'histoire d'Ulysse et de son retour à Ithaque), lorsque le sage parvient à s'ajuster à l'ordre du monde, à vivre en harmonie avec l'harmonie cosmique, comme les petites pièces du violon que j'évoquais tout à l'heure sont en phase avec elles-mêmes comme avec l'Univers, en accord avec l'accord dominant le cosmos, alors il devient lui-même un fragment d'éternité, puisque le Cosmos est éternel – immortel, si je puis dire. Et dans ces conditions, la mort n'est plus à ces yeux la fin tant redoutée, mais seulement un passage, une transition d'un état à un autre.

C'est ce que les stoïciens ne cessent de répéter dans leurs œuvres : la mort n'est pas effrayante, ce n'est qu'un passage de l'état de vivant à l'état de matière inanimée, mais ce n'est pas une perte ni un néant. La mort est une transition. Lorsqu'on est un fragment d'éternité, on est soi-même éternel. On est un atome de Cosmos.

Trois manières de vaincre la mort

L'enjeu métaphysique de cet ajointement à l'ordre du monde est extrêmement profond : il s'agit tout simplement de la victoire sur la mort, en tout cas sur la peur qu'elle suscite inévitablement chez les ignorants. Les Grecs pensaient qu'il y avait trois manières de vaincre la mort.

La *première* est d'avoir ce qu'on appelle si bien une « descendance » : si les petits-enfants ont une aile du nez du grand-père, l'œil de leur grand-mère, la chevelure d'un des parents, etc. alors quelque chose d'eux survit dans leur descendance, tout n'est pas perdu... Mais cette première solution n'est pas très convaincante. À vrai dire même, quand on a des enfants, le fait qu'ils vous ressemblent et que quelque chose de vous survit en eux, ne vous empêche nullement de craindre leur mort, de nous inquiéter pour ces êtres qui nous sont les plus chers, comme Téthis, la mère d'Achille, est folle d'angoisse pour son fils quand il part pour la guerre de Troie. Ce n'est donc pas par la descendance qu'on vaincra la peur de la mort, bien au contraire.

Une *autre solution* pourrait être trouvée dans l'héroïsme, dans celui d'Achille, pour reprendre à nouveau cet exemple, le plus grand héros légendaire de tous les temps. Achille n'a pas peur de la mort, il l'affronte constamment, et c'est justement dans cet affrontement qu'il devient un héros glorieux et célèbre. La gloire lui permet alors d'échapper à l'éphémère du temps qui passe, parce qu'elle le transforme en un personnage de roman ou de livre historique. Il devient pour ainsi dire un objet de l'écriture, et l'écriture ne passe pas : elle reste et confère ainsi à ceux qu'elle grave dans le marbre une espère d'immortalité, en tout cas de durée prolongée après la mort biologique. Ce point est bien analysé par Hannah Arendt dans *La Crise de la culture*. Grâce à l'écriture, le héros devient un être quasi éternel, parce que l'écriture, à la différence de la parole, ne se volatilise pas aussitôt qu'énoncée. Elle subsiste. Si vous réussissez, par vos faits et gestes, comme Achille, à être inscrit dans un livre d'histoire, alors vous durerez très longtemps. Pour autant, cette solution n'est pas non plus très convaincante. Elle n'empêche pas le héros de mourir, et si l'on en croit l'*Odyssée*, lorsque Ulysse retrouve Achille aux enfers, ce dernier lui avoue piteusement qu'il serait prêt à échanger toute sa gloire… contre un modeste poste de serviteur chez le plus pauvre des fermiers ! C'est dire combien l'héroïsme échoue à résoudre la question de la mort, combien la vanité de la gloire, cette immortalité de papier, pèse peu face aux attraits d'une immortalité qui serait bien réelle et se traduirait par un retour à la vie, fût-elle misérable.

D'où le *troisième niveau*, le troisième rapport à la mort qui pourrait bien naître de l'ajustement de soi à l'ordre du monde, dans la mesure où, comme je l'ai suggéré, par cet ajustement même nous devenons en quelque sorte des atomes de cosmos, des fragments d'éternité.

C'est alors et alors seulement, comme dans l'histoire d'Ulysse au moment où il retrouve enfin Ithaque et Pénélope, que le sage peut habiter le présent, loin des passions tristes qui règnent sur le passé (nostalgies, regrets, remords) comme sur le futur (sur le mode de l'espoir, du « ça ira mieux après »). Ajusté à l'ordre du monde, comme Ulysse, Cratès, Diogène – un autre cynique – ou Zénon, le sage peut se débarrasser du poids du passé, des regrets, des remords, des culpabilités. Il peut enfin se débarrasser des illusions de l'avenir, de l'espérance – c'est tout le thème des *Lettres à Lucilius* de Sénèque. Il peut vivre au présent, aimer enfin le monde tel qu'il est et s'en réjouir. Comme le dit André Comte-Sponville d'une formule d'inspiration stoïcienne : « Le sage est celui qui parvient à regretter un peu moins, à espérer un peu moins, à aimer un peu plus. » *Amor fati*, dit Nietzsche, dans le même sens : amour du *fatum*, de ce qui est là, de ce qui nous est envoyé par le destin.

La sotériologie, la doctrine du salut stoïcienne, c'est, comme plus tard chez Spinoza, l'amour de ce qui est, la réconciliation avec le monde. Et là encore, cette définition, cette philosophie de la vie bonne, comme mise en harmonie de soi avec l'harmonie du monde – victoire sur la mort, d'une certaine manière –, est bien une philosophie, non pas une religion, une spiritualité laïque, qui ne passe ni par la foi ni par Dieu (le divin, comme je vous l'ai dit, n'étant pas pour le stoïcien une personne, mais l'ordre parfait du monde).

Une stratégie de la raison pour surmonter la peur de la mort

Comme le suggère un beau texte d'Épictète, le stade suprême de la sagesse consiste à comprendre que nous sommes bel et bien un fragment d'éternité :

> Les feuilles tombent, la figue sèche remplace la figue fraîche, le raisin sec la grappe mûre, voilà selon toi des paroles de mauvais augure ? En fait, il n'y a là que la transformation d'états antérieurs en d'autres états. Il n'y a pas de destruction, mais un aménagement et une disposition bien réglés.

Où l'on retrouve la notion de déterminisme, d'ordre du monde, cette idée que le destin est bon et qu'il faut l'accepter, sans quoi on sera semblable à ce petit chien souffrant qui est traîné par le chariot et qui voit ses pattes s'user sur les graviers.

Mais le texte continue :

> L'émigration n'est qu'un petit changement, la mort en est un plus grand, mais il ne va pas de l'être actuel au non-être [par « émigration », Épictète entend le « bannissement », qui est la punition suprême pour les Grecs, pire que la mort puisqu'on est expulsé hors de ce Cosmos qu'est la cité et qu'on ne peut ainsi plus atteindre la sagesse ni la vie bonne]. C'est seulement ce que nous sommes actuellement [l'« être actuel »] qui va mourir, mais pas la totalité de ce que nous sommes : « – Alors je ne serai plus ? demande le disciple », et la réponse d'Épictète tombe aussitôt : « – Tu ne seras pas ce que tu es, mais tu seras autre chose dont le monde aura tout autant besoin. »

L'idée selon laquelle la mort n'est pas la fin de toutes choses, mais seulement un passage, le moment où l'humain se fond dans le cosmos est rassurante, de sorte que le sage apparaît bien comme celui qui a vaincu les peurs. Il n'est pas dans le bonheur au sens d'un bonheur repu, d'une satisfaction complète de tous les désirs ; il est dans le bonheur au sens de la sérénité, au sens où il n'est plus déchiré et coincé par les peurs.

J'y reviens encore un instant : le sage est comme Ulysse à la fin de l'*Odyssée*, lorsqu'il a rejoint Ithaque et qu'il est réconcilié avec l'ordre du monde. Il est, lui aussi, ajusté, « ajointé » à l'ordre cosmique. C'est alors, souvenez-vous, que les dieux distendent l'instant que vit Ulysse au moment où il retrouve Pénélope dans le lit nuptial. Cette métaphore de l'instant distendu, c'est la métaphore de l'instant devenu lui aussi atome d'éternité, fragment d'éternité, c'est-à-dire instant qui n'est plus angoissant parce qu'il n'est plus relativisé par la nostalgie du passé ou par l'espérance du futur. Espérance et nostalgie tenaillent le fou et disparaissent chez le sage. Ulysse est fou – au sens où il est « non-sage » – tant qu'il est en voyage, qu'il est en guerre, et qu'il n'est pas à Ithaque. Pendant les vingt années où il est « délocalisé », hors de lui et hors de chez lui, il est dans la nostalgie ou dans l'espérance d'Ithaque, pas dans l'amour d'Ithaque. Mais une fois rentré, il est réconcilié avec le temps, il habite le présent – *carpe diem*, dirait Horace. Il peut vivre le présent : *amor fati*, dira Nietzsche.

Les exercices de sagesse des stoïciens

Les stoïciens – je le disais – ont développé des exercices de morale (le poisson mort, faire l'amour en public avec sa femme – ce qui, curieusement, est un exercice de morale, nous avons maintenant compris pourquoi), mais ils ont aussi élaboré des exercices de sagesse, c'est-à-dire, à ce niveau supérieur, des exercices par lesquels le disciple est appelé à se débarrasser des peurs, du poids du passé comme des mirages du futur.

Lorsque le sage stoïcien est ajusté à l'ordre du monde, lorsqu'il a trouvé sa place dans l'ordre cosmique, et qu'il comprend, par conséquent, puisque le cosmos lui-même est éternel, qu'il est un fragment d'éternité, un atome de cosmos, et que la mort n'est qu'un passage, il est, en quelque sorte, en position de vaincre, sinon la mort elle-même (la mort individuelle, la mort de la conscience individuelle est inévitable), du moins une grande partie de la peur qu'elle inspire aux hommes ordinaires.

L'apprentissage de la vie

Comme je vous l'ai dit, la pensée stoïcienne ne reste pas abstraite, verbale, mais elle s'incarne dans la vie de tous les jours grâce à des exercices concrets. Pierre Hadot a bien montré dans ses travaux sur l'Antiquité que, dans toutes les grandes écoles grecques, la philosophie n'avait pas avant tout pour but de développer un discours, une réflexion, pas même une réflexion critique (même si elle le faisait aussi, bien sûr), mais bel et bien de nous conduire vraiment à la sagesse, de manière pratique, concrète. C'était un apprentissage de la vie, non un enseignement portant sur la rhétorique de la dissertation, comme on le croit aujourd'hui dans nos examens et nos concours.

Certains, qui se prétendent aujourd'hui disciples de Schopenhauer, se moquent de cette idée que la philosophie aurait pour but d'apprendre à vivre. C'est assez paradoxal, car on retrouve justement dans la philosophie contemporaine, notamment chez Schopenhauer et Nietzsche, cette idée grecque que la philosophie est apprentissage de la vie, pas ou en tout cas pas seulement un art du discours. Schopenhauer a du reste écrit un *Art d'être heureux* qui s'inscrit tout à fait dans cette tradition stoïcienne.

La transformation de la philosophie en pure « scolastique »

Pourquoi la philosophie scolaire et universitaire, telle qu'on la pratique encore chez nous en classe de terminale, a-t-elle totalement refoulé cette mission fondamentale qui était d'abord et avant tout la sienne à l'origine ? Là encore, les travaux de Pierre Hadot sont précieux. Ils montrent comment, à partir du moment où, tout au long du Moyen Âge, le christianisme va l'emporter sur la philosophie grecque, la religion s'arrogera le monopole de la définition légitime de la vie bonne et du salut. Du coup, la philosophie sera renvoyée à une tâche inférieure, beaucoup moins essentielle que celle de la théologie. Elle n'aura plus le droit, sous peine de représailles terribles venant de l'Église, de s'occuper de la sagesse, de la vie bonne et du salut pour devenir, selon le mot d'un théologien du Moyen Âge, saint Pierre Damien, simple « servante de la religion ».

Avec la domination de la religion chrétienne, la philosophie n'aura plus pour tâche de définir la vie bonne, comme chez les stoïciens, chez les Grecs d'une manière générale, mais seulement d'analyser les concepts (la substance, l'accident, l'être, le néant, le beau, le vrai, le bien, etc.). C'est ce que l'on appellera la « scolastique », la philosophie scolaire : elle va se réduire à une simple analyse critique, une discussion sur le sens des mots, ce que Kant nomme, non sans un certain mépris, la *philosophia generalis*, la philosophie qui se contente d'argumenter à propos de notions abstraites, pour ne pas dire de couper les cheveux en quatre dans des exercices purement rhétoriques.

C'est cet exercice philosophique que nous avons malheureusement très largement conservé sous la forme de la dissertation : le beau, est-ce ceci ou cela ? Qu'est-ce que le juste ? Est-ce que le vrai peut être atteint par démonstration ? Qu'est-ce que la science, l'espace, le temps, le bien, le mal, l'histoire, la perception, la valeur de l'exemple, etc. On n'en finit pas de multiplier les questions plus ou moins oiseuses. Trop souvent, les professeurs sont contraints par des programmes irréfléchis d'inviter aujourd'hui leurs élèves à discuter de grands concepts vagues, de grandes questions qu'ils sont, les malheureux, à des années-lumière de pouvoir résoudre réellement. On les somme en quelque sorte de développer une analyse critique qui les dépasse de toute part, une argumentation, une réflexion auxquelles ils ne sont pas aptes. Ça peut bien entendu avoir un sens en termes d'instruction civique, d'apprentissage de l'éthique de la discussion, mais cela n'a aucun rapport avec la vraie philosophie.

Dans nos classes, on ne fait pas tirer des harengs par les élèves : cela nous paraîtrait complètement ridicule, on serait probablement envoyé d'urgence par l'inspection générale dans un foyer psychiatrique de la MGEN. Nous avons pris l'habitude – c'est là un héritage de la victoire du christianisme sur la philosophie grecque – de considérer que la philosophie relève seulement de la pensée discursive, de la *théôria*, de l'analyse de concepts, de la réflexion et de l'argumentation. Cette conception de la philosophie n'était pas celle des Grecs, et je pense qu'ils avaient profondément raison.

Premier exercice de sagesse : vivre au présent

Voilà donc pourquoi ils ajoutaient dans les écoles, aux trois étages de la philosophie – *théôria*, morale, sotériologie (doctrine du salut) – des exercices, non plus simplement de morale, mais de sagesse. Donnons-en quelques exemples.

Un premier type d'exercice consistait à s'habituer à vivre au présent, à pratiquer le *carpe diem*, l'*amor fati*, l'amour de ce qui est là, ici et maintenant. C'est en ce sens que les sages stoïciens ne cessent d'inviter leurs disciples à ne pas regretter en permanence les événements passés, à ne pas être dans la nostalgie, dans les remords, les regrets et les culpabilités – dans les « passions tristes », pour parler toujours comme Spinoza. Quand il nous arrive un pépin anecdotique dans la vie de tous les jours, lorsque, par exemple, on a manqué son train ou son avion, qu'on est en retard à un rendez-vous et que cela nous paraît très grave sur le coup, parce qu'il s'agit d'un rendez-vous important, il faut se dire : « Dans trois mois, je n'y penserai plus. Même pas dans trois mois : dans deux jours je n'y penserai plus ! » Sur le moment, on est tétanisé d'angoisse, on transpire, on court, c'est toute une affaire. Si l'on y pense avec un peu de distance, un peu de champ, c'est évidemment absurde. Il faut apprendre à habiter le présent quel qu'il soit, à prendre les aléas comme ils viennent. Je ne dis pas que c'est facile, mais c'est l'idée que les exercices de sagesse stoïciens essayaient de mettre en pratique.

On raconte encore qu'Épictète, devenu esclave d'un maître sévère et injuste, disait pouvoir supporter toutes les tortures. Son maître, pour vérifier la justesse de la philosophie stoïcienne, s'était amusé à lui casser la jambe. Épictète avait merveilleusement supporté la douleur – de là, du reste, le sens courant du mot stoïque dans la langue ordinaire : celui qui reste de marbre sous les coups du sort, qui encaisse la souffrance sans broncher. De telles anecdotes sont sans doute plus ou moins légendaires. Elles sont probablement plus philosophiques qu'historiques et factuelles. Mais elles n'en révèlent pas moins une vérité, celle du disciple qui s'exerce, quoi qu'il arrive, à habiter joyeusement le présent, à dire « oui » au présent –, à dire « oui » à ce qui est – formule que l'on retrouvera encore chez Nietzsche.

Deuxième exercice : repousser l'espérance

Le deuxième type d'exercices pratiques consistait à se débarrasser, non plus seulement du passé – ou des petites choses du présent qui nous tyrannisent et nous empêchent d'habiter le véritable présent (qui est un présent plus large, plus épais et plus calme que le présent fugitif et anecdotique de nos vies quotidiennes) –, mais aussi des illusions de l'espérance. L'espérance est, en effet, pour les stoïciens la pire des choses.

Là encore, André Comte-Sponville a formulé excellemment la critique stoïcienne (et d'ailleurs aussi bouddhiste : c'est fondamentalement la même) de l'espérance : « Espérer, dit-il, c'est désirer sans jouir, sans savoir et sans pouvoir. » Reprenons les trois termes en imaginant quelqu'un qui est malade et qui espère la santé. Si j'espère la santé, c'est que je n'en jouis pas. Donc, c'est un malheur ; ce n'est pas un bonheur, ce n'est pas une joie. Désirer la santé, c'est par définition une « négativité » : c'est désirer ce qu'on n'a pas, par conséquent sans en jouir, mais c'est aussi désirer sans savoir. Car j'ignore, quand on m'annonce que je suis atteint d'une maladie très grave, si je vais en guérir ou pas. J'attends la santé, je l'espère, et je suis d'autant plus plongé dans l'espérance que je suis dans l'ignorance de ce qui arrivera. Et je suis aussi dans l'impuissance, puisque je ne peux pas faire advenir la santé. Si je le pouvais, je le ferais tout de suite, mais c'est très loin de dépendre entièrement de moi. Et quand la maladie est grave, cela ne dépend pas du tout de moi. Je suis donc dans la non-joie, dans la non-jouissance, je suis dans l'ignorance et je suis dans l'impuissance. En ce sens, l'espérance est la pire des choses. CQFD.

Notez au passage combien cette philosophie est par avance antichrétienne : « N'entrez pas dans l'espérance », pourrait dire le sage stoïcien, par opposition au titre du livre de Jean-Paul II intitulé : *Entrez dans l'Espérance*. Surtout pas ! dirait le stoïcien qui développe alors toute une batterie d'exercices pratiques destinés à nous éviter de céder à cette maladie de l'âme qu'est à ses yeux l'espoir : ne pas espérer guérir quand on est malade ; essayer de profiter de la vie comme elle est, même si elle est une vie abîmée, défectueuse, la vivre quand même tant qu'elle est vivable et tant qu'elle peut avoir quelque charme.

Parenthèse pour éviter un malentendu fréquent : je ne dis pas ici que cette vision stoïcienne est juste en tout point, encore moins qu'elle correspond à ma propre philosophie – ce qui est très loin d'être le cas. Je dis seulement qu'elle mérite d'être comprise, qu'elle nous pose un vrai défi intellectuel par rapport à nos schémas ordinaires, si souvent hérités du christianisme. Il me semble en plus qu'elle comporte au moins une certaine part de vérité. Mais encore une fois, il ne s'agit pas ici de ce que je pense, mais de comprendre la logique interne d'une grande pensée que je m'efforce de clarifier.

Troisième exercice : ne s'attacher ni aux choses ni aux êtres

Le troisième type d'exercices concerne le « non-attachement ». On retrouvera d'ailleurs cette idée lorsque nous parlerons du bouddhisme, qui est à bien des égards l'équivalent oriental du stoïcisme. Jamais sans doute deux visions du monde ne se sont autant rapprochées que la vision bouddhiste et la vision stoïcienne.

Stoïciens et bouddhistes considèrent, en effet, qu'il ne faut surtout pas s'attacher, ni aux êtres ni aux choses. Ne vous attachez ni à l'argent, ni à des objets, objets d'art ou souvenirs, par exemple ; mais ne vous attachez pas non plus à ceux que vous aimez, à vos filles, à vos fils, à vos maris, à vos épouses, à vos parents, à vos amis. Pourquoi ? Le raisonnement est exactement le même que dans le bouddhisme : s'attacher est une folie, le contraire de la sagesse, parce que la réalité du monde est la non-permanence des choses (*pánta rheî kaì oudèn ménei*, disait déjà

Héraclite, « tout passe », « tout coule et rien ne demeure »). Si je m'attache à quelque chose ou à quelqu'un, je suis fou, parce que cet attachement, un jour ou l'autre, me fera terriblement souffrir. Le jour où cet être mourra, le jour où l'objet se brisera ou me sera volé, je serai plongé dans le malheur. Ne pas s'attacher est une précaution fondamentale du stoïcisme, et là aussi, beaucoup d'exercices ont été inventés dans les écoles pour y travailler. Bien entendu, il faut préciser que cette pratique du « non-attachement » n'implique aucune attitude de mépris ou d'indifférence. Comme les bouddhistes, les stoïciens n'ont cessé de cultiver les valeurs de l'amitié et de la compassion pour autrui. Mais ils nous invitent à les pratiquer hors des effets négatifs de ces liens qui se tissent au cours de la vie et qui nous ôtent liberté et sérénité.

Là encore, je ne dis pas que je partage leur vision des relations humaines (je vois mal, à vrai dire, comment ne pas s'attacher aux êtres que nous aimons, sauf à renoncer à l'amour). Mais à tout le moins, elle nous incite à une réflexion qui peut, il me semble, être parfois précieuse.

Citons, à cet égard, un petit texte d'Épictète, que les maîtres tibétains auraient pu signer :

> Le premier et principal exercice, celui qui mène d'emblée aux portes du bien [Épictète s'adresse ici à son disciple, c'est un conseil qu'il lui donne], c'est, lorsqu'une chose nous attache, de considérer qu'elle n'est pas de celles qu'on ne peut pas nous enlever, qu'elle est du même genre qu'une marmite ou une coupe de cristal, dont on ne se trouble pas quand elle se brise, parce qu'on se rappelle ce qu'elle est [c'est-à-dire quelque chose de

fragile qui peut disparaître d'une seconde à l'autre]. Il en est de même ici. Si tu embrasses ton enfant, ton frère ou ton ami, ne t'abandonne pas sans réserve à ton imagination. Rappelle-toi que tu aimes un mortel, un être qui n'est aucunement toi-même. Il t'a été accordé pour le moment, mais pas pour toujours, ni sans qu'il puisse t'être enlevé. Quel mal y a-t-il à murmurer entre ses dents, tout en embrassant son enfant : « Demain, il mourra ? »

Voilà un exercice de sagesse : se dire, quand on embrasse son fils ou sa fille, qu'on aime infiniment par ailleurs, qu'il peut mourir demain. Dès qu'un être est né, il est assez vieux pour mourir. Encore une fois : ce « ne nous attachons pas ! » ne veut pas dire « soyons indifférents ! ». Les stoïciens ont développé une très belle philosophie de l'amitié et ils recommandaient vivement la générosité, le souci des autres, mais pas l'attachement. C'est évidemment une exigence très difficile à mettre en œuvre. Comme ne cesse d'y insister le dalaï-lama, le véritable sage, pour ne pas s'attacher, a hautement intérêt à vivre seul – du grec *monos* : qui a donné « moine » et « monastère » en français – s'il ne veut pas céder aux inévitables attachements qu'engendre la vie familiale. Il est bien difficile d'avoir des enfants sans s'attacher à eux. Serait-ce du reste vraiment souhaitable ? La pratique du non-attachement doit se mettre en place dans une certaine forme de solitude, grâce à des exercices de sagesse appropriés à la vie monastique ou du moins à la vie d'ermite.

Critiques et postérité de la pensée stoïcienne

La pensée stoïcienne va traverser toute l'histoire de la philosophie. On en retrouve certains aspects chez Montaigne ou chez Descartes. La philosophie de Nietzsche, pourtant souvent très critique à l'égard des stoïciens, reprendra certaines de leurs idées fondamentales, à commencer par celle de l'*amor fati*, de l'amour du *fatum* (l'amour de ce qui est là, du destin au sens de ce qui est devant nous, de ce qui est présent ici et maintenant autour de nous).

La principale critique du stoïcisme : l'argument du bourreau

S'il est une critique souvent adressée aux stoïciens, c'est bien celle qui repose sur l'accusation de « quiétisme », c'est-à-dire d'acceptation du monde tel qu'il est, même s'il est injuste et faux. Le stoïcisme serait, de ce point de vue, une « philosophie d'esclaves », une pensée qui non seulement refuse la révolte mais accepte et conforte l'ordre du monde, quelque injuste qu'il soit. Comme on le fera à nouveau pour Spinoza, on objecte aux stoïciens dans cette perspective le célèbre « argument du bourreau » : s'il faut aimer le monde tout entier – *amor fati* –, s'il faut dire « oui » au destin, être un petit chien qui suit le chariot et qui ne se révolte pas, alors, étant donné qu'il y a dans le monde des bourreaux, des tortionnaires, des assassins, des méchants, des nazis, cela implique qu'il faut aimer aussi les bourreaux, qu'il faut aussi aimer Hitler, qu'il faut aussi aimer le maître qui brise la jambe d'Épictète. Est-ce possible et, surtout, est-ce vraiment souhaitable ? Telle est, formulée très simplement, l'objection qu'on élèvera souvent contre le stoïcisme et, pour les mêmes raisons, contre le spinozisme.

Ce fameux argument du bourreau, soulevé dès l'époque stoïcienne, a évidemment beaucoup gêné les stoïciens. Je dois vous avouer que si je ne suis pas stoïcien, ni spinoziste, c'est qu'en vérité je trouve que ce fameux argument, bien que banal, est finalement, par quelque bout qu'on l'envisage, tout à fait justifié : si l'on doit en toute circonstance dire « oui » au réel, si on doit pratiquer en tout l'*amor fati*, alors je vois mal, en effet, quel sens peut avoir la révolte contre l'injustice, contre l'horreur des crimes contre l'humanité. Et s'il s'agit seulement de dire oui au monde quand il est aimable et sympathique, à quoi bon être stoïcien ? Tout le monde en fait autant sans nul besoin d'artifices philosophiques sophistiqués ! Le stoïcisme, à mes yeux, n'est guère convaincant en dernière instance, du moins sur ce point (mais qui est fondamental). Il n'en reste pas moins une tentative grandiose, et passionnante à cet égard, de définir la vie bonne, la sagesse, le sens de la vie, sans passer par la religion, ni par Dieu, ni par la foi – en se souvenant toujours, comme dit Épictète, que nous sommes des mortels mais que, malgré cela, la vie dans la sérénité, la vie qui a vaincu les peurs, et notamment la peur de la mort, reste un idéal de sagesse. Je ne suis pas sûr que le stoïcisme nous y conduise vraiment, mais la tentative reste en elle-même une sorte de guide pour la réflexion à venir.

Du stoïcisme comme aboutissement d'une certaine tradition philosophique grecque

La pensée stoïcienne marquera de manière décisive l'histoire de la pensée, parce qu'elle est à bien des égards l'aboutissement d'une grande tradition grecque, la tradition des sagesses cosmologiques, de ces sagesses qui définissent la vie bonne comme une vie en harmonie avec l'ordre cosmique, donc sans passer par Dieu ni par la foi comme le font les grandes religions. Elle nous lègue ainsi une vraie philosophie, une spiritualité ou une sagesse laïques. C'est probablement là le plus important dans la pensée stoïcienne, en dehors du fait qu'un certain nombre d'exercices de sagesse, me semble-t-il, peuvent garder une certaine pertinence dans la vie de tous les jours.

On peut adhérer à certains pans d'une pensée philosophique sans être obligé de l'accepter dans sa totalité. J'en reviens toujours à cette métaphore : les grands systèmes philosophiques – ou les grandes visions du monde philosophiques, si on ne veut pas employer le terme de « système », qui est une notion moderne, très connotée métaphysiquement – sont comme des palais magnifiques, comme des châteaux qu'il faut prendre le temps de visiter avant de les critiquer. J'espère vous avoir donné ici quelques clés pour vous repérer dans cette grande spiritualité laïque qu'est malgré tout la pensée stoïcienne.

4
LES ÉPICURIENS

L'épicurisme, comme l'atomisme et la sophistique, est une espèce de contre-philosophie, de contre-culture au sein de la grande tradition de la mythologie et de la philosophie grecques. C'est un peu le gauchisme de l'époque, le côté bohème de la Grèce par rapport à la voie triomphale des « sagesses cosmiques », celles de Platon, d'Aristote et des stoïciens, celles qui apparaissent déjà chez Homère et Hésiode, comme dans tous les grands mythes grecs. Une sagesse qui reposait sur l'idée de cosmos, sur la conviction que l'Univers est un système organisé, juste, harmonieux, beau et bon, un monde dans lequel chacun peut et doit trouver sa place, comme Ulysse à Ithaque, pour accéder au bonheur.

Le monde d'Épicure, comme vous allez voir, est l'exact contraire d'un cosmos, c'est un Univers fait de chaos et de hasard, un terrain de jeu dénué de sens parce qu'il n'y a en lui nulle place particulière qui serait si peu que ce soit assignée à chacun d'entre nous. En ce sens, l'épicurisme se situe tout à fait à contre-courant des grandes cosmologies de son temps, et en particulier à l'opposé du stoïcisme. Il va notamment se caractériser par quatre grands traits :

1. D'abord, c'est un utilitarisme, au sens philosophique du terme, une sagesse selon laquelle le but ultime et unique de la vie humaine est la recherche du bonheur identifié lui-même au plaisir ou, plus exactement, à l'organisation rationnelle de sa vie en vue de l'évitement de toute souffrance. Le but de la philosophie n'est donc pas au premier chef la quête de la vérité ou de l'idée du Bien comme chez Platon, mais celle du bonheur entendu comme absence de trouble et de douleur ;

2. Contrairement à une idée reçue, l'épicurisme n'est pas, comme on le lui reproche déjà à l'époque, une « doctrine de pourceaux », une philosophie orientée vers la jouissance tous azimuts, mais tout à l'inverse, une sagesse de frugalité et de simplicité, pour ne pas dire un ascétisme : ne plus avoir soif, faim, froid, ne plus avoir peur, voilà l'essentiel. Il faut donc éviter à tout prix, selon la belle formule d'Épicure lui-même, les « désirs immenses et creux ». Question qui se pose aussitôt : pourquoi accorder tant de valeur à des choses aussi simples ?

3. La réponse sans doute la plus profonde, c'est que la frugalité et la simplicité de vie sont les conditions requises pour savoir habiter le présent, pour vivre dans ce que Nietzsche nommera l'*amor fati*, l'amour de ce qui est là, à l'écart des mirages du passé et du futur. Le consumérisme nous fait entrer dans la logique mortelle de l'insatisfaction, donc, justement, dans celle du passé et du futur ; en étant satisfait, en habitant le présent, on pourra donner du sens, de la chair au fameux raisonnement épicurien selon lequel « la mort n'est rien pour nous ». Nous y reviendrons dans un instant ;

4. Mais il y a plus : comme chez Rousseau ou Goethe, ainsi que le montre Pierre Hadot, l'ataraxie, l'absence de trouble, de désir, qui nous permet d'habiter le présent, nous permet aussi de goûter le pur plaisir d'exister. Et c'est sans doute ce plaisir-là qui est le plus difficile à conquérir, celui qui suppose assurément le plus de sagesse.

Mais n'anticipons pas et disons d'abord quelques mots d'Épicure et de son plus génial disciple, Lucrèce.

Nous savons très peu de chose de leur vie. Épicure est né aux environs de 342 avant J.-C., et mort en 270. Il a fondé une école qui s'appelait le « Jardin » – comme toujours avec les écoles grecques, le nom désigne tout simplement un lieu de la ville, celui où le maître enseignait. Né dans l'île de Samos, de parents athéniens établis comme colons, Épicure est un contemporain de Zénon de Cition, le fondateur de l'école stoïcienne à laquelle il va passer sa vie à s'opposer. Une recherche singulière – à l'écart de l'Académie et du Lycée comme de la Stoa – le conduisit à suivre Nausiphanès, un disciple de Démocrite, un contemporain de Socrate connu pour être le premier penseur de l'atomisme. Et nous verrons qu'en effet, l'épicurisme est d'abord et avant tout un atomisme. Quand le temps fut venu pour lui d'enseigner, Épicure établit d'abord son école à Mytilène, dans l'île de Lesbos, avant de se rendre à Lampsaque, en Asie Mineure, où il demeura cinq ans. Il y obtint un succès tel qu'il entraîna avec lui un groupe de disciples lorsqu'il décida, vers 306, de s'installer définitivement à Athènes. Ils formaient une petite communauté, qui s'élargit au fil du temps et qui séjournait dans une propriété pourvue d'un parc qui devait donner son nom à l'école. Son organisation pratique était sans doute facilitée à la fois par l'extrême frugalité que préconisait l'épicurisme et par le fait qu'elle comprenait des « membres bienfaiteurs », disciples d'Épicure, « auditeurs libres » appartenant à l'élite sociale et politique de son temps. Épicure vécut ainsi au sein de sa communauté amicale durant trente-cinq ans, jusqu'à sa mort, sans s'occuper de la vie publique qu'il considérait comme un obstacle à éviter pour atteindre le bonheur du sage. Ce qui lui laissa le temps d'écrire une œuvre considérable (près de trois cents volumes, selon le doxographe Diogène Laërce), mais dont il ne reste que quelques fragments. Les textes conservés sont issus de la relation épistolaire qu'Épicure entretenait avec les « filiales » du Jardin établies par ses disciples, notamment en Asie Mineure : subsistent ainsi trois lettres de caractère doctrinal, adressées à Hérodote, à Pythoclès et à Ménécée (la plus célèbre, parce qu'il s'agit d'un véritable manifeste philosophique).

L'épicurisme essaima par la suite en milieu romain. On souligne fréquemment, comme témoignage de la ferveur missionnaire des disciples d'Épicure, le fait qu'un certain Diogène – qui vivait au Ier ou IIe siècle après J.-C. –, avait fait graver sur les murs de sa villa, située dans la ville d'Oinoanda (en Lycie, dans la Turquie actuelle), de gigantesques inscriptions formulant les sentences du maître. De cet épicurisme romain, un seul grand nom émerge, celui de Lucrèce (vers 98/94 avant J.-C.-55 avant J.-C.), un contemporain de Cicéron. Il eut l'idée originale de présenter la pensée d'Épicure sous la forme d'un poème – le célèbre *De rerum natura (De la nature des choses)* – qu'il dédia à un homme politique de son temps, un certain Memmius. Le seul élément de biographie qui se soit conservé s'agissant de Lucrèce, mais peut-être est-il légendaire, est qu'il se serait suicidé autour de la quarantaine : c'est possible, mais nullement certain. Il se peut qu'il s'agisse encore d'une de ces anecdotes plus philosophiques qu'historiques, liée à l'idée que Lucrèce était plus pessimiste et désespéré que son maître Épicure. Nous y reviendrons, là aussi.

Mais comme toujours, laissez-moi vous présenter la pensée d'Épicure selon les trois grands axes dont vous êtes désormais familiers : la théorie, la morale et la doctrine du salut, de la sagesse et de la vie bonne.

La théorie de la connaissance : l'atomisme contre l'harmonie du cosmos

La philosophie épicurienne, sur le plan de la *théôria*, s'inspire de l'atomisme de Démocrite. C'est en quoi elle constitue une véritable contre-culture par rapport à la philosophie stoïcienne. Stoïciens et épicuriens se critiqueront incessamment, parfois avec férocité, ce qui ne les empêche d'ailleurs pas, comme nous allons voir, de partager quelques thèmes en commun, notamment touchant la question de l'*amor fati*, de la vie au présent, hors des maux du passé et du futur, idée qui est tout aussi présente chez les épicuriens que chez les stoïciens, bien que pour des raisons opposées. Sur le plan théorique, sur le plan de la philosophie de la connaissance, ce qui va caractériser l'épicurisme en général, c'est l'idée que le monde est tout sauf un Cosmos, tout sauf un ordre harmonieux et plein de sens :

c'est au contraire un tissu d'atomes totalement incohérent, qui n'a *a priori* rien de juste, de beau, ni de bon. Nous avons donc affaire à une philosophie de la connaissance, une physique qui se situe tout à fait aux antipodes de la philosophie stoïcienne et plus généralement de la tradition des grandes sagesses cosmologiques que nous avons étudiées.

Le monde n'est qu'un tissu d'atomes qui s'agrègent les uns aux autres de manière aléatoire, contingente et hasardeuse. Il n'y a aucun ordre dans tout cela, aucune logique, rien de divin. Sur la nature et les différents types d'atomes, sur la manière dont ils se structurent, dont ils se combinent pour former des corps durs, je vous renvoie aux ouvrages excellents de Marcel Conche, notamment à son petit essai sur Lucrèce qui est un chef-d'œuvre d'intelligence et de pédagogie. Je laisse cela de côté car, franchement, d'un point de vue scientifique, cela ne présente plus guère d'intérêt pour nous aujourd'hui. L'essentiel, c'est de retenir ce qui va servir à fonder les deux autres parties de la philosophie, à savoir qu'on est à l'opposé de l'idée traditionnelle de cosmos.

On peut noter d'ailleurs qu'à toutes les époques de l'histoire de la philosophie, on trouvera des contre-philosophies – des « déconstructions » du système dominant : des matérialistes opposés aux idéalistes, des empiristes dénonçant les illusions des spiritualistes, des pessimistes qui pourfendent les optimistes de la raison et des Lumières, des bohèmes opposés aux bourgeois ou des généalogistes qui se méfient des discours de surface et qui, comme Nietzsche, veulent « philosopher au marteau »...

Mais l'essentiel, encore une fois, c'est de bien comprendre que cette différence sur le plan théorique entre épicuriens et stoïciens comporte un enjeu moral – comme toujours, dans la philosophie grecque, la théorie ne fait que préparer la vision morale du monde –, et cet enjeu, c'est l'idée de liberté. Comme le monde est hasard – un « tissu de hasards », si je puis employer cette expression –, comme l'Univers est complètement contingent, l'idée de liberté entendue au sens du libre arbitre n'est pas totalement impensable chez les épicuriens, là où elle l'était chez les stoïciens comme elle le sera plus tard chez Spinoza : à l'écart du déterminisme des stoïciens, il y a une place pour quelque chose comme des possibles chez Épicure et Lucrèce.

Les principes de la morale épicurienne

Mais venons-en tout de suite à la morale épicurienne, qui est au fond l'essentiel dans cette philosophie, avec la sotériologie, la doctrine de la sagesse et du salut qui la prolonge : elle repose, comme nous allons voir, sur trois grandes séries de principes.

La première série tient dans ce que l'on appelle parfois le « quadruple remède », en quoi la philosophie apparaît comme une espèce de thérapeutique qui est à l'âme ce que la médecine proprement dite est au corps.

Le quadruple remède : de la philosophie comme thérapeutique de l'âme

On dit en effet qu'Épicure proposait à ses disciples un « quadruple remède », pour ainsi dire analogue à un onguent alors fameux en Grèce, le *tetrapharmakos*, une « pharmacie » qui était composée de quatre éléments : la cire, le suif, la poix et la résine (il paraît que c'était efficace, mais je n'y mettrai pas ma main à couper).

Premier élément du *tetrapharmakos* philosophique chargé de guérir l'angoisse existentielle des humains : *les dieux ne sont pas à craindre* parce qu'ils ne s'occupent pas de nous : ils sont parfaits, ils vivent, là-haut, chez eux, mais, à l'encontre de ce que laisse entendre la mythologie, ils ne s'abaissent surtout pas à se soucier des mortels. Donc aucune inquiétude à avoir venant d'eux, aucune crainte, par exemple, qu'ils pourraient bien nous punir si nous nous conduisions mal, si nous péchions par *hybris*, si nous ne les honorions pas assez, etc. – autant de thèmes qu'on trouve un peu partout dans les mythes et qu'Épicure dénonce comme parfaitement superstitieux. Pas de malentendu pour autant : contrairement à ce qu'on dit parfois, Épicure n'est pas athée. Il pense que les dieux existent bel et bien, comme tous les Grecs d'ailleurs, mais les dieux existent chez eux, pas chez nous !

Deuxième élément du *tétrapharmakos* sur lequel je reviendrai dans quelques instants : la mort ne doit pas nous effrayer car, en vérité, elle n'est rien pour nous et ce pour une raison qui semble toute simple (mais on verra que c'est tout de même un peu plus compliqué) : quand elle est là, je ne suis plus là, et tant que je suis là, c'est elle qui n'est pas là. Du coup, le sage va même se définir d'abord et avant tout comme celui qui a fait ce qu'il faut (on verra quoi) pour n'avoir plus peur de la mort. Je vous dis tout de suite que c'est sur ce point, justement, que Lucrèce, bien que fidèle disciple, n'est pas tout à fait sur la même longueur d'onde que son maître. Il ne semble pas tout à fait convaincu par l'argumentation, il est vrai un peu simpliste, que je viens d'évoquer. Là aussi, nous allons y revenir : je me contente pour l'instant de planter le décor.

Deux autres préceptes figurent encore dans cette médecine de l'âme : le bien est facile à acquérir, parce qu'il est simple et naturel, pourvu du moins qu'on sache percevoir ce qui nous convient vraiment, qu'on sache identifier les désirs naturels et nécessaires qui sont faciles à satisfaire ; le mal, de son côté, n'est pas si difficile à supporter qu'on le croit, parce qu'il ne dure jamais très longtemps.

Les deux premiers principes énoncés ici visent la victoire sur les peurs : on n'a pas à craindre les dieux ni la mort.

Le deuxième volet signifie que, le bien étant facile à acquérir et le mal facile à éviter, on doit pouvoir parvenir au bonheur assez simplement. Il n'est pas très difficile d'être heureux, de vivre dans la sérénité, dans l'absence de trouble, dans l'ataraxie.

Telle est donc la première série de principes : ce sont ces quatre remèdes.

La question du plaisir

La deuxième série permet de compléter et, surtout, de comprendre la première (ce pourquoi je ne m'y suis pas arrêté davantage : sa clé de compréhension vient maintenant). Elle touche à la question du plaisir.

On sait qu'« épicurien », dans le langage ordinaire, non philosophique, renvoie à l'idée d'une culture du plaisir. Nous allons voir que ce n'est pas tout à fait l'opposé, mais pas loin : en réalité, comme je l'ai déjà suggéré, l'épicurisme est une philosophie de la frugalité. En tout cas, il ne cultive pas le plaisir au sens où nous l'entendons d'ordinaire et, contrairement à ce que prétendent leurs adversaires stoïciens, les épicuriens sont tout sauf des « pourceaux ».

Ce sont au contraire des sages qui se contentent des satisfactions les plus simples et les plus naturelles. Ils distinguent en effet trois types de plaisirs : a) les plaisirs naturels et nécessaires (répondre à la faim et à la soif, se protéger du froid) ; b) les plaisirs naturels, mais pas nécessaires absolument (la sexualité est sans doute naturelle, mais pas nécessaire, si ce n'est à la reproduction de l'espèce : elle fait donc partie de l'acceptable, mais on peut vivre sans et s'en passer, ou à tout le moins la limiter au maximum est peut-être bien la meilleure solution si l'on veut parvenir à l'ataraxie, à l'absence de trouble) ; c) enfin, il existe des désirs non naturels et non nécessaires, des désirs « immenses et creux » qui nous plongent dans l'artifice, dans ce qu'on appellerait aujourd'hui la « société de consommation », dans le « consumérisme » que l'épicurisme, pour des raisons métaphysiques très profondes que nous allons aborder dans un instant, récuse totalement.

La sotériologie épicurienne : « la mort n'est rien pour nous »

Cette philosophie des plaisirs les plus simples et les plus naturels, ne tombe pas au hasard. Il ne s'agit pas d'une opinion, d'une lubie, mais elle est liée à une réflexion très profonde sur la mort : c'est là le troisième volet de cette philosophie, à savoir l'idée que la mort est facile à supporter, ou plutôt, que la peur de la mort est facile à vaincre et ne doit pas nous habiter pourvu que nous soyons du moins capables de nous élever jusqu'à la véritable sagesse.

Épicure, dans la *Lettre à Ménécée* – un des rares textes, donc, que nous ayons conservés de lui –, développe une argumentation très célèbre, celle que j'ai évoquée déjà rapidement, mais je préfère maintenant lui laisser la parole :

> Prends l'habitude de penser que la mort n'est rien pour nous. Car tout bien et tout mal résident dans la sensation : or la mort est privation de toute sensibilité. Par conséquent, la connaissance de cette vérité que la mort n'est rien pour nous, nous rend capables de jouir de cette vie mortelle, non pas en y ajoutant la perspective d'une durée infinie, mais en nous enlevant le désir de l'immortalité. Car il ne reste plus rien à redouter dans la vie, pour qui a vraiment compris que hors de la vie il n'y a rien de redoutable. On prononce donc de vaines paroles quand on soutient que la mort est à craindre, non pas parce qu'elle sera douloureuse étant réalisée, mais parce qu'il est douloureux de l'attendre. Ce serait en effet une crainte vaine et sans objet que celle qui serait produite par l'attente d'une chose qui ne cause aucun trouble par sa présence.
>
> Ainsi celui de tous les maux qui nous donne le plus d'horreur, la mort, n'est rien pour nous, puisque, tant que nous existons nous-mêmes, la mort n'est pas, et que, quand la mort existe, nous ne sommes plus. Donc la mort n'existe ni pour les vivants ni pour les morts, puisqu'elle n'a rien à faire avec les premiers, et que les seconds ne sont plus. Mais la multitude tantôt fuit la mort comme le pire des maux, tantôt l'appelle comme le terme des maux de la vie. Le sage, au contraire, ne fait pas fi de la vie et il n'a pas peur non plus de ne plus vivre : car la vie ne lui est pas à charge, et il n'estime pas non plus qu'il y ait le moindre mal à ne plus vivre.

Voilà bien l'argument central : je ne dois pas avoir peur de la mort puisque, quand je suis vivant, la mort, par définition, n'est pas là, et quand je suis mort, certes elle est là, mais moi je n'y suis plus ! Comme nous allons voir aussi dans un instant, cette argumentation, ici présentée de façon sèche et, à ce titre, il faut bien le dire, assez peu convaincante, recouvre en réalité une vision morale du monde d'une réelle profondeur métaphysique.

La première critique de la société de consommation et de divertissement

Car, bien évidemment, si l'on se contentait de résumer l'épicurisme par ces trois séries de principes ainsi énoncées de manière abstraite et toute formelle (les quatre remèdes, les trois types de plaisirs et l'idée que la mort n'est par définition rien pour nous), il pourrait paraître assez banal et, pour tout dire, assez peu puissant.

Qu'est-ce qui a pu donc donner tant de charme à cette philosophie ? Qu'est-ce qui a pu faire qu'il y ait eu des épicuriens si fanatiques, si admirateurs du maître qu'ils gravaient sur les murs de leurs maisons les lettres d'Épicure et ses maximes ? C'est d'ailleurs en partie grâce à eux qu'on a retrouvé des textes entiers d'Épicure et qu'on peut les lire encore aujourd'hui.

Derrière cette apparente simplicité se cache en vérité quelque chose de beaucoup plus intéressant. C'est surtout chez Lucrèce, dans son magnifique poème, que nous trouvons l'exposé le plus profond des arguments et des principes qui sont derrière l'énoncé des simples formules que je me suis contenté de retranscrire tout à l'heure.

Trois grandes idées sont développées dans cette œuvre merveilleusement écrite, parfois infiniment touchante, encore, pour nous, aujourd'hui. Je vous conseille d'ailleurs de la lire dans la belle traduction (il s'agit d'extraits, mais significatifs) qu'en donne André Comte-Sponville, dans un livre intitulé *Le Miel et l'Absinthe*, qui comporte justement un commentaire de Lucrèce. Ce titre vient de ce que l'on mettait du miel autour du verre pour faire avaler les remèdes aux enfants, pour qu'ils ne soient pas trop amers. *Le Miel et l'Absinthe* : c'est à cela que ressemble la vie selon Lucrèce.

La spirale des plaisirs artificiels nous rapproche de la mort

La première idée part de la question suivante : pourquoi accorder une telle importance à cette classification des plaisirs et des désirs (les naturels et nécessaires ; les naturels et non nécessaires ; les non naturels et non nécessaires) ? Pourquoi les épicuriens considèrent-ils ce troisième ordre des plaisirs artificiels comme une catastrophe absolue ? Réponse : parce qu'ils nous font entrer dans une spirale de la consommation qui nous mène à la limite jusqu'à la folie. C'est là, à ma connaissance, la première grande critique, dans l'histoire des idées, de l'univers de la consommation.

Lucrèce développe admirablement ce thème, que l'on retrouvera chez Pascal, comme chez Schopenhauer, selon lequel le monde de la consommation artificielle, de ces plaisirs qui ne sont ni naturels ni nécessaires, nous entraîne tout simplement vers la mort.

Suivons la ligne principale de son argumentation.

Tout d'abord, Lucrèce observe que cette consommation se développe chez les riches, et même qu'ils acquièrent la richesse pour pouvoir consommer. Pourquoi ? C'est une manière de se rassurer face à la peur de la mort, en éliminant tout ce qui, dans la vie, y ressemble déjà : la misère, la pauvreté, voire, autant qu'il est possible par l'argent, la souffrance et la maladie. On s'imagine que, grâce à la richesse, on pourra mettre de côté cette mort qui nous menace d'autant plus dans la vie que l'on est pauvre et miséreux. Voilà ce que pense, consciemment ou non, le riche selon Lucrèce.

La peur de la mort est donc ce qui nous pousse vers le « divertissement », pour parler comme Pascal, vers la consommation artificielle. Pourtant, cette consommation artificielle nous rend en réalité encore plus mortels que jamais, car la logique de la consommation ressemble à l'addiction. Qu'est-ce qu'un drogué ? C'est quelqu'un qui, passé un certain seuil, ne peut s'empêcher d'augmenter les doses et de rapprocher les prises. Lucrèce le dit presque dans ces termes. Celui qui est drogué à la consommation est à l'image de ces enfants qui convoitent un jouet, puis le possédant enfin, jouent avec lui dix minutes avant de le jeter dans un coin pour prendre un autre jouet, puis un troisième, puis un quatrième : il passe d'objet en objet, comme Don Juan passe de femmes en femmes, prisonnier de la logique de la consommation. Mais sans même s'en apercevoir, cette course au bonheur lui interdit la véritable sérénité. Pourquoi ? Parce qu'il ne peut, dans cette course, jamais habiter le présent.

Vous voyez ici comment, malgré tout ce qui sépare les épicuriens des stoïciens, ils partagent finalement cette idée que le sage est celui qui parvient à vaincre ces deux maux qui pèsent sur la vie humaine : le passé et le futur. Le sage, c'est celui qui parvient à habiter le présent, à habiter l'instant qui n'est plus relativisé ni par le passé ni par le futur et qui, par conséquent, devient comme un fragment d'éternité. Pour ce faire, pour pouvoir vivre comme Ulysse dans l'instant présent distendu par les dieux, il faut justement ne pas entrer dans la logique de ces plaisirs tout artificiels qui nous ancrent dans une temporalité évanescente, celle de la fuite en avant.

L'insatisfaction perpétuelle

Voici la deuxième idée qui domine cette vision du monde : lorsqu'on est dans l'addiction, la vie ressemble, nous dit Lucrèce, au tonneau des Danaïdes – on ne peut jamais être satisfait. On n'est jamais satisfait de ce qu'on a et, en revanche, on désire sans cesse ce qu'on n'a pas. Comme les Danaïdes, on est toujours dans l'insatisfaction.

Dans le livre III de son *De natura rerum*, Lucrèce évoque trois grands mythes pour faire comprendre et illustrer l'absurdité de la course aux avoirs : Tantale, Sisyphe et les Danaïdes.

Les Danaïdes, je vous le rappelle, ce sont les cinquante filles de Danaos. Quarante-neuf d'entre elles ont cédé à l'injonction de leur père, qui leur ordonne de tuer, pendant leur nuit de noces, les cinquante cousins qu'elles doivent épouser. Elles sont punies aux Enfers, dans l'Hadès : elles doivent remplir indéfiniment une jarre percée qui se vide continuellement. C'est là le fameux « tonneau des Danaïdes ». L'homme riche, qui cède à la logique de la consommation, est lui aussi dans l'insatisfaction permanente, y compris si l'on se place du seul point de vue du plaisir. Non seulement il est animé par la peur de la mort, mais en outre, celle-ci est paradoxalement renforcée par le type de vie consumériste qu'il adopte, de sorte qu'il est un perpétuel insatisfait, un perpétuel angoissé. Il est dans l'illusion la plus funeste, dans la vanité des vanités que stigmatise Lucrèce dans ce passage de son poème :

> Tel s'est précipité hors sa vaste demeure, lassé d'être chez lui, puis soudain y retourne, ne sentant aucun mieux à s'ennuyer dehors. Il presse le pas, court, harcèle sa monture, comme allant au secours de sa maison en flammes. Le seuil à peine atteint, il se met à bâiller, tombe en un lourd sommeil pour y chercher l'oubli, à moins qu'il ne se hâte à nouveau vers la ville. Chacun cherche à se fuir, personne n'y parvient. Et puis l'on tourne en rond, dans le cercle de vivre, où nul plaisir nouveau ne peut plus nous surprendre. Tant que nous n'avons pas l'objet tant convoité, le manque fait son prix. L'avons-nous obtenu, c'est un autre aussitôt que visent nos désirs.

Voyez à quel point l'image de l'épicurien pourceau, qui cultive les désirs les plus raffinés, est loin de la réalité. Il en va un peu de l'épicurisme comme du « machiavélisme » : on oublie que Machiavel était probablement tout sauf machiavélique. Les épicuriens sont de vrais sages, convaincus de l'idée qu'il faut savoir habiter le présent en se débarrassant de ces deux illusions qui pèsent sur la vie humaine : le passé et le futur, peuplés de « passions tristes ».

Vaincre la peur de la mort

La troisième grande idée qui domine la sotériologie de l'épicurisme est que cette peur de la mort doit être vaincue non seulement par le fameux raisonnement qu'on a déjà évoqué (lorsque la mort est là, je ne suis plus là ; lorsque je suis là, elle n'est plus là), mais aussi par des exercices de sagesse, comme chez les stoïciens. Voyez, là encore, que, malgré les grandes oppositions qu'il peut y avoir entre stoïciens et épicuriens sur le plan théorique, il demeure cependant ce point d'accord. Là aussi, on est dans une école – « le Jardin » d'Épicure – où l'on pratique concrètement la sagesse, où il s'agit d'apprendre à vivre et non seulement à parler.

LUCRÈCE, ÉPICURIEN PESSIMISTE ?

Je voudrais évoquer encore un aspect de l'épicurisme qui a suscité bien des commentaires. Chacun, en lisant les textes d'Épicure et ceux de Lucrèce, peut noter une différence notable, au moins de tonalité, entre les deux. Elle n'a cessé d'étonner depuis des siècles, dans la mesure où Lucrèce a toujours affirmé qu'il était épicurien, qu'il était un disciple absolument loyal, admiratif et fidèle d'Épicure. Il ne cesse même de le comparer à un dieu, il l'appelle « le Sauveur » parce qu'il tient que la philosophie d'Épicure nous sauve enfin de la peur de la mort. Notons au passage, pour ceux qui n'en seraient pas encore tout à fait convaincus, combien il est clair que la philosophie ainsi entendue dans toute sa profondeur est bien une sotériologie, une doctrine du salut (évidemment sans dieu, puisque Épicure, le sauveur, n'est évidemment qu'un humain).

Lucrèce semble pourtant, sinon en théorie, du moins dans la tonalité de son poème, infiniment loin de l'optimisme d'Épicure. Il émet sans cesse, dans son écriture même, un doute quant aux capacités de l'épicurisme à nous rassurer face à la mort. La fameuse formule : « Quand la mort est là, je ne suis pas là ; quand je suis là, elle n'est pas là », qui devrait nous permettre, par le raisonnement, de parvenir à la sérénité, est-elle bien suffisante ? À vrai dire, je doute fortement, comme Lucrèce, qu'elle ait jamais convaincu un seul être humain sur cette terre...

André Comte-Sponville, dans le commentaire qui accompagne sa traduction de longs extraits du poème de Lucrèce, écrit ceci, sur la différence entre Lucrèce et Épicure et, notamment, sur cet appel à vivre comme un dieu qui est le cœur du cœur de la doctrine du salut épicurienne :

> « Vivre comme un dieu parmi les hommes » – c'est la formule d'Épicure, c'est la formule de Lucrèce, c'est la sagesse même. Débarrassé de la mort ? C'est l'idéal de la sagesse ou la sagesse comme idéal. Et Lucrèce, sans doute, y a cru, s'agissant d'Épicure, mais sans prétendre l'avoir lui-même vécu. Au reste, qui parmi nous peut y atteindre ? Qui peut s'y installer durablement ? Cette sagesse n'est qu'une exception, si tant est qu'elle soit possible, ou qu'un leurre. Laissons les dieux à leurs intermondes ou à nos rêveries. Vivre comme un homme parmi les hommes, c'est le seul objectif qui ne mente pas. L'humanité n'est pas une maladie dont il faudrait se guérir, ni un salut qu'il faudrait atteindre. Elle est le point de départ et le point d'arrivée, le chemin et le but. Il ne s'agit pas d'échapper à l'humanité, il s'agit d'échap-

per à l'angoisse, au malheur, à la superstition, à la maladie, non d'être homme ou mortel, mais de ne pouvoir point l'accepter.

Lucrèce nous invite à accepter le statut de mortel

Au fond, la différence entre Lucrèce et Épicure, c'est peut-être cela : Épicure pense vraiment qu'on peut dépasser le statut de mortel et vivre comme un dieu ; Lucrèce nous invite seulement à accepter le statut de mortel, ce qui n'est pas tout à fait la même chose. C'est aussi sans doute la raison pour laquelle ses biographies légendaires affirment que Lucrèce se serait suicidé. Ce qui revient à dire que, chez lui, la philosophie d'Épicure, cette philosophie de la victoire sur la « mort n'est rien pour nous », n'aurait pas fonctionné. Il se serait donc suicidé par incapacité à parvenir à cette sagesse divine, à cette sagesse trop lointaine pour les simples humains.

Marcel Conche, l'un des grands commentateurs de Lucrèce et d'Épicure, raconte dans un de ses livres comment il pensait naïvement avoir réussi à vaincre la peur de la mort grâce à la philosophie. Mais le jour où le médecin lui apprit qu'il était atteint d'un cancer, il découvrit qu'il était sans doute beaucoup plus proche de Lucrèce que d'Épicure : cette victoire sur la mort, l'idée que la mort n'est rien pour nous, malgré le caractère apparemment rationnel de l'argumentation, n'a guère d'effet devant la parole redoutable ou rassurante du médecin. Petite réflexion critique, en guise de conclusion, qui n'enlève rien au fait que l'épicurisme est, comme le stoïcisme, une grande et belle spiritualité laïque, une tentative grandiose pour définir la vie bonne sans passer par les dieux ni par la foi.

La question des désirs naturels, conditions de la sagesse et du bonheur

Nous aurons l'occasion d'y revenir en étudiant la naissance de l'idée moderne de liberté chez Pic de La Mirandole, Rousseau, Kant ou Sartre mais je pose d'emblée ce jalon pour la réflexion ultérieure : tout l'épicurisme repose sur l'idée qu'il existe quelque chose comme une « nature humaine » parfaitement définissable de sorte que le bonheur consiste à remplir une espèce d'horizon d'attente formé par les désirs naturels et nécessaires. Il va de soi que ce postulat n'a rien d'intangible. Il sera remis en cause de manière radicale par l'humanisme moderne hérité de Pic et de Rousseau, avec l'idée qu'il n'y a pas de nature humaine, que l'homme, comme dira Sartre, est « néant », qu'il n'est pas définissable *a priori*, parce que en lui, « l'existence précède l'essence ». Nous y reviendrons longuement, mais il est bon d'ores et déjà de garder ce fil conducteur à l'esprit pour mieux comprendre les débats qui vont suivre.

5

GILGAMESH ET BOUDDHA, SAGESSES D'ORIENT

Je voudrais aujourd'hui aborder avec vous deux grandes traditions orientales, deux grandes sagesses d'Orient à travers deux figures essentielles : celle, d'abord, de Gilgamesh – ce grand roi d'Uruk qui fut le héros principal de la première *Épopée*, à vrai dire de la première œuvre littéraire jamais écrite dans l'histoire de l'humanité, épopée que je vais vous conter dans un instant et dont nous essaierons de tirer la « substantifique moelle » sur un plan philosophique – et puis, bien sûr, je vous parlerai de Bouddha et du bouddhisme, je tenterai d'évoquer à la fois la vie du grand sage et son message de spiritualité.

Nous avons vu que les penseurs grecs avaient mis en place de grandes spiritualités laïques, des sagesses non religieuses, c'est-à-dire des définitions de la vie bonne qui ne passent ni par la foi ni par un Dieu créateur du monde et sauveur de l'humanité. Curieusement – et on n'en parle pas suffisamment dans la tradition occidentale –, on retrouve à bien des égards un projet analogue dans certaines sagesses d'Orient, notamment dans l'*Épopée de Gilgamesh*, mais aussi dans le bouddhisme qui développent des visions du monde dont nous allons voir qu'elles sont adossées à un message bien davantage philosophique et laïque qu'à proprement parler religieux.

La première œuvre littéraire et philosophique jamais écrite dans l'histoire de l'humanité

Commençons par l'*Épopée de Gilgamesh*, un texte magnifique, mais encore insuffisamment connu et enseigné en France. Il ne fait pas partie, la plupart du temps, de la culture générale des Français. Il s'agit pourtant d'un texte grandiose, dont les premiers fragments ont été écrits au XVIIIe siècle avant J.-C. – dix siècles avant l'*Odyssée* d'Homère, treize siècles avant la rédaction de la Bible ! Il a été d'abord rédigé en langue sumérienne, dans cette écriture cunéiforme faite à l'aide de petits coins gravés dans des tablettes d'argile : ce sont ces tablettes que l'on a découvertes et que l'on a réussi à déchiffrer au XIXe siècle.

Gilgamesh a sans doute existé : il ne s'agit probablement pas d'un personnage tout à fait légendaire, comme Ulysse ou comme le roi Arthur, par exemple. Il aurait vécu autour des années 2650 avant J.-C., en tant que roi d'une des grandes villes de Mésopotamie, située entre le Tigre et l'Euphrate, près du golfe Persique (dans l'actuel Irak). Cette ville est la resplendissante Uruk dans la région de laquelle, d'après les textes sumériens, l'écriture aurait été inventée.

Une version plus récente de l'*Épopée de Gilgamesh*, retrouvée dans la ville de Ninive, est écrite en akkadien, une langue fort différente, à ce qu'en disent les spécialistes, de la langue sumérienne. Ce sont en tout cas deux langues mortes, qui ne sont aujourd'hui accessibles qu'aux savants. Cette dernière version, bien que lacunaire, est néanmoins assez complète pour qu'on puisse se faire avec fiabilité une vision d'ensemble de la signification de l'*Épopée*. Malgré des lacunes dues au fait que ces tablettes d'argile sont parfois abîmées, on peut en reconstituer les grandes articulations, connaître les principaux épisodes et en comprendre ainsi véritablement le sens. Ce qui est le plus frappant à la lecture, c'est que les personnages de ce récit poignant sont encore pour nous, après plus de trente-cinq siècles, incroyablement vivants. À l'image de ceux de nos romans d'aujourd'hui, nous découvrons leur psychologie et leur comportement à travers des descriptions physiques, mais aussi morales, tout à fait plausibles. Il s'agit donc d'une œuvre dramatique extraordinairement sophistiquée et très intelligemment composée d'un point de vue littéraire et philosophique.

Accepter la contradiction entre l'amour et la mort

Comme l'*Odyssée*, l'*Épopée de Gilgamesh* raconte une histoire philosophique : celle de ce grand roi d'Uruk qui découvre presque en même temps l'amour fou et l'épreuve terrible entre toutes du deuil de l'être aimé. C'est donc d'abord une histoire d'amitié, sans doute même de passion amoureuse, comme on n'en rencontre guère que dans la littérature romanesque. Après avoir rencontré le bonheur d'aimer et d'être aimé, le malheureux roi d'Uruk va se heurter bien vite à la contradiction entre l'amour et la mort, ce qui le conduira à une réflexion sur le sens de la vie humaine. Dans un premier temps, c'est plutôt en termes de religion qu'il s'interroge : il commence par rechercher désespérément l'immortalité, un remède contre l'irréversibilité de la mort. Mais bientôt, il va s'apercevoir que cette quête est vaine, que l'immortalité n'est pas accessible aux humains mortels. Il passera par conséquent d'une problématique qu'on pourrait dire religieuse (la quête de l'immortalité) à une problématique laïque, philosophique : comment accepter la mort sans pour autant perdre l'espoir d'une vie bonne ? Comment accepter la contradiction entre l'amour et la mort sans passer par les dieux, sans passer par la quête de l'immortalité, sans espérer l'éternité ? Telle est l'interrogation qui va traverser de part en part cette épopée.

De Gilgamesh à la Bible en passant par Ulysse

Dernière remarque philologique sur le texte lui-même : l'*Épopée de Gilgamesh* a eu une influence considérable, non seulement sur la mythologie grecque, mais aussi sur la Bible. On y trouve, par exemple, un passage qui revêtira une grande importance dans l'une comme dans l'autre : l'épisode du Déluge. Dans l'*Épopée*, sa description est pratiquement identique à celle que l'on retrouvera dans la Bible, ainsi que dans la mythologie grecque, avec le mythe de Pyrrha et Deucalion. La matrice de ces deux récits du Déluge se trouve déjà, et ce jusque dans le détail, dans l'épopée de Gilgamesh. J'indique aussi que la meilleure édition de cette œuvre capitale est celle que nous a donnée Jean Bottéro aux éditions

Gallimard, en 2005. Écrite en langage moderne, et donc compréhensible par le commun des mortels, elle se veut très proche du texte original – contrairement aux versions qu'on trouve dans des collections du genre « contes et légendes », qui édulcorent l'œuvre originelle de façon très dommageable.

LES QUATRE GRANDS MOMENTS DU RÉCIT

Quatre grands épisodes, admirablement composés, s'enchaînent pour parvenir à une conclusion philosophique d'une réelle portée.

Le *premier grand moment*, c'est le portrait de Gilgamesh lui-même et la description de sa rencontre avec celui qui deviendra son ami, peut-être même son amant : Enkidu. Gilgamesh est dépeint comme un personnage totalement hors du commun. C'est un héros, un grand guerrier, bien sûr, comme Ulysse, mais il est en outre, nous dit l'*Épopée*, « pour deux tiers humain et pour un tiers divin » – ce qui explique sa stature immense, comme les innombrables qualités dont il est doté : il est beaucoup plus grand, plus fort, plus beau, plus séduisant et plus intelligent que les êtres humains « normaux ». Mais s'il est pour un tiers divin, il est aussi, hélas pour lui, pour deux tiers humain, et donc mortel. Il est sur ce point un peu comparable au personnage d'Héraclès – un demi-dieu, certes, mais qui peut quand même mourir si les dieux ne le sauvent pas. Cette dimension de mortalité va jouer un rôle décisif dans l'histoire.

Gilgamesh est si puissant qu'il ne peut s'empêcher de créer un déséquilibre dans la cité d'Uruk dont il est le roi : il enlève les jeunes filles, les séduit ou les astreint à devenir ses courtisanes, ce qui désespère leurs familles, mais il en profite aussi pour asservir les jeunes hommes qu'il transforme en esclaves, de sorte que, désemparés, les parents dont les jeunes filles sont enlevées et les jeunes hommes asservis par Gilgamesh, adressent une prière aux dieux. Ils protestent et ils les supplient de leur prêter main-forte. Les dieux les entendent. Ils décident alors de rééquilibrer le monde en fabriquant un *alter ego* de Gilgamesh – où l'on voit au passage que l'idée cosmique ou cosmologique selon laquelle il faut un équilibre dans le monde est déjà présente.

Cet être lui sera semblable en tout : aussi grand, aussi beau, aussi fort, aussi largement doté de toutes les qualités possibles et imaginables. Il s'appelle Enkidu. Notez quand même une différence : il n'a pas de parents humains, point qui s'avérera capital par la suite. Il lui faudra rencontrer une femme pour faire son éducation, pour devenir vraiment humain, entrer dans la civilisation. Donc, les dieux le fabriquent eux-mêmes et l'envoient à la rencontre de son *alter ego*.

Enkidu débarque sur terre. Brut de décoffrage, tout nu et tout velu, il ressemble davantage à un animal qu'à un humain. Il rampe jusqu'aux étangs pour boire à même le sol, il chasse les animaux à la manière de l'un d'entre eux et finit par rencontrer Gilgamesh (je reviendrai plus loin sur les circonstances de cette rencontre). Aussitôt mis en présence l'un de l'autre, Enkidu et Gilgamesh se détestent, se haïssent et se battent comme des chiffonniers. La lutte est terrifiante, mais comme ils sont des égaux, aucun ne l'emporte sur l'autre et, finalement, après s'être affrontés pendant des heures, après avoir échangé des coups terribles, ils tombent dans les bras l'un de l'autre et deviennent les meilleurs amis du monde.

Notons au passage que dans cette première époque de l'épopée, on découvre un thème appelé à une large postérité littéraire et cinématographique : l'idée que les grands amours commencent par le conflit et la haine....

La *deuxième époque* : l'épopée met alors en scène ce qu'on pourrait appeler « les aventures de l'amitié » qui lie désormais ces deux héros dans leur quête de la gloire. Comment cette dernière s'acquiert-elle ? En terrassant des monstres, comme dans la mythologie grecque qui reprendra là aussi ce trait de la mythologie mésopotamienne. Héraclès conquiert sa gloire en se mettant au service d'Héra (étymologiquement, *Héra-clès* signifie d'ailleurs « la gloire d'Héra ») pour terrasser des monstres qui menacent l'ordre cosmique si difficilement établi par Zeus. C'est également le cas pour Thésée, pour Jason, pour Persée et pour la plupart des grands héros grecs qui sont à des titres divers des « terrasseurs de monstres ».

Il est possible, même si le texte de l'épopée n'est pas très explicite sur ce point, que cette volonté de conquérir la gloire possède déjà une dimension métaphysique, qu'elle cache déjà plus ou moins secrètement, comme ce sera le cas dans la culture grecque, un désir d'éternité, le désir de ne pas être voué à l'oubli comme l'est le commun des mortels. Quoi qu'il en soit, Enkidu et Gilgamesh partent ensemble à la recherche de monstres assez terrifiants pour que leur victoire sur eux puisse ébranler le monde et faire résonner leur gloire.

Le premier, Humbaba, est parfait dans le genre. Il est le gardien d'une forêt de cèdres, sans doute des cèdres du Liban. Dans la ville d'Uruk, le bois est un matériau précieux, plus précieux que l'or ou le diamant. Il sert à faire du feu, à fabriquer des maisons, des machines, des armes. Mais pour pénétrer cette forêt de cèdres, nos deux héros doivent d'abord se débarrasser du monstre Humbaba. Comme on pouvait s'y attendre, Gilgamesh et Enkidu, en alliant leurs forces extraordinaires, finissent par le terrasser. Après un effroyable combat au cours duquel leur courage est mis à rude épreuve, ils le mettent à mort, s'emparent du bois de cèdre et reviennent à Uruk en triomphateurs glorieux.

Par la suite, survient un autre épisode assez amusant et lui aussi voué à une certaine postérité dans la mythologie grecque : la déesse de l'Amour, qui préfigure Aphrodite/Vénus et qui, dans la mythologie mésopotamienne, s'appelle Ishtar, apprend les hauts faits de ces deux héros, tombe amoureuse de Gilgamesh et tente de le séduire. Celui-ci refuse ses avances, car il sait qu'Ishtar est une sorte de Don Juan au féminin : s'il lui cède, il sera broyé et rejeté aussitôt que « consommé ».

Face à ce refus, Ishtar est folle de rage : blessée, vexée, elle décide de se venger et demande à son père, Anu, un des dieux les plus puissants du panthéon mésopotamien, d'envoyer un abominable monstre taurin, une espèce de taureau céleste pour punir le roi d'Uruk. Anu, dieu puissant mais aussi fort sage, refuse d'abord à sa fille de dépêcher ce monstre dans la ville de Gilgamesh : il sait qu'il y accomplira d'effroyables dégâts et il ne voit aucune raison de ne pas épargner les malheureux habitants. Mais Ishtar le fait chanter en le menaçant de libérer les morts des enfers afin qu'ils emportent tous les vivants. Cette petite anecdote révèle combien le thème de la mort est omniprésent, là encore comme dans la mythologie grecque : mortels et immortels sont toujours séparés. Devant cette menace, le père finit par céder à sa fille : il envoie le taureau céleste dans la ville d'Uruk. Chaque fois que le monstre tape du sabot sur le sol, une crevasse s'ouvre et, dit le texte, trois cents malheureux citoyens d'Uruk sont aussitôt engloutis.

Évidemment, Enkidu et Gilgamesh trouvent là une nouvelle occasion d'augmenter encore la gloire qui déjà les entoure. Après un combat à nouveau terrifiant, ils parviennent à lui planter un couteau dans le dos et finissent par le terrasser. Après être venus à bout d'Humbaba, ils ont tué le monstre taurin et délivré la ville. C'est toujours la gloire qui se profile derrière cette victoire sur les monstres. Où l'on voit que cette deuxième époque de l'épopée, tout entière vouée à l'esprit de conquête, semble encore très éloignée, du moins au niveau manifeste, des questions métaphysiques que Gilgamesh va bientôt croiser sur sa route. Le registre est plutôt celui des histoires de soldats soucieux de briller auprès des jeunes femmes, ainsi qu'en témoigne ce passage de l'épopée :

> Gilgamesh et Enkidu lavèrent leurs mains dans l'Euphrate et ils s'en furent, de compagnie, déambuler à char par les rues de leur ville, sous les regards des habitants d'Uruk rassemblés. Et Gilgamesh disait aux femmes qui servaient son palais : « Qui est le plus beau des gaillards ? Qui est le plus glorieux des mâles ? » « Le plus beaux des gaillards, c'est Gilgamesh, le plus glorieux des mâles, c'est Enkidu ! »

Qu'advient-il ensuite ? Qu'est-ce qui va conduire nos deux héros vers la métaphysique, vers la spiritualité laïque, vers les interrogations sur la sagesse et sur la vie bonne ? Réponse : la mort d'Enkidu.

Dans la *troisième époque* de l'épopée, Enkidu fait un rêve terrifiant (comme dans la Bible ou dans la mythologie grecque, les rêves sont toujours annonciateurs de la volonté des dieux). Et ce songe affreux lui donne à penser qu'il va bientôt mourir.

Que s'est-il passé dans cette montagne où habitent les dieux, l'équivalent de l'Olympe ? Les immortels ont estimé que les deux héros avaient péché par démesure, par orgueil, par arrogance : ce que les Grecs appelleront l'*hybris*. Ils ne sont plus à leur place, ils dévastent le monde et ils ont, en outre, massacré des créatures célestes : Humbaba et le monstre taurin appartenaient aux dieux. Ces derniers décident donc de punir Gilgamesh et son ami. Comme ils ont eux-mêmes fabriqué Enkidu, c'est lui qu'ils choisissent de « retirer » du monde. Ils décident de le faire mourir en le frappant d'une maladie incurable.

Lorsque Gilgamesh découvre que son ami Enkidu est malade – cet ami dont il est fou amoureux, d'un amour du reste réciproque –, il est littéralement saisi par le désespoir. Le texte de l'épopée est vraiment magnifique en cet endroit. Gilgamesh se rend compte que son ami va rejoindre ce que le récit appelle joliment « la demeure obscure d'où ne ressortent jamais ceux qui y sont entrés par le chemin de l'aller sans retour » – c'est-à-dire le séjour des morts, l'équivalent de l'Hadès, des enfers. Ce passage exprime une idée plus profonde qu'il n'y paraît, à savoir que la mort est liée d'abord et avant tout à la notion d'irréversibilité : il s'agit bien d'un chemin sans retour. Le caractère irréversible de la mort est ce qui la rend insupportable, et c'est là ce qui frappe Gilgamesh à ce moment précis.

Cette idée parcourt toute l'histoire de la philosophie. Elle trouvera une illustration particulièrement forte dans le fameux poème d'Edgar Poe intitulé « Le Corbeau », cet oiseau de malheur qui incarne et personnifie la mort, et qui ne sait dire qu'une seule chose : *Nevermore* (« plus jamais »). Le sentiment de ce « plus jamais », de ce « chemin de l'aller sans retour », s'installe dans le cœur de Gilgamesh. Il serre son ami mourant dans ses bras et tient son cadavre embrassé pendant sept nuits et sept jours « jusqu'à ce que les vers lui coulent du nez », dit le texte de l'épopée de façon crue et directe : Gilgamesh ne veut pas admettre qu'Enkidu est vraiment mort. Il le serre toujours dans ses bras. Il essaie même de le ramener à la vie :

> Mais Enkidu ne levait même pas la tête. Gilgamesh lui tâta le cœur. Il ne battait plus du tout. Alors, comme à une jeune épousée, il voila le visage de son ami, il lui tournait autour comme un aigle ou comme une lionne privée de ses petits. Il ne cessait d'aller et de venir. Devant lui et derrière lui, il arrachait et semait les boucles de sa chevelure, il dépouillait et jetait ses beaux habits comme pris en horreur.

Gilgamesh fait donc l'expérience de l'irréversibilité de la perte, de la contradiction absolue entre l'amour et la mort. Il s'interroge alors sur sa propre fin, tétanisé d'angoisse : « Devrais-je donc mourir moi aussi ? Ne me faudra-t-il pas ressembler à Enkidu ?

L'angoisse m'est entrée au ventre, c'est par peur de la mort que je cours la steppe. » La disparition d'Enkidu donne à Gilgamesh le sentiment qu'il peut lui-même mourir, sentiment qui lui était inconnu auparavant, le courage et le désir de gloire l'empêchant en quelque sorte d'y avoir accès. Quand on lit le texte de près, on s'aperçoit que Gilgamesh n'est pas pour autant égocentrique, comme on pourrait l'imaginer à première vue. S'il prend conscience de l'horreur de sa propre mort, c'est sur fond d'un rapport à l'autre, parce qu'il a d'abord fait l'expérience de l'amour. La mort, il l'a rencontrée mille fois auparavant : il a fait la guerre, affronté Humbaba et le monstre taurin. Il savait évidemment qu'il risquait sa vie dans ces combats, mais cela lui était égal, au fond, parce qu'il n'avait pas encore l'expérience de l'amour. Ce n'est qu'après avoir connu l'amour et la perte possible – en l'occurrence, réelle – de l'être aimé, qu'il s'interroge sur son propre compte. Désormais, comme il le dit explicitement, « c'est par peur de la mort qu'il court la steppe ».

Dans quel but ? C'est là toute la question de l'épopée.

Si Gilgamesh, en effet, se met à courir la steppe, c'est désormais, non pour la gloire, mais en quête de l'immortalité. Et c'est cette interrogation à proprement parler métaphysique (*méta-physique* signifie étymologiquement « au-delà de la nature », au-delà de la physique) qui nous introduit dans le monde, au sens propre, *sur-naturel* d'une interrogation qui semble d'abord religieuse. C'est dans ce contexte de contradiction entre l'amour et la mort que cette quête prend forme. Gilgamesh décrit très bien l'angoisse qui le saisit lorsqu'il se tient au côté de son ami défunt : « Si l'on pouvait fermer la porte de l'angoisse, si on pouvait l'obturer au bitume, à l'asphalte ! Mais le destin ne m'a pas laissé m'amuser, il m'a déchiré, malheureux que je suis. »

Dans la *quatrième époque* de l'épopée, Gilgamesh part donc à la recherche de l'immortalité. Il a en effet appris – selon une légende qui court dans la ville d'Uruk – qu'il y eut autrefois un déluge au cours duquel tous les humains furent noyés. Les dieux avaient constaté que les hommes étaient méchants, qu'ils avaient sombré dans toutes les formes de décadence et de corruption. La description du déluge et de ses circonstances servira de matrice à deux autres récits voués à la postérité que l'on sait : l'Arche de Noé, le mythe de Pyrrha et Deucalion.

Les dieux ont décidé de sauver un homme de la noyade, avec son épouse : il s'appelle Utanapishti, figure du juste qui correspond au personnage de Noé dans la Bible ou de Deucalion dans la mythologie grecque. Les dieux le préviennent que les flots dévasteront la terre et que tout le monde périra. Aussi lui demandent-ils de construire un très grand bateau pour y mettre sa famille, ainsi qu'un couple de chaque espèce animale. D'autres détails sont communs aux trois récits, comme ces oiseaux que Utanapishti, Noé ou Deucalion laissent échapper de l'arche afin de voir s'ils reviennent avec une petite brindille dans le bec, comme pour indiquer que la terre est proche. La Bible et la mythologie grecque ont littéralement calqué l'épisode du Déluge sur l'*Épopée de Gilgamesh*.

Gilgamesh apprend donc que le déluge provoqué par les dieux a englouti la terre, mais qu'Utanapishti a bel et bien survécu car les dieux lui ont fait don de l'immortalité. Il entreprend alors de le retrouver pour lui demander son secret, pour qu'il lui dise comment et à quel prix on peut échapper à la mort. Son périple initiatique l'entraîne, comme Ulysse ou Jason, dont les aventures doivent sans doute beaucoup à l'épopée sumérienne, à la rencontre d'épreuves terribles et de monstres effroyables : des hommes-scorpions, des tunnels infernaux, des « eaux de la mort » qu'il suffit d'effleurer pour perdre la vie... Mais ce n'est plus pour une gloire terrestre que se bat le roi d'Uruk, mais pour son salut, ce qui est tout différent.

Après bien des souffrances, il finit par retrouver Utanapishti et sa femme. Une terrible déception l'attend : Utanapishti lui explique que l'immortalité n'est pas pour les humains, qu'il est une exception absolument et définitivement singulière, que la victoire sur la mort n'est plus de ce monde et qu'il va lui falloir, comme tous les autres humains, mourir un jour. Malgré l'exception consentie par les dieux à son sujet, il n'a aucun moyen de rendre Gilgamesh immortel.

Ce qui est peut-être le plus frappant dans ce passage de l'épopée, c'est que les deux immortels ne dégagent aucune joie, pas la moindre gaieté. Ils semblent avoir une vie sans intérêt, banale et ennuyeuse, à l'écart du monde, dans une forêt où il n'y a rien à faire de spécial. Ils ne semblent pas vivre leur don comme un cadeau somptueux, mais plutôt comme une fatalité.

À voir cependant l'angoisse et la déception se peindre sur le visage d'un Gilgamesh à bout de forces, épuisé par son voyage, la femme d'Utanapishti est saisie de pitié. Amaigri, émacié, Gilgamesh est au bord de la dépression. Elle entreprend de le consoler. À défaut de pouvoir le rendre immortel, elle lui offre un lot de consolation : une herbe de jouvence. « Quand tu mangeras de cette herbe, tu retrouveras force et jeunesse », lui dit-elle. Gilgamesh reprend alors sa route vers Uruk, mais au cours de son voyage, il perd l'herbe magique. À vrai dire, elle lui est dérobée par un serpent – épisode étrange qui sera lui aussi repris dans la mythologie grecque : la mue du serpent, qui laisse sa peau dans des buissons, symbolise sa capacité à revivre. Elle est comme une sorte de deuxième naissance. Un jour qu'il chemine dans la montagne, Hermès (ou Esculape, selon d'autres versions du mythe) voit deux serpents qui se battent. L'un des deux meurt, mais il revit après que l'autre a déposé dans sa bouche un brin d'herbe – anecdote plus ou moins empruntée à l'épopée qui montre une fois de plus combien elle a influencé, jusque dans les détails, certains épisodes de la mythologie grecque.

Le malheureux Gilgamesh est donc contraint de rentrer chez lui sans avoir découvert l'immortalité. L'épopée se termine alors de manière « aporétique » : elle n'offre pas de solution, elle nous laisse imaginer par nous-même la suite de l'histoire. Revenu à Uruk, Gilgamesh contemple, depuis les remparts, la ville magnifique qui s'étend à ses pieds et il comprend simplement qu'il va lui falloir accepter la mort, mais avec elle la vie des simples mortels, qu'il va lui falloir vivre comme un humain parmi les humains…

SIGNIFICATION DE L'*ÉPOPÉE*

Quelle est la signification de cette épopée ? Comme je vous l'ai dit, le texte lui-même ne délivre pas une « morale de l'histoire » explicite, toute prête à l'emploi. Il nous faut donc faire un effort d'interprétation, interpréter notamment cette fin énigmatique. Tout laisse penser que Gilgamesh abandonne la quête religieuse pour une espèce de spiritualité laïque, pour une sagesse non religieuse, une quête de la vie bonne qui ne passe ni par les dieux, ni par la foi, mais au contraire par un renoncement au désir d'éternité. Il comprend qu'il va devoir vivre en humain, comme Ulysse après avoir refusé l'immortalité que lui offrait la déesse Calypso.

Un passage me semble donner la clé de cette mystérieuse épopée : c'est le moment où Enkidu, par le songe que les dieux lui envoient, apprend qu'il va mourir.

Ce rêve suscite d'abord sa fureur. La colère est la passion qui l'habite au premier chef. Contre qui est-il furieux ? Contre une femme – rappelons ici qu'avant de rencontrer Gilgamesh, ce dernier avait envoyé une courtisane à Enkidu. Cette courtisane, la plus ravissante et la plus « sexy » d'entre les femmes du royaume, s'appelle « La Joyeuse ». Ce n'est pas un hasard. Ce petit nom signifie qu'elle exerce le plus vieux métier du monde, qu'elle est une « fille de joie ». Cette femme est extraordinairement sûre d'elle-même. Elle n'a aucun doute sur le charme qu'elle exerce sur les hommes. Quand elle rencontre Enkidu, cette grosse bête velue, puissante et violente – tout le monde craint Enkidu jusque dans le monde animal –, elle n'éprouve aucune peur, sûre qu'elle est de l'effet qu'elle produira sur lui.

Les descriptions de la manière dont La Joyeuse séduit Enkidu et le mène par le bout du nez – et pas seulement du nez... – sont trop précises et trop crues pour que je les cite ici. Elle couche avec lui pendant sept jours et sept nuits et, au terme de cette semaine, il tombe évidemment fou amoureux d'elle. Comme un petit chien, il lui obéit en tout, si bien que La Joyeuse va en profiter pour civiliser Enkidu. C'était là, très exactement, la mission que lui avait confiée Gilgamesh.

Elle le rase, le rend imberbe comme un humain et non comme un singe ou un animal à fourrure. Elle lui apprend à parler, l'habille et lui enseigne comment se nourrir de mets cuits en utilisant des couverts. Bref, elle le civilise et l'humanise. Et lorsque Enkidu apprend qu'il va mourir – pour revenir à l'épisode du songe –, la première personne qu'il se met à haïr est La Joyeuse. Il la maudit, il s'adresse à elle dans un long monologue pour l'insulter et lui souhaiter le pire des destins, convaincu que si elle ne l'avait pas humanisé et civilisé, il n'aurait jamais connu la mort. Pour commencer, il ne serait pas allé se battre avec Gilgamesh contre Humbaba et contre le monstre taurin. Les dieux ne l'auraient donc pas fait mourir. Il serait sans doute mort de mort naturelle. C'est dire qu'il serait mort comme un animal, sans savoir que la mort existait, sans en prendre conscience, sans être saisi par l'angoisse. Voilà pourquoi il se révolte contre La Joyeuse.

Mais tandis qu'Enkidu maudit La Joyeuse, un dieu, Samas, intervient pour le rappeler à l'ordre, pour le tancer vertement et lui dire qu'il n'a pas le droit d'insulter cette femme qui lui a, certes, fait découvrir la mort, mais aussi l'humanité, la chance extraordinaire de pouvoir mener une vie d'humain. Sans elle, il n'aurait été qu'un animal. Ce passage de l'épopée est crucial, car il en donne la clé :

> Lorsque Samas entendit les propos d'Enkidu, incontinent du haut du ciel il l'interpella. « Mais pourquoi,

Enkidu, as-tu maudit la courtisane La Joyeuse ? Elle qui t'a alimenté de nourriture divine, qui t'a abreuvé de royale boisson, qui t'a paré d'un ample vêtement, qui t'a procuré pour compagnon ce Gilgamesh parfait. N'est-il pas à présent pour toi un ami, un vrai frère ? Il va te faire reposer dans un grand lit, t'allonger dans une couche agréable, après t'avoir ménagé à sa gauche une place inamovible. Les princes du territoire viendront te baiser les pieds. » Lorsqu'il entendit parler Samas, le preux, la colère profonde d'Enkidu s'apaisa aussitôt et sa fureur se calma. « Allons, dit-il, La Joyeuse, que je t'assigne un autre destin. Ma bouche qui t'avait maudite va au rebours te bénir. »

Changeant d'avis du tout au tout après avoir entendu Samas, au lieu de vouer la courtisane aux gémonies, Enkidu la bénit et la remercie, comprenant enfin que la conscience de la mort constitue le prix à payer pour devenir humain. Il voit désormais les deux faces de la médaille : oui, on a conscience de la mort en tant qu'être humain et c'est terriblement angoissant, mais en même temps, on possède cette chance extraordinaire d'avoir vécu – alors que, d'une certaine manière, les animaux n'ayant pas conscience de la mort, ils n'ont pas non plus conscience de la vie. Ils ne vivent pas vraiment.

Là réside sans doute le message de fond de cette histoire. Nous allons mourir, certes, mais notre chance, à la différence des arbres ou des animaux, est de savoir que nous vivons, de pouvoir entre temps bénéficier de la civilisation, de cette vie bonne propre aux humains. Sans la mort, nous ne vivrions pas vraiment. En quoi cette sagesse venue d'Orient est finalement très proche de celle d'Ulysse : c'est aussi une sagesse laïque, qui mène à l'acceptation de la mort, non comme une résignation, mais comme une condition de la vie bonne, exactement comme Ulysse, refusant l'offre de Calypso, s'engage à accepter la condition de mortel et à rechercher la sérénité par son retour à Ithaque.

Permettez-moi de vous proposer maintenant une petite fiction littéraire. Imaginons un instant que Gilgamesh ait gardé l'herbe de jouvence et qu'il ait pu rester en vie jusqu'à rencontrer un autre sage d'Orient, Bouddha, pour lui demander d'apporter à son tour une réponse à sa quête d'immortalité. Leur conversation aurait sans doute été bien intéressante. Car le bouddhisme est lui aussi centré pour l'essentiel sur la question de l'impermanence, du changement, de la mort *dans* la vie comme au terme de celle-ci. Tâchons donc d'imaginer les réponses que Bouddha aurait pu apporter à Gilgamesh si celui-ci avait pu vivre jusqu'au Vᵉ ou VIᵉ siècle avant J.-C., c'est-à-dire jusqu'à la naissance du Bouddha.

LE BOUDDHISME, UNE SAGESSE FACE À LA MORT

La vie de Bouddha

Bien que Bouddha fût sans doute un personnage réel, comme Socrate, le Christ ou Gilgamesh, et non un être légendaire, nous ne savons en vérité pas grand-chose de certain sur sa vie, ni sur sa personnalité. Nous avons, certes, de nombreuses biographies, mais elles sont très largement mythiques. La plupart des spécialistes du bouddhisme pensent que Bouddha est né en 560 avant J.-C. On sait qu'il a vécu – presque tous s'entendent sur ce point –

quatre-vingts ans. Il serait donc mort en 480. Mais d'autres, comme Richard Gombrich, pensent qu'il est né en 480 et mort en 400. C'est dire que même sa date de naissance ne nous est pas connue en toute certitude, et comme les biographies de Bouddha apparaîtront plusieurs siècles après sa disparition (quelle qu'en soit la date), le moins qu'on puisse dire est qu'elles ne sont pas à prendre au pied de la lettre : il ne s'agit pas de biographies scientifiques, historiquement fiables, mais de récits largement mythiques, légendaires, les épisodes qu'ils relatent ayant avant tout une signification philosophique, pour ne pas dire édifiante, pour l'essentiel destinée à illustrer les différents messages du bouddhisme.

On sait quand même que Bouddha s'appelait Siddhārta Gautama. Nous savons aussi qu'il était prince, fils de roi. Je voudrais vous raconter trois anecdotes sur lesquelles les biographes s'accordent. Quelle que soit leur véracité, elles offrent l'intérêt de nous permettre de faire le lien entre la vie de Bouddha et le message du bouddhisme.

La doctrine du non-attachement

Première anecdote, qui remonte à la petite enfance du Bouddha. Le jeune Siddhārta, fils de roi, vit dans un palais, sans doute luxueux. Il s'y trouve en tout cas à l'abri des vicissitudes de l'existence. Un oracle déclare que si le petit Siddhārta rencontrait dans sa vie quatre personnages « fâcheux » – un vieillard, un malade, un cadavre et un mendiant –, il quitterait le palais. Dès lors, son père met tout en œuvre pour lui éviter de croiser le chemin de ces êtres qui symbolisent ces quatre maux de la vie humaine que sont la vieillesse, la maladie, la mort et la pauvreté.

Siddhārta se marie, il a un enfant, mais il réside toujours au palais, à l'abri des maux que je viens d'évoquer, plongé dans les vanités du monde, dans le luxe et la douceur, loin de la « réalité réelle », si je puis dire, loin de la vraie vie humaine avec ses tourments et ses malheurs. Pourtant, vient le jour où il s'ennuie dans son palais. Il demande alors à un serviteur de l'aider à en sortir. Bien évidemment, la première « chose » qu'il rencontre, une fois dehors, c'est un vieillard ; la deuxième, un malade ; la troisième, un mourant (il voit passer un enterrement). Puis, avant de rentrer au palais, il croise le chemin d'un mendiant, le plus miséreux qu'on puisse imaginer dans l'Inde de l'époque. Il vient de faire la connaissance des quatre grands maux de l'existence humaine et, conformément à l'oracle, il décide de quitter le palais.

Moment crucial, car il quitte aussi sa famille : sa femme, son fils, son père, tous les attachements familiaux, toutes les formes d'amour qui règnent au sein d'une communauté familiale. Ce que les bouddhistes appellent le « non-attachement » se profile à l'horizon : il faut commencer par quitter les siens et l'amour d'attachement, pour parvenir à la sagesse.

Les deux visages de la mort

Après avoir quitté le palais, Siddhārta, qui n'est pas encore le Bouddha – « Bouddha » signifie « l'éveillé » en sanscrit : Siddhārta est en voie vers l'éveil, mais son chemin n'est pas encore achevé –, suit des « yogis » (des sages, en tout cas des êtres qui se présentent comme tels) de l'espèce la plus sévère : des yogis de la mortification. Ces yogis se mortifient, y compris physiquement. Ils sont d'une maigreur effrayante, ils ne mangent pratiquement rien et se battent les flancs jusqu'au sang.

Siddhārta vit quelque temps dans cette misère volontaire et cette souffrance permanente, jusqu'à atteindre une forme d'ascétisme radical. Il finit alors par s'apercevoir qu'en vérité, la vie de ces ascètes ne mène pas à la sagesse, mais simplement à la faim et à la souffrance, la vraie sagesse étant plutôt de l'ordre de la frugalité que de l'ascétisme proprement dit. D'une certaine manière, la frugalité est d'ailleurs plus difficile à pratiquer que l'ascétisme : il est parfois plus facile d'arrêter tout à fait de fumer ou de boire que de boire et fumer avec modération...

Lorsqu'il comprend cela, Siddhārta quitte les yogis et part seul s'installer sous un très grand arbre, se promettant à lui-même de ne jamais quitter ce lieu avant d'avoir trouvé l'éveil véritable, la sagesse parfaite. Un épisode important a lieu lorsque Ma¯ra, le dieu des morts, essaie de le tenter, un peu comme Satan dans le passage de l'Évangile décrivant les tentations du Christ. Pour le détourner de sa quête de la sagesse, Ma¯ra lui envoie des démons terrifiants qui symbolisent la mort ; puis, ayant échoué à effrayer Siddhārta, il lui envoie les femmes les plus ravissantes, autre manière de le détourner de son chemin...

Telles sont bien les deux faces de la mort : d'un côté son visage effrayant (les monstres et les démons), mais aussi son visage séduisant (le charme absolu des femmes). Où nous retrouvons une idée profonde, que nous avions déjà évoquée à propos d'Épicure et de Lucrèce : le monde du divertissement, de la consommation, du désir sans cesse inassouvi, qui recommence sans fin, est aussi une forme de mort dans la mesure où le désir « immense et creux » comme dit Épicure, en l'occurrence celui que symbolise la sexualité, nous fait entrer dans la logique du temps qui passe, de la fuite en avant, nous empêchant de vivre dans l'instant, d'accéder à la sagesse suprême qui consiste à habiter le présent, à ne plus être tyrannisé par le passé ou par le futur.

Ce thème est aussi très présent dans le bouddhisme. Siddhārta résiste bien entendu aux deux visages de la mort, le démoniaque et le séduisant : il reste en méditation jusqu'à découvrir l'éveil. C'est alors qu'il devient « l'éveillé », c'est-à-dire le « Bouddha » qui restera son nom pour l'éternité.

Les quatre « nobles vérités »

Ayant découvert la vérité, convaincu de détenir le message de la sagesse, non seulement pour lui-même, mais pour les autres – puisqu'il est « l'Éveillé » –, Bouddha se mettra à parcourir le monde jusqu'à la fin de sa vie avec, comme le Christ, toujours plus de disciples au fil de ses voyages. C'est durant cette période qu'il prononce son fameux discours sur les quatre nobles vérités, un propos qui délivre le sens philosophique de cette sagesse.

Évoquons-les brièvement.

La *première vérité*, c'est qu'en ce bas monde, tout est souffrance : la naissance est souffrance, la maladie est souffrance, la vieillesse est souffrance, la misère est souffrance, la mort est souffrance, la vie est souffrance. Nous retrouverons ce thème chez Schopenhauer. Pourquoi tout est-il souffrance ? Parce que le fond de l'être réside dans « l'impermanence », dans la non-permanence de toutes choses. Rien ne dure, ni les joies ni les amours, or nous sommes presque naturellement voués à l'attachement. La souffrance provient de la contradiction entre l'attachement (on veut créer des liens et on souhaite qu'ils durent – comme dira Nietzsche *alle Lust will Ewigkeit*, « tout plaisir/désir veut l'éternité »), mais en vérité, il n'y a pas d'éternité et le fait est que tout passe : *panta rei*, disait déjà Héraclite, tout coule, tout périt, tout change.

Deuxième noble vérité : le désir est responsable de toutes nos folies et la folie suprême, ici entendue comme le contraire de la sagesse, réside dans notre propension à l'attachement. On trouve ainsi dans le bouddhisme une critique de la logique du désir, analogue, comme chez Lucrèce, à ce que nous appellerions aujourd'hui la logique de la consommation : on désire des objets, on les achète, on les consomme, puis on les jette. Cette logique consumériste est, comme nous l'avons vu, une logique de mort : elle nous conduit à ne pas désirer ce que nous avons et à toujours désirer ce que nous n'avons pas. On n'aime plus ce qu'on a et l'on voudrait toujours ce qu'on n'a pas, de sorte que nous ne sommes jamais capables d'habiter le présent. Le désir est essentiellement manque. C'est pourquoi nous sommes dans une perpétuelle insatisfaction, avec pour conséquence une incapacité à vivre le temps autrement que comme une fuite perpétuelle, une constante fuite en avant qui s'avère être à proprement parler mortelle : on n'est jamais dans l'instant présent qui serait habitable au sens où il ne serait plus relativisé par le poids du passé ou par l'espérance d'un avenir meilleur. Or le temps qui passe ainsi en vain, c'est déjà la mort, avec le sentiment d'irréversibilité qu'elle instille en nous. Voilà pourquoi la logique du désir fuyant est funeste.

La *troisième noble vérité*, c'est que la sagesse est conditionnée à l'extinction du désir. C'est ce que les Grecs, à peu près à la même époque, au VIe/Ve siècle avant J.-C., appelaient déjà l'« ataraxie ». La première condition de la sagesse, c'est donc la cessation du désir. Il s'agit de se libérer des désirs, des attachements, d'où le thème de la frugalité, finalement très semblable à la distinction épicurienne des désirs naturels et nécessaires (la faim et la soif par exemple), naturels et non nécessaires (la sexualité), artificiels et superflus (la richesse, les honneurs, les vanités, etc.) : pour des raisons métaphysiques fondamentales, notamment parce qu'elle permet un rapport au temps convenable en nous incitant à habiter enfin le présent, seule la vie frugale nous permet d'échapper à la logique de la consommation, porteuse d'insatisfaction et de mort.

La *quatrième noble vérité* réside dans ce que les bouddhistes appellent « le chemin octuple », les huit chemins vers la sagesse. Je ne vais pas les développer ici, cela nous entraînerait trop loin. Je me contente de les citer : la compréhension juste, la pensée juste, la parole juste, l'action juste, le moyen d'existence juste, l'effort juste, l'attention juste et la concentration juste. Disons seulement que trois cent vingt-cinq volumes dans le canon du bouddhisme tibétain décrivent toutes ces attitudes justes – ce qui signifie en clair que la sagesse suppose une longue étude, à vrai dire une vie entière…

Une rencontre (fictive) entre Gilgamesh et Bouddha

Mais revenons à cette « hypothèse fictive » – pour parler comme Kierkegaard –, à cet artifice rhétorique que je vous proposais tout à l'heure : imaginons que Gilgamesh ait survécu jusqu'à pouvoir rencontrer Bouddha, qu'il ait rencontré « l'Éveillé » et qu'il lui dise : « Voilà, je cours la steppe, poussé par l'angoisse de mort, que peux-tu me dire sur cette quête d'immortalité ? Que peux-tu me dire sur la sagesse face à la perspective de la mort ? Qu'est-ce que le bouddhisme pourrait m'apporter quant à cette interrogation qui est la mienne ? » Faisons comme si ce dialogue entre Gilgamesh et Bouddha avait été rendu possible par cette petite herbe de jouvence dérobée par le serpent...

Vivre au futur antérieur

En premier lieu, Bouddha aurait pu dire à Gilgamesh qu'il faut s'habituer à vivre au futur antérieur. Qu'est-ce à dire ? À peu près ceci : « Quand la catastrophe aura eu lieu, je m'y serai préparé. » Voilà le futur antérieur. Et, avec lui, on trouve le premier enseignement du bouddhisme : il ne faut pas fuir la mort et les divers maux de la vie humaine, s'efforcer de ne pas y penser comme on met la poussière sous le tapis. Non, il faut au contraire penser sans cesse à la mort, en faire un objet constant de méditation de sorte que quand elle survient, elle ne nous prendra pas au dépourvu, nous y serons préparés. Comme le dit encore aujourd'hui le dalaï-lama : « Qui pratique le *dharma* [c'est-à-dire l'enseignement de Bouddha] pense chaque jour à la mort. » Le dalaï-lama nous invite ainsi à réfléchir sans cesse aux souffrances des humains, aux tourments de la naissance, au vieillissement, à la maladie, à la fin de vie – où l'on retrouve les nobles vérités. C'est comme mourir mentalement chaque jour. Il faut s'habituer à la souffrance. En raison de sa familiarité avec la mort, le sage sera prêt à l'accepter quand il finira par la rencontrer. Il faut donc penser constamment aux catastrophes susceptibles de survenir, de façon à s'y préparer.

C'est cela, penser sa vie au futur antérieur : quand la catastrophe aura eu lieu, je m'y serai préparé et je ne serai pas surpris. Épictète, vous vous en souvenez peut-être, disait dans le même sens à son disciple : « Pense toujours, quand tu embrasses ta fille ou ton fils, qu'il peut mourir, exactement comme la coupe de verre, que tu as lâchée sur le sol hier, s'est brisée. » Une grande partie de la méditation bouddhiste consiste à vivre dans cette dimension du temps qu'est le futur antérieur.

Penser conjointement l'impermanence et le non-attachement

Le deuxième élément de réflexion que Bouddha aurait pu livrer à Gilgamesh pour le conduire vers la sagesse touche conjointement à l'impermanence et au non-attachement. Je voudrais ici approfondir ce thème, probablement le plus important du bouddhisme tibétain. La non-permanence de toute chose signifie comme nous l'avons dit que tout passe, tout est mortel : que ce soit les objets ou les êtres vivants, tout est voué à la mort. Le non-attachement est en ce sens le pilier fondamental de la sagesse qui découle de ce constat selon lequel tout est impermanent, rien ne dure, rien n'est stable. Bouddha aurait sans doute proposé à Gilgamesh de réfléchir à ce qui permet de concilier l'impermanence et le non-attachement, à savoir la « déconstruction des illusions du moi ».

De quoi s'agit-il ?

Tentons de présenter les choses simplement. La première vérité, nous l'avons vu, c'est que le monde est impermanent. Deuxième vérité : la sagesse suprême, le contraire de la folie, consiste donc à vivre dans le non-attachement, car plus vous vous attachez à un être, quel qu'il soit, plus vous vous préparez de la souffrance, ce qui est la folie même. Attention, pas de malentendu : le non-attachement ne veut pas dire l'indifférence, il ne se confond pas avec l'absence de compassion vis-à-vis de ceux qui souffrent. Le bouddhisme, comme le stoïcisme, et d'ailleurs pour les mêmes raisons, est une philosophie de la compassion et de la pitié et même, très clairement, une philosophie de l'amitié. On retrouvera ce thème encore chez Schopenhauer : il faut pratiquer la compassion et la pitié, la « sympathie », le « souffrir avec » (*Mitleid*, en allemand), mais il ne faut pas s'attacher pour autant – chemin de crête délicat à arpenter mais qui est le chemin de la sagesse aux yeux du Bouddha.

Déconstruire les illusions du moi

C'est ainsi, comme je vous le laissais présager, que nous arrivons au troisième « étage » de cette logique de la conciliation entre non-attachement et impermanence : pour parvenir au non-attachement, il convient d'abord et avant tout de déconstruire le plus radicalement possible les illusions du moi. Autre thème que nous retrouverons chez Schopenhauer. Le premier pas vers la sagesse, c'est la déprise, le « lâcher-prise » comme on dit aujourd'hui, la déconstruction des illusions de cet ego attaché à ses possessions – car c'est toujours l'ego qui est attaché. Je suis attaché à *mes* enfants, à *ma* maladie, à *ma* souffrance, à *mes* avoirs, à *mes* amis ! C'est toujours le moi qui, dans cette histoire, ressort en premier.

Le vecteur le plus profond de l'attachement est donc l'ego : c'est de lui qu'il faut d'abord et avant tout se déprendre. Et on verra que, chez Schopenhauer, le philosophe occidental sans doute le plus clairement marqué par le bouddhisme, la critique de l'individualisme s'oriente précisément dans cette direction. Pourquoi faut-il s'en déprendre ? Parce que, tant qu'on n'est pas débarrassé des illusions du moi, on est voué à la réincarnation, qui n'a pas le visage riant que lui prêtent ceux qui ne connaissent pas le bouddhisme et qui confondent allègrement résurrection et réincarnation. Dans le christianisme, la résurrection – pensez à la résurrection de Lazare, par exemple – c'est le salut même : nous sommes, telle est la promesse du Christ qui est la Bonne Nouvelle même (« l'Évangile »), sauvés par l'amour.

La réincarnation, dans le bouddhisme, n'a en revanche rien à voir avec le salut. C'est même la punition par excellence : elle signifie que, faute de sagesse, on est renvoyé dans ce que les bouddhistes appellent le *saṃsāra*, c'est-à-dire un océan de souffrances où la série indéfinie des réincarnations nous replonge sans cesse, du moins tant que nous ne parvenons pas à l'éveil, c'est-à-dire à cette déprise du moi qui nous permet de nous fondre enfin dans le cosmos éternel. Aussi celui qui n'a pas réussi à se libérer des illusions de l'ego est-il renvoyé chaque fois sur terre pour se réincarner sous différentes formes. Il n'accède pas au nirvana, contrairement au sage qui, lui, est enfin sauvé du retour permanent dans le *saṃsāra*.

André Comte-Sponville, qui voit dans le bouddhisme une expression de cette sagesse « antiégotique », a formulé cette idée avec force : « Le sujet, le moi, n'est pas ce qu'il faut sauver, mais ce dont il faut se sauver. » Autrement dit : le sujet, ou le moi, n'est pas ce qu'il faut libérer (comme nous le pensons dans la philosophie occidentale d'inspiration largement chrétienne : il faut libérer le moi, émanciper les individus, les rendre plus libres, plus autonomes, plus conscients. On entreprend parfois une analyse pour se libérer des illusions qui vous déterminent et vous empêchent d'être vraiment libres, pour se libérer du poids du passé, de ses difficultés, pour parvenir à penser par soi-même, etc.). Le moi est ce dont il faut *se* libérer. Voilà sans doute, sur un plan philosophique, le message fondamental d'un bouddhisme qui s'oppose à cet égard radicalement aux philosophies du sujet (à la métaphysique de la subjectivité », dira Heidegger) qui, héritage direct du christianisme, vont dominer l'Occident à partir de Descartes.

Se débarrasser des illusions de l'espérance

Une dernière idée, également très présente dans la sagesse grecque, découle de tout ce que nous venons de voir. Il existe décidément de très nombreux points de passage entre le bouddhisme et le stoïcisme : je pense bien sûr à l'éloge du désespoir que Bouddha pourrait encore faire valoir auprès de Gilgamesh.

Là encore, André Comte-Sponville a résumé d'une heureuse formule le sentiment qui anime le bouddhisme s'agissant de l'espérance : « Espérer, c'est désirer sans jouir, sans savoir, sans pouvoir. » C'est donc une frustration, une ignorance, une impuissance. L'espérance est de ce point de vue la passion la plus funeste qui soit, car c'est une pure « négativité » : quand je suis malade, et que j'espère être guéri un jour – nous avions déjà évoqué cette idée à propos du stoïcisme –, c'est que je ne jouis pas de ce bien qu'est la santé. Mais pis encore, je ne sais pas quand elle reviendra et, la plupart du temps aussi, il ne dépend pas forcément de moi de la faire advenir. Frustration, ignorance, impuissance : telles sont les caractéristiques de l'espérance, cette passion qui nous empêche d'habiter le présent, de séjourner paisiblement dans l'ici et le maintenant.

Le sage est celui qui ne vit pas dans les regrets, les nostalgies, les culpabilités ; il ne vit pas dans le passé, mais il ne vit pas non plus dans l'espérance, dans le futur. La première chose à faire, une fois qu'on a déconstruit les illusions du moi, c'est donc de se débarrasser des illusions de l'espérance, toujours liées à la crainte. Nous sommes, ici encore, comme sur le rapport au moi, à cette âme singulière et immortelle des chrétiens, à l'opposé du message christique. Jean-Paul II a publié un ouvrage intitulé *Entrez dans l'Espérance*, le sage bouddhiste, quant à lui, vous dira plutôt : « Surtout, n'y entrez pas ! »

Si nous voulons parvenir à habiter le présent, à nous débarrasser des illusions de la fuite en avant et de la consommation, si nous voulons parvenir à faire en sorte que l'instant soit un fragment d'éternité, il faut se débarrasser de la logique de l'espérance. Un aphorisme hindou du XVe siècle dit la même chose, tout à fait en accord avec la tradition bouddhiste : « Le désespéré est heureux, car l'espoir est la plus grande douleur et le désespoir la plus grande béatitude. » Il faudrait écrire *dés-espoir* avec un trait d'union pour qu'on comprenne bien qu'il ne s'agit évidemment pas de faire l'éloge de la tristesse et du malheur, mais au contraire de la joie qui naît, selon les bouddhistes, de la déprise des illusions de l'espérance et de l'abandon de toute sacralisation de l'ego.

Apprendre à vivre seul

Le dernier enseignement que Gilgamesh pourrait recevoir du bouddhisme, c'est qu'il convient d'apprendre à vivre seul, hors des attachements que la famille induit nécessairement en nous. Si vous vivez en famille, vous aimerez inévitablement enfants, femmes, maris, parents, frères et sœurs. Vous serez donc presque inéluctablement voués à la folie, au contraire de la sagesse, c'est-à-dire que vous serez voué à cet amour qui crée des liens, qui vous attache et vous rend malheureux dès qu'il s'évanouit, ce qui est inévitable.

Le bouddhisme se conclut par un éloge de la vie monastique : *monos*, en grec, signifie « seul » ; la vie monastique renvoie à la vie du sage solitaire. Il vit, certes, avec d'autres sages, dans un monastère, mais il y séjourne libre de tout lien, dans ce non-attachement que la vie de famille ne permet pas.

Voici, en ce sens, un passage très significatif extrait d'un livre du dalaï-lama, *La Voie de la liberté* :

> À tant se préoccuper de cette vie, on tend à travailler pour ceux qu'on aime bien nos proches, nos amis et on s'efforce à ce qu'ils soient heureux. Si d'autres essaient de leur nuire, on leur colle aussitôt l'étiquette d'ennemi. De la sorte, les illusions telles que le désir et la haine croissent comme une rivière en crue d'été.

Et il ajoute ceci :

> Parmi les humains, la vie profane [le contraire de la vie monastique] est bourrée de turbulences et de problèmes. Et les laïcs sont impliqués dans toutes sortes d'activités qui ne favorisent guère l'exercice du *dharma* [l'enseignement du Bouddha, l'exercice de la sagesse], la vie monastique est beaucoup plus favorable, dit-on, à la pratique en vue d'en finir avec ce cycle [le cycle du *saṃsāra* et de ses réincarnations perpétuelles qui nous renvoient vers la souffrance]. Selon Tsong-khapa, réfléchir aux difficultés et aux désavantages de la vie laïque, ainsi qu'aux avantages de la vie monacale, renforce l'engagement dans celle-ci, si vous en avez pris la vie. Pour quiconque n'a pas encore choisi ce mode de vie, y réfléchir laisse une très forte empreinte karmique sur l'esprit.

« Voyager léger »

Nous voici parvenus à la conclusion qu'on aurait peut-être pu, d'un point de vue bouddhiste, transmettre à Gilgamesh : « Voyager léger. » Qu'est-ce que cela signifie ? Au moment de la mort, celui qui va mourir doit s'être débarrassé de tous les liens qui le rattachent à la vie, qui par conséquent l'angoissent et l'empêchent de partir. Il faut donc se défaire de tous les attachements, que ce soit à des biens ou à des personnes. Il faut pouvoir s'en aller le cœur léger, enfin libéré de cette angoisse qui fait courir la steppe à Gilgamesh. En d'autres termes, il faut parvenir à privilégier en toute circonstance l'être sur l'avoir.

Voilà probablement ce que le sage Bouddha aurait pu dire. J'ai bien conscience qu'il y aurait mille autres choses à évoquer, bien des critiques, aussi, à formuler sur cet enseignement du bouddhisme qui, je vous l'avoue, ne me convainc guère, même si je le trouve parfois profond. Je suis trop attaché à l'amour et aux personnes pour être séduit par le bouddhisme, et tant pis s'il faut souffrir : pas plus que je ne me jetterai à l'eau pour éviter la pluie, je n'abandonnerai l'amour humain pour ne pas être voué à la souffrance. J'ai le sentiment qu'une sagesse de l'amour est possible qui ne passe pas nécessairement par le « non-attachement », encore moins par la vie monastique. Mais c'est une autre histoire et je tenais seulement aujourd'hui, sans porter de jugement personnel, à présenter le plus objectivement possible quelques aspects fondamentaux de la sagesse bouddhiste. Que l'on soit bouddhiste ou pas, il faut convenir que Bouddha nous invite à un exercice philosophique et que la sagesse qu'il nous propose s'inscrit bel et bien dans le cadre d'une spiritualité laïque – une sagesse non religieuse, une définition des réquisits de la vie bonne qui ne passent ni par la foi ni par Dieu. À ce titre, son message appartient clairement à la philosophie.

6

JÉSUS ET LA RÉVOLUTION JUDÉO-CHRÉTIENNE

Nous avons vu comment les sagesses antiques de Grèce ou d'Orient avaient élaboré de grandes « spiritualités laïques » afin de répondre à la question de la vie bonne sans passer par Dieu ni par la foi. Je voudrais maintenant vous montrer comment le christianisme, à partir de son héritage juif, a inventé une nouvelle définition, mais cette fois-ci religieuse, du salut, une nouvelle représentation de la vie bonne enracinée dans la foi en un Être suprême, représentation si attrayante et prometteuse qu'elle devait l'emporter, du moins en Europe, pendant des siècles sur les sagesses philosophiques, en particulier sur la philosophie grecque.

Entre le Ve et le XVIIe siècle, en effet, l'Occident fut essentiellement chrétien, culturellement et philosophiquement chrétien, de sorte que la philosophie moderne, à partir du XVIIe siècle, même quand elle fut critique à l'égard des religions, voire résolument athée, n'en fut pas moins marquée de manière décisive par cet héritage religieux. Impossible, pour prendre un exemple dans ce que l'histoire de la philosophie a connu de plus grandiose, de comprendre l'idéalisme allemand si l'on ne voit pas qu'il sort presque tout entier d'une sécularisation du protestantisme luthérien. Du coup, même pour ceux qui ne sont pas croyants, le fond de culture judéo-chrétienne est omniprésent de sorte qu'il est toujours indispensable de s'y intéresser et d'en saisir les principaux traits pour se comprendre soi-même et comprendre le monde dans lequel nous vivons.

La question qui me servira de fil conducteur dans cette présentation de la pensée chrétienne sera donc, très simplement, la suivante : qu'y avait-il de si profond, de si « tentant » si l'on peut dire, de si séduisant et attrayant dans le message de Jésus (et notamment par rapport à la question de la mort qui jette toujours l'angoisse au cœur des hommes), pour que le christianisme se soit ainsi imposé durant des siècles, pour qu'il se soit arrogé avec tant de force le monopole de la définition légitime du salut et de la vie bonne au détriment des spiritualités laïques et philosophiques qui formaient l'essentiel des sagesses anciennes ?

Comme pour les autres spiritualités, je vais adopter la présentation en trois parties : théorie, morale, sotériologie. Je n'y reviens pas, je pense que mon lecteur a maintenant compris de quoi il s'agit.

UNE RUPTURE SUR LE PLAN THÉORIQUE AVEC LA DÉFINITION GRECQUE DU DIVIN

Voyons donc pour commencer comment la révolution judéo-chrétienne a rompu sur le plan théorique avec le message des sagesses grecques, et tout particulièrement avec ce qui en constituait sans doute la version culturellement dominante, à savoir le stoïcisme.

Je vous rappelle que les Évangiles, bien sûr, sont écrits en grec. L'Évangile de Jean, notamment, fut rédigé par des auteurs qui à coup sûr connaissaient fort bien la pensée stoïcienne. Bien entendu, cet Évangile se livre aussi à une « explication » avec le judaïsme de son temps (et même à une explication parfois « musclée », notamment s'agissant de ce qui peut souiller le cœur humain, bien que beaucoup d'éléments du judaïsme soient repris dans le message chrétien), mais sans aucun doute aussi, il met en place une critique plus radicale encore de la tradition grecque. Cette rupture avec la philosophie antique s'est faite sur cinq points fondamentaux, que je vous propose de passer très simplement en revue : comme vous allez voir, considérés tous ensemble, ils forment un système très cohérent et très puissant sur le plan théorique.

L'homme-dieu

Le *premier et plus important point de rupture* entre le message chrétien et le message des grandes cosmologies grecques, en particulier celle des stoïciens, se situe dans la personnification du divin : non seulement le Dieu des juifs et des chrétiens est un Dieu personnel et unique, mais en plus, dans le christianisme, il s'incarne dans un être humain, celui qu'on nomme pour cette raison « l'homme-dieu », c'est-à-dire le Christ. Pour les Grecs, vous vous en souvenez, le divin ne s'identifie évidemment pas à une personne. Bien sûr, il y a des dieux, et même à foison, mais d'abord, s'agissant des premiers d'entre eux, ce sont des morceaux du cosmos : Gaïa, c'est la Terre, Ouranos, le Ciel, Pontos, les Fleuves, Tartare, les Sous-sols, etc. Ensuite et plus généralement, ce que les Grecs nomment à proprement parler le *theion*, le divin, se confond avec l'ordre cosmique tout entier. C'est ce qu'on appelle le panthéisme, littéralement : c'est le tout – *pan* – qui est dieu, c'est la totalité de l'ordre cosmique qui est divine. Le monde selon les stoïciens est divin parce qu'il est harmonieux, juste, beau et bon. Le divin *(theion)*, c'est le cosmos tout entier et il mérite bien d'être appelé « divin » justement parce qu'il n'a pas été créé par les humains : sa perfection ne leur doit rien de sorte que ce bel ordre cosmique est transcendant par rapport aux hommes, il est à la fois extérieur et supérieur à eux.

Le désaccord entre les deux définitions du divin éclate dès les premières lignes de l'Évangile de Jean qui évoquent l'incarnation du *logos* divin : « Au commencement était le *logos*... Et le *logos* s'est fait chair. » C'est-à-dire que le *logos*, le divin, donc, s'est incarné dans la personne du Christ (la métaphore de la chair, de la « carne », de l'incarnation, est évidemment ici décisive, car elle désigne la finitude humaine, la corporéité mortelle de l'homme).

Cette idée chrétienne d'un divin qui s'incarnerait dans l'humain est absurde aux yeux des Grecs, elle est littéralement aux antipodes de la conception stoïcienne du divin *logos* cosmique : de leur point de vue, il est radicalement impossible que le divin se réduise à une personne, si géniale, si formidable soit-elle. Vous vous souvenez que dans le stoïcisme, les trois termes – *logos*, *cosmos* et *theion* – renvoient les uns aux autres, ils sont pratiquement synonymes : l'ordre cosmique tout entier est non seulement divin, comme je viens de le rappeler, mais il est en outre « logique », rationnel, compréhensible par la raison humaine dans son effort, philosophique et scientifique, de se faire une représentation vraie du monde (ce que les Grecs appellent pour cette raison la *théôria*, littéralement la vision du divin). Donc, l'idée que le *logos* divin – ce qu'on a traduit curieusement en français par le mot « Verbe », lequel à vrai dire ne signifie pas grand-chose et fait perdre le lien avec la polémique contre les stoïciens – pourrait s'incarner dans un être humain, se faire chair, paraît proprement délirante aux yeux des Grecs : de là une gigantesque querelle théologique entre les chrétiens et les stoïciens, querelle qui va notamment se cristalliser autour de saint Justin, le premier père de l'Église, au IIe siècle.

C'est en effet au IIe siècle que saint Justin entreprend d'écrire, d'ailleurs en grec, des plaidoiries à la défense des chrétiens persécutés : il publie ainsi deux *Apologies* des premières communautés chrétiennes qu'il adresse aux empereurs romains Antonin et Marc Aurèle (le dernier grand stoïcien). Ces textes prennent la défense des croyants contre les rumeurs insensées qui pèsent sur eux à cette époque et qui servent de prétexte à leur persécution. On les accuse d'adorer un dieu à tête d'âne, de pratiquer l'inceste, et de quantités d'autres choses aberrantes. Ils sont parfois envoyés dans les jeux, jetés dans l'arène parmi les gladiateurs ou face aux lions. Mais les *Apologies* de saint Justin ne sont pas seulement des plaidoiries, passionnantes en ce qu'elles nous renseignent sur la vie concrète des premières communautés chrétiennes, mais elles contiennent en outre une critique en règle du stoïcisme et, plus généralement, de la philosophie grecque.

À vrai dire, c'est surtout dans un autre texte de Justin, un dialogue avec un Rabbin – sans doute un certain Tarphon que Justin avait connu à Éphèse – que cette querelle théologique de premier plan, portant sur la question de savoir si le divin est l'ordre cosmique ou s'il est une personne, qui plus est une personne qui peut devenir humaine, un être que l'on peut voir et toucher, fait de chair et de sang comme Jésus, est développée. Elle sera fatale à saint Justin qui sera décapité, ainsi que six de ses disciples en l'an 165 sous le règne, justement, de Marc Aurèle.

Le fait est que dans la *théôria* chrétienne, dans la contemplation chrétienne du divin, ce dernier se définit comme une personne et non plus comme un ordre anonyme. Cela implique évidemment un changement radical dans le rapport à Dieu, une rupture qui modifiera du tout au tout la nature de la promesse de salut que cette personne divine, le Christ, peut faire aux mortels, bouleversant en même temps la donne touchant les questions de la sagesse et de la vie bonne.

La foi plutôt que la raison comme voie d'accès au divin

La *deuxième rupture* découle de la première et bouleverse la conception rationaliste qui imprégnait toute la philosophie grecque. En effet, si le *theion* est une personne et non plus l'ordre anonyme et impersonnel de l'Univers, si le *logos* s'est fait chair, alors l'accès au divin ne passera plus essentiellement, comme le pensaient les stoïciens, par la raison, mais par la foi. Dès lors que le Christ est un être que l'on peut toucher, voir et entendre, un être venu délivrer un message divin, c'est la confiance *(fides)* en sa parole, la foi qu'on lui accorde qui devient à proprement parler décisive.

Pour les stoïciens, c'est par la raison que les humains pouvaient saisir la rationalité divine du cosmos. Dans la partie théorique de leur philosophie, toutes les sciences positives (astronomie, physique, biologie, mathématiques, etc.) étaient mises au service de cette contemplation théorique de l'Univers.

La révolution judéo-chrétienne introduit une toute nouvelle conception de l'accès au divin : elle ne passe plus essentiellement par la raison, mais d'abord et avant tout par la confiance, par la foi. La raison, bien entendu, n'est pas exclue par la religion (on verra qu'elle conserve une place importante pour comprendre le monde et surtout pour interpréter les saintes écritures), mais elle devient malgré tout secondaire par rapport à la foi. La question cruciale, pour quelqu'un qui écoute la parole du Christ, n'est pas tellement celle du caractère logique ou non, rationnel ou non, de son propos, mais c'est d'abord celle de sa crédibilité. Le latin *fides* est de ce point de vue tout à fait adapté puisqu'il signifie à la fois « confiance » et « foi ». Ce que le Christ me dit est-il crédible ou pas ? Dois-je le croire lorsqu'il me promet (par exemple à propos de la mort de son ami Lazare qu'il va ressusciter) que l'amour est plus fort que la mort ? Peut-il vraiment opérer la résurrection des corps et des âmes ? Dois-je être confiant dans le fait que je retrouverai après leur mort les gens que j'aime en cette vie, du moins si je me conduis convenablement ? Si je crois en la personne de Jésus, alors je suis sauvé ; si je ne la crois pas, sa promesse ne vaut rien. En toute hypothèse, ce n'est plus par la raison que l'accès au divin se fait, mais par la « foi seule » dira Luther, qui compare au passage la raison à une prostituée, prête à se mettre au service du diable autant que du bon Dieu... Le message du Christ, la « Bonne Nouvelle » – et le mot « évangile », en grec, veut tout simplement dire « bonne nouvelle » –, devra d'abord être saisi par la foi, quitte à ce que la raison se mette ensuite en route pour en tirer certaines conséquences. On trouve d'abord, on cherche après, on croit en premier, on comprend en second.

C'est d'ailleurs très remarquable dans le Nouveau Testament : lorsque les disciples de Jésus s'adressent à ceux qui ne le connaissent pas, ils insistent constamment sur le fait qu'ils l'ont rencontré, qu'ils l'ont touché, qu'ils ont partagé des repas avec lui – toutes observations qui ne viendraient pas à l'idée d'un stoïcien. Cette proximité est très importante, car elle donne aux proches du Christ le statut de « témoins » et elle rend leur témoignage plus crédible : ce que j'ai vu moi-même, ce que j'ai touché moi-même, est plus crédible que ce qui m'est rapporté de manière indirecte, *a fortiori* par des gens qui n'ont pas connu le Christ.

La première Épître de Jean, par exemple, évoque « ce qui était dès le commencement » (parodiant, d'une certaine manière, les premières phrases de l'Évangile), le *logos* divin, « ce que nous avons *entendu*, ce que nous avons *vu* de nos yeux, ce que nous avons *palpé* de nos mains du Verbe de la vie ». « Entendre », « voir », « toucher », cela inscrit effectivement le divin dans l'humain : « La vie s'est manifestée, nous avons vu et nous témoignons, annonçant la vie éternelle qui était auprès du Père et qui s'est manifestée à nous », écrit celui qu'on appelle Jean, et il poursuit : « Ce que nous avons vu et entendu, nous vous l'annonçons à vous aussi pour que vous aussi vous soyez en communion avec nous. » Nous trouvons bien ici le thème de la confiance, de la foi : c'est parce que j'ai vu, entendu, touché le Christ, parce que j'ai partagé le pain avec lui, que je peux vous assurer que ce qu'il dit est vrai...

L'humilité du croyant face à l'arrogance du philosophe

Troisième rupture : elle se fait avec la prétention, insupportable aux yeux des croyants, des philosophes à trouver le salut par leurs propres forces, avec, si je puis dire, les moyens du bord. Le christianisme implique un changement d'attitude des humains face à la transcendance du divin. À l'opposé de l'« arrogance » philosophique, la vertu fondamentale du chrétien (et du croyant en général) est l'humilité : devant le divin, on s'incline, on ne met pas en avant sa raison conquérante. Saint Augustin, dans les *Confessions*, ne cesse de stigmatiser l'« orgueil » de ces philosophes qui prétendent s'en tirer par eux-mêmes, par les voies de la simple raison, refusant de s'en remettre avec confiance et humilité à la foi, à la main de Dieu.

La tradition chrétienne fait l'apologie de l'humilité, d'une double humilité même, dont nous trouvons notamment la trace dans l'œuvre de saint Paul : il y a d'abord l'humilité de Dieu lui-même, qui a accepté de devenir un Dieu faible, un Dieu qui s'est abaissé volontairement jusqu'à s'incarner dans la personne humaine de Jésus. Alors qu'il pourrait rester « divin », dans le Ciel, il se fait chair pour connaître l'humain charnellement et souffrir comme lui. Ainsi, dans l'épisode de la mort de Lazare, le Christ pleure en apprenant la mort de son ami. Comme les humains, il fait l'épreuve de la finitude humaine, de la souffrance de la séparation et de la mort. Cette manifestation d'un dieu « faible » est d'une grande profondeur : c'est d'elle que Paul déclare dans un texte célèbre qu'elle est un « scandale pour les juifs », qui n'acceptent que l'idée d'un Dieu fort, pour ne pas dire terrible.

Puis vient l'humilité humaine déjà évoquée : le chrétien plaide pour l'humilité du croyant qui s'en remet à Dieu au lieu d'être dans l'arrogance philosophique qui prétend décider du sens de la vie par les voies de la simple raison. Chez Pascal comme chez saint Augustin, nous trouvons ce thème de la vanité de la philosophie, thème qui sera omniprésent dans la tradition chrétienne.

La philosophie servante de la religion

La *quatrième rupture*, je la présenterai sous la forme d'une question : existe-t-il vraiment une philosophie chrétienne ? *De facto*, bien entendu, il existe indéniablement des « philosophes chrétiens » : Kierkegaard, Pascal, saint Thomas ou saint Augustin par exemple. Mais comment concilier la philosophie, qui exige par définition un certain rationalisme, avec une religion monothéiste qui croit dans la vérité de la révélation et place ainsi la foi au-dessus de la raison ?

On trouve dès le XIe siècle, sous la plume de saint Pierre Damien, théologien proche de la papauté, une formule qui répond à ces questions : la philosophie est « servante de la religion », ce qui signifie, si je traduis en clair, que la définition du salut et de la vie bonne passe essentiellement par la foi. C'est par elle qu'on accède à la véritable révélation, c'est grâce à elle qu'on peut entendre le message du Christ, la Bonne Nouvelle de la résurrection des âmes et des corps (donc la possibilité de retrouver les gens qu'on aime après la mort).

Pour autant, la raison ne disparaît pas du christianisme : la philosophie n'est pas totalement évacuée, mais elle est mise au service de la foi. Dans son avant-dernière encyclique, *Fides et ratio*, largement consacrée à la position de l'Église par rapport à la philosophie et à la science, Jean-Paul II, dans la tradition thomiste, fait dans ce sens un bel éloge de la raison. Comme on le voit déjà chez saint Paul, le christianisme fait une double place à la raison. La raison sert d'abord à comprendre les Évangiles et les paraboles du Christ. Ces dernières, en effet, un peu comme les contes de fées ou les mythes grecs, s'adressent à tous. Chacun peut en saisir quelque chose en première approximation, mais il y a bien sûr plusieurs niveaux de compréhension. Ainsi, pour comprendre en profondeur les *Écritures*, pour les interpréter (c'est ce qu'on appelle « l'herméneutique »), il faut faire appel à la raison : la philosophie retrouve ici les droits qu'elle avait perdus s'agissant de la définition du salut et de la vie bonne.

Le deuxième usage de la raison philosophique concerne la compréhension de la nature – thème lui aussi largement évoqué dans l'encyclique de Jean-Paul II, *Fides et ratio*. À partir de saint Thomas d'Aquin, au XIIIe siècle, on trouve toute une philosophie chrétienne de la nature qui, contrairement à ce que l'on croit parfois, est une philosophie rationaliste qui accorde une très grande place à l'expérience, dans laquelle est déjà présent un thème que l'on retrouvera chez Pasteur : « Un peu de science éloigne de Dieu, beaucoup de science nous y ramène. » En clair, il ne peut pas y avoir à terme de contradiction entre les vérités de la révélation et les vérités de raison, il n'y a pas deux vérités, mais une seule, de sorte qu'il n'y a rien à craindre du travail des scientifiques. Les absurdités des créationnistes américains ne représentent en rien la position de l'Église d'aujourd'hui, qui fait en réalité une grande place à la raison, qui admet par exemple sans barguigner la théorie de l'évolution comme celle du Big Bang…

La philosophie cantonnée à la scolastique

Enfin, *dernière rupture* théorique, la révolution judéo-chrétienne aura un impact considérable sur l'histoire de la philosophie, la question de la vie bonne, qui était au cœur de la pensée grecque, appartenant désormais essentiellement à la foi. Du coup, la philosophie va être contrainte par la religion de quitter ce terrain fondamental pour devenir une discipline scolaire, une simple scolastique. À partir du Moyen Âge, la philosophie n'est plus autorisée à discuter des questions ultimes, celles du salut, de la sagesse, de la vie bonne, bref, du sens de la vie. Elle se cantonne, pour l'essentiel, à une tâche purement analytique, elle devient ce qu'on appellera une « philosophie générale » *(philosophia generalis)* dont l'enjeu, très modeste, pour ne pas dire dérisoire, est d'analyser les concepts, de tirer au clair des notions.

Chez les Grecs, la philosophie était apprentissage de la vie, ainsi que l'a bien montré Pierre Hadot en décrivant notamment les exercices pratiques de sagesse proposés dans les différentes écoles (j'avais évoqué parmi d'autres celui qui consiste à traîner derrière soi un poisson mort attaché à un fil pour apprendre à ignorer les moqueries et le qu'en-dira-t-on). Le but de la philosophie n'était pas simplement de penser, mais de parvenir réellement à la vie bonne et à la sagesse.

Si le but reste le même dans la religion, c'est par la foi, pour l'essentiel, qu'on y parvient. Dès lors, la philosophie ne peut plus sortir de son domaine réservé qui est celui de l'analyse des notions. L'être, l'accident, la substance, le vrai, le bien, le juste, le beau : le programme de philosophie des classes de terminale d'aujourd'hui est clairement un héritage de cette castration de la philosophie par la religion. Le christianisme a réussi le tour de force d'empêcher la philosophie scolaire d'être une quête de sagesse, se réservant le monopole de la doctrine du salut.

Mais venons-en maintenant au deuxième grand axe, celui de l'éthique.

Naissance de la morale chrétienne : une rupture radicale avec les éthiques aristocratiques grecques

Les implications morales de la révolution judéo-chrétienne sont tout aussi importantes que les ruptures théoriques que nous venons de décrire. Les éthiques aristocratiques qui dominent le monde grec, notamment l'*Éthique à Nicomaque* d'Aristote et la *République* de Platon, vont même connaître de la part du christianisme une remise en question sans précédent.

Vers l'idée moderne d'égalité

Premier pas vers la démocratie moderne, vers les droits de l'homme et vers l'idée d'égalité, la morale chrétienne fait littéralement voler en éclats les principes fondamentaux des grandes éthiques aristocratiques grecques. Nous sommes là face à une révolution d'une ampleur abyssale, à vrai dire la seule révolution morale réellement importante depuis deux mille ans : croyants ou non, nous vivons encore sur les valeurs élaborées par le christianisme. Nos sociétés républicaines, bien que laïques, reposent sur des principes éthiques de toute évidence hérités du christianisme comme nous allons le voir de façon très précise dans ce qui suit.

Ce n'est d'ailleurs évidemment pas un hasard si la démocratie moderne fut instaurée dans un monde culturellement chrétien et nulle part ailleurs. Ne restons pas crispés sur les oppositions entre athées et croyants. Malgré les grands épisodes conflictuels qui ont marqué l'esprit révolutionnaire et l'anticléricalisme républicain (l'affaire des prêtres réfractaires, les « massacres de septembre » 1792, le concordat, la séparation de l'Église et de l'État, etc.), il y a, en vérité, beaucoup plus de continuité qu'on ne l'imagine. Le républicanisme est un héritage chrétien, un christianisme sécularisé, et pour s'en rendre compte, il suffit de se souvenir de la Parabole des talents telle qu'elle est présentée dans l'Évangile selon Matthieu.

Permettez-moi d'y revenir ici brièvement. Cette parabole raconte l'histoire d'un seigneur qui, sur le point de quitter son palais pour un voyage, convoque trois serviteurs. Au premier, il donne cinq talents (le mot grec *talenta* désigne à l'époque des pièces d'argent d'une grande valeur), au deuxième, deux talents, et au troisième un talent. Quand le maître revient, il demande des comptes. Le premier serviteur a fait fructifier ses cinq talents et en rend dix. Le maître le félicite chaleureusement : « Bon serviteur, entre dans la joie de ton maître. » Le deuxième serviteur en rend quatre, il est également félicité, du reste exactement dans les mêmes termes : il a doublé la mise, lui aussi a fait fructifié l'argent. Le troisième serviteur, en revanche, a eu peur – notons ici que la peur est le contraire de la confiance, de la foi, il a donc péché par manque de foi : il a enterré le talent jusqu'au retour de son maître, auquel il le rend intact. Alors le seigneur l'insulte et le chasse de son palais.

Cette parabole, si on la comprend bien, annonce déjà sur le plan intellectuel et moral l'effondrement du monde aristocratique. Que signifie-t-elle, en effet ? D'abord et avant tout ceci : à l'encontre de ce que prétend la vision morale aristocratique, la dignité d'un être ne dépend pas des talents qu'il a reçus à sa naissance, mais de ce qu'il en fait, non pas de la nature et des dons naturels, mais de la liberté et de la volonté, quelles que soient les dotations de départ. Bien entendu, il existe entre nous des inégalités naturelles. Il serait tout à fait vain de vouloir le nier au nom d'un égalitarisme mal compris. Vain pour deux raisons : d'abord parce que ce serait contester l'évidence, ensuite parce que, d'un point de vue moral, ce n'est de toute façon pas le sujet. Nous n'y pouvons rien, c'est un fait : certains sont *de facto* plus forts, plus beaux et même plus intelligents que d'autres. Qui peut nier qu'Einstein ou Newton soient plus intelligents que la moyenne, *a fortiori* qu'un petit trisomique ? C'est un fait, comme c'en est un que le premier serviteur a cinq talents tandis que le deuxième n'en a que deux. Et alors ? En quoi cela importe-t-il sur le plan éthique ? Réponse chrétienne : en rien ! Car ce qui compte, c'est ce que chacun va faire des dons qu'il a reçus, des talents que le sort lui a impartis. C'est le travail qui valorise l'homme, pas la nature qui le rendrait digne *a priori*.

Il faut bien saisir la portée morale incomparable de cette simple proposition. Dans un univers encore tout pétri d'éthique aristocratique, elle représente un véritable séisme, une révolution dont il faut prendre la mesure. Elle introduit l'idée moderne d'égalité entendue au sens de l'égale dignité des êtres indépendamment des talents naturels. J'y insiste encore, mais l'abîme qui vient de s'ouvrir est si impressionnant qu'il le mérite : désormais, ce qui fait la dignité et la valeur morale d'un être, ce n'est pas ce qu'il a reçu au départ (les dons naturels, les fameux « talents »), mais ce qu'il en fait ; ce n'est pas la nature qui compte, mais la liberté. C'est de ce point de vue qu'un petit trisomique 21 vaut autant sur le plan moral qu'un génie comme Aristote ou Platon. Où l'on voit comment la morale chrétienne, en rompant avec l'aristocratisme des Anciens, allait aussi paradoxalement permettre une autre naissance : celles des grandes morales laïques et républicaines.

Voyons en quelques mots comment.

Les grandes morales républicaines : un héritage chrétien sécularisé

Les cosmologies antiques renfermaient deux convictions morales fondamentales dans les éthiques aristocratiques. La première postule qu'il existe une hiérarchie naturelle des êtres. Par nature, ils diffèrent du plus au moins, ils sont inégaux, et il est préférable, s'agissant des humains, que les bons soient en haut et les mauvais (les esclaves) en bas. La deuxième conviction tient que la *vertu* réside dans l'excellence propre à chaque genre d'être. Pour Aristote, par exemple, l'œil « vertueux », c'est celui qui est à égale distance de ces deux défauts symétriques que sont la myopie et la presbytie, comme le courage est à égale distance de la témérité et de la lâcheté – en quoi il peut définir la vertu comme un « juste milieu » qui n'est nullement « centriste », qui n'est pas un centre mou, mais qui exprime au contraire une forme d'excellence ou de perfection aristocratiques. De ce point de vue, la vertu n'est donc pas à l'opposé de la nature, mais tout au contraire, elle n'est rien d'autre qu'une *actualisation réussie des dispositions naturelles d'un être bien né*, un passage, comme dit Aristote, de la « puissance » à l'« acte ».

Le message antiaristocratique de la Parabole des talents se trouve à nouveau formulé dès la première page d'un des plus grands textes fondateurs de la morale républicaine, à savoir les *Fondements de la métaphysique des mœurs* de Kant. Il s'agit du fameux passage où Kant fait l'éloge de la « bonne volonté » en explicitant les raisons pour lesquelles il nous est devenu impossible de considérer que les dons naturels, les talents, possèdent une portée réellement morale, que le fait d'être intelligent, grand, fort, beau, habile dans les activités du corps et même de l'esprit soit à proprement parler une vertu – et ce quel que soit le pouvoir d'attraction que de telles qualités peuvent parfois exercer sur nous sur un plan extra-moral.

Pour nous, Modernes, cette séduction ne relève plus de l'éthique, mais elle participe d'autres sphères, celles de l'esthétique ou du sport par exemple. L'argumentation de Kant tient ici en quelques lignes, mais, ne nous y trompons pas, elles expriment une véritable révolution, celle-là même qui est déjà en jeu dans la parabole des talents : à l'évidence, la force, l'intelligence, la beauté, etc. sont moralement neutres, ni bonnes ni mauvaises en soi, *puisque chacun reconnaîtra, s'il y réfléchit un instant, qu'on peut les utiliser tout autant en direction du bien que du mal ! Corruptio optimi pessima* dit le proverbe latin : la corruption des meilleurs est la pire. Ce ne sont donc pas les qualités naturellement données qui constituent la vertu, mais seulement l'usage qu'on en fait, c'est-à-dire la liberté, *ou, comme dit justement Kant dans le texte qu'on vient de lire, la « bonne volonté »*. Et voilà pourquoi elle seule peut être dite absolument bonne.

Comme déjà dans la parabole des talents, ce qui compte moralement, ce n'est pas le capital dont on dispose au départ, mais l'usage qu'on en fait, non pas la nature mais la liberté. Conséquence proprement abyssale, foncièrement antiaristocratique : pour le républicain tout autant que pour le chrétien, le génie le plus sublime ne « vaut » pas plus que le petit trisomique. D'un point de vue moral, c'est-à-dire du point de vue de la dignité humaine, ils sont rigoureusement à *égalité*. Du même coup, la vertu n'a plus rien à voir avec l'actualisation de dispositions naturelles « bien nées ». Tout au contraire, elle apparaît désormais comme une *lutte de la liberté contre la naturalité en nous*, c'est-à-dire comme un *travail, notion que le monde moderne va valoriser là où le monde aristocratique n'y voyait qu'une activité servile*. On peut aimer ou non cette vision morale du monde comme on peut déplorer l'effondrement des splendeurs aristocratiques passées. On ne peut nier toutefois qu'elle soit devenue, *volens nolens*, celle de tous les peuples démocratiques. Pour un démocrate, il existe sans doute aussi une hiérarchie naturelle des êtres : encore une fois, certains sont plus beaux, plus forts, plus intelligents ou plus doués que d'autres, mais ces différences n'ont aucun impact sur le plan juridique et moral. La Cité ne doit pas refléter cette hiérarchie, mais au contraire, le cas échéant, la corriger en protégeant les plus faibles.

Le devoir-être

Du coup, autre élément crucial, héritage direct du judaïsme, les fins morales que nous devons nous proposer ne sont plus « domiciliées dans la nature », inscrites dans l'être comme c'était le cas dans l'aristocratie grecque : elles relèvent d'un *devoir-être*, non plus d'une réalité factuelle et naturelle, mais d'un idéal situé par-delà tous les faits. Voilà pourquoi nos morales républicaines vont être désormais des morales du « devoir » et de la loi. Elles vont adopter la forme de l'impératif, la forme d'un « tu dois » ou « tu ne dois pas ».

Dans les morales grecques, l'aristocrate est celui qui accomplit les virtualités propres à une nature bien douée, faisant passer de la puissance à l'acte des dispositions naturelles excellentes. *A contrario*, dans le monde chrétien comme dans le monde républicain, la nature est perçue essentiellement comme négative, paresseuse et égoïste. Si je suis ma pente naturelle, j'ai plutôt tendance à la paresse qu'au travail, à l'égoïsme qu'à l'altruisme. Le souci d'autrui n'est pas quelque chose de naturel – ainsi pense le chrétien, ainsi pense le républicain. Il faut même beaucoup d'éducation pour arriver à contrebalancer les défauts de la nature et pour parvenir à prendre l'autre en compte. De là, aussi, la valorisation du travail qui va caractériser l'univers moral du christianisme autant que celui des grandes morales républicaines. Dans nos écoles, l'instituteur, le hussard de la République, préférera l'élève peu doué mais travailleur à celui qui a des facilités, mais qui n'en fait rien. De là le fameux et très anti-aristocratique « peut mieux faire ! », formule canonique de nos professeurs qui apprécient davantage le travail que le talent, la liberté que la nature…

L'éloge du travail

Alors que l'aristocrate se définira, pratiquement jusqu'à la Révolution française, comme celui qui ne travaille pas parce qu'il est très doué, le christianisme, dès la parabole des talents, fait l'éloge du travail. Travailler, c'est transformer une nature peu douée pour l'améliorer – ce qu'il ne faut pas confondre avec le fait de s'exercer. Le champion de tennis, comme le musicien de génie, ne travaillent pas : ils s'exercent, ne faisant qu'actualiser des dispositions naturelles excellentes. Dans le travail, au contraire, on essaie de compenser les défauts d'une nature rétive en la transformant, en la façonnant. Le travail est, par essence, « laborieux ». Comme son étymologie l'indique, c'est une torture *(tripalium)*.

Ce n'est donc pas un hasard si, dans le monde des gens cultivés et lettrés, dans les couches supérieures de la société, ce sont les moines chrétiens qui les premiers vont travailler de leurs mains – ce qui nous vaudra de belles inventions telles que la bénédictine, la chartreuse, le champagne, le confit d'oie, les conserves... toutes choses que les moines ont inventées pour le meilleur bénéfice des laïcs parce qu'ils ne devaient pas rester inactifs, parce qu'ils devaient obéir aux injonctions de la parabole des talents, donc lutter par le travail contre l'égoïsme et la paresse. Il leur était désormais interdit de se reposer, comme les aristocrates, sur des serfs ou des esclaves pour s'occuper des tâches matérielles.

Dans notre univers républicain, héritier direct du christianisme sur ce point aussi, celui qui ne travaille pas n'est pas seulement un homme pauvre, parce qu'il n'a pas de revenu, de salaire, mais c'est aussi un pauvre homme, parce qu'il ne s'humanise pas et ne se cultive pas. Le travail change ainsi radicalement de statut par rapport au monde ancien, aristocratique : loin d'être assimilé à une activité inférieure et servile, il devient un vecteur de l'humanisation de l'homme et de la réalisation de soi.

La liberté du chrétien : éloge de la conscience et naissance de la laïcité

La vision morale propre à la religion chrétienne possède encore une caractéristique très remarquable, une qualité qui va la distinguer de manière tout à fait singulière des autres grandes religions monothéistes : comme Jésus ne cesse de le dire et de le répéter (pensez par exemple au sublime épisode de la femme adultère), le christianisme est une religion de l'esprit plus que de la lettre, une religion de la conscience et de la liberté intérieure plus que de l'observance littérale et mécanique des règles de vie façonnées par les coutumes et les traditions locales. La tradition veut qu'on lapide la femme adultère ? Qu'importe si la loi du cœur et de la conscience s'y oppose ! En toute circonstance, la première place doit revenir au « forum intérieur », à cette espèce de lieu de délibération de soi avec soi que l'on appelle la conscience morale. Bien sûr, il y a une vérité morale, et la sincérité, comme le remarque Jean-Paul II dans sa grande encyclique, *Veritatis splendor*, « la splendeur de la vérité », ne saurait s'y substituer. Mais l'essentiel, ce n'est pas l'observance de telle ou telle loi, surtout pas celles de César auquel, comme on sait, il faut rendre ce qui lui appartient, mais c'est la rectitude de la conscience, la pureté et la justesse de l'intention morale : comme le dira Luther avec une profondeur inégalée : « Seriez-vous bonnes œuvres des pieds jusqu'à la tête que vous ne seriez pas pour autant sauvés ! » On peut respecter durant toute sa vie toutes les lois morales qu'on voudra… et se retrouver en enfer si le cœur et la foi n'y sont pas !

Du coup, à la différence des autres grands monothéismes, le christianisme ne juridifie pratiquement pas la vie quotidienne. Non seulement le Christ rend à César ce qui est à César, mais il renvoie les êtres humains à eux-mêmes : que celui qui n'a jamais péché jette la première pierre, et tous s'en retournent chez eux la tête basse. On peut lire et relire l'Évangile de Jean tant qu'on voudra, on n'y trouvera rien qui renvoie à des obligations extérieures : comment il faut prier, s'habiller, se nourrir, se marier, etc. Tout cela n'intéresse pas Jésus. Pas davantage il ne lui viendrait une seconde à l'idée de nous parler de morale sexuelle, de contraception ou d'avortement. En revanche, il ne cesse d'opposer l'esprit à la lettre.

Comme le souligne avec profondeur le théologien suisse Daniel Marguerat dans son livre *Qui a fondé le christianisme ?*, un passage de l'Évangile de Marc (7, 15) précise de manière claire cette rupture avec le judaïsme orthodoxe auquel Jésus s'oppose à l'époque, non bien sûr en tant que « chrétien », mais en tant que lui-même sage juif éclairé : « Il n'y a rien d'extérieur à l'homme qui puisse le rendre impur en pénétrant en lui, mais ce qui sort de l'homme, voilà ce qui le rend impur. » Peu importent les nourritures terrestres et les rituels religieux. Ce qui compte, c'est la pureté du cœur, pas celle des aliments ni des métiers que les hommes exercent – ce qui, cela dit au passage, permet aussi au Christ de s'entourer d'hommes et de femmes dont les métiers ne sont pas considérés comme nobles, y compris des courtisanes, que le judaïsme orthodoxe exclut du cercle des fréquentations possibles.

Conséquence abyssale historiquement : c'est cette place unique accordée à l'intériorité qui a permis le passage à la laïcité, le christianisme pouvant passer de l'espace public à l'espace privé sans obstacle absolu, de sorte que pour nous, Européens de tradition chrétienne, la question de la laïcité est largement réglée. C'est peu de dire qu'ailleurs, il n'en va pas de même, en quoi le fameux thème des « racines chrétiennes de l'Europe », pour tactique et politicien qu'il puisse être parfois, n'en est pas moins légitime sur le fond. Seule la laïcité, qui n'est pas l'athéisme mais la neutralité de l'État et de l'espace public, a réussi à pacifier les rapports entre communautés, à mettre fin aux guerres de religion. Or elle est, contrairement à une idée reçue mais niaise, un héritage direct de cette place accordée au forum intérieur dans la morale chrétienne.

La doctrine chrétienne du salut : la « mort de la mort » et la victoire de l'amour sur la finitude

Après avoir examiné les bouleversements apportés sur le plan théorique, puis moral, examinons maintenant la rupture introduite par la révolution judéo-chrétienne sur le plan sotériologique. Le christianisme et les sagesses anciennes, notamment grecques, se rejoignent sur le fait que la condition préalable du salut et de la vie bonne est la victoire sur les peurs. En revanche, sur les moyens d'assurer cette victoire, la divergence est totale : c'est désormais dans le rapport à un Dieu personnel, à un Dieu qui vous promet la résurrection, c'est-à-dire la « mort de la mort », que va se jouer la victoire sur les peurs.

La promesse du salut

Dans le christianisme, nous l'avons vu, le divin s'incarne non plus dans un ordre cosmique, mais dans une personne singulière, le Christ (même s'il ne s'y réduit pas, mais n'entrons pas ici dans le détail de la doctrine de la trinité). Cela change évidemment tout en termes de promesse de salut par rapport au monde grec, et notamment par rapport aux stoïciens. Si celui qui me promet le salut (en l'occurrence, la vie éternelle, la résurrection des corps et des âmes, c'est-à-dire les retrouvailles avec ceux que j'ai aimés) à la condition que j'entre dans sa Lumière (ce qu'Augustin appelle « l'amour en Dieu ») peut être regardé, touché, entendu, alors la promesse qu'il me fait est totalement différente de celle que pourrait faire (ou plutôt ne peut pas faire) un divin anonyme et aveugle tel que le cosmos des Grecs.

Les sagesses du monde, les spiritualités cosmiques comme le stoïcisme, nous promettaient que nous allions, après notre mort, devenir un fragment d'éternité en nous fondant dans l'ordre cosmique, comme lorsque Ulysse se réconcilie avec le monde en retrouvant enfin Ithaque. La mort, dans cette perspective, n'était donc pas un terme ultime, mais un passage. Soit. Reste que cette promesse n'avait malgré tout rien de bien réjouissant : avec la mort, nous perdions quand même tout ce qui fait le charme de la vie – la conscience d'exister en tant que personne, l'amour, la relation aux autres, le sens esthétique, bref, tout le bonheur de vivre. L'éternité impersonnelle que nous proposaient ces philosophies du cosmos divin n'avait en vérité rien de bien attractif. Elles étaient infiniment moins « tentantes », si je puis dire (et je renoue là avec la question conductrice de cet exposé) que ce qu'offrira bientôt le christianisme à ceux, du moins, qui auront foi en la parole du Christ.

Que nous promet-il, en effet ? Que nous ne mourrons jamais vraiment, que nous ne serons jamais seuls, que nous serons toujours aimés, et que nous retrouverons après la mort les êtres qui nous sont chers ! Je vous l'avoue : je prends tout de suite, pas vous ? Il n'y a qu'une condition, bien sûr, mais elle est de taille : il faut y croire, il faut avoir la foi. Et voilà comment une doctrine religieuse, une doctrine du salut par Dieu et par la foi l'emporta sur une philosophie grecque qui, plus modestement, ne proposait que des spiritualités laïques, des doctrines du salut qui ne nous promettaient pas que nous cesserions un jour, après notre « première mort », grâce à l'action d'un Dieu, d'être de simples mortels.

Dans la mesure où l'on y croit, la promesse de Jésus est incomparable, infiniment plus exaltante et plus séduisante que celle d'être un grain de poussière cosmique, aveugle et anonyme, pour l'éternité. Le Christ était sans doute un être absolument exceptionnel, qui savait rendre cette promesse plus attractive encore. Son discours était inimaginable de beauté et de profondeur dans son époque. Que pensait-il, que croyait-il lui-même de ce qu'il disait et comment le savoir ? Les vies de Jésus, comme celles de Bouddha ou de nombre de grands philosophes grecs, sont trop tardives, trop imprécises et trop peu historiennes pour nous renseigner vraiment sur lui. En outre, la foi est un mystère singulier qu'il faut respecter comme tel. Sa rupture avec le monde grec n'en est pas moins assez claire et compréhensible : la promesse faite par un être personnel est aussi une promesse de salut personnel. C'est vous *personnellement* – et chaque cheveu de votre tête – qui serez sauvé par un dieu qui s'engage lui aussi en tant que personne vis-à-vis de vous. C'est là ce qu'explique fort bien Justin dans son dialogue avec le rabbin Tryphon (ou Tarphon).

La philosophie de l'amour

Mais ce qui renforce encore le charme de la doctrine chrétienne du salut, ce qui confère à la promesse d'immortalité qu'elle nous fait une aura proprement inégalable, c'est qu'elle s'adosse en outre à une philosophie de l'amour d'une rare profondeur. C'est par l'amour que nous sommes sauvés de la mort, mais pas n'importe quel amour, bien sûr.

Chacun connaît les formules chrétiennes « Aimez-vous les uns les autres », « Aime ton prochain comme toi-même » : cette injonction se trouve déjà dans le Lévitique, quinze siècles avant le Christ, ce qui montre combien ce message juif fut repris par le christianisme. Sans doute, mais en quel sens ? Pour saisir la singularité du christianisme, il faut avoir à l'esprit les différentes conceptions de l'amour qui déjà existaient avant que Jésus ne s'emparât de la question, notamment dans le fameux épisode de la mort de Lazare où l'amour apparaît vainqueur de la mort.

Il y a d'abord, bien entendu, l'amour le plus courant qui soit, l'amour d'attachement, pourrait-on dire, celui qui presque inévitablement nous lie à nos familles, à nos enfants, aux êtres qui nous sont proches. C'est cet amour-là que le stoïcisme et le bouddhisme dénoncent comme une folie : la loi du monde étant l'impermanence, rien n'étant vraiment durable, tout étant mortel et périssable, l'attachement nous voue aux pires souffrances qui soient.

À l'opposé de cet amour d'attachement se trouve l'amour de compassion, dont le bouddhisme comme le stoïcisme font l'éloge. On ne s'attache pas, mais on n'est pas pour autant indifférent, on se soucie des autres, on éprouve de la pitié, on les aide quand ils sont dans le malheur, etc. Ces deux amours-là forment une espèce d'antinomie : on peut opposer l'amour d'attachement, cet amour qui peut aller jusqu'à la passion et qui porte toujours sur les proches, à l'amour de compassion, qui est plutôt l'amour du prochain, c'est-à-dire de l'anonyme, de celui qui à la limite est le contraire du proche, qu'on ne connaît pas, ou à peine.

Le christianisme propose un amour d'un tout autre ordre encore, un amour qui n'est ni d'attachement ni seulement de compassion ou de charité : c'est celui qu'Augustin nomme « l'amour en Dieu », thème majeur du christianisme, qu'on retrouvera magnifiquement développé aussi chez Pascal. Le chrétien authentique, comme le stoïcien ou le bouddhiste, se méfie lui aussi, du moins dans un premier temps, de l'amour d'attachement, et plus encore de la passion. Comme le dit saint Augustin, en s'attachant excessivement à un être humain, « on verse sur du sable » parce qu'on verse sur du mortel. Cet humain que vous aimez et auquel vous vous attachez follement est périssable et, par conséquent, vous vous préparez les pires souffrances qui soient. Jusque-là, on peut avoir le sentiment que le stoïcisme, le bouddhisme et le christianisme se rejoignent dans une même condamnation de la passion amoureuse, ou même de toute autre forme d'amour d'attachement.

Pascal va même plus loin, puisqu'il affirme non seulement qu'on ne doit pas s'attacher, mais qu'on ne doit pas non plus laisser les autres s'attacher à soi, car cela revient à les tromper : si vous laissez une femme vous aimer passionnément, vous la laissez s'attacher à un être périssable, à un mortel. Seul l'amour de Dieu n'est pas éphémère.

Voici le passage des *Pensées* où Pascal exprime cette idée très radicale :

> Il est injuste qu'on s'attache à moi, quoiqu'on le fasse avec plaisir et volontairement. Je tromperai ceux en qui j'ai fait naître le désir car je ne suis la fin de personne et je n'ai pas de quoi les satisfaire. Seul Dieu peut satisfaire la soif d'amour des humains. Ne suis-je pas près de mourir et ainsi l'objet de leur attachement mourra.

Saint Augustin déjà, justifiait, dans le même sens, sa méfiance à l'égard des attachements :

> Tout dépérit en ce monde ; tout est sujet à la défaillance et à la mort. Dès qu'il s'agit des créatures mortelles, il faut que mon âme ne s'y attache point par cet amour qui la tient captive lorsqu'elle s'abandonne aux plaisirs des sens.

On peut donc avoir l'impression, j'y insiste encore, que le christianisme, ici, rejoint finalement la doctrine bouddhiste/stoïcienne du « non-attachement ». En fait, il n'en est rien, et la position chrétienne vise en vérité à dépasser l'antinomie de l'amour d'attachement et de l'amour de compassion. Du reste, si l'on y réfléchit bien, l'amour d'attachement n'est critiquable que dans des philosophies qui considèrent l'homme comme un être absolument mortel. Or ce n'est évidemment pas le cas du christianisme, philosophie de l'immortalité, du salut éternel. Dès lors, l'amour-attachement n'est pas interdit, du moins à une condition : c'est qu'il s'épanouisse dans une relation à l'éternité, donc au sein d'un troisième terme, Dieu (d'où l'expression augustinienne « d'amour *en* Dieu »), c'est-à-dire à condition que l'on s'attache à ce qui, chez l'autre, est éternel et non périssable.

La doctrine du corps glorieux

Cela concerne-t-il seulement l'âme, l'esprit et pas le corps ? Justement pas. Une critique « nietzschéenne » trop rapide du christianisme laisserait entendre que ce dernier exclut la chair des considérations touchant l'éternité – de sorte que l'amour en Dieu ne porterait que sur les âmes éternelles et serait, à proprement parler, un amour désincarné. En réalité, il n'en est rien : ce qui va fonder la philosophie de l'amour, ce n'est pas seulement la promesse de la résurrection des âmes et des esprits, mais bien aussi celle des corps, de la chair, *cette fameuse chair dans laquelle le Christ s'est incarné.*

Souvenez-vous : lorsque le Christ apprend la mort de son ami Lazare, cet homme qu'il aime tout particulièrement, il reste plusieurs jours loin de lui pour que tout le monde puisse constater que la chair de son ami est corrompue. Le texte de l'Évangile précise à dessein que le corps de Lazare « sentait mauvais ». Son corps était donc bel et bien mort, putride. La résurrection qui va suivre n'en est que plus convaincante : c'est la doctrine du « corps glorieux ». La gloire de cette résurrection porte un message, la Bonne Nouvelle, à savoir que l'amour est plus fort que la mort, qu'il ne sauve pas simplement les âmes, mais aussi les corps.

Le premier texte public de Benoît XVI, qui porte sur l'amour, est d'ailleurs une réhabilitation d'*eros* – car on peut réhabiliter *eros* pourvu qu'il soit inscrit dans *agapè*, c'est-à-dire dans une optique d'éternité d'amour. Dans le catéchisme de l'Église catholique, le texte officiel du Vatican qui, contrairement à ce qu'on pourrait croire, est un texte souvent profond, où abondent les références précieuses, on trouve, au chapitre « Chair », non pas comme on pourrait s'y attendre, une critique du sexe, d'*eros* et de l'amour-passion, mais on y lit que la chair est le pivot du salut :

> Nous croyons, professe ce catéchisme, en Dieu qui est le créateur de la chair, nous croyons au Verbe, au *logos* divin. Le Christ s'incarne pour racheter la chair et pour promettre que la résurrection des corps n'est pas un vain mot. Voilà la Bonne Nouvelle.

Il n'est donc pas interdit d'aimer ses proches, de s'attacher à eux, de les embrasser, et même de faire l'amour avec eux lorsque nous leur sommes unis en Dieu et si nous avons foi en la résurrection, achèvement de la création et rédemption de la chair, résurrection corps et âme qui permet de comprendre pourquoi il ne s'agit pas, dans l'amour en Dieu, d'un amour désincarné. Il ne faut pas s'attacher tant qu'on verse sur du sable, mais si l'on est dans l'amour d'éternité, la donne change : on ne verse plus sur du périssable, mais sur du solide, sur de l'éternel. De là, bien sûr, la théologie du mariage.

Mais c'est aussi ce qui fait ressortir la figure du diable, de cette haine personnifiée qui est le contraire parfait de l'amour en Dieu. Le diable n'est pas ce qu'on croit d'ordinaire dans la vulgate chrétienne, ou pour mieux dire, cléricale. L'œuvre du diable ne consiste pas à tenter les humains avec des choux à la crème, des poulets rôtis ou des décolletés plongeants (ça c'est plutôt un don du ciel, non ?), mais de séparer les mortels de cette colonne de salut et d'éternité qu'est l'amour en Dieu, afin qu'ils soient voués à l'enfer – c'est-à-dire à la solitude éternelle, à une absence d'amour pour l'éternité entière. L'amour sauve pourvu qu'il soit en Dieu et l'œuvre du diable est surtout de nous séparer de Dieu.

La première figure du diable est bien antérieure au christianisme. Le serpent de la Genèse symbolise le doute – pas le doute positif, scientifique, celui par lequel on remet en question ses opinions dogmatiques, mais le doute diabolique qui veut entamer la légitimité de la parole divine. Le serpent remet en cause l'interdiction de toucher au fruit de l'arbre de la vie, il nous incite à le croquer parce qu'il veut nous faire mourir pour l'éternité. (L'idée que cet arbre est un pommier, idée d'où viendra la fameuse « pomme d'Adam », vient de la vulgate, la traduction latine, parce que le mot latin *malum* désigne la pomme, mais il n'y a évidemment rien de tel dans le texte originel de la Bible, où il est simplement dit que c'est l'arbre de la vie.) Le serpent veut nous faire mourir non dans l'instant, mais pour l'éternité. Voilà l'œuvre du diable.

Il y aurait tant de choses à dire encore, sur cette doctrine de l'amour qui sauve et sur ce *diabolos* qui nous perd... J'ajouterai seulement, en guise de conclusion, combien il est à mes yeux dommage que, dans l'Église comme hors de l'Église, on n'insiste pas assez sur le fait que les messages portés par la révolution judéo-chrétienne possèdent un sens et une portée considérables pour les non-croyants, presque autant que pour les croyants. La Parabole des talents, par exemple, et nous l'avons bien vu, peut être laïcisée sans difficulté : le « peut mieux faire ! » de nos instituteurs, ces hussards de la République et le cas échéant grands pourfendeurs de curés, qui préfèrent un élève peu doué mais travailleur à un élève « aristocrate », qui a des facilités mais qui ne fait rien, en témoigne d'évidence. Toute notre école républicaine repose sur des valeurs méritocratiques d'inspiration chrétienne.

Mais mille choses encore nous parlent dans cette pensée, par exemple cette idée que l'amour n'est possible que dans un troisième terme, qu'on ne peut s'engager durablement dans un pur face-à-face. Dans *Belle du Seigneur*, d'Albert Cohen, les deux amants, Solal et Ariane, découvrent qu'une fois seuls, hors projet, hors société, ils ne peuvent que regarder leur amour passionné s'étioler peu à peu, se réduire comme peau de chagrin. Sans un troisième terme qui les relie, l'amour dévore ses protagonistes. Ce troisième terme n'est pas forcément Dieu. Ce peut être un projet commun, une passion commune, une maison à rénover, des enfants à élever, un militantisme, une activité associative, un métier, peu importe : sans troisième terme, l'amour est voué à la mort. Voilà encore une idée que le christianisme nous lègue et que nous pouvons séculariser à l'envi…

Ce n'est pas un hasard, du reste, s'il y a encore aujourd'hui deux milliards de chrétiens dans le monde, dont environ un milliard deux cents millions de catholiques. Même lorsqu'on est radicalement non-croyant, on est évidemment imprégné par cette culture chrétienne qui a dominé l'histoire de l'Occident, mais ne s'y est pas réduite.

7

PIC DE LA MIRANDOLE

La naissance de l'humanisme

Nous avons vu comment les grandes philosophies se sont construites dans l'Antiquité autour de la notion d'ordre cosmique, quand Zeus remporte la bataille contre les premiers dieux, les Titans, quand il établit l'ordre du monde et instaure ce que les Grecs nomment un « cosmos », un ordre parfait, juste, harmonieux beau et bon. C'est par rapport à ce cosmos que les philosophes vont définir la vie bonne. Nous avons vu aussi comment, dans l'*Odyssée*, tout le but du voyage d'Ulysse était de retrouver son « lieu naturel » dans cet ordre cosmique, à Ithaque, là où il a son palais et sa famille, ce lieu qu'il a dû quitter à cause de la guerre de Troie, tout le sens de sa vie étant d'y reprendre sa place. La révolution judéo-chrétienne introduira une rupture par rapport au monde grec : la vie bienheureuse ne se définira plus comme la mise en harmonie de soi avec l'harmonie du monde, mais plutôt comme une mise en harmonie de soi avec les commandements divins au nom de cette promesse faite par Jésus que nous pouvons être sauvés par l'amour. Je n'y reviens pas.

Nous allons maintenant découvrir comment les Modernes, avec la « révolution de l'humanisme », à partir du XVe siècle, vont entreprendre de repenser de fond en comble la philosophie, de refonder la morale et la définition de la vie bonne, non plus sur l'ordre cosmique ou la divinité, mais sur l'homme lui-même. Cette entreprise radicalement nouvelle, tout à fait inédite dans l'histoire de l'humanité et particulière à l'Europe, pose une question d'une extrême profondeur, une question simple à poser, mais infiniment difficile à résoudre : qu'y a-t-il dans l'être humain de si extraordinaire, de si singulier, qu'on puisse prétendre fonder sur lui toute la philosophie et, avec elle, la morale et la doctrine du salut – véritable folie aux yeux des Grecs et des chrétiens qui les enracinaient dans la considération d'une transcendance cosmique ou divine, mais certainement pas dans cet être mortel, malgré tout un peu dérisoire encore à leurs yeux, qu'est l'être humain ?

De là va naître un immense débat, un débat qui vous paraîtra peut-être un peu marginal, mais qui est en réalité essentiel, parce que inséparable de la naissance de l'humanisme : il portera sur la question animale, sur la question de savoir ce qui distingue réellement, essentiellement, humanité et animalité. Il va prendre une ampleur exceptionnelle entre le XVIe et le XVIIIe siècle – en particulier avec Descartes et sa fameuse théorie des « animaux-machines ». En arrière-plan de ce débat, il y a une critique de la représentation ancienne, traditionnelle, de l'homme considéré comme entité « intermédiaire », comme un être simplement situé entre les animaux d'un côté (que Michelet appelait encore dans cette perspective « nos frères inférieurs »), et de l'autre, mais cette fois-ci au-dessus, les anges et les dieux. À l'arrivée, une question cruciale prend son essor, qui traversera sous diverses formes le monde moderne jusqu'à nos jours : en quoi l'humain se distingue-t-il tellement de l'animal qu'on puisse fonder sur lui tout l'édifice de la pensée philosophique, de la morale et de la politique, au point qu'on puisse parler de « droits de l'homme » comme d'une charte sacrée de l'humanité, et non des droits du lapin, de l'huître ou du cheval ?

Le père fondateur de l'humanisme moderne

Dans cette histoire, Giovanni Pico della Mirandola va jouer un rôle central, celui d'un précurseur génial. Comme il n'est plus aussi connu qu'il le devrait, disons quelques mots de ce personnage hors du commun. Il a vécu à la fin du Quattrocento, dans cette renaissance italienne qui constitua le berceau de l'humanisme. Si le terme d'humanisme ne date que de la seconde moitié du XIXe siècle, les Italiens du Quattrocento parlaient déjà de *rinascità* – de renaissance – conscients qu'ils étaient de vivre une époque particulièrement créative. Pico est né le 14 février 1463 au château de la Mirandole, dans la région de Modène. D'ascendance aristocratique illustre, doté d'un riche patrimoine, le jeune homme témoigne vite de dons intellectuels, voire d'un charme exceptionnel qui fascinera ses contemporains. Pico perd rapidement son père et bénéficie d'une attention particulière de sa mère, qui rêve pour lui d'une brillante carrière d'ecclésiastique. C'est ainsi qu'à l'âge de quatorze ans, il se rend à Bologne pour y étudier le droit canon. En août 1478, sa mère meurt subitement. Mû par une insatiable curiosité intellectuelle, il renonce aussitôt à ses études religieuses pour découvrir les plus grandes universités d'Italie et de France. En 1479-1480, il étudie la scolastique à Ferrare ; de 1480 à 1482, à Padoue, il se plonge dans l'œuvre d'Aristote et se familiarise avec l'averroïsme ; déjà excellent latiniste et helléniste, il entreprend d'étudier – avec Elia del Medigo – l'hébreu, l'arabe et le « chaldaïque » (l'araméen). Il se rend à Florence au printemps 1484, où il rejoint au sein de « l'Académie platonicienne », un cercle d'amis – parmi lesquels le philosophe Marsile Ficin (1433-1499) – une institution qui s'était formée sous la protection de Laurent de Médicis, dit le Magnifique. En juillet 1485, Pico se rend à Paris, où il entre en relation avec les humanistes français, avant de revenir à Florence, en mars 1486. Au cours de ses voyages, il accumule les livres, constituant une bibliothèque qui deviendra l'une des plus réputées d'Europe. L'année 1486 allait constituer le tournant de son existence. Il compose neuf cents thèses dans le but d'ouvrir avec les plus grands savants de l'époque un débat public sans précédent « sur les sublimes mystères de la théologie chrétienne, sur les questions les plus profondes de la philosophie et sur les doctrines inconnues ». Il se rend à Rome afin de faire publier son travail et d'organiser la grande *disputatio* qu'il a en vue. En un geste mêlant défi intellectuel et générosité, il offre de payer les frais de voyage et de séjour à tous ceux qui, désireux de discuter ses thèses, se trouveraient trop éloignés de la cité des Papes pour s'y rendre par leurs propres moyens.

Ce projet grandiose, porté par un laïc de vingt-trois ans, n'a pas l'heur de plaire à la curie romaine. Le pape Innocent VIII interdit la discussion. Une commission se réunit pour juger les thèses de Pico, dont plusieurs sont condamnées comme hérétiques. Il est sommé de se rétracter, ce qu'il refuse, entreprenant même de rédiger une défense dans laquelle il met ses juges en accusation. Fin 1487, il choisit de s'enfuir vers la France, espérant trouver un soutien en Sorbonne. Il est arrêté près de Lyon, avant d'être incarcéré au donjon de Vincennes. Laurent – son protecteur, qui l'avait déjà tiré d'un mauvais pas deux ans auparavant à la suite d'une aventure amoureuse mouvementée (Pico avait été blessé et jeté en prison par le mari dont il avait tenté d'enlever la femme) – multiplia les interventions pour obtenir d'Innocent VIII qu'il suspende les poursuites. En juin 1488, après un bref séjour à Turin et sur l'invitation de Laurent, Pico se retire à Florence où il demeure jusqu'à sa mort, en 1494. Il fut absous de l'accusation d'hérésie en juin 1493 par un nouveau pape, Alexandre VI Borgia, élu l'année précédente.

Durant ses années florentines, Pico publia ses deux œuvres principales, *Heptaplus id est de Dei creatoris opere* (1489) et *De ente et uno* (1491). C'est à Florence aussi qu'il rédigea son ouvrage contre l'astrologie, publié seulement après sa mort. Selon son neveu Gian Francesco, il avait tiré la leçon de ses mésaventures, préférant désormais une vie contemplative à la quête de gloire mondaine. Pico s'était notamment rapproché du moine dominicain et grand prédicateur florentin, Jérôme Savonarole (1452-1498) – que Laurent avait autorisé à prêcher au couvent de San Marco en 1490 sur sa recommandation. Peu avant sa mort, Pico légua sa fortune aux pauvres et manifesta son désir de devenir moine. Le 17 novembre 1494 – le jour où le roi de France, Charles VIII (1470-1498), le dernier des Valois, entrait triomphalement à Florence – Pico mourut dans des circonstances mal élucidées, peut-être empoisonné par son secrétaire, sur l'instigation de Pierre de Médicis, en raison de sa proximité avec Savonarole. Ce dernier fit revêtir son corps de l'habit des frères prêcheurs, puis il fut enterré en l'église San Marco. Marsile Ficin exprima le sentiment de perte irréparable éprouvé par la communauté humaniste :

> Notre cher Pico nous a quittés le jour même où Charles VIII entrait dans Florence, et les pleurs des lettrés compensaient l'allégresse du peuple. Sans la lumière apportée par le roi de France, peut-être Florence n'eût-elle jamais vu jour plus sombre que celui où s'éteignit la lumière de la Mirandole.

Dans l'œuvre de Pico, la postérité ne distinguera réellement qu'un tout petit texte, celui du discours qui devait constituer la conférence inaugurale – jamais prononcée par son auteur et publiée seulement après sa mort – présentant au public ses fameuses neuf cents thèses : *De hominis dignitate* (« De la dignité de l'homme »). Pico sera souvent moqué comme un « monsieur je sais tout », notamment par Pascal et Voltaire. Pourtant, la manière dont il aborde la question de la dignité humaine va s'avérer proprement fondatrice. Il n'est pas exagéré de dire que c'est lui qui va poser les bases de l'humanisme moderne. Son influence traversera, directement ou indirectement, toute l'histoire de la philosophie jusque Heidegger et Sartre, en passant par Rousseau, Kant ou Husserl. Je vais maintenant vous dire pourquoi.

Le discours de la dignité humaine, moment fondateur de l'humanisme moderne

Pic commence son discours par une déclaration quelque peu fracassante : il n'est guère satisfait par la façon dont la dignité humaine est expliquée dans les pensées traditionnelles. Dans le monde aristocratique, en effet, l'homme est considéré, certes, comme admirable, mais seulement parce qu'il occupe une place intermédiaire dans l'échelle des êtres qui peuplent le cosmos : il est au milieu de l'Univers, juste au-dessus des animaux, juste en dessous des dieux. C'est cette conception hiérarchique, « scalaire », qui fonde les éthiques aristocratiques. Elles placent l'être humain à un niveau médian sur une sorte d'échelle naturelle des êtres. Pic veut montrer, et c'est cela qui va servir de pierre angulaire pour la fondation de l'humanisme moderne, que la spécificité et la grandeur de l'homme viennent de ce qu'il se situe, non pas au milieu du monde, mais tout simplement *hors du monde*, pour ainsi dire « hors nature ». À première vue, cette différence ne vous apparaît peut-être pas bouleversante. En vérité, et nous allons l'approfondir dans un instant, il s'agit d'une véritable révolution dans la pensée, d'une rupture fondamentale avec le monde ancien.

Mais laissons la parole d'abord à Pic lui-même :

> Réfléchissant au bien-fondé de ces assertions [de tous les savants et théologiens anciens], je n'ai pas trouvé suffisante la foule de raisons qu'avancent en faveur d'une supériorité de la nature humaine une foule de penseurs : l'homme, disent-ils, est un intermédiaire entre les créatures, familier des êtres supérieurs, souverain des infé-

rieurs, interprète de la nature – grâce à l'acuité de ses sens, à la perspicacité de sa raison, à la lumière de son intelligence –, situé entre l'éternel immobile et le flux du temps, copule ou plutôt hymen du monde selon les Perses, à peine inférieur aux anges selon le témoignage de David. De tels arguments sont certes de taille, mais ce ne sont pas les arguments fondamentaux, je veux dire ceux qui réclament à bon droit le privilège de la plus haute admiration. Car pourquoi ne pas admirer davantage les anges eux-mêmes et les bienheureux chœurs du ciel ?

En effet, si l'homme n'est qu'un intermédiaire entre les animaux et les dieux (ou les anges), il serait logique de lui préférer ces derniers. Tout l'enjeu du discours *De la dignité de l'homme* et de la fondation de l'humanisme est de montrer que l'être humain est la créature la plus admirable entre toutes, justement parce qu'elle est hors du monde, hors nature, cette position d'extraterritorialité lui conférant une qualité très particulière, *la liberté*, dont ni les animaux ni même les anges ne peuvent se prévaloir (les anges ne peuvent que faire le bien, ils ne peuvent donc pas choisir entre le bien et le mal). Or c'est précisément cette qualité qui fait de l'homme un être moral, un être capable de choisir entre plusieurs possibles, mais aussi un être d'historicité, capable d'inventer librement son destin, de façonner son histoire.

L'argumentation de Pic va alors se déployer au fil d'une fable d'une profondeur peu commune.

La place de l'homme dans la création

Résumons-en les principaux traits. Dieu commence par créer les animaux et les plantes, accordant à chacune des espèces deux attributs fondamentaux :

d'abord un certain nombre de dons naturels, ensuite une place particulière, propre à chacune d'entre elles au sein de l'Univers. Par exemple, le lapin, animal petit et faible, reçoit les dons qui lui permettent de survivre par rapport aux autres : une fourrure pour se protéger du froid, la rapidité à la course, la capacité de creuser des terriers pour se cacher, etc. Mais il a aussi sa place à lui dans le cosmos, sur terre et pas dans le ciel ni dans la mer, par exemple. La mésange aura des ailes pour échapper aux prédateurs, les animaux carnivores mangeront peu afin de ne pas dévaster les autres espèces, et leurs proies seront assez nombreuses, se reproduisant rapidement, etc.

Dans cette création – qui est semblable à ce qu'on appellerait aujourd'hui un « écosystème » –, chaque espèce animale a donc un « modèle », ce que Pic de La Mirandole appelle un « archétype » (Platon parlait d'« idée » et Sartre utilisera le terme d'« essence » pour désigner cette même notion). Ainsi par exemple, avant de créer le chien, il y a, dans l'entendement divin, une idée ou une essence du chien qui préexiste à sa création, à son existence, avec les dons naturels et la place qui lui reviennent. Dieu choisit les archétypes qu'il veut faire exister, puis il distribue les places et les dons de telle sorte que l'ensemble coexiste harmonieusement : il crée un « cosmos », un ordre naturel juste et parfait en son genre.

Mais, au moment où il achève ce travail, le Créateur s'aperçoit qu'il ne lui reste plus aucun don ni aucune place particulière dans le monde à accorder aux êtres humains. Il n'a même plus d'archétypes à disposition : il n'y a pas, dira Sartre, d'essence de l'homme qui puisse précéder son existence ! Les hommes naissent donc sans aucun modèle préalable, privés de dons naturels et de place dans le cosmos : ils sont tout nus, sans fourrure ni griffes pour se protéger, ils ne courent pas très vite, ne sont pas très puissants, nagent assez mal, grimpent mal aux arbres, ne creusent pas de terriers, etc. Bref, à l'inverse de tous les animaux, qui sont pleins de dons, mais aussi cantonnés à la place qui leur est attribuée, l'être humain n'a ni don particulier au départ ni assignation à un lieu réservé. C'est d'ailleurs ce qui va lui permettre de pécher par démesure, par orgueil et par arrogance – par *hybris*, comme disaient les Grecs : il sort d'autant plus facilement du rang qu'il n'en a pas d'attitré. C'est parce que l'espèce humaine n'a pas de place réservée, pas de dons particuliers, qu'elle est aussi susceptible d'inventer sans limites grâce à son intelligence, ce qui fait d'elle l'espèce potentiellement dévastatrice par excellence (idée qu'on retrouvera, cela dit au passage, dans l'écologie contemporaine, qui n'apprécie guère cette marque de liberté qui permet la démesure).

Quel rapport entre cette fable et la naissance de l'humanisme, des droits de l'homme et de la politique moderne, demanderez-vous ? J'y viens. Car dans la fable, et c'est là le point central, le point à partir duquel tout va basculer, c'est pour compenser ces manques, cette absence de dons naturels et de place réservée dans l'ordre du monde, que Dieu va décider d'octroyer à l'homme la liberté, cette faculté qui lui permettra de survivre dans l'« écosystème » qu'il vient de créer. Et là, nous tenons enfin la spécificité de l'humain, cette spécificité sur laquelle va se fonder l'humanisme moderne parce qu'elle a une portée morale évidente : c'est grâce à sa liberté de choix que l'homme va pouvoir acquérir les notions de bien et de mal, être capable de choisir entre les deux, mais aussi de forger son propre destin. N'étant rien au départ, n'ayant aucun don, aucune caractéristique particulière, pas de nature spécifique (Sartre dira, toujours dans le même sens, qu'il n'y a pas de « nature humaine », que l'homme est « néant » à la différence des animaux et des choses « qui sont ce qu'ils sont »), il a comme seule disposition originelle la liberté, entendue comme capacité de choisir et d'inventer son histoire : l'homme devra, par conséquent, façonner lui-même son destin, se doter en quelque sorte par lui-même des qualités qui lui manquent au départ. Il devra, par exemple, compenser l'absence de fourrure par le vêtement, l'absence de carapace ou de terrier, par des maisons, l'absence de griffes, par la fabrication des armes, etc. Bref, l'homme est, si j'ose dire, par nature un être anti-naturel, un être à proprement parler artificiel au sens où il est voué aux artifices, à l'invention libre de ses propres dons, des qualités dont il va se doter par et pour lui-même.

La naissance de l'historicité

En d'autres termes, c'est parce qu'il n'est rien de déterminé qu'il peut tout devenir : tous les destins possibles et imaginables sont à sa portée, car il n'a aucune mission particulière à accomplir, aucune essence préalable, aucun archétype qui le déterminerait, qui lui tracerait un programme de vie, comme les chats, par exemple, sont programmés, destinés par nature de toute éternité à chasser les souris et les souris à fuir les chats en répétant, depuis des millénaires, les mêmes comportements. Inventant son propre itinéraire dans l'existence – et c'est là l'essence même de la liberté –, il pourra être bon ou mauvais, choisir le bien ou le mal – une nouvelle vision morale du monde, une éthique du libre arbitre, se profilant à l'horizon de cette nouvelle définition de l'humain.

Voici comment Pic de La Mirandole présente cette conception de la liberté humaine :

> En fin de compte, le parfait ouvrier [il s'agit bien sûr de Dieu] décida qu'à celui qui ne pouvait rien recevoir en propre serait commun tout ce qui avait été donné de particulier à chaque être isolément. Il prit donc l'homme, cette œuvre indistinctement imaginée, et l'ayant placé au milieu du monde, il lui adressa la parole en ces termes : « Si nous ne t'avons donné, Adam, ni une place déterminée, ni un aspect qui te soit propre, ni aucun don particulier, c'est afin que la place, l'aspect, les dons que toi-même aurais souhaités, tu les aies et les possèdes selon ton vœu, à ton idée. Pour les autres, leur nature définie est tenue en bride par des lois que nous avons prescrites : toi, aucune restriction ne te bride, c'est ton propre jugement, auquel je t'ai confié, qui te permettra de définir ta nature. Si je t'ai mis dans le monde en position intermédiaire, c'est pour que de là tu examines plus à ton aise tout ce qui se trouve dans le monde alentour. Si nous ne t'avons fait ni céleste ni terrestre, ni mortel ni immortel, c'est afin que, doté pour ainsi dire du pouvoir arbitral et honorifique de te modeler et de te façonner toi-même, tu te donnes la forme qui aurait eu ta préférence. Tu pourras dégénérer en formes inférieures, qui sont bestiales ; tu pourras, par décision de ton esprit, te régénérer en formes supérieures, qui sont divines. »

Cette conception, relativement inédite de la liberté humaine (on en trouve évidemment la trace dans le christianisme et le judaïsme, mais point vraiment dans la philosophie grecque, du moins pas dans la tradition des sagesses cosmologiques), contient aussi en germe la naissance de l'historicité, l'idée que l'être humain, à la différence de ces êtres de nature que sont les bêtes, est voué de part en part à l'histoire : les animaux, en effet, n'ont pas d'histoire politique ni culturelle (on ne parle pas ici, bien sûr, de l'histoire naturelle des espèces, de cette évolution qui se fait à l'échelle de centaines de milliers d'années). Les fourmilières et les termitières, par exemple, sont intangibles depuis des millénaires. L'être humain, en revanche, invente son destin, chaque vie est invention d'un itinéraire particulier. S'il est un seul animal auquel on puisse comparer l'homme, c'est le caméléon, écrit Pic ! Comme lui, l'humain est protéiforme : « Qui n'admirerait notre caméléon ? », s'écrit-il, car il est admirable, en effet, celui qui peut s'arracher à la nature et inventer sa vie.

Contrairement au temps cyclique des Grecs, l'historicité moderne devient infinie : elle n'est pas limitée par des dispositions naturelles au-delà desquelles l'homme ne peut pas aller, pour la bonne et simple raison qu'il n'y a tout simplement plus de nature humaine. L'éducation devient elle-même une tâche sans fin, une éducation « tout au long de la vie », comme on dit de nos jours. D'une certaine manière, cette idée contemporaine est déjà présente chez Pic, au sens où chez lui, déjà, il n'y a pas de limite à l'inventivité et à la créativité de l'histoire humaine, qu'elle soit individuelle (éducation) ou collective (politique et culturelle).

Protagoras, ancêtre de l'idée humaniste

En vérité, Pic de La Mirandole emprunte sa fable à un mythe célèbre, mis en scène déjà par Platon qui le prête lui-même aux sophistes, et plus précisément à Protagoras, l'un des plus célèbres en son temps. Il n'y a nul hasard dans cette filiation, puisque ces « anti-philosophes » qu'étaient les sophistes représentaient déjà une sorte de contre-culture par rapport à la cosmologie grecque de Platon, d'Aristote et des stoïciens. Heidegger a d'ailleurs dit des sophistes qu'ils n'étaient pas de « vrais » Grecs, mais des Modernes avant la lettre parce qu'ils faisaient déjà de l'homme, selon la fameuse formule de Protagoras, « la mesure de toute chose ». Protagoras était, avec Gorgias, le plus grand adversaire de Socrate. Platon lui donne la parole dans un de ses dialogues où le sophiste raconte le mythe de Prométhée qui va servir de modèle à la fable de Pic.

Voyons brièvement en quoi – ce qui nous permettra de mieux comprendre encore la naissance de l'humanisme en en percevant plus clairement la racine (fût-elle marginale, de l'ordre de la contre-culture sophistique), dans le monde grec.

La scène – mythique – décrite par Protagoras se passe à l'époque où les hommes et les animaux n'existaient pas encore. Zeus vient de gagner la guerre contre la première génération des dieux, contre les forces « chaotiques », les forces de guerre et de conflit que représentaient les Titans. Il a partagé le monde, la paix est installée, l'ordre cosmique équilibré et parfait est en place. Mais du coup, dans cet Univers désormais paisible qui succède à la guerre des dieux, il ne se passe plus rien et les immortels commencent à s'ennuyer ferme. (On rencontre ici l'idée très profonde qu'un équilibre parfait confine à la mort, idée que l'on retrouvera encore chez Freud, lorsqu'il parle de « l'instinct de mort ».)

Pour se désennuyer de l'arrêt du temps, les dieux décident de créer les mortels : les animaux et les hommes. À partir de terre et de feu, ils fabriquent de petites figurines qui sont les archétypes des espèces animales (c'est l'« idée » platonicienne, le modèle « archétypique » dont parle aussi Pic, cette « essence qui précède l'existence » dont parlera Sartre). Ravis à l'idée que ces mortels vont les distraire un peu, les dieux chargent deux frères, Épiméthée et Prométhée, tous deux fils du Titan Japet, de parfaire le travail et d'achever la création.

Épiméthée, en grec, signifie « celui qui pense après coup » – il est un peu l'idiot de la famille, le niais qui a toujours une longueur de retard. Prométhée, son frère, est au contraire celui qui « pense en avant », c'est l'intelligent, celui qui a toujours un coup d'avance. Épiméthée supplie son frère de le laisser commencer le travail : il va s'occuper des animaux, du passage à l'existence de ces modèles en terre esquissés par les dieux. Prométhée, bien qu'un peu inquiet quant à la suite des opérations, accepte. Épiméthée, tout content, se met à fabriquer des animaux, exactement comme le fait Dieu dans la fable de Pic de La Mirandole : il dote chacun de ce qui lui permettra de survivre dans un « écosystème ». Tout cela forme un équilibre parfait. Épiméthée, finalement, ne semble pas si niais qu'on le croyait. Comme le souligne Protagoras (selon le dialogue de Platon), il parvient même à fabriquer un ordre, un cosmos, tout à fait bien fichu :

Dans sa répartition, il dotait les uns de force sans vitesse et donnait la vitesse aux plus faibles ; il armait les uns et, pour ceux qu'il dotait d'une nature sans armes, il leur ménageait une autre capacité de survie. À ceux qu'il revêtait de petitesse, il donnait des ailes pour qu'ils puissent s'enfuir ou bien un repaire souterrain ; ceux dont il augmentait la taille voyaient par là même leur sauvegarde assurée ; et dans sa répartition, il compensait les autres capacités de la même façon. Il opérait de la sorte pour éviter qu'aucune race ne soit anéantie.

Chaque espèce animale, finalement, est suffisamment bien dotée pour que le système tienne la route. Mais, *in fine*, le malheureux Épiméthée administre tout de même la preuve de sa bêtise : alors qu'il a distribué tous les dons, il s'aperçoit, horrifié, qu'il n'a rien gardé en réserve pour les humains ! Comme Dieu, dans la fable de Pic (mais Dieu, lui, l'a fait exprès), il a tout épuisé au profit des animaux ! Lorsque Prométhée vient examiner le travail de son frère, il s'aperçoit qu'il a très bien constitué l'écosystème (le cosmos) des bêtes, mais qu'il a tout simplement oublié les hommes : ces derniers naissent tout nus, sans fourrure, ils vont être obligés d'inventer les habits pour ne pas mourir de froid, et toutes sortes de choses pour pallier le manque de carapace, de griffes, de bec, d'ailes, de force, de vitesse à la course, etc.

C'est dans ce contexte que Prométhée se porte au secours des hommes : il dérobe aux dieux deux éléments vitaux. Il vole le feu à Héphaïstos (Vulcain), dieu des Forgerons, pour le donner aux humains et leur permettre, notamment, de faire cuire la nourriture (chez les Grecs, comme l'avait souligné Jean-Pierre Vernant, l'un de nos meilleurs spécialistes du monde ancien, la cuisson, en particulier de la farine pour faire le pain, est le signe même de l'humanité, comme on le voit dans l'histoire de Prométhée : la cuisson, c'est justement ce que les animaux ne sont pas capables de faire). Puis Prométhée vole les arts à Athéna (Minerve) – les arts entendus ici au sens de la technique, et non des arts plastiques relatifs à la beauté. Il s'agit de l'artisanat, de la capacité d'inventer des artefacts, des machines humaines, artificielles et non naturelles, des armes, des vêtements, des maisons, etc.

Grâce à ces deux dons, le savoir-faire technique et le feu, les humains vont pouvoir inventer leur histoire, mais aussi pécher par *hybris*, en se prenant pour des dieux : ils deviennent l'espèce anti-naturelle par excellence, celle qui peut modifier l'ordre du monde. Voilà pourquoi Zeus va punir Prométhée de façon atroce, pour le remettre à sa place, en l'attachant sur le haut du Caucase et en faisant dévorer chaque jour son foie par un aigle, son foie se reconstituant pendant la nuit pour être à nouveau déchiqueté le lendemain. Pourquoi cette punition terrible ? Parce que Prométhée a donné aux humains le pouvoir de menacer l'ordre cosmique établi par Zeus. L'écologie contemporaine fait encore écho à cette idée que les hommes, capables d'inventer les moyens de détruire la planète (la bombe atomique, et d'une manière générale, le monde de la technique, pour parler comme Heidegger), pèchent par arrogance et démesure, par *hybris*.

La postérité de l'idée humaniste

Voyons maintenant comment cette idée humaniste s'est installée dans la philosophie, du XVIIIe au XXe siècle, de Rousseau à Husserl, Heidegger et Sartre.

Ce dernier, n'étant guère historien de la philosophie, n'a jamais connu, ni *a fortiori* reconnu l'héritage de Pic de La Mirandole. Pourtant, contrairement à ce qu'il ne cesse de prétendre, les idées qu'il développe dans *L'Être et le Néant*, ainsi que dans le texte de sa conférence intitulée « L'existentialisme est un humanisme », sont dans le droit fil de Protagoras et de Pic, mais aussi des philosophes humanistes du siècle des Lumières.

Voyons en quoi, en suivant un peu le fil de cette histoire dont vous allez pouvoir mesurer combien elle est essentielle à la compréhension de notre temps.

Rousseau et la perfectibilité de l'humain

C'est d'abord Rousseau qui va reprendre et développer cette définition de l'humain comme « néant » – c'est-à-dire comme être sans archétype, sans don ni place dans l'Univers, cet être, dont Sartre dit qu'il n'a pas de « nature », parce que en lui, à la différence des animaux et des choses, « l'existence précède l'essence ». La reprise, par Rousseau, des principaux thèmes déjà esquissés par Pic aura dans l'histoire de la philosophie moderne des conséquences d'une profondeur sans égale.

Dans un passage du *Discours sur l'origine et les fondements de l'inégalité parmi les hommes*, il prend part au débat d'une ampleur exceptionnelle sur la différence entre l'homme et l'animal, débat ouvert très largement par Descartes et sa théorie des animaux-machines et qui donnera lieu déjà à des milliers de publications.

Rousseau a en tête les arguments avancés avant lui. Il conteste d'abord l'idée que l'homme se distingue des animaux, comme le pensait par exemple Aristote, par la raison et l'intelligence. Manifestement, les animaux sont intelligents et même, si l'on voulait plaisanter un peu, on dirait que d'aucuns sont bien moins stupides que certains humains. La zoologie contemporaine lui donnera raison : nous savons aujourd'hui que l'intelligence animale peut être très développée. La sociabilité et le langage constituent-ils alors la spécificité humaine ? Là encore, Rousseau juge que ce n'est pas l'essentiel, car les animaux sont capables de communiquer, de se faire comprendre et ils peuvent à l'évidence être affectueux, là aussi, bien plus sociables que certains humains ! À cet égard, la différence n'est que de degré (quantitative) – et non de nature (qualitative).

Considérer que l'humain a quelque chose de spécifique relèverait-il alors d'une sorte de racisme anthropocentrique, de « spécisme », comme disent aujourd'hui certains défenseurs des animaux ? Pour Rousseau, il n'en est rien. Il y a bien une différence spécifique, une différence qui va qualifier l'homme comme être moral (et pas les animaux), mais cette différence n'est ni dans la raison, ni dans la sociabilité, ni même dans le langage : ce qui force le respect chez l'humain, ce qui en fait un être d'éthique, capable de distinguer le bien et le mal, c'est, comme chez Pic et dans le même sens, sa liberté. Rousseau va préciser la définition de la liberté initiée par Pic, en l'associant à cette faculté de se perfectionner qu'il nomme la « perfectibilité ». En quoi il rejoint Protagoras et Pic, c'est-à-dire l'idée que l'être humain n'est pas totalement programmé par la nature, qu'il n'en est pas prisonnier comme on serait prisonnier d'un logiciel, celui de l'instinct naturel qui guide de part en part les animaux. Il peut, et là est sa liberté, s'arracher à la nature, s'en distancier, et c'est cela, justement, comme chez Pic, qui lui permet aussi d'entrer dans l'histoire, d'aller dans le sens du progrès (d'où l'idée de perfectibilité) comme le souligne de manière admirable ce passage du *Discours* :

> La bête ne peut s'écarter de la règle qui lui est prescrite, même quand il lui serait avantageux de le faire, et [...] l'homme s'en écarte souvent à son préjudice. C'est ainsi qu'un pigeon mourrait de faim près d'un bassin rempli des meilleures viandes, et un chat sur des tas de fruits, ou de grain, quoique l'un et l'autre pût très bien se nourrir de l'aliment qu'il dédaigne, s'il s'était avisé d'en essayer ; c'est ainsi que les hommes dissolus se livrent à des excès, qui leur causent la fièvre et la mort ; parce que l'esprit déprave les sens, et que la volonté parle encore quand la nature se tait.

Que signifie l'exemple pris par Rousseau ? Tout simplement que, programmé complètement par son instinct de carnivore ou de granivore comme par une espèce de logiciel naturel, l'animal ne dispose d'aucune liberté, d'aucun écart possible par rapport à la règle que lui impose la nature et qui l'enferme comme une prison : le chat n'aura pas l'idée de manger du riz, ce qui lui permettrait pourtant de survivre au moins un certain temps. De même pour le pigeon, qui ne peut toucher à la viande, parce qu'il ne peut pas s'écarter de son « archétype », de sa nature de granivore qui l'emprisonne et le prive de liberté. Voilà aussi pourquoi les animaux n'ont pas d'histoire : guidés de toute éternité par la nature, ils répètent les mêmes comportements de générations en générations sans que leur organisation « sociale » varie d'une virgule : ils n'ont ni éducation, ni culture, ni politique véritables et c'est seulement par anthropomorphisme qu'on leur prête ces attributs.

C'est donc cette nature immuable qui implique qu'à la différence des humains, les bêtes ignorent totalement l'historicité, tant celle de l'individu (éducation), que celle de l'espèce (si on laisse de côté l'échelle de l'évolution qui relève d'une autre temporalité et se déroule sur des milliers d'années). Par exemple, dès qu'elle sort de l'œuf, la petite tortue marine est capable de marcher, de nager, de manger : elle sait tout faire tout de suite, parce qu'elle est de part en part guidée dès le départ par la nature. Ses parents ne l'aident en rien. Au contraire, le petit d'homme reste volontiers à la maison jusqu'à l'âge de vingt-cinq ans ! Sans ses parents, il ne pourrait tout simplement pas survivre. Il n'est pas programmé par un instinct qui lui servirait de guide naturel, la nature ne veille pas intégralement sur lui : il y a donc une histoire de l'individu, c'est l'éducation.

Même chose au niveau de l'espèce. Les termitières, les fourmilières, les ruches sont les mêmes depuis des dizaines de milliers d'années. Les sociétés animales n'évoluent pas, justement parce qu'elles sont de part en part déterminées par la nature des bêtes qui les composent et qui répètent les mêmes gestes depuis des millénaires, au lieu que nos villes – New York, Londres, Paris... – sont différentes de dix ans en dix ans. En l'espace de deux siècles ou de mille ans, elles deviennent méconnaissables. L'être humain libre et perfectible peut avoir une historicité, aussi bien sur le plan individuel (l'éducation) que sur le plan de l'espèce (la culture et la politique)[1]. Voilà pourquoi la culture, les arts, la littérature et la poli-

1. Il faut toujours lire sur ce point l'excellente introduction d'Alexis Philonenko dans sa traduction des *Réflexions sur l'éducation* de Kant parue chez Vrin.

tique ne sont pas identiques d'un siècle à l'autre, et *a fortiori* d'un millénaire à l'autre.

Telle est l'idée qui va fonder l'humanisme moderne, avec des conséquences presque inimaginables sur le plan moral et politique. En l'animal, la nature parle tout le temps, à travers ce qu'on appelle l'instinct naturel. Dans l'être humain, au contraire, comme le déclare Rousseau, « la volonté parle encore quand la nature se tait ». Cette phrase contient en germe toute la politique moderne, antiaristocratique, antinaturaliste et volontiers réformiste, voire révolutionnaire : elle signifie que « L'histoire n'est pas notre code », pour reprendre la formule célèbre de Rabaut Saint-Étienne à propos de la Révolution française. Nous construisons par la volonté un monde démocratique – c'est ce qu'on a appelé le « constructivisme » –, un monde de droits qui n'est pas naturel, un monde antinaturel en ce sens qu'il va pouvoir être animé, du moins en principe, par la volonté de protéger les plus faibles, ceux que la sélection naturelle éliminerait sans scrupule.

L'idée républicaine

Première conséquence de cette idée républicaine héritée de Rousseau, de Kant et des Lumières, mais déjà esquissée dans l'anthropologie de Protagoras et de Pic : il n'y a pas de nature humaine au sens du moins d'un logiciel, d'un programme de l'instinct qui nous enfermerait dans un destin préformé – ce qui ouvre la voie aux grandes déclarations des droits de l'homme, mais aussi à l'antiracisme et à l'antisexisme.

La Déclaration des droits de l'homme de 1789 est, en effet, inséparable de cette nouvelle anthropologie humaniste : elle signifie d'abord que l'être humain a des droits indépendamment, *abstraction faite* (ce pourquoi on parlera d'humanisme « abstrait ») de tous ses enracinements communautaires. L'homme mérite d'être respecté et protégé quels que soient sa nationalité, sa langue, sa religion, sa race ou son sexe – quelle que soit, en somme, sa communauté « naturelle », au sens où l'appartenance communautaire serait comme une seconde nature – idée qui va radicalement à l'encontre des principes fondamentaux de l'Ancien Régime. Si les droits de l'homme valent pour tous les êtres humains, non pas en tant que membre d'une communauté (ethnique, nationale, religieuse, etc.), mais, tout à l'inverse, abstraction faite de toutes les appartenances communautaires possibles et imaginables, c'est justement parce que l'homme est un être de liberté, le seul être, à vrai dire, qui soit capable de s'arracher à tous les codes, y compris sociaux ou politiques, dans lesquels on prétendrait l'enfermer. C'est du reste ce qui lui permet de faire la révolution ! Là est le principe même qui en fait un être capable d'éthique et de politique.

Pour les mêmes raisons, l'anthropologie nouvelle va disqualifier le racisme. Le racisme, fondamentalement, c'est l'idée qu'il existe une essence, une nature de ces groupes humains qu'on nomme les « races » : il y aurait ainsi une nature du Juif, de l'Arabe, du Noir, de l'Asiatique, etc. avec tous les clichés assortis : « l'Africain est joueur », « l'Arabe est fourbe », « le Juif aime l'argent », etc. Les individus ne seraient que des « exemplaires » d'une nature commune, comme les chats ou les chiens ne sont que des exemplaires de la race des chats et des chiens. Ils auraient donc tous les mêmes caractéristiques, les mêmes comportements : « Tous les Juifs aiment l'argent », dit l'antisémite ; « Tous les Africains sont joueurs », dit le raciste. De là, d'ailleurs, les crimes contre l'humanité : si on est raciste, on extermine tout le monde, puisque tous les individus ressortissant à une nature commune, à une même catégorie, présentent les caractéristiques que l'on déteste.

Mais si l'homme est libre, s'il n'est pas, à la différence de l'animal, prisonnier d'une nature, bref, s'il n'y a pas de nature humaine, le racisme n'a philosophiquement plus de fondement, plus de sens, parce que l'être humain, quelles que soient son origine ou sa couleur de peau, n'est prisonnier d'aucune catégorie.

De même qu'il invalide le racisme, ce premier principe de l'humanisme moderne conduira à dénoncer le sexisme, cette idéologie parallèle au racisme selon laquelle il y aurait une « nature féminine », comme il y aurait une nature du Noir ou du Juif : il serait, ainsi parle le sexiste, dans la nature des femmes d'être plus sensibles, plus tendres, moins intellectuelles que les hommes, ce pourquoi elles seraient vouées à s'occuper des enfants, des vieux et des malades, voire à être rivées aux fourneaux ou, comme disaient les protestants allemands du temps de Kant, aux « trois K » : *Kinder, Küche und Kirche* (les enfants, la cuisine et l'église) ! Aux yeux de l'humanisme républicain au contraire, « la femme est un homme comme les autres », un être qui, comme tout être humain en général, peut s'arracher à sa nature. Bien sûr, elle peut avoir des enfants et l'homme pas, mais cela n'implique pas qu'elle soit nécessairement vouée à la domesticité et à l'élevage en batterie dans un intérieur domestique dont elle n'aurait pas le droit de sortir. Encore moins qu'elle devrait porter un voile. Non : la femme est libre, comme tout être humain. Le fait de posséder une nature particulière, en l'occurrence celle qui lui permet de concevoir les enfants, est, comme on dira dans l'existentialisme sartrien, une « situation », pas une « détermination » : c'est un état de fait qui n'implique en rien la moindre diminution de la liberté des femmes. Ce n'est pas parce que le corps est fait de telle ou telle manière qu'il limite la liberté, l'usage qu'on peut en faire librement. Pas plus que je ne suis moins libre que le guépard, parce que je cours moins vite que lui, je ne suis moins libre que la femme, parce que je ne puis concevoir d'enfant, ni la femme moins libre que l'homme, parce qu'elle peut le faire…

De là aussi l'idée que l'être humain est le seul être moral. On pourrait considérer, en suivant une argumentation biologique, que cette perfectibilité décrite par Rousseau n'est au fond qu'une caractéristique animale comme les autres. Les éléphants ont une trompe et des défenses, l'humain a une espèce de marge de liberté qui fait partie de sa génétique, qui est inscrite dans les zones grises du cerveau, voilà tout ! Le problème, c'est que la distance que nous prenons par rapport à la nature et à l'histoire permet l'émergence de la problématique morale, la naissance du souci du bien et du mal. Arrêtons-nous encore un instant sur ce point, qui est capital. Vercors a développé cette thèse, dans le sillage de Pic et de Rousseau, mais de manière littéraire fort astucieuse dans un livre qu'on aura tout intérêt à lire ou à relire dans ce contexte : *Les Animaux dénaturés* (1952).

Voici, résumée à grands traits, la trame de son roman : dans les années 1950, une équipe de savants britanniques part pour la Nouvelle-Guinée, à la recherche du « chaînon manquant », c'est-à-dire de ce fameux « être intermédiaire » entre l'homme et l'animal. Ils espèrent découvrir quelque fossile de grand singe encore inconnu – ils en seraient déjà fous de joie – mais ils tombent, par le plus grand des hasards et à leur immense surprise, sur bien davantage que cela : une colonie bien vivante d'êtres « intermédiaires », qu'ils désignent aussitôt du nom de « Tropis ». Ce sont des quadrumanes, donc des singes. Mais ils vivent, comme les troglodytes, dans des cavernes de pierre... et, surtout, ils enterrent leurs morts. Ce qui laisse nos explorateurs fort perplexes : cela ne ressemble à aucune coutume animale. En plus, ils semblent disposer d'un embryon de langage. Comment donc les situer, entre l'humain et la bête ? La question est d'autant plus pressante qu'un homme d'affaires peu scrupuleux envisage de les domestiquer pour en faire ses esclaves. Si ce sont des animaux, cela peut passer, mais si on les classe du côté des hommes, c'est évidemment inacceptable et d'ailleurs illégal. Mais comment savoir, comment trancher ?

Le héros du livre se dévoue : il fait un enfant à une femelle (ou femme ?) Tropi, ce qui prouve déjà qu'il s'agit d'une espèce plus que proche de la nôtre (les biologistes considèrent que, sauf exception, seuls les êtres d'une même espèce peuvent se reproduire entre eux). Comment, dès lors, classer l'enfant fruit de cette étrange union : homme ou animal ? Il faut à tout prix décider, car cet étrange père a pris la décision de tuer le petit, justement pour obliger la justice à se prononcer. Un procès s'ouvre donc, qui met en émoi toute l'Angleterre et occupe bientôt la une de la presse mondiale. Les meilleurs spécialistes sont convoqués à la barre : anthropologues, biologistes, paléontologues, philosophes, théologiens... Leurs désaccords sont absolus, et leurs arguments pourtant si excellents dans leur genre qu'aucun d'entre eux ne parvient à l'emporter.

C'est l'épouse du juge qui trouvera le critère décisif : s'ils enterrent leurs morts, dit-elle, c'est que les Tropis sont bien des humains. Car cette cérémonie témoigne d'une interrogation, au sens propre, « métaphysique » (en grec, *méta* veut dire « au-dessus », et *physis* signifie « nature »), d'une distance, donc, à l'égard de la nature qui signe le propre (où l'on retrouve Pic et Rousseau) d'un être « hors nature ». Comme elle le dit à son mari : « Pour s'interroger, il faut être deux, celui qui interroge et ce qu'on interroge. Confondu avec la nature, l'animal ne peut l'interroger. Voilà, il me semble, le point que nous cherchons. L'animal fait un avec la nature. L'homme fait deux. » On ne saurait mieux traduire la pensée de Pic et Rousseau : l'animal est un être de nature, tout entier fondu en elle ; l'homme est au contraire en excès, il est, par excellence, l'être de transcendance, l'être d'anti-nature, ce dont son questionnement métaphysique témoigne.

Ce critère appelle encore un commentaire.

Car on pourrait, bien sûr, en imaginer mille autres : après tout, les animaux ne portent pas de montres ni n'utilisent de parapluies, ils ne conduisent pas de voiture, n'écoutent pas leurs mp3 ni ne fument la pipe ou le cigare... Pourquoi, dans ces conditions, le critère de la distance avec la nature serait-il plus important que n'importe quel autre ?

La question est tout à fait pertinente.

La réponse ne fait pourtant aucun doute : s'il en va ainsi dans la philosophie moderne, c'est parce qu'il s'agit du seul critère qui soit tout à la fois discriminant sur le plan descriptif, mais aussi et même avant tout sur le *plan éthique et culturel* : c'est par cette distance, en effet, qu'il nous est possible d'entrer dans l'histoire de la culture, de ne pas rester rivés à la nature, comme je vous l'ai expliqué tout à l'heure ; mais c'est aussi par elle qu'il nous devient possible de questionner le monde, de le juger et de le transformer, d'inventer, comme on dit si bien, des « idéaux », *une distinction entre l'idéal et le réel, entre le devoir-être et l'être, entre le bien et le mal*. Sans elle, aucune morale ne serait possible. Si la nature était notre code, si nous étions de part en part programmés par elle, aucun jugement éthique n'aurait jamais vu le jour. On voit, certes, des humains se préoccuper du sort des animaux, se mobiliser, par exemple, pour sauver des baleines, mais, à part dans les contes de fées, on n'a jamais vu une baleine se soucier du sort d'un être humain !

Avec cette nouvelle « anthropologie », cette nouvelle définition du propre de l'homme, Rousseau va véritablement ouvrir la voie à l'essentiel de la philosophie moderne. C'est à partir d'elle, notamment, que la morale laïque la plus importante des deux derniers siècles, la morale de Kant, va voir le jour. Mais c'est aussi à partir de cette anthropologie que la phénoménologie de Husserl et Heidegger ainsi que l'existentialisme de Sartre vont devenir possibles.

Voyons, à titre d'exemple, ce qu'il en est chez Sartre, mais aussi chez Simone de Beauvoir, qui fondera en France un féminisme humaniste et républicain, celui que défend aujourd'hui avec talent Élisabeth Badinter. Sartre s'est efforcé de définir l'existentialisme dans une petite conférence, « L'existentialisme est un humanisme » (1946), qui offre le mérite, étant destinée à un public large, d'être particulièrement claire. Il y déclare que la meilleure définition de son existentialisme tient en une phrase : « L'existence précède l'essence. » Sartre s'imagine qu'il est en rupture totale avec la tradition, qu'il est d'une originalité folle, l'inventeur d'une nouvelle vision du monde aux antipodes de celles imaginées par Rousseau ou Kant, en quoi il se trompe du tout au tout : disons qu'il n'est pas historien des idées et qu'en plus, il cède au travers commun à tant d'autres, de vouloir à tout prix être original, l'auteur d'une « nouvelle philosophie ». Passons sur cette faiblesse très humaine, et voyons plutôt ce qu'il en est sur le fond.

Sartre donne un exemple particulièrement clair pour se faire comprendre : pour les objets fabriqués, tel un coupe-papier, dit-il, « l'essence précède toujours l'existence ». Traduisons : cela signifie qu'un artisan a nécessairement imaginé et conçu le coupe-papier avant de le faire exister. Il en a donc au préalable déterminé l'essence – l'« idée » platonicienne, ce que Pic appellerait l'« archétype », le modèle idéal pas encore réel. Or, pour dessiner un coupe-papier, il faut savoir à quoi il va servir : il aura une finalité, une utilité. De même, dans les théologies morales traditionnelles, on considère en général que Dieu a conçu dans son esprit l'idée de l'homme avant de le faire exister – on se représente alors Dieu comme un grand artisan, comme le grand architecte de l'Univers, de sorte que, comme pour le coupe-papier, une essence de l'homme précéderait son existence – ce qui, au passage, mais c'est tout sauf accessoire, implique d'entrée de jeu qu'une finalité morale lui est attachée ; de même que le coupe-papier est inconcevable si on ne pense pas à sa finalité (ouvrir les livres), de même, l'homme est créé par Dieu avec une mission à accomplir : le servir, obéir à ses dix commandements, faire le bien autour de lui, etc. Dans cette perspective, l'homme n'est pas libre : un destin s'impose à lui *a priori*, il est en quelque sorte dès l'origine prisonnier d'une essence, d'une nature qui lui impose un certain programme, une certaine finalité dans l'existence.

Selon l'existentialisme, au contraire, l'existence précède l'essence. C'est dire que, comme chez Protagoras, Pic et Rousseau, il n'y a pas de « nature humaine », pas de logiciel dont chaque individu ne serait qu'un exemplaire. L'homme est donc, pour parler comme Sartre, doublement « néant ». D'abord parce qu'il n'est, comme dans la fable de Pic, rien de déterminé, rien de particulier au départ. Mais aussi parce que étant libre, il est, comme dans le roman de Vercors, sans cesse en décalage avec le monde naturel comme avec lui-même : l'homme, aussi bizarre, voire contradictoire que puisse paraître à première vue la formule, *n'est jamais ce qu'il est, il n'est jamais identique à lui-même.*

Qu'est-ce que cela signifie ? S'agit-il d'un mauvais sophisme ? Pas du tout. Il s'agit tout simplement de rendre compte de cette expérience très commune, mais aussi très fondamentale et très humaine, qu'est l'expérience de la conscience de soi. Pensez, par exemple, à l'exercice de la confession. Lorsque je dis au prêtre (ou à qui vous voudrez) que « je suis gourmand », « menteur », « égoïste », etc., il y a aussitôt en moi deux personnages qui se séparent l'un de l'autre, de sorte que je ne suis plus tout à fait identique à moi-même : il y a un moi *sujet* qui parle d'un moi *objet*. Il y a le moi qui dit « je suis gourmand », et le moi qui est gourmand, et les deux ne sont jamais tout à fait identiques : je suis toujours plus ou moins en décalage avec moi-même, au-delà de moi, en « projet », comme dit Sartre. Il s'agit d'un dédoublement qui fait qu'au moment où je parle, je ne suis pas tout à fait ce que je suis. Cette distance entre moi et moi dont nous faisons tous l'expérience dans la conscience que nous avons de nous-mêmes, dans la « conscience de soi », correspond exactement à ce que Sartre appelle le « néant », justement à cause de ce « ne pas » qui figure dans la phrase « Je *ne* suis *pas* ce que je suis », là où l'animal, comme le coupe-papier, est exactement ce qu'il est : un « gros plein d'être », comme dit Sartre, une « nature ». Nous reviendrons en détail sur cette analyse lorsque nous parlerons pour elle-même de la philosophie de Sartre. Elle est pleine de conséquences passionnantes, sur la mauvaise foi ou les âges de la vie par exemple. Mais voyez d'ores et déjà comment elle s'inscrit dans le droit fil de la tradition ouverte par Pic et Rousseau.

Puisque l'être humain n'est rien au départ, il doit construire son destin, inventer son histoire, sa vie : là s'exerce sa liberté. Sartre reprend, mais sans le dire, sans doute aussi sans le savoir (encore une fois, il ignore à peu près tout de l'histoire de la philosophie), la pensée de Protagoras, de Pic de La Mirandole, de Rousseau et de Kant, cette tradition de l'« humanisme républicain », de l'humanisme abstrait avec son antiracisme, son anticommunautarisme, sa définition de la laïcité et sa définition des droits de l'homme comme protection de l'humain, abstraction faite des enracinements communautaires. L'idée révolutionnaire apparaît dans le sillage de cet humanisme moderne. C'est donc un paysage tout à fait cohérent, tout à fait grandiose qui, avec cette nouvelle philosophie, commence à dominer l'Europe jusqu'au milieu du XXe siècle.

Universalisme ou impérialisme colonial ?

Malgré toute la grandeur de la doctrine, malgré son magnifique universalisme de principe, universalisme qui s'incarne de manière admirable dans nos déclarations des droits de l'homme, nombre de ses héritiers, pourtant fort attachés à l'idée républicaine, vont être atteints d'une étrange maladie : le colonialisme, l'impérialisme, et même, à certains égards, le racisme qui, presque inévitablement, les accompagne peu ou prou – comme en témoignent par exemple, parmi tant d'autres, les textes de Tocqueville sur la manière dont « il convient de faire la guerre aux Arabes ». On ne peut pas lire ces passages sans un pénible sentiment de malaise : d'un seul coup, on n'a plus affaire à un philosophe républicain et libéral, à un penseur des Lumières pétri d'idées démocratiques « avancées », mais à un Tocqueville colonialiste, impérialiste et, il faut bien l'avouer, raciste. Dans le même ordre d'idées, quand on lit aujourd'hui les passages que Voltaire ou Kant consacrent aux Juifs, aux femmes ou aux Noirs, on ne peut qu'être saisi par l'abîme qui sépare l'intelligence des philosophes quand il s'agit de parler de l'humanité en général, et leur stupidité dès qu'il s'agit de ceux qu'ils tiennent pour des êtres inférieurs ou pour des « sauvages ».

Comment ces hommes des Lumières ont-ils pu concilier leur admirable défense des droits de l'homme et ce colonialisme qui implique une relation à l'autre qui passe si allègrement de la condescendance au racisme ? Je connais bien entendu la réponse habituelle – je l'ai moi-même cent fois donnée à des étudiants trop pressés de mettre les grands hommes au poteau ou d'en finir avec l'idée républicaine (que je continue malgré tout, mais moyennant certains correctifs, de tenir pour grandiose et précieuse) : ces « dérapages » ne seraient dus qu'à l'air du temps, des concessions à l'époque qu'il serait absurde, anachronique, de juger selon les critères d'aujourd'hui. C'est vrai, bien sûr, et l'argument possède une réelle force.

Il ne suffit pourtant pas à expliquer le paradoxe de ces républicains « première manière », droit-de-l'hommistes d'un côté, colonialistes, voire esclavagistes de l'autre. Il y a là une réelle difficulté, une difficulté que j'ai mis longtemps – trop longtemps sans doute – à comprendre et à dénouer. Je voudrais vous faire part des éclaircissements qu'elle requiert à mes yeux aujourd'hui.

Allons à l'essentiel : si le propre de l'homme réside dans sa liberté entendue comme capacité d'arrachement, si cette liberté se traduit dans les faits, comme nous l'avons vu avec Rousseau, par cette double historicité de l'être humain qui l'oppose radicalement à l'animal, alors comment éviter la « conclusion coloniale » ? Comment ne pas voir dans les sociétés sans histoire, dans ces sociétés qu'on disait naguère encore « primitives » ou « sauvages » et qu'on préfère aujourd'hui désigner comme « traditionnelles », un analogue presque parfait des sociétés animales ?

Creusons encore l'argument fatal : si le propre d'une société traditionnelle réside justement dans le fait qu'elle est tout entière organisée, comme le montre par exemple Pierre Clastres, un anthropologue disciple de Lévi-Strauss, dans ses études consacrées aux Indiens d'Amérique du Sud, autour d'un objectif central qui est la préservation des traditions, des coutumes, bref, du passé ; si ce type de société refuse, non par accident mais par nature, toute forme d'innovation, toute logique de réforme orientée vers le futur ; si, par voie de conséquence, elle rejette de toutes ses forces le souci d'entrer dans ce que les sociétés modernes tiennent au contraire pour le proprement humain, à savoir les processus historiques ; si, en d'autres termes qui parodient un discours désormais célèbre, « l'homme africain n'est pas entré dans l'histoire », alors, en effet, comment ne pas le considérer comme un enfant qu'il faut éduquer de l'extérieur, de force si nécessaire, voire comme un être légèrement infra-humain, un sous-homme ou un suranimal, comme on voudra, selon que l'on considérera que les causes de son arriération (de sa non-entrée dans l'historicité) sont accidentelles ou essentielles ?

Il n'y a, au fond, que deux hypothèses, que deux explications possibles à ce qui apparaît au républicain colonialiste comme une espèce de refus de l'historicité, *donc de l'humanité.* Si c'est par accident que le « primitif » reste hors histoire, alors on tentera de l'élever au sens où l'on parlait, au XVIIIe siècle, d'une « éducation du genre humain » : on lui apportera du dehors les Lumières de la civilisation qui lui manquent si cruellement. Nul hasard, dans cette perspective, si Colonisation et Éducation marchent d'un même pas, comme en témoigne la politique de Jules Ferry ; mais si on tient le « sauvage » pour arriéré par nature, ce qui est le racisme même, alors on se bornera à l'élever, non plus au sens scolaire du terme, mais au sens agricole, comme on « élève » du bétail pour en faire son esclave !

La république, bien sûr, opte par principe pour la première hypothèse et rejette la seconde comme raciste. Aux yeux du républicain, l'homme des sociétés traditionnelles est bien entendu un homme, pas un animal, et s'il faut, en effet, l'élever, c'est au sens premier du terme, au sens noble. Reste que, *de facto*, il ne peut s'empêcher de constater avec une certaine réprobation qu'il n'est pas vraiment entré dans l'histoire au sens où l'entendent les peuples démocratiques, l'histoire entendue comme une invention volontaire de son futur, et que, malgré tout, cela fait problème.

On peut, bien entendu, comme le font volontiers les anthropologues d'aujourd'hui, valoriser cette absence d'historicité, en faire, comme Pierre Clastres ou comme certains écologistes, une sorte de résistance, plus ou moins volontaire, à la modernité occidentale, une façon de rester pur, de rester libre, en marge de l'aliénation qui caractériserait les sociétés capitalistes. Là n'est évidemment pas la voie qu'emprunte le premier humanisme, cet humanisme républicain dont nous venons de décrire l'origine philosophique. À ses yeux, le « sauvage » doit bel et bien être considéré comme un primitif, comme un enfant, comme un être humain certes, mais qui s'ignore encore comme tel ou, pour parler le langage juridique de ces époques pas si lointaines, comme un « citoyen passif ».

La preuve ? Non seulement, *de facto*, il n'a pas, ou presque pas d'histoire, régi qu'il est par des coutumes héritées du passé et parfaitement intangibles, mais en outre, il ne sait ni lire ni écrire, ce qui signifie que, *de jure*, il ne peut pas avoir cette mémoire véritable, ce rapport authentiquement historique au passé qui suppose des documents écrits et des archives. Il faut donc, tel est le but le plus avouable et le plus volontiers avoué de la colonisation, humaniser cet homme, l'éduquer comme on éduque un élève, afin que sachant lire et écrire, il puisse entrer dans l'historicité hors de laquelle il n'est point de communauté humaine.

Qu'on le veuille ou non, et quelle que soit par ailleurs la grandeur de l'idée républicaine, on voit bien que le risque est permanent d'un glissement d'une logique éducatrice du genre humain vers une logique tout simplement raciste. Car le colonisateur républicain ne peut s'empêcher de forger, fût-ce en son for intérieur, le soupçon que, tout bien pesé, si l'Africain n'est pas entré dans l'histoire, c'est peut-être bien qu'il existait dans sa nature, pour ne pas dire dans sa race, quelque frein qui l'empêchait d'y entrer par lui-même. Bref, l'anthropologie qui fonde l'idée républicaine menace par principe de contrecarrer ses conséquences les plus nobles, à commencer par celles qui touchent au respect des droits de l'homme.

On m'objectera peut-être un argument factuel, qui tient en un mot, ou plutôt en un nom : « Sartre » ! Oui, Sartre : n'ai-je pas démontré à l'instant même qu'il partait d'une anthropologie semblable à celle de Pic et Rousseau ? Et pourtant : comment nier qu'il fut par excellence le prototype de l'intellectuel anticolonialiste ? Sans doute, mais ne nous y trompons pas : ce que Sartre soutient dans la révolte des « damnés de la terre », ce n'est pas l'anhistoricité, ce n'est pas le droit à la différence, mais le geste de la révolte en tant que tel, geste par lequel, justement, le colonisé entre dans l'historicité moderne et devient pour ainsi dire un Européen comme les autres.

Pour être plus clair encore peut-être, ce n'est nullement le caractère traditionnel, voire réfractaire à l'innovation qu'admire Sartre (comme Lévi-Strauss ou Clastres le font), mais tout au contraire la capacité des Africains, et plus généralement des colonisés, à prendre en charge leur destin au sein de ce qu'on nomme à l'époque les « mouvements de libération nationale », mouvement dont les idéologies doivent à peu près tout (l'idée de nation, celle de révolution, la référence au marxisme, à l'impérialisme, etc.) à l'Occident colonisateur moderne. Où l'on voit comment ce premier humanisme n'est universaliste, pour ainsi dire, qu'à moitié. Ce qu'il faut lui reprocher, ce n'est pas son trop d'universalisme comme vont le faire, avec Lévi-Strauss et la Pensée 68, les différentialistes de tout bord, mais son trop peu d'universalisme : l'éthique républicaine n'est encore qu'à mi-chemin d'elle-même, incapable qu'elle est d'accorder à celui qui n'est pas assez entré dans l'histoire à ses yeux un statut autre que celui de l'infériorité.

Nous verrons dans un prochain chapitre comment ce que j'appelle le « deuxième humanisme », celui qui fait suite à ce que j'ai aussi appelé la « révolution de l'amour », c'est-à-dire l'invention, en Europe, de la famille moderne fondée sur le mariage choisi, non plus sur le mariage arrangé par les familles et les villages, mais choisi par les jeunes gens par et pour l'amour, n'aura au contraire du premier aucune difficulté à critiquer la colonisation, à dénoncer les méfaits de l'impérialisme pour faire enfin droit à l'altérité des formes de vie différentes de celles que l'Europe moderne a privilégiées.

Pour prendre un exemple simple mais peu contestable, le passage de la logique coloniale à celle de l'Aide publique au développement, avec sa recherche de « financements innovants », quoi qu'on pense par ailleurs de son efficacité, de ses insuffisances ou de ses suffisances, témoigne à l'évidence d'un changement d'attitude si profond qu'il serait vain de vouloir le nier en accusant encore et toujours les pays occidentaux de « néocolonialisme ». La vérité, c'est que le colonialisme est mort et enterré. Hors à l'extrême droite, ou chez quelques néorépublicains, sympathiques, mais qui n'ont pas compris le sens de ces évolutions, on ne trouve plus guère de voix pour le défendre en Europe. Le souci de l'aide, mais bien plus profondément, le regard ethnologique sur l'altérité, a remplacé définitivement celui de l'éducation forcée, et nul ne peut sérieusement contester l'importance de ce changement d'attitude radical sur le plan éthique. Plutôt que de nier cette réalité, il faudra tenter de la comprendre, tenter de saisir ce qui, dans le second humanisme, a pu venir corriger les méfaits du premier tout en conservant ce qu'il avait de grandiose.

Mais c'est une autre histoire, sur laquelle nous reviendrons bientôt. J'espère du moins vous avoir montré à quel point les principes philosophiques qui ont présidé à la naissance de cette belle tradition humaniste sont profonds, puissants, et curieusement encore aujourd'hui trop souvent méconnus...

8

DESCARTES

La postérité de Descartes a retenu essentiellement deux œuvres majeures, le *Discours de la méthode* et les *Méditations métaphysiques*, qui parurent respectivement en 1637 et 1641. Ce sont des livres tout petits par la taille, mais immenses par le rôle qu'ils ont joué dans l'histoire de la philosophie. Les plus grands philosophes postcartésiens, à commencer par Hegel et Heidegger, ont salué en Descartes l'inventeur de la philosophie moderne, c'est-à-dire l'inventeur de la philosophie du sujet ou, ce qui revient au même, de l'humanisme philosophique. Descartes, en effet, va fonder tout l'édifice de la pensée sur l'homme, et non plus sur l'ordre du cosmos ou sur la divinité comme dans les siècles passés. En cela, il est bien un héritier de Pic et pour ne pas en rester à des formules abstraites, il va nous falloir préciser de manière tout à fait claire ce que signifie « fonder tout l'édifice de la pensée sur la subjectivité humaine ». Que veulent dire concrètement ces formules et comment se traduisent-elles dans la pensée de Descartes ?

Mais avant d'aborder cette question, disons quelques mots sur sa vie, une vie d'aventurier qui ressemble bien peu à celle de la plupart des philosophes. René Descartes est né le 31 mars 1596 à La Haye, non pas en Hollande, comme on le croit parfois, mais dans une petite ville située aux confins de la Touraine et du Poitou – ce qui lui valut d'ailleurs le surnom de « gentleman poitevin ». Sa famille, de petite noblesse, était suffisamment aisée pour que, devenu adulte, il puisse se consacrer à la science et à la philosophie en étant dispensé de gagner sa vie. Entré à dix ans au collège royal de La Flèche, ouvert en 1604 par les jésuites, il y jouit d'un traitement de faveur en raison de sa santé fragile : il peut se lever tard, et méditer longuement dans son lit, une habitude qu'il conserva semble-t-il toute sa vie. Dans le *Discours de la méthode*, Descartes jugera sévèrement l'enseignement de la scolastique aristotélicienne qu'il avait reçu à La Flèche. Quand il quitte ce collège, en septembre 1615, son père, conseiller au Parlement de Bretagne, l'incite à étudier le droit à Poitiers, où il passe l'année suivante son baccalauréat et sa licence. Se destinant au métier des armes, Descartes part en avril 1619 pour Breda, aux Pays-Bas, où il s'engage dans l'armée du prince d'Orange, Maurice de Nassau. À Breda, il se lie avec un jeune Néerlandais de vingt-huit ans, Isaac Beeckman (avec lequel il se brouillera en 1630), passionné comme lui, et comme la plupart des esprits curieux de l'époque, par les sciences et les mathématiques. Le jeune Descartes oscille cependant toujours entre la vie militaire et la vie philosophique. Alors que se prépare la guerre de Trente Ans, qui devait déchirer l'Europe jusqu'en 1648, il se rend en Allemagne pour s'engager dans l'armée catholique du duc Maximilien de Bavière.

C'est là que, le 10 novembre 1619, prenant son quartier d'hiver dans un « poêle » (une pièce bien chauffée), Descartes découvre dans l'enthousiasme sa vocation philosophique, apercevant la possibilité d'établir « les fondements d'une science admirable ». Le renoncement définitif à la vie militaire, alors qu'il va sur ses vingt-quatre ans, ouvre une période de sa vie qui, selon le récit du *Discours de la méthode*, durera neuf années, au cours desquelles il ne fait que « rouler çà et là dans le monde, tâchant d'y être spectateur plutôt qu'acteur en toutes les comédies qui s'y jouent », s'efforçant de déraciner de son esprit « toutes les erreurs qui s'y étaient pu glisser auparavant ». Il fait quelques voyages, en France et en Italie, mais séjourne le plus souvent à Paris, où il recherche la compagnie des savants, auprès desquels sa notoriété ne cesse de grandir. Descartes se lie notamment avec le père Mersenne (1588-1648), qui deviendra son principal correspondant lorsqu'il sera définitivement installé en Hollande – les relations de celui-ci avec tous les milieux scientifiques de l'époque en faisant un intermédiaire précieux. Durant cette époque de sa vie, Descartes mène encore une vie mondaine. Son premier grand biographe, Adrien Baillet – auteur d'une « Vie de Monsieur Descartes » parue en 1691 – narre à ce sujet quelques anecdotes à la fois amusantes et édifiantes : par exemple l'évocation de ce duel, à l'issue duquel Descartes fit grâce à son rival désarmé, signifiant tout de même à la dame dont les beaux yeux étaient à l'origine de la querelle qu'« il ne trouvait point de beautés comparables à celles de la vérité ».

En 1628, Descartes, à trente-deux ans, prend une décision importante : déterminé à se consacrer entièrement à son projet de mettre au jour les fondements métaphysiques de la science nouvelle, il choisit d'aller vivre en Hollande, un pays où il pourra, pense-t-il, trouver plus aisément le calme et la solitude qu'il recherche pour conduire ses réflexions. Il demeure aux Pays-Bas plus de vingt ans, jusqu'en septembre 1649 et son départ pour la Suède, ce long séjour n'étant interrompu que par trois voyages de quelques mois en France, en 1644, 1647 et 1648. En dépit ou à cause de sa quête obsessionnelle de la tranquillité, Descartes change fréquemment de lieu de résidence et ne se fixe nulle part. Dans son « désert », comme il dit, il a tout de même une vie sociale, et même une vie privée : une fille, Francine, naît en 1635 d'une liaison avec une servante et amie, Hélène Jans. En 1637, alors qu'il vit à Santpoort, il fait venir Hélène et Francine près de lui afin d'assumer ses responsabilités de père. Ils vécurent ensemble de l'automne 1637 au printemps 1640. Malheureusement, alors qu'il s'apprête à conduire sa fille en France, celle-ci meurt, en 1640, lui laissant, au dire de Baillet, « le plus grand regret qu'il eût jamais senti de sa vie ».

C'est aux Pays-Bas que Descartes rédige ses œuvres les plus importantes. Il commence à publier tardivement, à l'âge de quarante et un ans. Il avait alors déjà écrit plusieurs textes, inachevés ou non publiés, notamment les *Règles pour la direction de l'esprit*, un traité composé dans les années 1625-1628, mais qui ne paraîtra qu'en 1701. En 1633, il s'apprête à publier son *Traité du monde*, un ouvrage dans lequel il soutient la thèse du mouvement de la Terre autour du Soleil, quand il apprend la nouvelle de la condamnation de Galilée, ce qui l'incline à renoncer. C'est donc le 8 juin 1637, à Leyde, que paraît pour la première fois, anonymement du reste, un texte de

Descartes : il s'agit du *Discours de la méthode*, accompagné de trois essais scientifiques. Les *Méditations métaphysiques* paraissent en 1641 à Paris : le texte comprend, outre les six méditations, six séries d'objections formulées par les philosophes les plus célèbres de l'époque (en particulier Hobbes, Arnauld et Gassendi) ainsi que les réponses de Descartes. Soucieux d'assurer la diffusion de sa philosophie, il lui donne la forme d'un manuel en publiant à Amsterdam, en 1644, les *Principes de la philosophie*. Son traité sur les passions, *Les Passions de l'âme*, fruit d'un dialogue épistolaire débuté en 1643 avec la princesse Élisabeth de Bohême (1630-1714), sera, en 1649, le dernier texte publié de son vivant.

Avec les publications viennent les polémiques, que Descartes devra subir jusqu'à la fin de sa vie. Il fait l'objet d'attaques de la part des jésuites et des théologiens calvinistes hollandais. L'un d'entre eux en particulier – le « très célèbre Gibert Voet », comme le nomme Descartes dans la réponse qu'il lui adresse – le poursuit de sa vindicte, cherchant à le faire passer pour athée pour faire interdire ses publications. Peut-être irrité par les combats qu'il mène en Hollande, Descartes revient en France à deux reprises, en 1647 et 1648. Il y rencontre notamment le jeune Blaise Pascal (1623-1662), avec lequel il s'entretient en particulier de l'existence du vide, au sujet duquel ils divergent (Pascal ayant du reste raison contre Descartes). Déçu de ne pas recevoir une pension royale qu'on lui avait fait miroiter, et inquiet au spectacle de l'agitation qui annonce la Fronde, Descartes, toujours en quête de tranquillité, décide de mettre un terme à son dernier séjour parisien pour regagner la Hollande.

En septembre 1649, il se rend à Stockholm, sur l'insistance de la reine Christine de Suède (1626-1689), que l'ambassadeur de France, son grand ami Chanut, avait commencé à initier à sa philosophie. Promu philosophe officiel, il se voit contraint de rédiger des discours, de dresser les statuts d'une Académie, et même de composer des comédies. La reine le reçoit le matin très tôt, ce qui contrarie ses habitudes. Il prend froid à l'occasion de l'une de ces entrevues matinales, contractant une pneumonie à laquelle il succombe, à Stockholm, le 11 février 1650, à presque cinquante-quatre ans. Ses restes – profanés à l'occasion de leur rapatriement en 1667 – devinrent un enjeu politique durant la période de la Révolution et la de la Restauration, faisant l'objet de nombreux déplacements au gré des réactions admiratives ou hostiles. Ils sont aujourd'hui déposés dans l'église de Saint-Germain-des-Prés, en une chapelle située à droite du chœur. Le crâne de Descartes (ou supposé tel), récupéré en Suède et remis à Cuvier en 1821, se trouve au musée de l'Homme.

Revenons maintenant à notre question directrice : en quoi Descartes est-il le fondateur de la philosophie moderne, c'est-à-dire de l'humanisme philosophique ?

Fonder la philosophie sur l'être humain

Dès que vous ouvrez le *Discours de la méthode* ou les *Méditations*, vous ne pouvez pas ne pas être frappés par le fait que Descartes met en place une démarche nouvelle, une méthode, justement, qui fonctionne en trois temps.

Le *premier temps*, c'est celui du doute radical, c'est le geste révolutionnaire par excellence. Nous allons l'analyser en détail dans quelques instants, mais disons tout de suite qu'il instaure, comme toute révolution, une espèce de « table rase » de tout ce qui est hérité du passé, de la tradition, de l'Ancien Régime comme de l'école, des maîtres ou des parents. Cette idée fondamentale anime aussi bien le *Discours de la méthode* que les *Méditations*. Quel est le but de ce doute ? Il ne s'agit nullement d'en rester à une forme de scepticisme, nous y reviendrons là aussi dans un instant, de déclarer, comme les sceptiques grecs par exemple, que la connaissance de la vérité est impossible, mais au contraire, il vise à identifier – et c'est là le *deuxième temps* de cette démarche – une vérité enfin incontestable, une certitude absolue qui résiste justement au doute et qui, du coup, permette de reconstruire tout l'édifice de la philosophie – et c'est cette refondation, cette reconstruction qui va constituer le *troisième moment* de la méthode.

Or cette certitude qui résiste et donc échappe au doute radical, cette vérité qui va dès lors pouvoir servir de pierre angulaire, de socle solide pour la reconstruction enfin certaine de toute science et de toute philosophie, n'est autre que le fameux *« cogito ergo sum »*, le « je pense, donc je suis » : où l'on voit que c'est sur la certitude que le sujet a de lui-même et de son existence que l'on va pouvoir refonder tout l'édifice de la pensée – en quoi nous entrons bien avec Descartes dans la sphère de la philosophie moderne, c'est-à-dire de la philosophie du sujet, de la pensée fondée sur la certitude subjective présentée comme modèle de toutes les autres vérités : en effet, c'est en analysant les caractéristiques de cette première certitude absolue que Descartes prétend trouver un nouveau critère de la vérité. S'il est communément considéré comme l'inventeur de la philosophie moderne, c'est précisément parce que la subjectivité va devenir le fondement de la vérité avec l'idée d'une transparence à soi-même du sujet qui sait que « *cogito ergo sum* », que s'il pense, c'est donc qu'il existe, et que cela, à tout le moins échappe au doute, est certain, et que c'est même le modèle de toute certitude.

Cet accent mis sur la subjectivité marque une rupture avec le monde ancien, qui plaçait soit le cosmos (chez les Grecs), soit la divinité (dans le monde chrétien comme dans tous les autres univers religieux) à la base de la science ou de la réflexion sur la vie bonne. Et ce déplacement opéré par Descartes paraît d'autant plus capital qu'il est aussi au principe de la plus importante révolution politique des temps modernes, à savoir la Révolution française, qui va, elle aussi, consacrer la naissance de l'humanisme, mais dans la sphère politique et juridique : faire table rase du passé, mettre en doute, si je puis dire, l'Ancien Régime afin de tout reconstruire à partir de l'An I, cet équivalent politique du *cogito*, c'est le geste révolutionnaire par excellence. Une formule de Rabaut Saint-Étienne (1743-1793), un des grands révolutionnaires français, l'exprime avec force : « Notre histoire n'est pas un code. » En d'autres termes, nous ne sommes pas déterminés de part en part par notre passé, nous ne sommes pas prisonniers d'une histoire, nous pouvons nous retourner contre la tradition pour la critiquer et chercher quelque chose sur quoi bâtir un ordre nouveau : l'idée révolutionnaire est cartésienne en son fond.

C'est ce que Tocqueville souligne avec justesse, dans *De la démocratie en Amérique* : les révolutionnaires français, dit-il, ne sont au fond que des cartésiens « sortis des écoles » et descendus dans la rue. Le doute cartésien annonce dans l'ordre de la pensée, avec un siècle et demi d'avance, ce que sera la Révolution française dans l'ordre de l'histoire : au doute qui porte sur les préjugés correspondra la table rase du passé qui abolit l'Ancien Régime ; au *cogito*, première et fondamentale certitude qui échappe à la critique, correspond l'idée que les hommes sont désormais les sujets d'une histoire qu'ils peuvent et doivent eux-mêmes inventer ; à la reconstruction de tout l'édifice de la pensée à partir de ce modèle premier de certitude qu'est le cogito répondra la reconstruction du monde à partir de la souveraineté populaire, du droit de vote, des droits de l'homme et de la démocratie.

En ce sens, on peut considérer que Descartes a non seulement inventé la philosophie moderne, mais qu'il traduit dans la pensée, comme par anticipation, la naissance à la modernité historico-politique. Pour comprendre vraiment la philosophie de Descartes et cette genèse du monde moderne, il faut partir de ce texte fondateur qu'est la *Première méditation*. Et comme on va voir, la nature exacte du doute radical qu'elle met en place n'est pas si simple à comprendre qu'on l'imagine parfois : si l'on ne dispose pas de quelques clés de compréhension bien ajustées, on risque fort de commettre de graves erreurs d'interprétation – et c'est là justement ce que je voudrais vous éviter, car, vous allez aussi le voir, nombre de grands commentateurs, y compris parmi les plus prestigieux, s'y sont parfois cassé les dents...

Le doute et la folie de la philosophie : enjeux de la *Première méditation*

Parce qu'elle fonde la philosophie de la subjectivité – la « métaphysique de la subjectivité », dira Heidegger –, il n'est guère de grand philosophe qui ne se soit intéressé à cette *Première méditation*. Il s'agit d'un texte d'à peine dix pages, apparemment tout simple, écrit en un style littéraire, limpide, sans jargon inutile – car Descartes est aussi un grand écrivain –, et pourtant, ce petit texte a suscité des dizaines de milliers de pages de commentaires et d'interprétations contradictoires. Descartes a lui-même déjà répondu à un certain nombre d'objections, mais ces quelques pages ont continué jusqu'aujourd'hui à susciter débats et polémiques. Pourtant, j'y insiste à nouveau, à la différence, par exemple, des grandes œuvres de l'idéalisme allemand, le texte est en apparence tout simple, facile à lire, dépourvu de vocabulaire technique. Mais en réalité, chaque ligne ou presque dissimule un piège et ces multiples chausse-trappes expliquent des divergences interprétatives assez profondes, notamment entre trois commentateurs majeurs de Descartes, que j'ai eu la chance de bien connaître quand j'étais étudiant : Ferdinand Alquié (1906-1985), sans doute le plus fiable, dont j'ai suivi les cours pendant des années, Henri Gouhier, peut-être le plus fin entre tous (1898-1994) et Martial Guéroult (1891-1976) qui s'est, il faut l'avouer, très souvent trompé sur Descartes comme plus tard sur un autre philosophe auquel j'ai consacré ma thèse de doctorat, Fichte.

Je vous propose de commencer avec ce qui est finalement le point essentiel, à savoir l'analyse du doute – la complexité de la démarche cartésienne, faussement simple, apparaîtra d'elle-même chemin faisant, au fur et à mesure que nous allons la décortiquer ensemble pour en faire apparaître les différents moments.

La *Première méditation* est une sorte de dialogue intérieur entre, d'un côté, la volonté de douter de tout pour trouver une vérité qui résiste et, de l'autre, les objections que l'on peut élever contre ce doute. Si Descartes objecte contre le doute qu'il met lui-même en place de manière méthodique, c'est dans le but de le radicaliser encore davantage afin d'être tout à fait certain, si jamais on trouve quelque chose qui lui échappe et qui résiste vraiment, que ce soit bien le modèle premier de toutes les autres vérités. Descartes procède donc par étapes, afin de parvenir peu à peu à un doute absolument radical, à ce qu'il appelle lui-même un « doute hyperbolique », c'est-à-dire volontairement excessif. Comprenez bien le sens de cette expérience : si jamais quelque chose résistait à ce doute à dessein porté à son comble, alors on pourra être enfin certain qu'il s'agit bien d'une vérité solide qui permettra de reconstruire l'édifice de la philosophie tout entier.

Je vous propose donc d'abord de reconstituer une à une les étapes de cette *Première méditation*. Nous verrons ensuite que la philosophie cartésienne s'appuie sur trois ou quatre piliers qui, au-delà de Descartes, engagent presque toute la philosophie moderne. Enfin, dans un troisième temps, j'examinerai la postérité remarquable de ses œuvres à travers quelques-unes des questions fondamentales posées par les *Méditations* et reprises ensuite dans la philosophie moderne.

Étapes de la radicalisation du doute

Avant toute chose, permettez-moi d'insister encore un instant sur le fait que le doute « hyperbolique » de Descartes ne doit pas être confondu avec le scepticisme traditionnel, et ce pour deux raisons qu'il faut avoir toujours présentes à l'esprit en lisant cette Méditation.

En premier lieu, ce doute est *provisoire* : il n'est nullement destiné à s'installer durablement, mais au contraire à être dépassé. Il s'agit d'une étape nécessaire pour trouver, comme l'écrit Descartes lui-même, un « point d'Archimède » permettant de « soulever » la philosophie tout entière. L'évocation, au début de la *Deuxième méditation*, du grand scientifique grec, le dit du reste sans équivoque :

> Archimède, pour tirer le globe terrestre de sa place et le transporter en un autre lieu, ne demandait rien qu'un point qui fut fixe et assuré. Ainsi, j'aurais droit de concevoir de hautes espérances si je suis assez heureux pour trouver seulement une chose qui soit certaine et indubitable.

Ce point d'ancrage, ce point d'Archimède qu'on apercevra quand une certitude résistera enfin au doute radical, Descartes le trouve comme on va voir dans un instant, avec le *cogito*.

Mais en second lieu, le doute cartésien se distingue de celui des sceptiques traditionnels en ce qu'il ne porte pas uniquement sur la connaissance. En effet, il met aussi en question l'existence même du monde (ce qu'on appelle le « solipsisme », ou « l'idéalisme radical »). Est-ce que les objets existent ? Est-ce que le monde existe ? Comme chez les grands auteurs de science-fiction, Philip K. Dick par exemple, il se pourrait que tout cela ne soit qu'une illusion, un songe, que nous vivions dans un rêve dont on ne peut jamais être certain d'être sorti. Le doute de Descartes n'est donc pas simplement « gnoséologique », portant sur la connaissance, mais il est aussi « ontologique », au sens où il porte sur l'être même des choses, sur la réalité du monde sensible.

Cela posé, il est temps maintenant de suivre le texte étape par étape, afin de discerner les arguments par lesquels Descartes installe progressivement la radicalité de son doute.

Un argument assez simple, et néanmoins fort, tient lieu de *première étape* : c'est qu'il nous est à tous arrivé un jour ou l'autre, c'est une expérience commune, d'avoir la certitude absolue d'avoir raison, alors qu'on s'était tout à fait trompé. Il est donc possible que nous nous trompions tout en étant pourtant absolument certains que nous sommes dans le vrai. À lui seul, ce premier motif serait presque suffisant pour entrer dans une logique de doute radical : le fait de s'être déjà trompé en étant absolument certain de notre fait est en soi un excellent motif pour douter de toute chose.

Deuxième étape, Descartes se demande – c'est une objection qu'il se fait à lui-même pour radicaliser encore son doute méthodique – s'il n'exagère pas, si ce doute radical n'est pas quand même un peu délirant, excessif, dans la mesure où certaines choses paraissent tout de même indubitables : « Par exemple, il est impossible de douter que je suis ici, assis auprès du feu, vêtu d'une robe de chambre, ayant ce papier entre les mains. Et comment nier que ces mains et ce corps soient à moi ? » Il existe des certitudes si évidentes qu'il semble tout de même un peu difficile de les mettre en doute ! Celui qui douterait que ses mains sont bien ses mains, que son corps est bien son corps, ou qu'il est bien assis dans cette pièce, ne serait-il pas semblable à ces « insensés qui pensent être en verre » – je précise que c'est à l'époque de Descartes une manière très courante d'imaginer la folie que de la comparer à un homme qui pense être en verre –, ou « qui se croient princes alors qu'ils sont miséreux » ? Douter de tout ne reviendrait-il pas à se comporter comme un fou furieux ? Est-il vraiment raisonnable d'entrer dans cette logique du doute radical ? Vient alors cette phrase, dont on verra pourquoi elle a fait couler beaucoup d'encre : « Mais quoi ? ce sont des fous ! » Un philosophe sérieux doit-il se mettre à imiter ces fous ? Nous allons revenir sur cette question de la folie à l'âge classique, question qui a suscité de colossales bévues, notamment de la part de Foucault et Derrida comme je le montrerai dans un instant. Mais continuons à disséquer les étapes de cette mise en place progressive du doute radical.

Dans la *troisième*, Descartes prend donc le risque de présenter lui-même sa propre démarche comme excessive, comme semblable à celle des insensés. Pourtant, ces fous, il nous arrive dans un cas au moins de leur ressembler : lorsque nous rêvons. « Combien de fois, écrit Descartes, m'est-il arrivé de songer, la nuit, que j'étais en ce lieu, que j'étais habillé, que j'étais auprès du feu, quoique je fusse tout nu dedans mon lit. » De même qu'il m'est arrivé de me tromper en étant absolument certain que j'avais raison, il m'est arrivé de prendre mes rêves pour la réalité. L'argument du rêve répond à celui de la folie : certes, ceux qui s'imaginent faits de verre sont fous, mais ne sommes-nous pas dans la même situation qu'eux lorsque nous rêvons ? Telle est la *quatrième étape* – on progresse toujours dans la radicalisation du doute, dans la mise en place d'un doute qui apparaît, si je puis dire, de plus en plus certain, toujours dans le but de trouver enfin quelque chose qui lui résistera et qui sera donc en toute certitude le modèle de la vérité.

Cinquième étape, Descartes élève une nouvelle objection contre sa propre méthode de doute. Il s'agit de relativiser l'argument du rêve. Lorsque je rêve de ceci ou de cela, lorsque j'invente des chimères, lorsque je pense à des fantômes, à des monstres, il se trouve forcément des éléments qui viennent quand même bien d'une réalité ! Ces créatures imaginaires ont un corps, des yeux, des mains, un visage. Même dans les chimères, il existe donc des éléments « adventices », comme dit le vocabulaire de l'époque, c'est-à-dire des éléments empiriques, empruntés à la réalité. Mais il y a plus. Non seulement ces éléments empiriques, même rêvés et chimériques, doivent bien quand même provenir de quelque réalité, mais en outre, même dans le rêve le plus délirant, n'est-il pas évident que les vérités de raison, par exemple celles des mathématiques, restent vraies ? Même en rêve, il demeure exact que la ligne droite est le plus court chemin d'un point à un autre ou bien que 2 et 2 font 4. Les vérités les plus simples des mathématiques demeurent vraies, même dans les songes. Voyez toujours le sens de l'objection : c'est qu'en l'occurrence, l'argument du rêve ne suffit pas à installer suffisamment le doute, il est nécessaire d'aller plus loin encore pour parvenir à le radicaliser tout à fait.

Alors, *sixième étape* de cette *Première méditation*, Descartes propose une nouvelle hypothèse pour asseoir définitivement le doute : celle du Dieu trompeur. Il ne faut pas se tromper, si je puis dire, au sujet de ce Dieu trompeur, qui fut une source importante d'erreurs chez nombre d'interprètes un peu trop pressés : il importe de bien distinguer le « dieu trompeur » d'une autre hypothèse, celle du « malin génie », qui va intervenir un peu plus loin dans la suite du texte. (Voyez au passage comme cette *Première méditation* demande à être lue avec soin.) Descartes dit au fond ceci : j'ai souvent eu l'idée d'un Dieu, éventuellement bon, qui m'aurait créé ; cette idée, après tout, est peut-être vraie (rien ne permet d'en juger, puisque, dans le doute, on ne sait plus distinguer le vrai du faux). Il serait très possible qu'il y ait un Dieu qui me trompe parfois pour mon bien, comme il arrive parfois à un bon père de famille, pour éviter que je ne fasse des bêtises, ou que je ne croie à des mauvaises choses. Il faut savoir qu'au XVIIe siècle, cette hypothèse d'un Dieu qui tromperait les hommes par bienveillance, pour que nous ne soyons pas angoissés (comme des parents qui racontent des histoires aux enfants pour les calmer avant de les endormir), est admise par nombre de théologiens : il ne s'agit pas cette fois d'une hypothèse fictive, mais d'une référence théologique considérée à l'époque comme assez plausible.

En revanche, l'hypothèse radicale du « malin génie » qui nous tromperait tout le temps (« malin », au XVIIe siècle, veut dire « méchant »), proposée dans la suite du texte par Descartes, est toute différente : il s'agit à nouveau d'une hypothèse, non pas plausible, théologiquement courante et recevable, mais d'une hypothèse volontairement excessive et fictive, « hyperbolique », qui répond à un pur souci de méthode. Descartes la présente clairement comme telle. Il ne la considère pas du tout comme plausible. Seulement, comme il constate qu'il a tendance à revenir à ses certitudes habituelles, à ne pas accepter le doute radical, il construit cette hypothèse qui lui permet de douter de tout et tout le temps : même si les vérités mathématiques me semblent vraies, fût-ce en rêve, il existe peut-être un « malin génie » qui fait en sorte que je pense que 2 et 2 font 4 alors qu'en vérité, 2 et 2 font 5. Cette ultime hypothèse, qui conclut le dialogue intérieur de la *Première méditation*, instaure enfin un doute vraiment radical.

La controverse sur la folie

Chaque phrase ou presque de cette *Première méditation* a suscité des quantités d'interprétations divergentes. Je voudrais vous en donner un aperçu particulièrement amusant – mais aussi fort intéressant historiquement. Il a pour point de départ cette petite phrase que j'évoquais tout à l'heure : « Mais quoi ? ce sont des fous ! » Je vous rappelle qu'elle conclut la deuxième étape du raisonnement cartésien, étape dans laquelle il affirme qu'il est résolu à douter de tout, même de son existence, ou du fait que ses mains sont bien ses mains, que son corps est bien son corps. Souvenez-vous, il se fait à lui-même l'objection : est-il bien raisonnable de douter de soi à ce point-là ? N'est-ce pas être comme ces fous qui croient être en verre ou qui pensent que leur corps n'est pas leur corps ? « Mais quoi ? ce sont des fous ! » Intervient ensuite l'hypothèse du rêve :

ce sont peut-être des fous, mais, dans le rêve nous sommes confrontés une situation analogue, etc. – je ne reprends pas à nouveau tout le raisonnement.

Eh bien, cette toute petite phrase a suscité trois interprétations complètement différentes, d'autant plus intéressantes qu'elles sont le fait de penseurs considérés par certains comme des penseurs majeurs de la philosophie française contemporaine.

La première est développée par Michel Foucault, dans l'*Histoire de la folie à l'âge classique*. Pour aller à l'essentiel, Foucault reproche à Descartes d'exclure tout de suite, avec cette petite phrase, l'hypothèse de la folie. Pour lui, le texte dirait : « Mais quoi ? ce sont des fous ! » afin de signifier que la folie n'est pas une affaire sérieuse, qu'il convient de n'en tenir aucun compte et de passer à autre chose. Le fou n'aurait donc aucune place dans la philosophie rationaliste : il serait par excellence l'exclu. Foucault voit dans cette forclusion de la folie une confirmation de son interprétation générale du XVIIe siècle, qu'il présente comme la période du « grand renfermement » des fous. Au Moyen Âge – sur ce point, Foucault a factuellement raison, mais nous verrons qu'il se trompe pourtant du tout au tout sur le sens de cette situation –, le fou était intégré à la communauté, un peu sur le modèle de « l'idiot du village » : bien que différent des autres, il vivait au milieu des autres, sans être exclu ni enfermé dans une institution spécialisée. Les enfants le chahutaient certes un peu, mais, dans l'ensemble, on était quand même plutôt gentil avec lui. Tout change, au XVIIe siècle, avec la création de l'hôpital général (le « grand hôpital ») : on procède alors, selon Foucault, à l'enfermement systématique des fous, lesquels font peur et menacent les bourgeois (à l'instar des pauvres, enfermés et rejetés eux aussi). Le XVIIe siècle serait donc le grand moment de l'exclusion, et Descartes reproduirait, selon Foucault, le même geste au cœur de la philosophie : au nom de la Raison, il rejetterait le point de vue de la folie, en le décrétant de but en blanc inintéressant : « Mais quoi, ce sont des fous ! », signifierait qu'on ne doit pas tenir compte de leur position.

Cette interprétation, autant le dire tout de suite, est tellement fausse qu'elle en devient comique : je pense que vous avez de vous-même compris que c'est exactement l'inverse que veut dire Descartes, à savoir que les fous ont raison de douter. Tout son propos est de les imiter, non de les rejeter ! Je vais y revenir, mais voyons déjà la deuxième interprétation de ce passage délicat.

Elle est proposée par Jacques Derrida, en opposition directe à celle de Foucault, dans un petit passage de *L'Écriture et la Différence*. Il faut se souvenir qu'à l'époque, dans les années 1960-1970, Derrida et Foucault sont en compétition permanente pour obtenir l'admiration des étudiants de sorte que leurs polémiques prenaient aussitôt une ampleur particulière. Derrida est donc ravi de prendre son rival en défaut. À rebours de ce que dit Foucault, il montre que Descartes ne rejette pas du tout la folie, mais qu'il l'intègre au contraire à son raisonnement afin de radicaliser le doute. En effet, l'argument du rêve avancé par Descartes revient à se mettre dans la même situation que le fou – et sur ce point, Derrida a évidemment raison : Descartes suggère bien que, lorsque nous rêvons, nous croyons, comme les fous, que telle chose existe alors qu'en vérité elle n'existe pas. Nous prenons des images de l'imagination pour des réalités. Loin de l'exclure, Descartes paraît donc accorder une large place à cette folie qui nous fait prendre des vessies pour des lanternes. Du reste, le « je pense, donc je suis », vérité au fondement de toute science et de toute philosophie, vaut pour le fou exactement comme pour l'homme normal : si le malin génie me trompe, que je sois fou ou non, il n'en demeure pas moins que j'existe. C'est bien la preuve que l'argument du fou est intégré par Descartes et que l'interprétation de Foucault est radicalement fausse, pour ne pas dire franchement délirante.

L'argumentation de Derrida paraît donc probante – en tout cas, elle est à coup sûr moins fausse que celle de Foucault. Alquié, dans un article qui n'a jamais été publié, va pourtant montrer qu'elle est loin, elle aussi, d'être exacte. Ayant suivi ses cours, j'ai eu le bonheur de l'entendre se payer la tête de ses deux illustres collègues, sans doute beaucoup plus connus que lui, mais infiniment moins fiables et moins savants. À son tour, il les prenait le doigt dans le pot de confiture, expliquant à ses étudiants combien les deux grandes figures de la philosophie française contemporaine se méprenaient sur ce passage des *Méditations métaphysiques*. Alquié a ensuite donné son article à ses assistants, et notamment à mon maître Jacques Rivelaygue, le plus extraordinaire professeur qu'il m'ait été donné de rencontrer, et qui lui aussi prenait un malin plaisir à dénoncer les erreurs d'interprétation de penseurs trop pressés – j'ajoute que ma lecture de Descartes doit tout à mes deux admirables professeurs.

Comme le montre Alquié, Foucault et Derrida partent en réalité d'une conception de la folie qui est typique du XIXe siècle mais qui ne correspond absolument pas à celle du XVIIe siècle. Ils sont tous deux victimes d'une illusion rétrospective, et commettent un même anachronisme.

La folie, en effet, est communément définie au XIXe siècle comme une activité hallucinatoire, comme une confusion entre l'imaginaire et le réel. Le fou, c'est celui qui ne perçoit pas le monde comme nous, qui voit autre chose. Cette idée vient de la psychologie empiriste, associationniste, développée au XVIIIe siècle, en particulier par Hume, et qui porte l'accent sur la différence entre la perception et l'imagination. Or, à partir d'une analyse érudite des traités de médecine de l'époque de Descartes, Alquié démontre de manière tout à fait convaincante que la conception de la folie, au XVIIe siècle, est toute différente de ce qu'elle va devenir au XIXe. On considère alors que le fou voit bien la réalité comme nous, qu'il en a exactement la même perception, mais qu'il « en fait exprès », comme on dit. Le fou est quelqu'un qui préfère croire son jugement plutôt que ce qu'il perçoit. Il ne commet donc pas une erreur, mais plutôt une faute morale : c'est un orgueilleux. Il ne s'agit pas, comme le croient Foucault et Derrida, de quelqu'un qui confond l'imaginaire et le réel, qui aurait une perception du monde autre que celle des gens en bonne santé. Non, ce qui le rend fou, c'est qu'il a l'orgueil, l'arrogance, l'*hybris* diraient les Grecs, de se fier à son jugement plutôt qu'à sa perception du réel et à ce que les autres lui en disent ! C'est pourquoi il est, au XVIIe siècle, maltraité beaucoup plus qu'aujourd'hui. On n'hésite pas à le réprimander, voire à le cogner rudement, parce qu'il est désespérant : il ne veut jamais entendre ce qu'on lui dit, il n'en fait qu'à sa tête !

Ce qui est très amusant et en même temps très juste dans la lecture que propose Alquié, c'est qu'à l'inverse exact de ce que croit Foucault, la *Première méditation*, loin d'exclure la folie, la prend en réalité comme modèle, comme paradigme de l'attitude philosophique ! Descartes ne rejette en rien la folie, il la prend au contraire comme boussole ! Comme le fou, il préfère lui aussi « n'en faire qu'à sa tête », suivre son jugement, sa volonté de douter, plutôt que les traditions, les préjugés, les habitudes, les certitudes, le prétendu bon sens. Ce que veut dire Descartes avec son fameux « Mais quoi, ce sont des fous ! », c'est que l'objection de bon sens contre la folie est stupide, que lui-même assume le fait d'être comme le fou, parce que, justement, tout son propos est de mettre en doute volontairement tout ce qui vient des préjugés, des traditions, du passé : je tiens davantage à mon jugement qu'à ce que je vois, et qu'à ce que les autres peuvent me dire, voilà ce que veut dire Descartes, en quoi il rejoint le fou.

Descartes met ainsi en place une analogie très profonde entre folie et philosophie. Il a parfaitement conscience que sa volonté de douter de tout va sembler insensée au commun des mortels, parce que, comme la folie, l'attitude philosophique est en rupture totale avec l'attitude commune. Personne, dans la vie ordinaire, n'adopte le doute radical au point de croire que sa main n'est pas sa main, de confondre le rêve et la réalité, ou encore de penser que 2 + 2 pourraient vraiment faire 5. Loin d'être rejeté par une philosophie rationaliste, qui correspondrait trait pour trait au « grand renfermement », le fou est au contraire comme un modèle de cette philosophie. Quand Descartes dit « Mais quoi ? ce sont des fous ! », il pense au fond ceci : oui, ce sont peut-être des fous, mais c'est exactement ce que je suis en train de faire en vous invitant à un doute radical qui sort complètement de la vie ordinaire. La philosophie et la folie s'opposent toutes deux au sens commun, voilà la signification réelle de cette évocation de la folie.

Le débat contradictoire qui s'est développé autour de ce petit passage des *Méditations* est significatif à plusieurs titres. Il illustre d'abord de manière amusante le fait que, comme je vous le disais, quasiment chaque phrase de la *Première méditation* a suscité des interprétations très divergentes, y compris chez des gens fort écoutés à l'époque, comme Foucault et Derrida. Surtout, la mise au point d'Alquié fait ressortir l'idée fort intéressante que la philosophie et la folie se ressemblent, que la philosophie est une volonté acharnée de sortir du sens commun, en l'occurrence par le doute radical. Et cette idée indique le chemin de la découverte de la vérité. Pourquoi ? Ce qui est à l'œuvre dans la *Première méditation*, c'est précisément la volonté de vérité qui veut échapper au doute, qui veut trouver cette certitude que Descartes va enfin découvrir dans la *Deuxième méditation*, avec son fameux *cogito*. Les deux caractéristiques de la subjectivité moderne, volonté et raison, se mettent donc en place dès la *Première méditation*. Heidegger analysera en profondeur ce double trait, volontariste et rationaliste, de la « métaphysique de la subjectivité ». À ses yeux, le sujet de la métaphysique moderne est bien caractérisé par ces deux attributs fondamentaux : la volonté et l'entendement. Or l'un et l'autre sont pleinement à l'œuvre dans cette *Première méditation* : je veux douter – voilà, au fond, ce que nous dit Descartes – et je veux douter avec des arguments rationnels.

Sortie de doute et rencontre avec la première certitude : « Je suis, j'existe »

Une fois balayés les préjugés, Descartes découvre la première vérité, celle qui résiste au doute : le fameux « je suis, j'existe ». Mais, là encore, la simplicité apparente du propos est trompeuse.

On trouve en fait deux formulations du *cogito* dans l'œuvre de Descartes. En 1637, dans le *Discours de la méthode*, la première formulation, qui reste encore aujourd'hui la plus connue, est : « *cogito ergo sum* », « je pense, *donc* je suis ». Quatre ans plus tard, dans les *Méditations*, Descartes dit tout simplement : « Je suis, j'existe. » Le « donc » a disparu et ce n'est évidemment pas un hasard : Descartes se rend compte que ce fameux « donc » pose problème par rapport à cette radicalisation totale du doute dont témoignent les *Méditations* : en effet, si un malin génie nous trompe sur des vérités aussi certaines que 2 + 2 = 4, le « donc », qui implique le principe de causalité, pourrait lui aussi être mis en doute. Avec la seconde formulation – « Je suis, j'existe » –, il ne s'agit plus d'un raisonnement, mais d'une espèce d'intuition certaine dont le statut, du reste, n'est pas forcément très clair, mais peut être compris de la façon suivante : si quelqu'un, Dieu trompeur ou malin génie, me trompe, c'est bien, de toute évidence, qu'il se trouve quelqu'un à tromper. Derrière cette tromperie, il y a l'existence nécessaire d'un sujet qui est trompé. Pour Descartes, la chose est indubitable :

> Mais il y a un je ne sais quel trompeur très puissant et très rusé qui emploie toute son industrie à me tromper toujours. Il n'y a donc point de doute que je suis, s'il me trompe. Et qu'il me trompe tant qu'il voudra, il ne saurait jamais faire que je ne sois rien tant que je penserai être quelque chose. De sorte qu'après y avoir bien pensé, et avoir soigneusement examiné toute chose, enfin il faut conclure et tenir pour constant que cette proposition « je suis, j'existe » est nécessairement vraie toutes les fois que je la prononce et que je la conçois en mon esprit.

À partir de là, Descartes entend procéder de manière réflexive. En réfléchissant sur cette proposition, il devrait être possible, pense-t-il, de dégager les critères du vrai puisqu'elle est elle-même évidemment vraie. Il faut maintenant passer de l'intuition certaine au raisonnement, et découvrir les critères qui permettent de définir cette vérité, la fameuse « évidence claire et distincte ».

Cette argumentation autour du *cogito* a bien entendu suscité nombre d'objections, notamment de la part de Gassendi et des empiristes, mais aussi de Kant ou encore de Husserl. Bien des philosophes ont jugé que cette « évidence » n'en était pas vraiment une. Pour Kant, comme pour Husserl, induire du fait que je puisse être trompé au fait que j'existe hors de ma propre représentation, donc comme sujet « en soi », est tout à fait fallacieux. De la représentation de moi-même à l'idée qu'il existe un sujet en soi, une « *res cogitans* », une chose qui pense, bref, une substance en quelque sorte cachée sous les représentations, il y a un pas que le raisonnement ne permet pas de franchir. On trouvera cette critique développée dans le passage de la *Critique de la raison pure* qui porte sur les « paralogismes ».

Descartes croit néanmoins avoir trouvé une « évidence » absolue, une certitude indubitable et il faut bien sûr se demander pourquoi.

Le terme « évidence » vient du latin *video* qui veut dire « voir » – c'est d'ailleurs la même étymologie que le mot « idée » – *eïdos* en grec –, qui vient du verbe *orao*, lequel veut également dire « voir ». L'évidence du *cogito* appartient donc aux métaphores de la vision. Le sujet cartésien est un sujet transparent à lui-même, un sujet qui se voit tout entier, de part en part, sans inconscient – tout le contraire du sujet « brisé », coupé entre une partie consciente, le sommet de l'iceberg, et des arrière-mondes inconscients, tel que le concevront Schopenhauer, Nietzsche, Marx ou Freud. Descartes définit la pensée « comme ce qui est tellement en nous, que nous en sommes immédiatement connaissants », c'est-à-dire conscients : pour lui, il n'y a pas d'inconscient possible. Le sujet est dans un rapport de transparence absolue à lui-même : *video*, je me vois moi-même, telle est l'évidence claire et distincte échappant au doute.

Descartes pense donc tenir là une proposition absolument certaine qu'il suffit d'analyser, de disséquer, pour avoir enfin le critère de la vérité, c'est-à-dire l'évidence claire et distincte. Je ne commente pas ces deux mots, « claire et distincte » : l'expression est la plupart du temps bien expliquée dans n'importe quel manuel de philosophie. Je voulais simplement mettre en lumière le fait que les étapes qui conduisent à cette découverte du principe fondamental de la philosophie moderne sont plus compliquées qu'il n'y paraît au premier abord. Ce petit texte des *Méditations* fourmille de pièges. J'espère vous avoir donné les clés qui permettent de le lire sans se tromper – ce qui, pour le coup, n'est pas « évident ».

Des problématiques léguées par Descartes à la philosophie moderne

Les problèmes posés par notre gentleman poitevin ont occupé la philosophie moderne du XVIIe siècle jusqu'à Nietzsche et Heidegger. Au-delà de cette *Première méditation*, d'autres clés me paraissent donc nécessaires, non seulement pour lire Descartes, mais aussi pour comprendre en quoi la philosophie moderne se constitue en grande partie à partir de la discussion des intuitions cartésiennes – je préfère le terme d'« intuition », parce que les raisonnements de Descartes me paraissent toujours plus ou moins chancelants. Trois ou quatre idées fondamentales, décisives pour Descartes comme pour ses successeurs, méritent en particulier de retenir l'attention.

L'argument ontologique, objet de toutes les critiques de la métaphysique

La première touche à la reformulation par Descartes de l'argument ontologique – une des principales preuves de l'existence de Dieu, dont on dit qu'elle trouve sa source au XIe siècle, chez saint Anselme. Leibniz et Spinoza, grands cartésiens, ont repris et reformulé à leur tour cet argument ontologique, en modifiant sans doute la présentation cartésienne, mais en conservant malgré tout sa structure fondamentale. Bien que cette dernière nous paraisse aujourd'hui peu convaincante, il faut s'attacher à discerner, indépendamment de toute croyance, sa signification métaphysique profonde.

L'argument ontologique peut être résumé sous la forme d'un syllogisme, c'est-à-dire sous la forme d'un raisonnement en trois temps. Premier moment du raisonnement : j'ai l'idée d'un Dieu infini, parfait, omniscient, omnipotent – il a tous les attributs, sans exception. Deuxième temps : or, l'existence est évidemment une propriété importante. Conclusion : si Dieu a toutes les propriétés, tous les attributs, il ne peut lui manquer cette qualité fondamentale qu'est l'existence ! L'existence de Dieu est, comme on dit, un prédicat du concept de Dieu : elle se déduit du concept même de Dieu. L'argument peut aussi être reformulé en une phrase : j'ai l'idée d'un être qui a toutes les qualités, l'existence est une qualité importante, donc Dieu existe. Voilà l'argument ontologique cartésien à l'état brut.

Venons-en tout de suite à la première et principale critique de cet argument, une critique qui va être développée dans la philosophie moderne, notamment par Kant. Depuis la logique d'Aristote et, de manière générale, dans les traités de logique formelle, on explique invariablement que, dans un concept, ou dans une idée (au sens platonicien du terme) on trouve toujours, comme dans ce qu'on appellerait aujourd'hui en mathématique un « ensemble », deux traits caractéristiques : il y a, d'une part, ce que les logiciens appellent la « compréhension », c'est-à-dire la définition du concept et, d'autre part, l'« extension », c'est-à-dire les êtres réels qui correspondent à cette définition (dans la théorie des ensembles, c'est la distinction entre la « propriété P », qui énonce la définition, et l'extension, c'est-à-dire les éléments réellement existants qui lui correspondent).

Considérons des concepts empiriques tout simples, le concept de table ou le concept de chien, par exemple. Il y a d'un côté la définition (donc, ce que les logiciens appellent la « compréhension » du concept) : un plateau posé sur un ou plusieurs pieds, etc. ; un animal qui a quatre pattes, qui aboie, etc. Et, de l'autre côté, ce que les logiciens appellent « l'extension », « les éléments » réels qui constituent l'ensemble, c'est-à-dire les chiens ou les tables réellement existants dans le monde sensible. L'objection qui vient immédiatement à l'esprit contre cette fameuse « preuve » ontologique, c'est évidemment qu'il n'est jamais possible de tirer l'extension de la compréhension d'un concept : l'existence réelle ne se déduit jamais d'une simple définition, aussi précise et exacte soit-elle : vous pouvez définir la table aussi précisément et admirablement que vous voudrez, cela ne fera jamais exister aucune table pour autant ! De même, vous pouvez avoir l'idée d'un Dieu possédant toutes les qualités, y compris l'existence, cela ne prouve en rien son existence réelle. L'existence réelle d'un objet n'est pas déductible de sa définition ou si vous préférez : en admettant même que l'existence fasse partie de l'idée de Dieu, une existence en pensée n'en reste pas moins toute différente d'une existence réelle.

En authentique cartésien, Ferdinand Alquié admettait pourtant la validité de l'argument ontologique. Il me disait toujours, en réponse à cette critique logique développée notamment par Kant, que dans deux cas au moins, l'extension d'un concept peut se déduire de sa définition. C'est le cas d'abord pour ce que les mathématiciens appellent « l'ensemble vide », dont la définition est la suivante : étant donné la propriété « *x* différent de *x* » ou, si vous préférez, étant donné la propriété « ne pas être identique à soi-même », l'extension est égale à 0. Autrement dit, si je contredis le principe d'identité, à la propriété « p » – être différent de soi-même, *x* différent de *x* –, aucun élément réel ne correspond, l'extension de ce concept est donc = néant. D'une définition qui contredit le principe d'identité ou le principe de non-contradiction, on peut déduire qu'il n'y a pas d'existence qui lui corresponde. Il est donc possible de déduire l'existence, en tout cas la non-existence (ce qui est tout de même plus facile !), de la définition, l'extension de la compréhension.

Le deuxième cas serait celui de Dieu, parce que je parviens, avec l'idée de Dieu, en l'analysant, à l'idée d'une existence nécessaire de l'Être suprême. Et de fait, nous avons bien l'idée d'une existence nécessaire, notamment grâce au principe de causalité. Partant de la recherche d'une cause, il est toujours possible, une fois celle-ci trouvée, de s'interroger sur la cause de la cause, puis sur la cause de la cause de la cause, etc. Inévitablement, ce raisonnement régressif conduit à l'idée de cause première et nécessaire, comme Leibniz, par exemple, le prétend dans sa *Monadologie*. Mais, que l'on accorde à Descartes la présence dans l'esprit des hommes de l'idée d'un Dieu existant nécessairement, ou à Leibniz la présence de l'idée de cause première et nécessaire, l'objection de Kant contre la preuve ontologique n'en continue pas moins de porter de la même manière.

L'idée d'un être qui existe nécessairement n'est pas la même chose que l'existence nécessaire de cet être. Entre l'idée d'une nécessité et la nécessité réelle, il y a toute la différence entre quelque chose qui est « dans la tête » et quelque chose qui est dans le réel.

À première vue, ces discussions autour de l'argument ontologique peuvent paraître bien éloignées de nos préoccupations d'aujourd'hui. Du reste, plus personne, hors exceptions rarissimes qui confirment la règle, ne défend l'argument ontologique. Pourtant, on va retrouver ce vieil argument sous des formes diverses, parfois tout à fait inattendues, dans la philosophie moderne et même contemporaine.

C'est sans doute Schelling (1775-1854), le plus grand philosophe allemand contemporain de Hegel, qui a mis le mieux en lumière les retombées paradoxales de l'argument ontologique dans la métaphysique moderne. C'est ce qu'il montre de manière particulièrement profonde dans une de ses dernières œuvres, un texte que malheureusement plus grand monde ne lit aujourd'hui, les *Conférences de Munich*. Schelling s'y livre à une critique radicale de la philosophie de son ancien ami Hegel, avec lequel il avait été étudiant et qui fut du reste son disciple avant que les deux ne se séparent. L'argumentation développée par Schelling contre Hegel est très remarquable – elle sera du reste reprise aussi bien par Kierkegaard que par Heidegger dans une perspective très proche, mais, comme on va voir aussi, elle s'applique tout aussi bien au marxisme. Elle consiste à dire que la philosophie de l'histoire développée par Hegel – et la même chose peut être dite de celle de Marx – n'est, si l'on y réfléchit bien, qu'un gigantesque argument ontologique. L'un et l'autre prétendent en effet déduire l'avenir, c'est-à-dire l'existence réelle d'événements à venir, à partir d'une théorie des lois générales de l'histoire, c'est-à-dire du concept d'historicité, exactement comme on a prétendu déduire l'existence de Dieu du concept de Dieu dans l'argument ontologique.

Chez Marx, par exemple, l'existence nécessaire du communisme dans le futur est déduite d'une analyse conceptuelle du capitalisme : la théorie marxiste entend montrer que le capitalisme est un système contradictoire, traversé par la lutte des classes, de sorte qu'il comporte nécessairement en lui son propre dépassement vers le communisme. On reconnaît la structure même de l'argument ontologique : des contradictions inhérentes au concept de capitalisme, c'est-à-dire de l'idée du capitalisme, Marx déduit l'existence réelle, future, du communisme. De la compréhension, il déduit l'extension. Paradoxalement, la fameuse « science » de l'histoire, celle qui prétend prédire infailliblement l'avenir, et qui couronnerait la connaissance humaine, possède la même structure métaphysique et théologique que l'argument ontologique.

Le problème de la connaissance et la garantie divine

La notion de « garantie divine » constitue un deuxième pilier essentiel de la philosophie cartésienne. Elle va en effet permettre à Descartes d'essayer de résoudre le problème de l'idéalisme – ce qu'on nommera à partir de Kant le « problème de la représentation », problème que Descartes est le premier à poser dans la philosophie moderne, mais qui va par la suite continuer d'être débattu jusqu'à Heidegger.

Expliquons d'abord en quoi consiste ce fameux problème, avant d'évoquer l'étrange « solution » que Descartes va tenter de lui apporter avec la notion de « garantie divine ».

Lorsque j'ouvre les yeux sur le monde, j'ai immédiatement conscience des objets qui m'entourent, et mes états de conscience peuvent prendre des formes diverses : il peut s'agir de sensations, par exemple de froid ou de chaud, de perceptions – je perçois tel ou tel objet devant moi –, de concepts au sens où je conçois les propriétés du rectangle que forme la table sur laquelle j'écris, mais aussi bien de souvenirs, d'images de l'imagination, etc. On appelle « représentations » tous ces états de conscience de quelque nature qu'ils soient.

Or, dans toutes ces représentations, il y a toujours deux moments, deux aspects distincts : d'un côté j'ai conscience de moi, mais j'ai toujours aussi en même temps conscience des objets qui m'entourent. Comme dira Husserl, « toute conscience est conscience de quelque chose » : il n'y a pas de conscience de soi sans conscience d'objet, cette dernière fût-elle flottante et confuse. Mais, et c'est là que le problème de la représentation va commencer à se poser, les objets sont en quelque sorte « dans » ma conscience, « dans » ma représentation. Par exemple, j'ai la représentation de la table sur laquelle mes papiers sont posés. J'ai sous les yeux une table, mes lunettes, une bouteille d'eau, mais ces lunettes, cette bouteille d'eau, cette table sont, si je puis dire, « dans » ma représentation. Ce sont des objets « pour moi », c'est-à-dire tels que je les perçois, tels qu'ils m'apparaissent – ce que Kant appellera pour cette raison des « phénomènes ».

La grande question qui va hanter littéralement les théories modernes de la connaissance à partir de Descartes se formule donc ainsi : est-ce que ces objets tels que je les vois, tels qu'ils sont donc « pour moi », en quelque sorte « dans » ma représentation, correspondent vraiment à ce qu'ils sont « en soi », en dehors de moi, en dehors de ma conscience ? Est-ce que l'eau « en soi » est vraiment bleue ? Est-ce que la table « en soi », recouverte d'une espèce de tapis de bridge, est vraiment verte ? Et comment puis-je le vérifier ? Toute la difficulté du problème tient justement à ce que cette vérification est par définition même impossible, dans la mesure où je ne peux jamais « sauter » hors de ma représentation pour comparer l'objet en soi et l'objet pour moi, la chose en soi et le phénomène. Chaque fois que je jette l'œil sur l'objet « en soi », il devient automatiquement un objet « pour moi ». Comment, dans ces conditions, s'assurer de la véracité de mes représentations, de cette vérité que les scolastiques définissaient déjà comme l'adéquation entre le jugement et la chose même *(adequatio rei et intellectus)* ? Quand je dis que la table est verte, suis-je absolument certain qu'elle est vraiment verte en soi, en dehors de la représentation que j'en ai ? Et du reste, que pourrait bien être le vert « en soi », indépendamment de ma vision, de mon regard ?

C'est par cette fameuse notion de « garantie divine » que Descartes va tenter de résoudre le problème : on ne peut certes jamais sortir de sa représentation, mais, au moment où il pose ce problème, Descartes pense avoir démontré que Dieu existe, qu'il est bon, qu'il n'est pas trompeur. Ce Dieu ne me trompant pas, il m'est donc permis de penser que l'image que j'ai de l'eau « pour moi » correspond bien à ce que l'eau est vraiment « en soi ». Dieu est en quelque sorte le médiateur, le satellite intermédiaire entre ma représentation des choses et les choses en soi, la « garantie divine » permettant de passer de l'un à l'autre. Il faut bien comprendre l'argumentation de Descartes, même si, très franchement, elle peut paraître aujourd'hui un peu ridicule et fort peu « cartésienne » au sens ordinaire du terme, c'est-à-dire fort peu rationaliste : c'est parce que le problème est insoluble, parce que je ne peux jamais, par définition même, sortir de ma représentation pour comparer l'objet pour moi et l'objet en soi, que Descartes fait intervenir de manière tout à fait exceptionnelle Dieu dans l'affaire : si l'objet pour moi et l'objet en soi n'étaient pas identiques, Dieu serait trompeur puisqu'il ne me donne aucun moyen de vérifier cette adéquation. Or, comme je sais qu'il est bon, je dois me persuader que l'objet pour moi et l'objet en soi sont bien identiques.

Kant a jugé, non sans raison il faut bien l'avouer, l'argumentation cartésienne parfaitement incohérente, pour ne pas dire tout à fait risible. Elle comporte en effet un cercle vicieux manifeste, et même un des plus grossiers de toute l'histoire de la philosophie. Voyez bien le problème : la représentation que j'ai de Dieu comme d'un Dieu bon, qui n'est pas trompeur, correspond-elle vraiment à Dieu tel qu'il existe « en soi » ou n'est-elle que l'idée de Dieu que je me fais « pour moi » ? Pour apporter une réponse à cette question, il faudrait déjà pouvoir utiliser la garantie divine, il faudrait pouvoir recourir à un Dieu qui nous garantisse que l'idée que j'ai de Dieu correspond bien à Dieu tel qu'il est en soi ! Autrement dit, pour démontrer la garantie divine, nous avons besoin de la garantie divine ! Force est d'admettre que l'argumentation de Descartes ne tient pas la route – comme c'est du reste très souvent le cas chez lui : Descartes, contrairement à une idée reçue, est sans doute le moins cartésien de tous les philosophes. Si ses intuitions sont profondes, ses raisonnements, en revanche, et notamment sur le plan scientifique, sont la plupart du temps erronés, pour ne pas dire parfois tout à fait comiques (je pense à sa biologie, délirante à un point rare, mais aussi aux lois du choc et à la théorie des tourbillons qui forment le cœur de sa physique et qui sont d'une fausseté étonnante, même pour l'époque).

La création des vérités éternelles et le mystère du divin

Après l'argument ontologique et l'étrange théorie de la « garantie divine », une troisième grande clé de lecture de la philosophie cartésienne réside dans sa fameuse doctrine de la création des vérités éternelles. Sur ce point, les grands cartésiens, Leibniz et Spinoza, se sépareront radicalement de Descartes. Descartes pense en effet que Dieu est vraiment tout-puissant et, qu'à cet égard, il reste mystérieux pour nous. Dieu n'est pas, contrairement à ce que penseront Leibniz et Spinoza, soumis aux principes de la rationalité (non-contradiction, principe de raison, etc.), car il en est le libre créateur. Dieu a mis dans notre tête les idées mathématiques, les vérités éternelles en toute liberté. Dieu aurait donc pu faire en sorte que 2 et 2 fassent 5.

Alquié tenait beaucoup à cette idée de la création des vérités éternelles, dans la mesure où elle dessine le portrait d'un Dieu qui, contrairement à celui de Spinoza, et plus tard celui de Hegel, ne s'épuise pas dans sa « parousie », c'est-à-dire d'un Dieu caché, mystérieux, qui n'est pas identique à sa manifestation. De cette façon, le Dieu de Descartes garde une part de mystère : il est concevable, mais non compréhensible par l'homme – « les voies du seigneur sont impénétrables ». Pour cette raison d'ailleurs, Alquié ne voyait pas dans Descartes une étape vers une philosophie de la transparence totale, vers un rationalisme absolu annonçant la formule hégélienne suivant laquelle le réel est rationnel et le rationnel est réel. Une transcendance du divin subsiste : la création des vérités éternelles réserve une part de mystère et de transcendance à la divinité, de sorte que Descartes, dans cette perspective, apparaît, pour reprendre le vocabulaire de Heidegger, comme un cran d'arrêt à la métaphysique de la subjectivité plutôt que comme une étape vers son achèvement.

Une dernière clé de lecture importante du cartésianisme réside dans l'idée de « création continuée ». Descartes pense en effet que Dieu crée le monde à chaque instant, que celui-ci ne tiendrait pas debout une seule seconde sans son action continuelle. Cette idée a trouvé un équivalent politique chez les théoriciens de la monarchie absolue, pour lesquels la société civile ne tient pas sans l'État – ce qui revient à dire qu'elle n'a pas d'existence propre. Si Dieu n'intervient pas en permanence, le monde s'écroule : voilà ce qu'il y a d'absolutiste dans la pensée cartésienne. S'opposant à la théorie cartésienne de la création continuée en même temps qu'ils attaquaient les théories absolutistes de l'État, les grands théoriciens du libéralisme ont au contraire développé l'idée que la société civile avait une consistance propre, par le commerce notamment, et qu'elle n'avait donc pas besoin de l'État pour exister, pour être cohérente. Leur critique fut lourde de conséquences, en particulier en matière de théorie de la loi. Le libéralisme a pris, sur ce point, l'exact contrepied de l'étatisme jacobin et cartésien.

Descartes et la genèse de la modernité

« Descartes, c'est la France » : l'identification presque proverbiale de l'auteur des *Méditations* avec la culture française montre sans ambiguïté l'extraordinaire postérité de sa philosophie. Mais en quoi sa pensée, si on laisse de côté ses aspects techniques, est-elle une incarnation de la culture française – de la culture classique du XVIIe siècle aussi bien qu'une préfiguration, par exemple, de la Révolution française ?

Au point de vue politique – je l'ai déjà évoqué –, la table rase du passé constitue le geste révolutionnaire par excellence. À cet égard, Tocqueville a parfaitement raison : les jacobins sont bien en un sens des cartésiens sortis des écoles et descendus dans la rue. La fameuse formule de Rabaut Saint-Étienne selon laquelle « notre histoire n'est pas notre code » correspond très exactement à la vision cartésienne d'une subjectivité révolutionnaire, folle et philosophique, ce qui, on l'a vu, n'est pas sans lien aux yeux de Descartes, l'attitude philosophique étant, comme la folie, en rupture avec la conscience commune. Faire table rase du passé et reconstruire le monde sur les décombres de l'Ancien Régime, c'est exactement l'analogue politique de ce doute radical qui fait valser tous les préjugés et toutes les traditions : le geste des cartésiens et celui des jacobins se confondent.

Les libéraux, Friedrich von Hayek en particulier, ont donné un nom à cette démarche dont on vient de dire, en évoquant le thème de la création continuée, en quoi elle ne leur convenait pas : le « constructivisme ». Dans la culture française, la portée de ce geste, avec tout ce qu'il implique d'anticommunautarisme, d'esprit critique, de refus des arguments d'autorité si chers aux Églises, donc d'adhésion à la laïcité républicaine, est considérable. Toute la politique jacobine, presque toute la politique française, jusqu'au gaullisme lui-même, est inscrite dans le geste cartésien : confiance en l'État, défiance envers la société civile. La France ne sera jamais vraiment libérale, au contraire des cultures anglo-saxonnes.

Mais la marque de Descartes sur notre culture, profonde et durable, a bien d'autres aspects, notamment sur le plan le plus fondamental qui soit peut-être bien dans la tradition française : celui de l'esthétique.

L'esthétique cartésienne : de l'art classique aux avant-gardes

J'ai souvent évoqué dans d'autres livres la naissance de l'esthétique moderne et en particulier la querelle qui opposa à partir du XVIIe siècle l'esthétique classique française, d'inspiration cartésienne, à l'esthétique baroque, mais aussi à l'esthétique du sentiment, plutôt pascalienne (le cœur opposé à la raison), voire sensualiste. Avec Descartes apparaît en effet quelque chose qui se traduit directement dans l'art classique français – dans le jardin de Versailles opposé au jardin anglais, les pièces de Molière, la musique « mathématique » de Rameau ou encore la poésie de Boileau. Toutes ces formes artistiques nouvelles s'inspirent du cartésianisme en ce sens qu'elles reposent sur une conception de l'art qui définit l'œuvre comme une illustration sensible d'une idée vraie. C'est là ce que disent de manière très remarquable ces quatre vers parfaitement cartésiens de l'*Art poétique* de Boileau :

> Rien n'est beau que le vrai
> Le vrai seul est aimable,
> Il doit régner partout,
> Et même dans la fable.

Pourquoi l'art suscite-t-il un consensus ? Pourquoi les œuvres d'Homère, de Shakespeare ou de Molière font-elles l'unanimité (ou presque) ? La réponse du classicisme cartésien consiste à affirmer que « le bon sens étant du monde la chose la mieux partagée », selon la formule célèbre du *Discours de la méthode*, l'artiste qui parvient à rendre sensible une idée vraie, à l'incarner dans un matériau sensible tel que le marbre du sculpteur, les mots du dramaturge, les couleurs du peintre ou les notes musicales du compositeur, devra inévitablement toucher un public nombreux. Une idée vraie a de grandes chances de rencontrer tous ceux qui possèdent la raison, c'est-à-dire tous les êtres humains « normaux ». C'est ainsi que les mathématiques, à leur façon, touchent aussi un vaste public. L'art, défini comme l'illustration sensible, l'incarnation d'une idée vraie ne peut donc pas non plus rester marginale : l'artiste véritable se doit d'avoir un vaste public, faute de quoi, aux yeux des classiques, il n'est pas vraiment un artiste de talent. Car l'essentiel, comme le déclarent aussi bien Boileau que Molière, est de « plaire ».

Molière, du reste, disait en un sens tout à fait cartésien vouloir peindre « d'après nature », le mot nature, ici, étant à entendre en un sens tout intellectuel, comme dans le jardin de Versailles où la nature est mathématisée : il ne s'agit pas de la nature foisonnante et sensible qu'on trouve dans une forêt, voire dans un jardin anglais, mais de la nature entendue au sens où un mathématicien, par exemple, parle de la « nature du cercle », où un chimiste parle de la « nature de l'eau » qui s'exprime dans une formule tout intellectuelle, du type H_2O. C'est de la nature saisie par l'intelligence qu'il s'agit dans l'art classique français. Quand Molière peint d'après nature, pour reprendre sa propre formule, ce qu'il entend faire, c'est décrire, non pas des personnages réels, mais des « types idéaux », des caractères essentiels, reconstruits par l'intelligence, pour ne pas dire des espèces de portraits-robots : l'avare (Harpagon), l'hypocondriaque (Argan), l'hypocrite (Tartuffe), le misanthrope (Alceste), les snobs (les précieuses ridicules), etc. Au fond, Molière fait du Descartes dans ses comédies : sa manière de procéder correspond trait pour trait à la conception cartésienne de la nature selon laquelle l'important n'est pas la diversité saisie par la sensibilité, l'important n'est pas ce qu'on peut voir, toucher ou sentir avec les organes sensoriels, mais l'idée, l'essence perçue par l'intelligence. La nature du cercle ne se trouve dans aucun cercle concret, mais dans sa nature idéelle, mathématique.

De même, pour reprendre un exemple célèbre des *Méditations*, la cire, selon qu'elle est froide ou chauffée, change d'apparence, et, si l'homme n'était que sensibilité, il verrait deux objets différents selon qu'elle est froide et dure, ou brûlante et liquide – en quoi les sens sont trompeurs. Pourtant, du point de vue de l'intelligence, c'est bien de la même cire qu'il s'agit. De même encore, l'eau glacée et l'eau bouillante, malgré leur apparence sensible toute différente, sont, en langage contemporain, de l'H_2O, une même nature saisie par la pensée. C'est bien en ce sens que, dans les pièces de Molière, la nature humaine dont il s'agit, c'est la nature idéelle, saisie non pas par les sens – les personnages de Molière ne sont aucunement réels –, mais par l'intelligence. Et le jardin à la française met également en scène, à sa manière, l'essence de la nature, en tant qu'elle est mathématique : c'est pourquoi les troènes sont taillés en triangle, en losange, en carré, comme les allées s'agencent selon des tracés tout géométriques…

À cette vision classiciste de l'art s'opposera trait pour trait l'esthétique du sentiment et de la délicatesse, l'esthétique du cœur opposé à la raison, une vision de l'art qui s'inspirera de la tradition empiriste mais aussi pascalienne. C'est toute la différence, d'un mot, entre le jardin anglais (empirique, luxuriant, qui entend reproduire la nature foisonnante et sensible) et le jardin français où la nature n'est qu'artifice géométrique, mathématique, saisie qu'elle est par l'intelligence. On retrouvera aussi cette opposition dans la fameuse querelle des Bouffons qui opposera notamment Rameau et Rousseau. L'auteur des *Confessions* est déjà un romantique. Pour lui, les élans du cœur, la mélodie font toute la saveur de la musique : il aime la voix, il aime Pergolèse, il aime l'opéra italien. Rameau, au contraire, en bon cartésien, considère que l'essentiel de la musique, c'est l'harmonie : ce qui l'intéresse dans son art, c'est ce qui relève du mathématique, ce que l'on peut calculer (les tierces, les quintes, etc.).

C'est aussi toute l'esthétique baroque, esthétique de l'excès qui prendra le contrepied, notamment en Italie, en Espagne, au Portugal ou en Allemagne, de l'esthétique classique française. L'art baroque sera un art des matériaux plutôt que de la forme, un art des couleurs vives et chaudes, des ornements à foison, de l'excès, là où l'art classique français cultivera volontiers le dépouillement, la simplicité imitant l'élégance des belles démonstrations mathématiques. « Baroque » vient d'ailleurs du portugais *barueco* qui désigne les perles qui ne sont pas rondes, qui ont quelque chose qui déborde, qui dépasse, qui est en excès – tout le contraire de la figure idéelle du cercle, tout l'inverse d'une belle démonstration mathématique, rationnelle et concise.

Nous reviendrons sur toutes ces questions quand je vous parlerai de Rousseau et de cette passionnante « querelle des Bouffons », mais sachez dès maintenant que c'est peut-être sur ce plan esthétique, en tout cas infiniment plus que sur le plan scientifique, que la philosophie de Descartes aura une postérité réellement féconde, notamment sur ce classicisme français, mais aussi en annonçant déjà la bohème, l'avant-gardisme et l'art moderne : reproduisant le geste révolutionnaire cartésien, l'avant-garde entendra elle aussi faire table rase du passé et incarner l'innovation radicale. L'héritage cartésien s'inscrit dans cette idée fondatrice de l'art moderne : le but de l'art véritable, c'est de se défaire du passé pour inventer quelque chose d'absolument neuf. Ce n'est pas un hasard si l'« avant-garde » et la « bohème » sont des mots français dans toutes les langues du monde et si le Paris de la fin du XIXe siècle jusqu'aux années 1930 fut la capitale de la création moderniste, avant de céder la place aux États-Unis...

Refus des arguments d'autorité, révolution scientifique moderne et fin du théologico-politique

Enfin, une autre postérité majeure de la philosophie cartésienne réside dans les multiples conséquences du rejet, lié lui-même à l'installation du doute radical, de toutes les formes d'arguments d'autorité. Descartes annonce, là encore, la Révolution française et la fin du théologico-politique, car sa pensée combat presque par essence l'idée qu'on puisse, dans quelque domaine que ce soit, recourir à des arguments d'autorité, comme c'est le cas dans des théocraties, pour imposer sa loi : l'éthique de la délibération et l'esprit critique des Lumières sont déjà inscrits dans la philosophie de Descartes, comme l'est déjà, ne fût-ce qu'en germe, la révolution scientifique qui va caractériser le XVIIe et le XVIIIe siècle.

À juste titre, il a été beaucoup reproché à Descartes d'être un scientifique médiocre – un livre de Jean-François Revel s'attache ainsi à mettre en pièces toute sa physique. Si Descartes est un assez bon mathématicien (moins bon toutefois que Leibniz ou Pascal), force est d'admettre que sa physique et sa biologie sont presque entièrement fausses. La théorie des tourbillons, les lois du choc paraissent aujourd'hui à la limite de l'absurde et sa médecine, en particulier sa théorie des sexes, est carrément délirante. En dépit de toutes ces critiques justifiées, il reste que Descartes a formulé parmi les premiers ce qu'on peut considérer comme le grand principe fondateur de la science moderne, à savoir le principe d'inertie. Tout le paradoxe de Descartes tient à cette ambivalence : ses raisonnements sont le plus souvent très peu fiables, mais il invente néanmoins tous les piliers de la pensée moderne.

En quoi le principe d'inertie tel que Descartes le formule peut-il, en effet, être considéré comme l'un des plus grands principes fondateurs de la science moderne ? Que signifie-t-il de si profond qu'on puisse légitimement lui accorder ce statut singulier ? En première approximation, il signifie, comme on l'apprend à l'école, que si vous jetez une boule de billard sur un plateau, cette boule ne changera ni de vitesse ni de direction s'il n'y a pas un autre corps qui vient la choquer pour qu'elle bifurque, qu'elle s'arrête, ou qu'elle ralentisse.

Ça peut paraître tout simple, voire pour nous, aujourd'hui, franchement banal, mais la portée philosophique et scientifique de ce principe n'en est pas moins tout à fait considérable. Il reviendra à Leibniz d'en tirer toutes les conséquences sous le nom de « principe de raison suffisante ». Si on considère le sens profond du principe d'inertie, si on explicite la loi générale qui est en quelque sorte cachée en lui, il signifie en effet que rien n'arrive sans raison, que tous les événements qui se produisent dans le monde ont une cause, qu'ils sont donc, en ce sens, explicables rationnellement. Voyez qu'entendu en ce sens général et abstrait, le principe d'inertie, qui contient déjà en lui le principe de raison – *nihil est sine ratione* : rien n'advient sans raison – opère une véritable révolution par rapport au monde ancien, une rupture fondamentale avec l'animisme, l'alchimie et l'obscurantisme du Moyen Âge. Descartes pourfend toutes les théories qui imaginent un monde traversé par des forces occultes – que les alchimistes essaient de maîtriser (par exemple, pour transformer le plomb en or). Il enlève tout mystère de principe à la nature : c'est ce que Max Weber appellera le « désenchantement du monde ». Il ne faut pas se méprendre à ce sujet : il reste bien sûr des mystères de fait (aucun savant n'est omniscient), mais, en droit, tout est rationnel et potentiellement explicable dans la nature. La science se conçoit donc, à partir de Descartes, comme un progrès infini de rationalisation du monde. Ce fameux principe d'inertie formulé par Descartes, et malgré toute la fausseté de sa physique ou de sa médecine, contient déjà en germe la science moderne, voire, comme le dira Heidegger, le « monde de la technique ».

Un mot encore, avant de conclure, à propos de la théorie des animaux-machines, qui, vue d'aujourd'hui, paraît également assez déconnectée de la réalité – décidément, le lieu commun selon lequel le cartésianisme serait un modèle de rationalité, un « esprit cartésien » désignant un esprit logique, est singulièrement faux dès qu'on regarde d'un peu près les théories scientifiques ou plutôt pseudo-scientifiques de Descartes – et sa zoologie, sa conception de l'animal, ne fait pas exception à la règle. Selon Descartes, en effet, les animaux ne sont que des automates ultra-perfectionnés, des machines, sans doute mieux faites que celles que fabriquent les hommes, puisque les bêtes sont créées par Dieu, mais quand même des machines, non seulement incapables d'intelligence, mais aussi incapables d'éprouver du plaisir ou de la peine : le hurlement de l'animal lors d'une vivisection n'a pas plus de signification, en termes de souffrance, assure Descartes, que le « timbre d'une pendule » lorsqu'elle sonne les douze coups de midi.

À nos yeux de Modernes, c'est évidemment absurde, mais déjà, à l'époque, nombre de penseurs éminents trouvent la théorie cartésienne aberrante : de toute évidence, les animaux souffrent. La science l'a démontré, mais il n'est guère besoin d'être un grand savant pour penser que les animaux ressentent de la douleur, que les cris qu'ils poussent ressemblent à s'y méprendre à ceux des humains mis dans la même situation. À ce sujet, Maupertuis fera contre le cartésianisme une objection que j'ai toujours trouvée admirable dans sa simplicité : la preuve que Descartes se trompe, dit-il en substance, c'est qu'on n'a jamais vu personne torturer une montre, un automate ou une horloge. Or nombre d'humains, et pas seulement des enfants, mais par exemple des cuisiniers ou des laborantins (pas tous bien sûr !), prennent un malin plaisir à torturer les animaux. Le sadisme est un phénomène vieux comme le monde. Or, si les animaux étaient semblables à des machines, quel plaisir pourrait-on éprouver à les torturer ? Le sadisme se nourrit de la conviction que celui qu'on fait souffrir souffre. Maupertuis le perçoit déjà : personne ne torture une pendule pour écouter son timbre, alors que, dans les cuisines, on voit des cuisiniers arracher les pattes de grenouilles vivantes ou dépecer un lapin encore vif avec un certain plaisir...

Alors pourquoi une telle négation de l'évidence ? Comme toujours avec un grand penseur, ses erreurs sont significatives, parfois même plus intéressantes que certaines vérités. Si Descartes défend cette théorie des animaux-machines, alors qu'elle est tout à fait contre-intuitive, c'est justement parce qu'il est littéralement obsédé par le projet d'éliminer toute idée qu'il pourrait y avoir dans la nature des forces occultes, invisibles et mystérieuses. Il entend débarrasser définitivement les sciences naturelles – et pour lui, l'animal fait évidemment partie de la nature –, de ces idées médiévales, de cet animisme hérité des Grecs qui nourrit l'obscurantisme et la superstition.

Les réactions anticartésiennes : écologie, romantisme et contre-révolution

Les retombées de la philosophie cartésienne paraissent proprement étourdissantes. Il y a même un décalage saisissant parfois entre la pauvreté des raisonnements cartésiens, notamment sur le plan scientifique, et l'impact qu'aura malgré tout dans l'histoire sa philosophie, ne serait-ce qu'en raison du geste révolutionnaire qu'elle met en œuvre et de cette subjectivité qu'elle installe au cœur de la pensée. Nous aurons l'occasion de le mesurer encore dans les autres chapitres consacrés à la philosophie moderne et contemporaine. Mais peut-être faut-il signaler tout de suite, en guise de conclusion, les réactions d'hostilité très considérables qu'elle a pu aussi susciter, et notamment deux d'entre elles, qui sont partie intégrante de l'histoire du post-cartésianisme.

Tous les écologistes radicaux ont détesté et détestent encore la pensée de Descartes : il fait figure de repoussoir, d'anti-écologiste en chef, pas seulement à cause de sa théorie des animaux-machines, mais d'abord et avant tout parce qu'il assigne à l'homme le projet de se rendre, grâce à la science moderne, « comme maître et possesseur de la nature » (notons au passage que Descartes dit « comme » parce qu'il pense à Dieu, seul véritable maître de la nature). Le désenchantement du monde qui naît du rationalisme, ou pour mieux dire du mécanisme inhérent au principe d'inertie, invite à ne voir dans la nature qu'un stock d'objets sans valeur autre que de servir les fins de l'humanité. Si le chêne ou le sapin ne sont plus habités par un quelconque esprit, s'ils n'ont plus rien de sacré, s'ils n'ont plus d'âme comme le prétendait encore l'animisme, alors je peux les passer par la cheminée sans scrupules, je peux les transformer en meubles sans états d'âme. Dès lors que le hurlement de l'animal n'a pas plus de signification que le timbre d'une pendule, je peux pratiquer la vivisection sans remords. Pour les écologistes, cet anthropocentrisme arrogant, cette volonté de maîtrise, de se rendre comme maître et possesseur de la nature, conduit à désacraliser et donc à maltraiter la nature. Peut-être faut-il voir d'ailleurs dans l'empreinte de Descartes une des raisons pour lesquelles la France a très longtemps résisté à l'écologie, bien plus présente dans les pays protestants d'Europe du Nord que dans cette France, à la fois catholique et cartésienne.

La contre-révolution constitue la deuxième réaction anticartésienne majeure. Le romantisme, que ce soit d'ailleurs sur le plan esthétique ou politique, a voulu restaurer l'idée d'une nature sensible et originelle en même temps que celle de mystère du monde contre l'anthropocentrisme cartésien jugé arrogant, orgueilleux et dominateur, contre cette subjectivité humaine qui prétend tout maîtriser dans le monde naturel comme dans celui de l'histoire et de la politique. Tous les grands contre-révolutionnaires romantiques, Maistre et Bonald en France, Rehberg en Allemagne, Burke en Angleterre, ont été, d'un même mouvement, antijacobins et anti-cartésiens. Dans ses passionnantes *Réflexions sur la Révolution de France*, un texte publié dès novembre 1790, Edmund Burke réhabilite ainsi l'idée même de préjugé, jugeant absurde le refus cartésien des arguments d'autorité ainsi que la volonté de penser par soi-même. Pour lui, les préjugés renferment la sagesse des nations, accumulée au cours des âges : par définition donc, ils ont beaucoup plus de chance d'être justes que les opinions individuelles que nous prétendons forger par nous-mêmes. Cette réhabilitation du préjugé dans la pensée romantique trouve un prolongement jusque chez Gadamer, un des grands théoriciens contemporains de l'herméneutique (la théorie de l'interprétation), influencé notamment par Heidegger. À l'opposé du cartésianisme, toute une philosophie romantique et contre-révolutionnaire a ainsi revalorisé aussi bien l'idée de nature originaire, non maîtrisée et non maîtrisable, que celle de préjugés façonnés par des traditions finalement plus légitimes et plus justes que les opinions subjectives. *A contrario*, leur antimodernisme démontre une nouvelle fois le lien intime entre la pensée cartésienne et la genèse du monde moderne.

9

LEIBNIZ ET SPINOZA

Le bonheur par la raison

Je vais aujourd'hui vous parler de deux illustres philosophes, tous deux héritiers de Descartes, mais en rupture avec leur maître : Leibniz (1646-1716) et Spinoza (1632-1677). C'est en vérité surtout sur la pensée de Spinoza que j'insisterai. Pourquoi Spinoza, et pourquoi faut-il le lire encore de nos jours ? J'aimerais commencer par cette question qui, après tout, ne va pas de soi : il est toujours bon de justifier une entreprise quand elle est particulièrement ardue – et Spinoza est un des philosophes les plus difficiles à lire. Pour entrer dans son œuvre principale, l'*Éthique* (prête pour la publication en 1675, mais publiée seulement après la mort de son auteur), on a besoin tout particulièrement de disposer de certaines clés d'interprétation, faute desquelles le texte risque fort de sembler redoutablement obscur. Raison de plus pour indiquer d'emblée en quoi et pourquoi le jeu en vaut la chandelle.

Je dirais qu'on peut s'intéresser à Spinoza au moins pour quatre raisons :

1. D'abord, parce que, de tous les systèmes philosophiques modernes, c'est sans doute celui qui correspond le mieux à l'idée de la philosophie telle que j'en

ai donné la définition tout au long de ces chapitres, à savoir une doctrine du salut sans Dieu, une spiritualité laïque : non pas un « discours sur », une histoire des idées, pas davantage une pure réflexion théorique sans application concrète, mais un projet de vie, une tentative pour définir la vie bonne sans passer par la foi en un Dieu transcendant, avec les moyens du bord, par les voies de la simple raison et en acceptant la condition humaine, c'est-à-dire le caractère à la fois inéluctable et irrémédiable de la mort. Il s'agit bel et bien pour Spinoza, à travers son *Éthique* (qui n'est pas un traité de morale au sens où nous l'entendrions aujourd'hui, mais bien une doctrine du salut sans croyance en Dieu, une sotériologie rationaliste, une spiritualité laïque) d'apprendre à vivre, de proposer tout à la fois un sens ultime à la vie humaine (à savoir la sagesse, condition de la vie bonne) et des moyens de parvenir à l'atteindre. Écartons tout de suite deux motifs de malentendu : il n'est pas douteux que Spinoza, comme Leibniz d'ailleurs, pose l'existence de Dieu – c'est même par là que commence l'*Éthique*, mais il le fait au nom de la raison, pas au nom de la foi, d'une croyance ; en outre, le Dieu dont parle Spinoza n'est pas, comme celui des grands monothéismes, un dieu transcendant, mais un dieu qui se confond avec le monde, avec la nature *(« deus sive natura »)*. Deuxième malentendu à éviter : ce n'est pas moi qui prête à l'auteur de l'*Éthique* l'idée d'un « sens de la vie », la conviction qu'il existe pour les hommes un objectif ultime à se proposer – le salut et la joie par la sagesse et l'intelligence. C'est Spinoza lui-même qui l'affirme explicitement dans les toutes dernières lignes de l'*Éthique* où on le voit convaincu d'avoir montré à tous les humains qui souhaiteraient le suivre les véritables voies de la vie bienheureuse. À la différence de l'ignorant, qui n'a pas lu l'*Éthique* ni parcouru toutes les étapes qui conduisent vers la connaissance véritable des choses, le sage authentique, lui,

> ne connaît guère le trouble intérieur, mais ayant, par une certaine nécessité éternelle, conscience de lui-même, de Dieu et des choses, il ne cesse jamais d'être et possède le vrai contentement. Si la voie dont j'ai montré qu'elle y conduit paraît être extrêmement ardue, encore y peut-on entrer. Et cela certes doit être ardu qui est trouvé si rarement. Comment serait-il possible, si le salut était sous la main et si l'on y pouvait y parvenir sans grand peine, qu'il fut négligé par presque tous ? Mais tout ce qui est beau est difficile autant que rare. (V, 42, scolie)

Soulignons d'emblée cette idée centrale sur laquelle nous aurons à revenir de façon plus approfondie : le sage, à la différence de l'ignorant, « ne cesse jamais d'être » ; il est celui qui parvient à sentir et à expérimenter qu'il est éternel – une éternité qui ne se confond pas avec l'immortalité (nous verrons en quoi), mais qui constitue néanmoins la condition du salut dans la mesure où elle nous permet de vaincre la peur de la mort ;

2. De là l'éloge de la vie philosophique et la rupture avec la vie quotidienne. Cet objectif ultime de la vie humaine – la sagesse ou le salut – suppose, et c'est le deuxième point, une véritable rupture avec la vie quotidienne, une adhésion presque monastique (Deleuze note en ce sens que Spinoza était d'une parfaite chasteté) à la vie philosophique, comme l'indique un célèbre passage d'un autre ouvrage

important de Spinoza, le *Traité de la réforme de l'entendement* :

> L'expérience m'avait appris que toutes les occurrences les plus fréquentes de la vie ordinaire sont vaines et futiles : je voyais qu'aucune des choses qui étaient pour moi cause ou objet de crainte ne contient rien en soi de bon ni de mauvais, si ce n'est à proportion du mouvement qu'elle excite dans l'âme : je résolus enfin de chercher s'il existait quelque objet qui fût un bien véritable, capable de se communiquer, et par quoi l'âme, renonçant à tout autre, pût être affectée uniquement, un bien dont la découverte et la possession eussent pour fruit une éternité de joie continue et souveraine.

Il s'agit donc bien pour Spinoza de parvenir au salut grâce à la philosophie, je dirais même grâce à cette *vie philosophique*, c'est-à-dire grâce à une existence en rupture totale avec la vie quotidienne, avec la conscience commune. L'objectif n'est pas seulement de bien penser, mais d'atteindre la véritable plénitude, la sagesse, la vie bonne, le souverain bien, la vie bienheureuse – peu importe l'expression qu'on utilise, toutes sont justes en l'occurrence et définissent bien, si l'on ne joue pas bêtement sur les mots, le sens de la vie humaine, son objectif ultime, du moins selon la philosophie dont il est ici question. J'y insiste un instant parce que plusieurs disciples de Spinoza m'ont contesté le titre d'un de mes livres, qui évoquait la notion de « sens de la vie », arguant du fait que la notion de sens... n'aurait pas de sens, notamment pour Spinoza et Nietzsche. C'est évidemment un truisme : que la vie n'ait pas de sens global, cela, en effet, va de soi, puisqu'il faudrait pour en juger se placer pour ainsi dire de l'extérieur, ce qui, pour Spinoza comme pour Nietzsche, est évidemment impossible. Cela n'est faisable à vrai dire que dans une perspective religieuse qu'ils contestent radicalement tous les deux. Reste qu'il y a bel et bien un sens *dans* la vie, un objectif ultime qui donne du sens à l'existence humaine tout entière, une voie vers le salut et la joie, comme nous venons de le voir à travers les dernières lignes de l'*Éthique*, objectif qui consiste bel et bien à rechercher la sagesse et la vie bienheureuse en rompant avec les illusions de la vie quotidienne. Comment nier, sinon par un sophisme sans grand intérêt, que cet objectif donne lui-même du sens à l'ensemble de l'existence humaine, sans qu'on ait pour autant besoin de se placer pour ce faire dans une perspective transcendante ?

Il s'agit indiscutablement pour Spinoza, comme pour ceux qui veulent suivre son enseignement, de parvenir, grâce à la philosophie, à une joie, comme il le dit lui-même dans l'*Éthique*, « continue et souveraine ». C'est du reste pour cette raison que Leo Strauss faisait de Spinoza le plus « ancien des Modernes », parce qu'il renouait à ses yeux avec l'antique projet de faire de la philosophie, non pas un « discours sur », un commentaire, mais un apprentissage réel de la vie, non pas simplement une théorie, mais une pratique, une authentique voie d'accès à la vie bonne. Nous reviendrons bien entendu aussi sur cette question cruciale dans la suite de cet exposé ;

3. Ensuite, il faut lire Spinoza parce que, comme toute doctrine du salut, comme toute sotériologie, fût-elle athée, sa philosophie aborde de plain-pied la question de la finitude humaine, c'est-à-dire, pour

parler plus simplement, la question de la mort. Il propose à cet égard une perspective susceptible de parler aux non-croyants : pour parvenir à la vie bonne, à la vie bienheureuse, il nous faut une victoire sur la mort, ou pour mieux dire, sur les peurs qu'elle suscite en nous. Il s'agit bien, comme le précise sans équivoque le passage du *Traité de la réforme de l'entendement* qu'on vient de lire, de vaincre les peurs qui se font jour par ignorance et manque de sagesse dans la vie quotidienne. Pourquoi vaincre les peurs ? Parce que, tout simplement, c'est la première condition qui s'impose, comme l'avaient vu les philosophes anciens, pour parvenir à la liberté et à la joie véritables. On objectera que cette emphase mise sur la question de la mort – emphase qui est aussi celle d'un commentateur comme Gilles Deleuze, ainsi que nous le verrons plus loin – pourrait sembler contraire à la célèbre formule de l'*Éthique* selon laquelle : « L'homme libre ne pense à rien moins qu'à la mort, et la sagesse est une méditation non de la mort, mais de la vie » (IV, 67). En réalité, ce n'est nullement contradictoire. Oui, bien sûr, la sagesse est méditation de la vie, elle est amour et joie, et la joie est toujours liée pour Spinoza au sentiment de l'intensité, voire de l'intensification de la vie (comme chez Nietzsche). Il n'en reste pas moins que cette liberté n'est nullement donnée au départ et que, pour y parvenir, pour accéder à la véritable sagesse, il faut une détermination et une intelligence peu communes, comme y insistent au demeurant les dernières lignes de l'*Éthique* déjà citées : c'est difficile et rare, et cela suppose notamment que l'on parvienne à vaincre les peurs. Il y a là un préalable nécessaire pour accéder enfin au sentiment joyeux et serein, sinon de l'immortalité (nous sommes mortels et il n'y a pas à y revenir), du moins de l'éternité. Nous verrons aussi comment, si le but de la vie est de parvenir à la sagesse, le sage, en un certain sens qu'on précisera, est d'abord celui qui non seulement a vaincu la peur de la mort, mais qui en outre, comme le dit Deleuze d'une formule un peu énigmatique mais tout à fait juste, « meurt beaucoup moins que le fou, l'enfant ou l'ignorant » – toutes figures de la non-sagesse.

Le projet est donc d'une ambition grandiose : il s'agit bien « d'apprendre à vivre », de donner un but ultime à l'existence humaine par la philosophie, de parvenir à la joie et à la sérénité parfaites grâce à la connaissance : ce qui explique peut-être qu'il y ait encore aujourd'hui des spinozistes ;

4. Enfin, même si la philosophie de Spinoza est, au sens philosophique du terme, un modèle de dogmatisme, une construction logique qui finit par perdre parfois tout contact avec la réalité empirique, avec l'expérience du sujet fini, de l'homme situé dans l'espace et dans le temps et jeté dans un monde qui est infiniment loin d'être celui de la raison divine – il n'en reste pas moins qu'elle est, avec celle de Leibniz, la première dans l'histoire à prendre la forme d'un véritable système. Vous me direz peut être : et alors, en quoi le fait que la philosophie prenne la forme d'un système est-il en soi admirable ? Après tout, les grands systèmes, aujourd'hui, n'ont guère bonne presse. On s'en méfie plus qu'on ne les admire. Sans doute, et c'est en partie justifié. Reste que la forme systématique empruntée par la philosophie de Spinoza offre deux particularités

remarquables et, à certains égards aussi, admirables. D'abord, parce que sa philosophie est incontestablement dotée d'une architecture puissante, d'une force et d'une beauté impressionnantes, avec aussi, parfois, des analyses de détail (sur la joie et la tristesse, les passions, la mort, la logique du bouc émissaire, etc.) réellement passionnantes. Pour la première fois peut-être dans l'histoire des idées, un auteur tente de penser la totalité de l'expérience humaine et le monde dans lequel elle s'inscrit comme un système unifié répondant à quelques principes rationnels (ou, du moins, qu'il tient pour tels et dont il considère avoir démontré le bien-fondé). Spinoza a notamment tenté de résoudre les contradictions qui traversaient la pensée cartésienne, de surmonter le dualisme de l'âme et du corps, de l'esprit et de la matière, de fonder un véritable « monisme » qui, à bien des égards, anticipe sur certains aspects de la biologie contemporaine. Bref, même si la construction théorique, par le dogmatisme dont elle fait preuve, laisse songeur un lecteur soucieux de réflexion critique, elle marque une étape importante dans l'histoire de la pensée, un tournant qui possède encore des échos dans le matérialisme contemporain ; quelles que soient ses imperfections, notamment, comme on verra, sur le plan réflexif et critique, le château n'en est pas moins grandiose, l'ambition de l'architecte immense et la visite à coup sûr digne du détour... Cela dit pour contrebalancer les critiques, en effet très profondes, qui me paraissent s'imposer et que j'évoquerai plus tard, dans la suite de cet exposé.

Je vous proposerai d'examiner quatre points fondamentaux, quatre traits essentiels du système qui sont, je crois, les bons fils conducteurs pour vous permettre d'y entrer, de vous y repérer et d'aller y voir par vous-mêmes si vous souhaitez en approfondir la compréhension :

1. D'abord, je voudrais vous montrer, parce que c'est sans nul doute le premier et le meilleur fil d'Ariane pour saisir la logique de l'entreprise, en quoi le système spinoziste est bien, comme celui de Leibniz, une théodicée[1] : une négation du mal, et corrélativement du bien, qui lave le divin de tout soupçon, de toute responsabilité dans ce qui nous apparaît, mais tout à fait à tort dans cette perspective, comme la présence du mal dans le monde ;

2. Je vous expliquerai, ensuite, en quel sens cette philosophie nous propose une authentique doctrine du salut sans Dieu (ou en tout cas sans la foi ni le Dieu des religions monothéistes), une « sotériologie athée », comme dit l'un de ses traducteurs et commentateurs, Robert Misrahi. Elle comprend non seulement une doctrine de la vie bonne, de la vie bienheureuse, joyeuse et sereine, mais aussi la promesse d'une victoire complète sur la peur de la mort et, plus généralement, sur ce que Spinoza nomme joliment les « passions tristes » (honte, remords, culpabilités, colères, jalousie, indignation, etc.) ;

3. Nous nous demanderons alors quelle sagesse correspond à un tel projet, et si elle est accessible aux simples humains ;

---

1. Le mot « théodicée », inventé semble-t-il par Leibniz lui-même, est forgé à partir de deux mots grecs : *théos* (dieu) et *dikè* (juste) : il s'agit de montrer que, malgré l'existence du mal (ou de ce que nous tenons pour tel), Dieu est juste et le monde qu'il a créé parfait.

4. Enfin, nous en viendrons aux critiques, afin de voir en quoi ce système grandiose est, malgré tous ses charmes, qui sont grands, sur certains points fondamentaux profondément dogmatique et contradictoire et, à vrai dire, contradictoire parce que dogmatique.

L'ÉTHIQUE COMME THÉODICÉE : DE LA NÉGATION DU LIBRE ARBITRE À CELLE DE LA RÉALITÉ DU MAL MORAL

Commençons par un bref rappel des principes de la théodicée leibnizienne avant de voir comment les questions qu'elle pose sont résolues dans le système de Spinoza.

Rappel des fondements de la théodicée de Leibniz

La question d'où part la *Théodicée* de Leibniz est aussi simple à comprendre que difficile à résoudre. Elle tient en peu de mots : si Dieu existe, d'où vient le mal *(si deus est, unde malum)* ? La réponse que Leibniz entreprend de donner consiste à montrer que le monde, en réalité, est parfait et que le mal n'existe pas, sinon comme une apparence liée au point de vue fini des humains. Dès lors que le mal n'est qu'une illusion générée par l'ignorance dans laquelle sont plongés la plupart des hommes, Dieu *(Théos)* ne manque jamais de justice *(Dikè)*.

Habituellement, les chrétiens se tirent de la difficulté par une autre argumentation, en invoquant simplement la liberté humaine : c'est parce que l'homme a été créé libre, parce que Dieu, dans sa grande bonté, lui a donné le libre arbitre, c'est-à-dire la possibilité de choisir entre le bien et le mal, que le mal existe : c'est, en quelque sorte, le revers de la médaille, l'autre face de la liberté. Si les hommes n'avaient pas le choix du mal, ils ne seraient pas non plus libres.

Cette réponse, à l'évidence, est insuffisante. Dans le meilleur des cas, en effet, elle reste partielle. À vrai dire, elle ne touche pas au vrai sujet, qui est le mal, non pas choisi par les hommes, mais le mal, si je puis dire, « injuste », celui qui n'a été décidé par personne et qui frappe aveuglément les bons comme les méchants, le mal qui ne vient donc pas de la liberté humaine et qui s'abat même sur les nourrissons qui n'ont, par définition, pas eu le temps de commettre quelque faute que ce soit : c'est le fameux problème des aveugles-nés que posera encore Diderot dans sa *Lettre sur les aveugles* (qui lui vaudra du reste quelques semaines de prison). Car de deux choses l'une, face au cas des handicapés de naissance, comme face au cas des catastrophes naturelles (au XVIIIe siècle, lorsque le débat sur la théodicée rebondit, on pense au fameux tremblement de terre de Lisbonne qui, en 1755, fit plusieurs dizaines de milliers de morts) :

— ou bien Dieu est bon, mais alors, il n'est pas comme le prétendent les religions tout puissant ;

— ou bien il est tout puissant, mais c'est un Dieu qui n'est pas bon, qui est même clairement mauvais puisqu'il joue avec nous, non comme un père bienveillant, mais plutôt comme un enfant qui arrache les pattes des fourmis ou les ailes des mouches !

La réponse de Leibniz va s'organiser autour de trois principes qui vont lui permettre de laver Dieu de toute accusation, trois principes qui tentent d'expliquer pourquoi Dieu a créé le monde en y intégrant des aspects qui nous paraissent mauvais de notre petit point de vue limité et ignorant, mais qui en vérité, quand on regarde le tout, l'ensemble, sont bons en ce qu'ils contribuent à la perfection globale de l'Univers – de sorte que, sans ce que nous prenons pour le mal (les monstres, les aveugles-nés ou les tremblements de terre, par exemple), le monde serait malgré tout moins parfait qu'il ne l'est.

C'est là ce que Leibniz indique par une métaphore picturale dans ce passage d'une de ses œuvres majeures, *Sur l'origine radicale des choses* (§ 13) :

> Considérons une très belle peinture. Cachons-la tout entière, sauf une infime petite partie : que verrons-nous d'autre en elle, malgré l'examen le plus approfondi, ou mieux : d'autant plus qu'on l'examinera de plus près, sinon un amas confus de couleurs sans choix et sans art ? Et cependant, le voile une fois retiré, on considérera tout le tableau d'un centre de perspective convenable, on comprendra que ce qui paraissait appliqué au hasard sur la toile a été pour l'auteur l'œuvre d'un art suprême.

En d'autres termes, ce qui apparaît mauvais dans le détail est en réalité bon du point de vue de la totalité. Voici maintenant les trois principes[1] qui vont

1. Pour être complet, il faudrait ajouter encore deux autres principes : le principe de continuité, selon lequel la nature ne fait pas de sauts ; et le principe des indiscernables, selon lequel il n'y a pas dans la nature deux êtres parfaitement identiques. Mais ces deux principes se déduisent en réalité directement du troisième principe, le principe du meilleur, qui implique tout à la fois un monde sans trou (ce serait contraire à une création qui vise à créer le maximum d'être dans le minimum de

servir à justifier toute l'argumentation leibnizienne – trois principes pleinement rationnels qui ont, selon Leibniz, présidé à la création du monde par Dieu. Pour Leibniz, en effet, Dieu est un être parfaitement rationnel, il est en quelque sorte soumis (c'est là une grande différence avec Descartes) aux principes fondamentaux de la logique :

1. Le *premier principe*, le principe fondamental entre tous, c'est le fameux *principe de non-contradiction* ou *principe d'identité*. En bonne logique, il définit la sphère des possibles : n'est possible que ce qui ne contredit pas le principe d'identité. Par exemple, un cercle carré n'est pas possible, parce que la notion de « carré » contredit l'identité même du cercle, sa définition essentielle, mais en revanche, un éléphant rose est logiquement possible : *a priori*, Dieu aurait très bien pu créer (selon ce que Leibniz appelle sa « volonté antécédente ») des éléphants roses. Il n'y aurait rien là de contradictoire et s'il ne l'a pas fait, c'est donc pour d'autres raisons (liées à sa volonté « conséquente » comme nous allons le voir), ce qui nous conduit aussitôt au *deuxième principe* ;

2. Le *principe de raison* dont la formulation la plus simple, que l'on doit à Leibniz, est la suivante : rien n'advient sans raison ou sans cause, *nihil est sine ratione*. En vérité, ce principe n'est qu'une variation sur le principe de causalité, une modification du principe d'inertie que Descartes formule déjà dans ses ouvrages consacrés à la physique et qui signifie, en substance, qu'un corps, par exemple une boule de billard, ne change ni de direction ni

---

principes) et sans duplication (à quoi bon dupliquer des êtres à l'identique ? Ce serait là une création sans raison).

de vitesse tant qu'un autre corps ne vient pas l'obliger à le faire, c'est-à-dire, *tant qu'une cause ne vient pas modifier son état.* Le principe de raison ne régit plus la possibilité logique, mais la possibilité réelle, autrement dit l'existence *vraiment* possible : pour que certains possibles, parmi tous ceux qui sont logés dans l'entendement de Dieu, passent à l'existence, il faut une bonne raison (et, par exemple, il n'y avait aucune bonne raison de créer des éléphants roses, mais en revanche, il y en avait d'excellentes, nous allons voir pourquoi, de créer des monstres, des aveugles-nés et des tremblements de terre...). La distinction entre la simple possibilité logique, qui est définie par la seule non-contradiction et la possibilité réelle, qui ajoute à la première des raisons d'exister est absolument fondamentale : tout ce qui est possible *logiquement* ne l'est pas *réellement*, de sorte qu'il y a en théorie une infinité de mondes logiquement possibles, mais, si l'on tient compte du second principe, il apparaîtra qu'un seul et unique monde est *réellement* possible (ce qui, à l'encontre des lectures ordinairement reçues chez les spinozistes, rapproche en fait Leibniz du thème central de Spinoza selon lequel il n'y a qu'un seul monde possible, à savoir le monde réel, qui est parfait, de sorte qu'il n'y a, du point de vue de Dieu, aucune différence entre le réel et le possible).

3. Vient enfin le *principe du meilleur*, qui régit le passage à l'existence réelle, c'est-à-dire le choix des « compossibles », le choix des possibles qui sont compatibles entre eux. En fin de parcours, si je puis dire (et c'est cela la volonté « conséquente » de Dieu, celle qui tient compte de tous les éléments du problème) la création divine va viser à faire exister le maximum

de compossibles réunis sous l'égide du minimum de principes d'organisation, de sorte que le monde soit un *système* parfait, un organisme merveilleusement agencé et harmonieux dont les détails ne paraîtront mauvais qu'aux ignorants qui ne voient pas l'ensemble. Le principe du meilleur n'est lui-même qu'une modification du principe de raison, une variation sur le fameux « rasoir d'Occam », un philosophe scolastique selon lequel il ne « faut pas multiplier les entités sans nécessité » : ce serait en effet irrationnel, à proprement parler « sans raison ». Explicitons ce raisonnement qui régit en dernière instance la création du monde par Dieu et qui est déjà exposé par un grand mathématicien français, Pierre de Fermat, dans un ouvrage à l'époque célèbre, au titre particulièrement bien choisi : *De maximis et minimis*. En effet, le principe du meilleur est celui qui réunit le maximum d'être avec le minimum de principes, le maximum de réalité avec le minimum de causes. Toute autre vision du monde serait irrationnelle, contraire au principe de raison. Prenons, pour bien nous faire comprendre, l'exemple d'une démonstration mathématique : la meilleure démonstration n'est pas seulement celle qui parvient au bon résultat, mais c'est aussi celle qui est la plus élégante, la plus économe, celle qui ne fait pas de détours inutiles, qui ne « multiplie pas les entités sans nécessité », pour reprendre la formule d'Occam. Car une démonstration sinueuse, même si elle est juste, fait des détours « baroques », des détours qui sont sans raison en ce sens qu'on aurait pu s'en passer et qu'ils nous font perdre du temps. La bonne démonstration est donc celle qui produit le maximum de vérité, de résultat, avec le minimum de détours inutiles, donc en utilisant le minimum de principes initiaux (axiomes ou postulats). Dans le même sens, le meilleur des mondes sera par conséquent celui qui comprendra le maximum de compossibles avec le minimum de principes d'organisation nécessaires pour y parvenir, celui qui englobera, si l'on veut s'exprimer en termes contemporains, le maximum de diversité (au sens de la diversité biologique si chère à nos écologistes) avec le minimum de causes.

On voit tout de suite la conséquence de ce rationalisme absolu en termes de théodicée : une telle vision rationaliste du monde et de sa création implique inévitablement une hiérarchie des êtres, non pas au sens moral, mais au sens où le monde doit comprendre toute la diversité, toute l'échelle des êtres, du plus intelligent au plus bête, du plus sage au plus fou, du plus fort au plus handicapé, du plus beau au plus laid, etc. De même que pour un écologiste scientifique, il n'y a pas d'animaux nuisibles, cette notion n'ayant aucune signification biologique ou « écosystémique » puisque toute diversité des espèces, y compris des moustiques ou des guêpes, est la bienvenue, de même, dans le monde de Leibniz, tous les êtres et tous les événements ont leur place, leur raison d'être, y compris les aveugles-nés, les monstres et les tremblements de terre : sans eux, le monde serait moins riche, moins divers, donc moins parfait. Encore une fois, le meilleur des mondes n'est pas celui où il n'y a pas de mal apparent, c'est celui qui comprend le maximum d'être, le maximum de diversité organisée avec le minimum de principe, de lois générales.

Par exemple, un monde dans lequel il y aurait mille génies comme Virgile et aucun imbécile, dit en ce sens Leibniz, serait paradoxalement moins bon qu'un monde qui compte, comme celui où nous vivons, des imbéciles autant (ou même plus !) que des génies et, entre les deux, toute la hiérarchie des êtres. C'est la diversité dans l'unité qui fait la beauté et la grandeur du monde, et s'il n'y avait que des êtres ravissants, beaux et bons, ce monde serait à la limite monotone et sans intérêt, car dépourvu de cette diversité qui fait aussi son charme. (Argumentation qu'on retrouvera intacte, cela dit au passage, *cum grano salis*, dans un livre de Boris Vian intitulé *Et on tuera tous les affreux*, où elle est utilisée par l'auteur pour faire le procès d'un usage du clonage qui viserait à ne conserver que les plus beaux...)

Profitons de l'occasion pour rectifier une erreur d'interprétation courante, y compris chez des auteurs qui sont par ailleurs de bons historiens de la philosophie, touchant la différence entre Leibniz et Spinoza : nombre de commentateurs ont pensé, en s'en tenant à la lettre du texte de Leibniz, que chez Leibniz, il y avait plusieurs mondes possibles, à vrai dire une infinité (le monde réel, celui que Dieu a finalement choisi, étant seulement le meilleur), alors que chez Spinoza, nous allons y revenir parce que c'est un point crucial, le réel et le possible sont identiques, de sorte qu'il n'y a pour ce dernier qu'un seul monde possible (le monde réel, qui est parfait au sens où il est parfaitement nécessaire).

Si on s'en tient, en effet, à la lettre des œuvres de Leibniz, sans chercher à en comprendre le sens véritable, cela semble même évident : Leibniz ne cesse de dire que Dieu a créé « le meilleur des mondes possibles », qu'il existait dans son entendement une infinité d'autres mondes concevables et qu'il a choisi le meilleur, thème qu'on retrouve tourné en dérision *ad nauseam* dans les œuvres de Voltaire (lequel, à vrai dire, se contente d'ironiser sans y comprendre grand-chose...). Le problème, c'est que si l'on s'en tient là, on ne comprend rien, strictement rien, à ce que pense et dit en réalité Leibniz, et qui revient, comme on va voir, tout à fait à Spinoza. Si on le lit plus en profondeur, on comprend en effet que cette hypothèse de la pluralité des entités *réellement* possibles est même absurde : en vérité, chez Leibniz comme chez Spinoza, même s'il y a plusieurs mondes *logiquement* possibles, il n'y en a qu'un seul qui le soit *réellement*, c'est celui qui existe et qui n'est pas seulement le meilleur, mais qui est tout simplement et absolument parfait (donc le seul que Dieu, dans sa perfection, pouvait créer).

Pourquoi ? Parce que Leibniz fait bien une distinction, que ses lecteurs spinozistes laissent souvent de côté, entre deux états de la volonté de Dieu (la volonté « antécédente » et la volonté « conséquente ») qui correspondent à la prise en compte de deux types de nécessité : la nécessité géométrique et la nécessité morale ou, si l'on veut, la nécessité logique et la nécessité réelle. Expliquons encore ce point capital.

La nécessité géométrique correspond à ce que nous avons dit de la sphère du possible, c'est-à-dire de la non-contradiction : il est nécessaire qu'un cercle soit rond, un cercle ne peut pas ne pas être rond, et même si Dieu le voulait (c'est l'un des nombreux points où Leibniz s'oppose à Descartes), il ne pourrait pas créer un cercle carré. Dieu est soumis aux principes de la rationalité, à commencer par le principe de non-contradiction.

La nécessité morale correspond en revanche aux deux autres principes, c'est-à-dire à ceux qui définissent la possibilité réelle et l'existence réelle : le principe de raison et le principe du meilleur. *Or Dieu y est soumis tout autant qu'au principe de non-contradiction, il ne peut pas davantage s'en évader*. En ce sens, Dieu ne pouvait pas plus créer un monde moins bon qu'il ne pouvait créer un cercle carré : encore une fois, il est tout autant soumis au principe de raison (et du meilleur) qu'au principe de non-contradiction. En d'autres termes : s'il y a plusieurs mondes possibles *logiquement*, il n'y a qu'un seul monde possible *réellement*, c'est celui qui existe, en sorte que, comme chez Spinoza, le réel et le possible coïncident – en quoi, chez l'un comme chez l'autre, il ne peut pas y avoir non plus de libre arbitre, pas de choix entre des possibles, et donc pas de mal[1] ! En effet, si le possible et le réel coïncident, si tout est nécessaire au sens où tous les événements sont déterminés par des causes, alors il ne peut plus y avoir de libre arbitre, de possibilité de choix entre le bien et le mal. Tout est nécessaire, donc tout est parfait. La vraie différence entre Leibniz et Spinoza, cela dit au passage pour ceux qui voudraient entrer davantage dans le détail, est ailleurs, dans le fait que le Dieu de Leibniz semble, comme les reins du professeur Alquié (la plaisanterie est de lui et il aimait à la faire chaque année dans ses cours que j'eus l'obligation, mais en l'occurrence aussi la chance de suivre), « plein de calculs », alors que celui de Spinoza n'a pas de conscience, pas d'intentions, et ne peut donc pas calculer : il est pure puissance.

1. C'est Jacobi, dans ses *Lettres à Mendelssohn sur la doctrine de Spinoza*, qui, le premier, comprendra qu'il n'y a en réalité aucune différence majeure sur ce point entre Leibniz et Spinoza, la doctrine de Spinoza étant la vérité de celle de Leibniz.

Sur ce point, Spinoza a raison contre Leibniz : un être infini et tout-puissant, un être dont l'entendement est infini ne peut pas, par définition même, avoir de conscience réflexive puisque la conscience suppose une limitation, elle suppose que l'on bute sur un objet extérieur à soi pour revenir en soi par un mouvement de réflexion. Toute conscience, dira Husserl, « est conscience de quelque chose », ce qui implique une limitation, un entendement fini, qu'on ne peut pas prêter à Dieu. Hegel l'avait déjà compris, tout son système visant justement à intégrer la réflexion et la conscience dans la définition spinoziste du divin, Dieu n'étant pas seulement substance mais aussi sujet, selon la fameuse formule de la *Phénoménologie de l'esprit*. C'est sur ce point que la doctrine de Spinoza apparaît bien comme la vérité de celle de Leibniz.

Mais n'entrons pas ici trop dans le détail, nous risquerions de nous perdre : retenons seulement que chez nos deux cartésiens/anticartésiens, la création du monde est rationnelle de sorte qu'en ce monde rien n'est sans raison, tout est parfait et parfaitement nécessaire. Pas de contingence, pas de possibles distants du réel, donc pas de libre arbitre, de liberté entendue comme faculté de choix entre des options différentes : déterminisme absolu. Et c'est ce déterminisme, cette idée que le réel est rationnel et le rationnel est réel, comme dira Hegel, qui fonde la théodicée chez l'un comme chez l'autre.

Voyons maintenant comment le projet de la théodicée se réalise dans sa version spinoziste.

La théodicée spinoziste

Que l'*Éthique* de Spinoza soit d'abord et avant tout, comme le système de Leibniz, une théodicée, c'est là ce qui ne fait aucun doute, et ce d'autant moins que Spinoza, sans employer le mot, dit très bien lui-même la chose, utilisant presque à l'identique les formulations de Leibniz, à commencer par le fameux : *Si deus est, unde malum ?* (« si Dieu existe, d'où peut bien provenir le mal ? »). Du reste, il donne dans un premier temps à cette question une réponse parfaitement analogue à celle de son illustre confrère, à savoir que la hiérarchie des êtres implique l'existence apparente du mal :

> On a souvent l'habitude [...] de raisonner de la manière suivante : si toutes choses ont résulté de la nature suprêmement parfaite de Dieu, d'où proviennent donc tant d'imperfections dans la Nature, comme la corruption fétide, la laideur nauséabonde, la confusion, le mal, la faute, etc. ? Il est aisé, comme je viens de le dire, de réfuter cet argument [...]. Mais à ceux qui demandent pourquoi Dieu n'a pas créé les hommes tels qu'ils puissent se gouverner eux-mêmes sous la seule conduite de la raison, je ne donne qu'une réponse qui est que la matière ne lui a pas manqué pour créer toutes sortes de choses, depuis le plus haut degré de perfection, jusqu'au plus bas... (*Éthique*, Appendice à la partie I)

Comme chez Leibniz, donc, la théodicée, la plaidoirie en faveur de la perfection divine autant que de la perfection du monde, passe par la négation pure et simple du mal : étant donné que le mal n'est qu'une illusion, qu'il n'existe pas du point de vue de la vérité, c'est-à-dire du point de vue de Dieu, il n'y a aucune raison d'accuser Dieu d'injustice. C'est de cette négation radicale du mal (radicale du point de vue de Dieu, mais relative seulement du point de vue de l'homme) que nous allons partir parce que c'est le fil avec lequel on peut, comme je vais le montrer maintenant, dévider tout le système.

Il y a, à cet égard, trois points fondamentaux à prendre en considération. Ils s'enchaînent les uns aux autres de manière parfaite :

1. D'abord, pour Spinoza, il ne peut pas y avoir de mal moral, puisqu'il n'y a pas de libre arbitre, pas de liberté entendue au sens où l'être humain aurait la capacité de choisir entre des possibles, entre le bien et le mal. Pourquoi ? D'abord, nous l'avons vu, parce qu'il n'y a pas de différence entre le possible et le réel ; ensuite (mais c'est en fait la même chose), parce que tout est nécessaire, parce que le déterminisme est total, parce que tout advient par des causes, que rien n'est sans raison et que, du coup, il n'y a pas, il ne peut pas y avoir de différence entre des options idéales et le réel tel qu'il est. L'illusion du libre arbitre, c'est l'illusion des possibles : j'aurais plusieurs choix, être sage ou ignorant, spinoziste ou kantien, par exemple, j'aurais le choix de voter pour X ou Y, et ce serait un choix comme on le conçoit aisément, entre diverses possibilités qui seraient pour ainsi dire offertes à ma libre volonté, à mon libre arbitre ;

Pour Spinoza, en bon rationaliste dogmatique, cette illusion relève du plus pur « délire » (c'est le mot qu'il emploie lui-même), puisque cela supposerait que le réel n'est pas nécessaire, qu'il n'est pas déterminé de part en part, de sorte qu'une liberté d'indifférence initiale serait possible, un pouvoir originel de décider, donc de produire une action sans cause, une action qui n'aurait pas d'autre raison d'être que ma libre décision. Elle partirait d'un point zéro, non causé, non déterminé par ce qui la précède dans l'histoire : c'est, selon Spinoza, l'irrationalisme même. L'idée d'un événement sans cause, d'une décision qui serait cause première, est contraire au principe de raison, c'est-à-dire au principe même de toute rationalité. Pour le rationalisme absolu, ontologique, aucun événement n'est sans cause, aucun acte n'est une cause première elle-même non causée – encore une fois, ce serait l'irrationalisme absolu : tout s'explique toujours par l'état antérieur qui détermine intégralement le présent. Si on y réfléchit bien, on comprendra pourquoi cela signifie qu'il n'y a pas de possibles, cette illusion des possibles étant seulement le fait de l'ignorant qui vit dans l'imagination et non dans la raison : croire dans les possibles, dans le libre arbitre, c'est seulement ignorer les véritables causes qui nous font agir et déterminent plus ou moins secrètement nos actions ;

Pour résumer l'argumentation de Spinoza, pour la ramasser de façon la plus claire possible, on pourrait dire que la liberté entendue au sens du libre arbitre, au sens d'une mystérieuse possibilité de choisir de manière responsable entre des options différentes, suppose par définition même deux conditions que Spinoza rejette absolument toutes les deux :

— la différence entre le réel et le possible,

— le pouvoir de commencer une action absolument, sans cause qui la précéderait, un pouvoir de création, de spontanéité absolue, impliquant une rupture dans les enchaînements de causes et d'effets qui caractérisent, aux yeux du rationalisme dogmatique, le cours de l'univers naturel comme du monde humain et historique ;

Écoutons Spinoza lui-même, qui explique fort bien, dans une lettre célèbre, les raisons de son refus de cette illusion tenace qu'est à ses yeux le libre arbitre :

> Pour rendre cela clair et intelligible, concevons une chose très simple : une pierre, par exemple, reçoit d'une cause extérieure qui la pousse une certaine quantité de mouvement et, l'impulsion de la cause extérieure venant à cesser, elle continuera à se mouvoir nécessairement. Cette persistance de la pierre dans le mouvement est une contrainte [...]. Et ce qui est vrai de la pierre, il faut l'entendre de toute chose singulière, quelle que soit la complexité qu'il vous plaise de lui attribuer, si nombreuses que puissent être ses aptitudes, parce que toute chose singulière est nécessairement déterminée par une cause extérieure à exister et à agir d'une certaine manière déterminée. Concevez maintenant, si vous voulez bien, que la pierre, tandis qu'elle continue de se mouvoir, pense et sache qu'elle fait effort, autant qu'elle peut, pour se mouvoir. Cette pierre, assurément, puisqu'elle a conscience de son effort seulement et qu'elle n'est en aucune façon indifférente, croira qu'elle est très libre et qu'elle ne persévère dans son mouvement que parce qu'elle le veut. Telle est cette liberté humaine que tous se vantent de posséder et qui consiste en cela seul que les hommes ont conscience de leurs appétits et ignorent les causes qui les déterminent. Un enfant croit librement vouloir le lait, un jeune garçon irrité vouloir se venger et, s'il est un poltron, vouloir fuir. Un ivrogne croit dire par un libre décret de son âme ce qu'ensuite, revenu à la sobriété, il aurait voulu taire. De même, un délirant, un bavard et bien d'autres de même farine croient agir par un libre décret de l'âme et non se laisser contraindre. Ce préjugé étant naturel, congénital, parmi tous les hommes et ils ne s'en libèrent pas aisément. (*Lettres*, lettre XLIII à Schuller)

Laissons de côté pour l'instant les invraisemblances qui traversent les comparaisons que prend Spinoza. Par exemple, on voit mal pourquoi une pierre lancée comme un projectile, en admettant même qu'on la dote par hypothèse de la conscience, aurait le sentiment de faire un « effort » alors que, justement, elle n'en fait aucun : l'enfant qu'on pousse sur la balançoire se réjouit précisément du fait qu'il n'a pas le moindre effort à faire pour se balancer. Passons aussi sur le fait que l'homme à jeun et l'ivrogne sont mis sur le même plan, alors que la honte de celui qui a dit des horreurs en état d'ébriété vient à l'évidence du fait qu'il existe une différence notable et très perceptible entre les deux états. Bornons-nous à dégager la conséquence où Spinoza veut en venir, à savoir que, du point de vue de Dieu, c'est-à-dire de la vérité, la liberté est pure illusion, le possible est parfaitement identique au réel, ils sont superposables et ils ne se distinguent que pour l'ignorant qui délire et croit, comme la pierre ou comme l'ivrogne, à la finalité libre de ses actions. Ou, comme le dit encore l'*Éthique* (I, 29) : « Dans la nature, il n'existe rien de contingent, mais tout est déterminé par la nécessité de la nature divine à exister et à agir selon une modalité particulière. »

D'où vient, dès lors, si l'on ne s'en tient pas aux exemples très approximatifs de la lettre à Schuller qu'on vient de citer, cette croyance en ce fichu libre arbitre ? Comment expliquer l'origine de cette pure illusion ? Voilà ce que Spinoza s'efforce de comprendre dans le texte qui suit, qu'on lira avec profit. Spinoza essaie d'y montrer qu'on ne sait pas ce que peut le corps tout seul, par ses propres ressorts, passage qui annonce à bien des égards un certain matérialiste contemporain, celui qu'on rencontre en général dans la biologie moléculaire par exemple. Pourquoi, donc, croyons-nous en l'existence du libre arbitre, de la possibilité de choix ? Réponse de Spinoza :

> C'est qu'on est fermement persuadé que le Corps se meut ou s'immobilise par le seul commandement de l'Esprit, et qu'il accomplit un grand nombre d'actions qui dépendent de la seule volonté de l'Esprit. (III, 2, scolie)

Or c'est là, comme on l'a vu, l'illusion par excellence, illusion qui provient du fait que nous ignorons en réalité ce que peut le corps ;

2. Deuxième postulat de fond : puisqu'il n'y a pas de libre arbitre, il n'y a non plus ni bien ni mal moral, ni blâmes ni félicitations à décerner, ni culpabilité ni regrets à avoir. Ces « passions tristes », comme dit Spinoza, y compris l'indignation et la colère, relèvent toutes de l'illusion des possibles, du libre arbitre. En vérité, aux yeux du sage ou du point de vue de Dieu, il n'y a dans nos actions aucune responsabilité d'aucune sorte, comme l'explique de manière particulièrement claire ce passage de l'article qu'André Comte-Sponville consacre à Spinoza dans le *Dictionnaire d'éthique et de philosophie morale* des Presses universitaires de France, article qui n'est à vrai dire lui-même qu'un commentaire presque littéral de certains passages de l'œuvre de Spinoza, du reste cités entre parenthèses :

> On ne juge que ce qu'on ne comprend pas. Ainsi l'enfant dira la pluie méchante parce qu'elle l'empêche

de jouer. L'adulte, dans la mesure où il connaît les causes de la pluie, renonce à la juger, et ne s'en protège que mieux. Mais cela vaut aussi pour les phénomènes humains que Spinoza compare explicitement aux intempéries (*Traité politique*, I, 4). L'homme n'est pas un empire dans un empire : il n'est qu'une partie de la nature, dont il suit l'ordre ou (à nos yeux) le désordre. Qui condamnerait moralement une éclipse ou un tremblement de terre ? Et pourquoi faudrait-il condamner davantage un meurtre ou une guerre ? Parce que les hommes sont responsables ? Disons qu'ils en sont causes, mais eux-mêmes déterminés par d'autres causes, qui le sont à leur tour par d'autres, et ainsi à l'infini (*Éthique*, I, 28). Il n'y a rien de contingent dans la nature (*Éthique*, I, 29), ni donc rien de libre dans la volonté (*Éthique*, I, 32, et II, 48) : les hommes ne se croient libres de vouloir que parce qu'ils ignorent les causes de leurs volitions (*Éthique*, I, app., II, 35, scolie, et III, 2, scolie ; voir aussi *Lettre à Schuller*). La croyance au libre arbitre n'est qu'une illusion et c'est pourquoi toute morale (si l'on entend par là ce qui autorise à blâmer ou à louer absolument un être humain) est illusoire aussi. Dès lors que « tout suit de la nécessité de la nature divine », il faut admettre que « tout ce qu'on pense être insupportable et mauvais et tout ce qui, en outre, paraît immoral, digne d'horreur, injuste et vilain, cela provient de ce qu'on conçoit les choses d'une façon troublée, mutilée et confuse » (*Éthique*, IV, 73, scolie. Voir aussi *Traité politique*, II, 8).

Comme dit encore excellemment Deleuze, dans son petit *Spinoza, philosophie pratique* (Éditions de Minuit, p. 36) : « Il suffit de ne pas comprendre pour moraliser. » La réciproque étant évidemment tout aussi vraie : il suffit de comprendre pour arrêter de moraliser.

Pourquoi ? Ici aussi, le raisonnement est parfaitement clair : comprendre, c'est connaître par les causes. Or d'évidence, si on connaît les causes d'un événement ou d'une action, quels qu'ils soient, on comprend qu'ils sont nécessaires, au sens philosophique : déterminés de part en part de telle sorte que tout ce qui est ne peut pas ne pas être comme il est, comme il advient. Le sage, contrairement à l'ignorant, comprend qu'il n'y avait pas d'autres possibilités, donc rien à dire : comprendre les causes d'un événement que l'ignorant croit « immoral » et qui suscite en lui de l'indignation, comprendre, par exemple, pour nous aujourd'hui, les causes du nazisme, c'est le déclarer nécessaire, donc ontologiquement parfait et moralement innocent. C'est donc cesser de le juger moralement (cet exemple, je le précise, n'a rien de controuvé ni de fictif : il fut au cœur de la dernière querelle sur le nazisme entre les plus grands historiens allemands, les libéraux accusant leurs collègues « fonctionnalistes » de justifier le nazisme à force de l'expliquer par des causes nécessaires) ;

Disons encore les choses autrement, pour bien saisir ce point crucial : pour un rationalisme absolu, c'est-à-dire pour une doctrine qui pense que tout advient par des enchaînements de causes nécessaires, il ne peut pas y avoir de différence morale entre les phénomènes humains, si terribles soient-ils, un crime atroce par exemple, et les phénomènes naturels tels que la pluie et les tremblements de terre : pas de différence entre le monde de la science naturelle et celui de ce qu'on appellera plus tard les sciences humaines ou les sciences de l'esprit *(Geisteswissenschaften)*. Du point de vue de Dieu ou du sage, tout est nécessaire, donc parfait au sens où rien ne peut être autrement qu'il n'est. C'est seulement du point de vue de l'ignorant, c'est-à-dire du point de vue des hommes (mais ils sont toujours en quelque façon ignorants, sauf le sage, et encore, ce qui explique que l'illusion subsiste toujours plus ou moins...), que nous faisons une différence parce que nous attribuons spontanément, sans réfléchir, le libre arbitre aux humains et pas à la pluie : nous pensons que l'assassin « aurait pu faire autrement », que les nazis étaient responsables de leurs actes, qu'ils ne sont pas innocents comme l'est le tremblement de terre, même quand ce dernier fait beaucoup de victimes. Mais c'est justement cette illusion qu'il faut dépasser, et pour qui la dépasse, il n'y a plus ni bien ni mal, comme il n'y a ni bien ni mal du point de vue de Dieu, puisque tout est naturel, donc divin, parfait et nécessaire. Il n'y a plus alors de différence morale entre le naturel et l'humain, entre le tremblement de terre et le salaud ;

Le sage est donc celui qui va s'efforcer de lire les passions humaines, de déchiffrer les actions des hommes comme s'il s'agissait de phénomènes naturels. C'est la conséquence directe de la formule que nous avons évoquée plus haut, selon laquelle l'homme n'est pas un empire dans un empire, mais un morceau de nature comme un autre. L'idée est développée à de nombreuses reprises par Spinoza, notamment dans ce passage du *Traité politique* (I, 4) :

> M'appliquant à la Politique [...] j'ai mis tous mes soins à ne pas tourner en dérision les actions des hommes, à ne pas pleurer sur elles, à ne pas les détester, mais à en acquérir une connaissance vraie : j'ai aussi considéré

les affections humaines telles que l'amour, la haine, la colère, l'envie, l'orgueil, la pitié et les autres mouvements de l'âme, non comme des vices, mais comme des propriétés de la nature humaine : des manières d'être qui lui appartiennent comme le chaud et le froid, la tempête, le tonnerre et tous les météores appartiennent à la nature de l'air. Quels que soient les désagréments que puissent avoir pour nous ces intempéries, elles sont nécessaires, ayant des causes déterminées par lesquelles nous nous appliquons à en connaître la nature, et quand l'âme a la connaissance vraie de ces choses, elle en jouit tout autant que de la connaissance des choses qui donnent à nos sens de l'agrément.

Une fois encore : il suffit de ne pas comprendre pour juger et de comprendre pour ne plus juger. Comme dit fort bien André Comte-Sponville (mais à mon sens, sans percevoir l'immense et insoluble contradiction que cela soulève aussitôt) : il n'y a de bien et de mal que *relatifs*. Et pour mieux se faire comprendre, André Comte-Sponville se lance dans une comparaison qui mérite sérieusement qu'on s'y arrête tant le problème qu'elle soulève est au cœur du cœur de la pensée spinoziste :

> Le microbe qui me tue fait partie de la nature et à ce titre il n'est ni bon ni mauvais. Il est ontologiquement parfait, pourrait-on dire, et moralement innocent. Mais qui contesterait qu'il est mauvais *pour moi* ?

On ne saurait mieux dire et, à mes yeux aussi, toute la doctrine de Spinoza tient dans cette conviction à laquelle seul le sage peut parvenir : ce qui vaut pour le microbe, pour la pluie ou pour le tremblement de terre, vaut tout autant, malgré l'apparence imaginaire à laquelle succombent les ignorants, pour les actions des hommes. Elles sont tout aussi déterminées, tout aussi peu l'effet d'une volonté libre au sens d'un libre choix que les événements de la nature, et c'est seulement parce que nous ignorons les causes réelles qui nous font agir que nous nous imaginons qu'il y a un choix entre le bien et le mal, alors que tout arrive nécessairement dans l'ordre de l'histoire humaine comme dans celui de la nature. En quoi la phrase de Comte-Sponville sur le moustique doit logiquement être appliquée, comme le demande Spinoza dans le texte qu'on vient de lire, sans faille ni la moindre hésitation à toutes les actions des hommes, y compris et même surtout à celles qui nous paraissent *a priori*, les plus abjectes ;

Pourquoi, par exemple, et pour poursuivre dans le même registre, ne pas l'appliquer aux pires salauds, à Hitler si l'on veut, pour prendre dans notre temps un symbole entre tous – un nom dont on admettra qu'il représente le mal absolu, mais chacun pourra bien sûr trouver d'autres exemples s'il le souhaite – et il en existait aussi, cela va de soi, au XVIIe siècle. Ça donnerait à peu près ceci : « Le nazi qui s'amuse à torturer des juifs fait partie de la nature. Il n'est pas un empire dans un empire, et à ce titre, il est divin au sens où la nature est divine *(deus sive natura)*. Il est donc ontologiquement parfait et moralement neutre. Mais qui contesterait qu'il soit mauvais pour le juif, à la santé duquel il nuit gravement ? »

Aussi scandaleuse qu'elle paraisse à la conscience commune, cette phrase n'est-elle pas impeccable du point de vue spinoziste ? Nous allons y revenir, bien sûr : elle n'est pas là pour choquer ou pour disqualifier Spinoza, il ne s'agit pas d'effrayer en évoquant Hitler, de pratiquer la fameuse *reductio ad hitlerum*. Si je la propose à la réflexion, c'est pour tirer dans leur rigueur logique la plus parfaite les conséquences de ce que dit Spinoza lui-même dans les textes que nous venons de citer, c'est pour nous inciter à réfléchir radicalement au sens de sa pensée, sans nous voiler les difficultés, sans la rendre mièvre et jouer sur deux tableaux comme le font la plupart des spinozistes, embarrassés qu'ils sont quand même par les conséquences de leur propre système, trop fortes pour eux, trop radicales, trop difficiles à avaler – et pourtant bien réelles ;

L'honnêteté intellectuelle m'incite pourtant à la précaution : autant le dire tout de suite, une telle phrase ne pourrait susciter qu'une intense réprobation de la part d'un spinoziste, elle le jetterait aussitôt lui-même dans un torrent de passions tristes. D'abord parce que, factuellement, on ne la trouvera évidemment pas sous la plume de Spinoza. Non seulement pour des raisons de chronologie historique, bien sûr (on peut trouver des salauds à toutes les époques de l'histoire et j'aurais pu chercher un exemple dans le siècle de Spinoza), mais pour des raisons sans doute plus fondamentales. Pour un spinoziste, en effet, elle ne peut apparaître que comme une provocation absurde, une lecture dérisoire et réductrice d'un grand auteur auquel on fait dire ce qu'il n'aurait jamais dit lui-même. Voici du reste, cités ici pour donner la parole à la défense, les propos d'un ami philosophe, grand lecteur et admirateur de Spinoza auquel je soumettais la phrase en question (je ne cite pas son nom parce qu'il s'agit d'une correspondance privée dont je ne dévoile que la partie purement théorique) :

Spinoza ne dirait jamais que Hitler est « ontologiquement parfait et moralement neutre » ! Certes, « par réalité et par perfection », Spinoza entend « la même chose » (*Éthique*, II, déf. 6). Mais il y a des degrés de réalité, donc aussi de perfection ! Le *conatus* nous pousse à exister le plus et le mieux que nous pouvons, ce qui suffit à prouver que toutes les existences ne se valent pas. La perfection, pour Spinoza, n'est ni un absolu ni un maximum (il y a des degrés de perfection, preuve en est que « la joie est le passage de l'homme d'une moindre à une plus grande perfection », *Éthique*, III, déf. 2 des affects, comme « la tristesse est le passage de l'homme d'une plus grande à une moindre perfection », *ibid.*, déf. 3 des affects). Un homme plein de haine, donc de tristesse (*Éthique*, III, déf. 7 des affects), comme Hitler, est donc moins parfait qu'un homme plein d'amour et de joie comme le sage (*Éthique*, V, dernier scolie). *A fortiori*, Hitler n'est pas « moralement neutre ». Certes, la nature ou Dieu n'ont pas de morale. Mais Spinoza, lui, en a une, comme tout être humain ! Cela ne veut pas dire que la morale n'existe pas, mais seulement qu'il n'y a de morale que pour et par l'humanité, et au fond je ne vois pas en quoi cela peut te choquer – d'autant moins que tu ne crois pas en Dieu et que tu accorderais à Spinoza que la nature n'a pas de morale ! C'est ce que j'ai appelé (si je me souviens bien de l'article que tu évoques, que je n'ai pas relu depuis des années) la conjonction, chez Spinoza, d'un amoralisme théorique et d'une moralité pratique. Voir là-dessus la préface d'*Éthique*, IV. Spinoza y rappelle certes que le bien et le mal moraux n'existent que pour et par nous, donc de façon relative. Mais il ajoute : « Bien qu'il en soit ainsi, cependant, il nous faut conserver ces vocables. Désirant en effet former une idée de l'homme qui soit comme un modèle de la nature humaine placé devant nos yeux [par quoi il y a un humanisme spinoziste, que tu ne sembles pas percevoir], il nous sera utile de conserver ces vocables dans le sens que j'ai dit. J'entendrai donc par bon, dans ce qui va suivre, ce que nous savons avec certitude qui est un moyen de nous rapprocher de plus en plus du modèle de la nature humaine que nous nous proposons. Par mauvais, au contraire, ce que nous savons avec certitude qui nous empêche de reproduire ce modèle. Nous dirons, en outre, les hommes *plus ou moins parfaits* [c'est moi qui souligne, à ton intention], suivant qu'ils se rapprocheront plus ou moins de ce même modèle. » Bref, Spinoza, bien loin de considérer Hitler comme « ontologiquement parfait et moralement neutre », sait *avec certitude* que Hitler est *moins parfait* qu'un honnête homme ou, *a fortiori*, qu'un sage (dont le modèle, à ses yeux, est Jésus-Christ), et *moralement mauvais* (puisque nous éloignant du « modèle de la nature humaine » construit dans l'*Éthique*). La seule différence, de ce point de vue, entre Spinoza et toi (et encore !), c'est que lui ne prétend pas que cette mauvaiseté existe du point de vue de Dieu ou de la nature (mais le prétends-tu ?), ni donc qu'elle soit absolue, et surtout qu'il refuserait, bien évidemment, de considérer que cette singularité humaine (le fait d'avoir une morale, qui tend à l'universalité : celle de la raison) soit « surnaturelle ». Car rien n'empêche d'expliquer, de façon naturaliste, qu'il y ait des traits (par exemple la morale) propres à l'humanité (voir là-dessus Darwin, Marx et Freud). Cela ne t'oblige pas à être spinoziste, mais devrait te dissuader de te forger un Spinoza de convenance, trop facile à réfuter pour être le vrai !... Quant à « ontologiquement parfait », je crois que tu fais un contresens sur la notion de perfection chez Spinoza : il ne s'agit pas de dire que tout est bien, mais que tout est réel (« par réalité et par perfection j'entends la même chose »). Enfin, pour ce qui concerne les deux points de vue (celui du sage, que je préférerais appeler celui de Dieu, et celui de l'imagination, que je préférerais appeler celui des hommes), on peut bien sûr les refuser. Mais je me demande s'il n'y a pas là quelque chose de profond et d'inévitable, un peu comme la distinction entre le point de vue phénoménal chez Kant (où tout est intégralement déterminé) et le point de vue nouménal (où je suis intégralement libre)... Du reste, il s'agit de *connaître* les phénomènes humains comme ceux de la nature, c'est-à-dire de les connaître (et nos scientifiques, par exemple en neurobiologie ou en sociologie, *cf.* Durkheim, ne font pas autre chose), mais certainement pas de les *juger* comme des phénomènes de la nature : il serait absurde de reprocher à un orage de ne pas correspondre au « modèle de la nature humaine » élaboré dans l'*Éthique*, alors qu'on peut légitimement le reprocher à un être humain – par exemple les *ultimi barbarorum* que dénonçait Spinoza ! Le vrai problème est celui du libre arbitre (qui relativise bien évidemment la notion de « reproche », sans l'abolir : quand je dis de quelqu'un « c'est un con », je ne prétends pas qu'il fait exprès de n'être pas intelligent, mais c'est bien un jugement de valeur légitimement négatif ; pareil quand je dis « c'est un salaud ») – mais la position de Spinoza, là-dessus, n'est pas plus contre-intuitive, ni moins profonde, que le caractère intelligible chez Kant ! La question de la liberté, disait Leibniz, est un labyrinthe... La phrase « il ne peut pas y avoir, du point de vue du sage, le moindre jugement de valeur », appliquée à Spinoza, est donc factuellement fausse. Le Dieu de Spinoza, c'est vrai, ne juge pas. Mais le sage n'est pas Dieu, et ne prétend pas l'être ! Et Spinoza ne cesse d'énoncer des jugements de valeur : c'est tout l'objet des livres III et IV de l'*Éthique*. Au reste, c'est à propos de lui que Deleuze, dans son petit Spinoza, cite Nietzsche : « "Par-delà le bien et le mal", cela ne veut pas dire par-delà le bon et le mauvais... » Tu peux bien sûr penser, et tu as d'ailleurs raison, que dans un monde où le possible et le réel sont un (quoique même ce problème, chez Spinoza, soit en vérité très compliqué et passablement obscur), toute notion de commandement absolu devient sans pertinence. Mais les jugements de valeur (et même les commandements relatifs : les *vitae dogmata*, les « règles de vie ») n'en continuent pas moins d'exister, d'agir et de valoir... Bref, c'est la fin de toute morale prétendument absolue (celle de Kant par exemple), pas la fin de l'éthique ! Là-dessus, tous les commentateurs sont d'accord (le meilleur, d'assez loin, est Alexandre Matheron).

Ces remarques sont philologiquement justes et, à ce qu'il me semble – c'est du moins ce que j'essaierai de montrer dans ce qui suit – philosophiquement tout à fait intenables : mon interlocuteur a évidemment raison en ce sens qu'il me répond peut-être bien comme l'aurait fait Spinoza lui-même, ou, à tout le moins, un de ses disciples fidèle et rigoureux. Reste qu'il y a une logique du système qu'il s'agit aussi de dégager et qui peut parfois dépasser son auteur lui-même. La question qu'il faut se poser, s'agissant de Spinoza comme de tout philosophe à système, c'est celle des conséquences d'une philosophie qui nie radicalement, non seulement le libre arbitre, mais toute distinction entre le possible et le réel, entre l'idéal et le réel. Voilà pourquoi je ne suis toujours pas convaincu une seconde par l'argumentation que mon ami tente de tirer des textes épars qu'il cite sans les connecter entre eux ni en tirer les véritables conséquences. À vrai dire, je suis même encore moins convaincu après sa réponse qu'avant, car elle ne fait, si l'on y réfléchit attentivement, qu'aggraver encore la difficulté inhérente à toute philosophie qui prétend, sinon s'écrire du point de vue de Dieu, du moins nous permettre de coïncider avec lui autant qu'il est possible dans la connaissance la plus haute (celle du « troisième genre », comme nous verrons plus loin) : qu'il reste du bon et du mauvais *pour nous*, relativement à notre finitude, bien sûr, c'est une évidence, mais le bon n'est pas le bien ni le mauvais le mal, et du point de vue de Dieu, l'Univers étant parfait et tout entier déterminé, le monde humain est toujours rabattu sur le monde naturel, Hitler sur le moustique ou l'orage. Or ce point de vue de Dieu est celui du vrai et si nous n'y accédons pas parfaitement, c'est juste une imperfection de notre part, imperfection qui ne justifie donc en rien nos jugements moraux ;

Bien entendu, mon ami a raison, le sage n'est pas Dieu et il ne le sera jamais. Il y aura donc toujours pour lui du bon et du mauvais, des jugements de valeur et des indignations, *mais c'est là sa faiblesse, pas sa vérité, et le point de vue de Dieu est tout aussi évidemment plus vrai que celui du sage*. Si nous pouvions y avoir accès – ce qui est tout de même bien, comme nous le verrons aussi, l'enjeu de la philosophie (de la connaissance du troisième genre) –, il n'y aurait plus pour nous ni bien ni mal, ni bon ni mauvais, ni blâmes ni éloges. Je pense donc que les remarques de mon ami sont très éclairantes, parce que justes philologiquement et d'autant plus accablantes philosophiquement. Je vais vous le montrer de manière, je crois, indubitable, dans ce qui suit, mais, pour l'instant, continuons encore à évoquer les grands moments du système pour disposer de tous les éléments à charge et à décharge ;

3. Si l'on a bien compris ce qui précède, on comprendra aussi, c'en est la conséquence directe, que la vraie liberté n'est nullement le libre arbitre, mais qu'elle réside dans ce que Spinoza appelle *l'intelligence de la nécessité*. C'est une perspective à laquelle

on ne parvient vraiment qu'au niveau supérieur de la connaissance (ce que Spinoza appelle, comme nous verrons plus loin, la « connaissance du troisième genre » ou « l'amour intellectuel de Dieu »), c'est-à-dire la connaissance par les causes (et même par les essences), l'intelligence du fait que rien n'advient sans raison, que le réel est rationnel, parfait au sens où il est de part en part nécessaire. Comme le dit d'ailleurs de manière explicite la préface de la partie IV de l'*Éthique* : « Par perfection et réalité, j'entends la même chose. »

À ce niveau de connaissance, qui est réservé au seul sage, à celui qui est guidé sans faille par la raison, il n'y a évidemment plus ni bien ni mal au sens moral du terme (plus de blâme ni d'éloge) : si on parvient à penser le monde en se mettant du point de vue de Dieu, alors on doit évidemment comprendre et admettre que tout étant absolument nécessaire, tout arrivant par des causes, tout est parfait et que les passions tristes, les remords, les regrets, les culpabilités, les réprimandes ou les blâmes, comme du reste les éloges et les félicitations morales, n'ont pas lieu d'être puisqu'il n'y a évidemment ni bien ni mal, comme le souligne encore ce passage de l'*Éthique* (IV, 36, scolie) :

> L'homme à l'âme forte met au premier plan le fait que tout suit de la nécessité de la nature divine ; aussi considère-t-il que tout ce qu'il pense être un dommage ou un mal, tout ce qui lui paraît immoral, odieux, injuste ou vil [où l'on voit, cela dit au passage, que l'exemple du nazisme n'est pas tiré par les cheveux] ne lui semble tel que parce qu'il conçoit la réalité d'une façon trouble, confuse et mutilée ; c'est pourquoi il s'efforce de concevoir

les choses telles qu'elles sont en elles-mêmes, d'écarter les obstacles à la connaissance vraie tels que la Haine, la Colère, l'Envie, la Raillerie, l'Orgueil et d'autres affects semblables que nous avons examinés.

CQFD !

Éléments pour une critique de la théodicée spinoziste

Avant d'aller plus loin, voyons dès maintenant en quoi cette étrange sagesse – étrange mais en même temps parfaitement « rationaliste », du moins au sens de ce rationalisme dogmatique qui croit naïvement dans le règne absolu du déterminisme – voyons donc en quoi cette étrange sagesse est en réalité intenable, en quel sens la formule d'Épictète selon laquelle aucun sage stoïcien n'avait sans doute jamais existé, s'applique à merveille aux spinozistes : je n'ai, je l'avoue, jamais rencontré un seul spinoziste assez cohérent ou assez fou pour vivre dans sa vie quotidienne comme si le mal, la responsabilité et le libre arbitre n'existaient pas, comme si les catastrophes humanitaires et les tremblements de terre posaient les mêmes problèmes éthiques, comme si, pour élever le débat à son vrai niveau, les actions humaines et les phénomènes naturels relevaient exactement de la même logique de sorte qu'on ne pourrait pas davantage juger le méchant que le moustique ou la pluie qui tombe indifféremment sur les bons et sur les salauds.

Personne ne pense comme cela dans la réalité, personne ne l'a jamais fait et personne ne le fera jamais. Est-ce seulement parce que nous manquons de courage intellectuel et de rigueur ? Je n'en crois rien.

C'est en vérité structurellement impossible, nous allons voir en profondeur pourquoi, mais disons-le d'entrée de jeu, fût-ce en première approximation : le point de vue de Dieu, le point de vue de l'intelligence des causes et du déterminisme absolu, non seulement n'est pas celui de l'homme, mais il est illégitime et parfaitement dogmatique, au sens philosophique du terme, de prétendre relativiser le second à partir du premier, comme si l'homme était dans l'erreur et Dieu dans la vérité alors qu'on peut à meilleur droit défendre une perspective inverse : c'est le point de vue de l'homme, de la finitude, de l'expérience réelle qui est dans la vérité, et celui de Dieu qui n'est qu'une fiction dogmatique, imaginée par l'esprit humain, mais dont rien ne démontre la vérité.

Voyons cela de plus près et repartons de nos deux phrases, l'une qui nie le mal naturel et l'autre qui nie le mal humain (moral), du moins du point de vue de Dieu ou de la vérité du sage, et comparons-les avec toute la précision souhaitable :

D'un côté, « le microbe qui me pique, et le cas échéant me transmet une maladie mortelle, fait partie de la nature et à ce titre il n'est ni bon ni mauvais. Il est ontologiquement parfait et moralement innocent. Mais qui contesterait qu'il est mauvais pour moi ? » Soit.

Mais j'applique le raisonnement, comme je dois absolument le faire selon les principes de la philosophie de Spinoza, à une action humaine en général regardée comme mauvaise, et cela donne : « Le bourreau qui torture l'innocent fait partie de la nature et à ce titre il n'est ni bon ni mauvais. Il est ontologiquement parfait et moralement neutre. Mais qui contesterait qu'il est mauvais pour sa victime ? »

En effet, et même très mauvais. Du point de vue spinoziste, les deux phrases sont, si du moins on suit avec rigueur les principes exposés dans les textes de Spinoza que nous avons lus, parfaitement correctes, également légitimes. Certes, si je reprends l'argumentation exposée dans la lettre de mon ami, du point de vue fini et limité de l'homme, le bien et le mal subsistent. De même, il a évidemment aussi raison sur ce point et je ne lui conteste nullement, il existe des degrés de perfection dans l'échelle des êtres humains, de sorte qu'on peut en ce sens avoir l'impression de pouvoir les juger par rapport à une sorte d'idéal : un homme plein de passions tristes est moins « bien » qu'un homme plein de joie. Soit ! Mais cet « idéal », en réalité, n'en est pas un. Il n'est pas un possible, une option, un objet de choix, car il fait partie intégrante du réel, au même titre que tous les degrés de perfection quels qu'ils soient, degrés qui font eux aussi partie d'un ensemble nécessaire et parfait, de sorte que le sentiment d'indignation qui s'exprime dans les jugements de valeur moraux relève d'une pure illusion, d'une ignorance crasse, qui pour faire partie nécessairement du réel n'en est pas moins illusoire, tout le but de la philosophie, comme quête de la sagesse, étant justement de dépasser cette illusion.

Contrairement à ce que dit mon camarade, les deux propositions me paraissent donc à la fois parfaitement spinozistes, parfaitement correctes du moins du point de vue de Dieu, et cependant radicalement intenables sur quatre points fondamentaux – quatre critiques de fond, donc, qui remettent en cause les fondements les plus essentiels de tout système dogmatique, à commencer par celui de Spinoza.

Premier point : le mal moral peut-il sans contradiction n'être que relatif ?

Le premier point est soulevé par André Comte-Sponville dans l'article que nous avons cité. Pour essayer de sauver Spinoza du sentiment, disons, pour rester modérés, « d'intenabilité » que tout le monde éprouve devant une doctrine qui confond phénomènes naturels et phénomènes humains, qui place sur le même plan moral la pluie et la méchanceté, André Comte-Sponville essaie de montrer que, pour n'être plus absolu, mais relatif à celui qui l'éprouve, le mal ne disparaît pas pour autant, de sorte que le point de vue moral, au sens de la morale commune, qui juge et qui condamne, qui suppose le libre choix et la responsabilité, ne cesse jamais de nous habiter : « Il n'y a pas de morale du point de vue de Dieu, mais pas non plus d'humanité sans morale » ! Pourquoi ? Parce que, poursuit André Comte-Sponville en bon lecteur de Spinoza, s'il « n'y a pas de morale vraie », il n'y a pas « d'homme non plus qui habite la vérité » !

Sans doute, mais quel aveu terrible pour la doctrine ! Quel aveu tout à la fois d'incohérence et d'impuissance par rapport à l'idéal de sagesse affiché au départ par Spinoza lui-même ! À quoi bon prétendre nous élever au-dessus des passions tristes, des indignations et des illusions du libre arbitre... si c'est pour concéder aussitôt qu'on ne peut pas s'en débarrasser ! Voyez comment la stratégie de défense se met en place face aux conclusions intenables et pourtant nécessaires qu'implique le parallélisme entre le monde de la nature et le monde humain, entre l'insecte et le bourreau : le spinoziste essaie de jouer sur les deux tableaux. Il supprime le mal en théorie, mais il en conserve un petit bout pour ne pas contredire trop la réalité pratique de l'expérience humaine, ce qui, loin d'éviter la contradiction, donne au contraire une valse-hésitation permanente entre deux thèses totalement contradictoires :

— en soi, ou du point de vue de Dieu, le jugement moral est insensé, puisqu'il n'y a pas de possibles, pas de libre arbitre, donc pas de responsabilité et que, du coup, le bourreau n'est pas plus libre ni plus responsable, ni plus immoral que le microbe ou le tremblement de terre. Certes, il y a des degrés de perfection dans les êtres, mais, encore une fois, tous ces degrés, y compris les inférieurs, qui nous semblent mauvais, sont nécessaires, ils font nécessairement partie de l'ensemble, du réel qui est au total parfait, de sorte qu'il n'y a pas à les juger moralement. Ça c'est la vérité, c'est le point de vue auquel le sage, celui qui accède au troisième genre de connaissance, à l'amour intellectuel de Dieu, est censé parvenir – et c'est seulement à ce prix qu'il est sage !

— Mais ce point de vue est trop difficile pour les hommes, qui sont toujours plus ou moins ignorants (sinon ils seraient Dieu), et qui, comme le dit très bien Comte-Sponville (qui fait tout ce qu'il peut pour sauver Spinoza, ce que je ne saurais le lui reprocher...) n'habitent donc jamais parfaitement la vérité. C'est à proportion, donc, de leur ignorance ou de leur faiblesse, et seulement relativement à cette ignorance ou à cette faiblesse que le point de vue moral, celui qui distingue le bien et le mal et qui juge le coupable, demeure ! C'est le point de vue de l'illusion par excellence, mais l'illusion fait irrémédiablement partie du réel (sinon, encore une fois, les hommes seraient Dieu).

Comme le dit encore André Comte-Sponville, « un écart se creuse ici nécessairement, entre la théorie et la pratique », mais, ajoute-t-il, ce n'est pas parce que le bien et le mal sont relatifs qu'ils n'existent pas : le relativisme n'est pas un nihilisme ! Du point de vue de l'homme ignorant, sans doute, mais il l'est très évidemment si on se place du point de vue de la vérité. Où l'on voit que l'argument selon lequel le relativisme ne serait pas un nihilisme ne tient pas la route dix secondes.

En effet :

— ou bien, en théorie, du point de vue de la vérité, il n'y a ni bien ni mal au sens moral du terme (et ne confondons pas le bien et le mal moraux avec des degrés de perfection, ce serait évidemment un nouveau tour de passe-passe) et il faut alors poser que nature = esprit, et moustique = bourreau, le spinozisme étant bien à ce niveau (mais c'est le seul vrai !) un parfait nihilisme (le mot étant entendu ici au sens ordinaire du terme : une négation, non pas des degrés de perfection, mais de toutes les valeurs morales au nom desquelles on prétend juger ces degrés) ;

— ou bien, en pratique, du point de vue de l'illusion et de l'ignorance, il en va autrement, de sorte qu'à ce niveau inférieur, je continue à juger tranquillement tout le monde et son voisin comme le premier curé kantien venu. Mais, justement, c'est le point de vue même de l'illusion, et que celle-ci soit nécessaire ou non ne change rien à l'affaire. Qu'elle fasse partie du réel n'empêche en rien, rigoureusement en rien, qu'elle soit et doive toujours demeurer une illusion, non une vérité ! Finalement, le relativisme est donc bien un nihilisme, une négation de l'idée même de valeur morale : on peut tortiller le problème autant qu'on voudra, on n'en sortira pas.

Pour le dire autrement et faire ressortir encore la contradiction : le bien et le mal gardent bien un sens relatif, mais relatif à l'imbécile (qui confond des degrés de perfection avec des degrés de moralité), pas au sage, ce qui, il faut bien l'avouer, ne vaut pas grand-chose ! Reformulons une dernière fois la contradiction sur un plan plus philosophique :

— ou bien la philosophie de Spinoza nous recommande de nous élever jusqu'au troisième genre de connaissance, jusqu'à la sagesse qui est intelligence de la nécessité, et elle nous dit que c'est possible ;

— ou bien, comme le dit Comte-Sponville à juste titre, ce n'est pas possible, aucun homme ne peut s'élever jusqu'à la connaissance du troisième genre, jusqu'à l'amour intellectuel de Dieu (ce que je pense aussi), mais dans ce cas, il n'y a pas non plus de sagesse pour les hommes, nous en restons au point de vue de la morale, de l'imagination et de l'ignorance, qui oppose le bien et le mal, qui juge et condamne, non au point de vue de la raison. Dans ces conditions, il faut bien avouer que la promesse spinoziste de parvenir à la vie bonne par la sagesse n'est qu'une farce : il revient au point de vue de la conscience commune, de la morale catholico-républicano-kantienne ordinaire, mais sans vouloir s'avouer qu'elle est indépassable.

Sans doute, comme le dit Spinoza dans une lettre (la lettre 23 à Blyenberg), qui va dans le sens du

« relativisme » auquel André Comte-Sponville voudrait s'arrêter, le « poison et le remède ne sont pas identiques », le « rat n'est pas un ange », ni la tristesse la joie... Certes ! Et ma grand-mère aurait ajouté qu'un bon chat vaut mieux que deux gros rats ! Toutes ces circonlocutions finissent par tomber à plat : loin de la sagesse grandiose promise au départ, on retrouve le point de vue du sens commun, à ceci près qu'on déclare tout à la fois qu'il est faux, illusoire, mais qu'on peut cependant le pratiquer tranquillement toute la journée, quitte à jouer les philosophes une heure ou deux de temps en temps, de préférence quand tout va bien. En théorie ou en vérité, il n'y a pas de morale, mais en pratique on continue tranquillement à faire « comme si » – ce qui est du reste exactement l'attitude que j'observe chez mes amis spinozistes. En théorie, le bourreau est moralement innocent et ontologiquement parfait, mais en pratique, quel salaud ! Bonjour la cohérence... On peut ainsi jouer sur les deux tableaux : se donner l'air d'un sage en théorie et penser comme la ménagère de plus de cinquante ans dans la vie quotidienne – ce qui est sans doute commode, mais n'a guère de rigueur sur le plan philosophique...

Deuxième contradiction : au nom de quoi le point de vue de Dieu, s'il n'est qu'une idée, devrait-il relativiser celui de l'homme ?

En fait, ce qu'André Comte-Sponville met en évidence (à savoir le fait que le point de vue de l'illusion, de l'ignorance, ne disparaît jamais tout à fait puisque les humains ne sont pas Dieu), loin de le sauver, ouvre une large brèche dans le dispositif spinoziste. Car cela revient à dire que la sagesse, la connaissance du troisième genre n'est, au sens kantien du terme, qu'une Idée, un idéal régulateur, et nullement une réalité intellectuelle que l'homme puisse atteindre. Et si ce point de vue n'est qu'un idéal (comme chez Kant), si les hommes restent toujours dans le relativisme, si la vérité, le point de vue de Dieu ou, comme dit Spinoza, « l'amour intellectuel de Dieu », n'est qu'une idée de la raison humaine, un idéal inaccessible, alors on ne voit pas pourquoi ni au nom de quoi cet idéal devrait relativiser le point de vue de l'homme, pourquoi ce qui n'est qu'une idée de la raison devrait détruire l'expérience réelle qui est la seule vérité à laquelle nous puissions parvenir réellement.

Le spinozisme en revient toujours au sens commun qu'il prétendait dépasser

Du coup, Spinoza retombe tranquillement dans la morale commune, celle des braves gens, des chrétiens et des kantiens si l'on veut – ce qui est mieux que le contraire, mais n'a plus guère de sens dans le cadre de sa philosophie, du moins par rapport à l'ambition initialement affichée. C'est ainsi que Spinoza explique que le repentir et la honte sont des passions tristes, certes, et dénuées de sens du point de vue de la sagesse et de la vérité, mais qu'elles n'en restent pas moins tout à fait utiles et même précieuses dès lors qu'il s'agit de maintenir les gens ordinaires dans le droit chemin (*cf. Éthique*, IV, 54, scolie, et IV, 58, scolie) Pour ceux qui en restent au premier genre de connaissance, c'est-à-dire au monde de l'illusion et de l'ignorance, une bonne vieille morale commune fera l'affaire, et pour ceux qui sont dans l'amour intellectuel de Dieu, dans la vraie sagesse et dans la pure raison, de toute façon tout va bien : leur degré de perfection garantit qu'ils ne seront point méchants et qu'ils vivront dans la joie. Dans le même ordre d'idées, Deleuze doit bien confesser devant une assemblée de jeunes soixante-huitards décomposés par la déception (ils croyaient assister à une apologie d'un nouveau Dieu, le « Corps » avec un grand « C ») que Spinoza n'est pas un fan du sexe : cette moralité commune, sur laquelle on retombe en fin de parcours, s'accompagnerait même d'une prohibition totale de la sexualité, prohibition qui n'est nullement anecdotique, mais qui se justifie selon Deleuze par des raisons de fond, à savoir l'incompatibilité de la sexualité avec la connaissance du troisième genre – en quoi la fameuse joie spinoziste, que certains voudraient très « corporelle », s'avère en réalité tout intellectuelle et fort peu sensible : « Je crois que Spinoza, déclare en ce sens Deleuze dans un cours en date du 17 mars 1981, était fondamentalement chaste, comme tous les philosophes d'abord, mais particulièrement lui. Pourquoi ? C'est très ancré, si vous voulez, du point de vue du spinozisme... »

Et Deleuze d'entamer une longue argumentation pour expliquer pour quelles raisons de fond il faut, selon la doctrine de Spinoza, renoncer à la sexualité (« comme tous les philosophes » ? La formule m'a surpris de la part de Deleuze, mais au fond, elle est peut-être plus révélatrice qu'il n'y paraît...). Le point pourrait sembler anecdotique. Il me paraît en réalité fondamental. Non que je refuse à Spinoza et à ses disciples le droit à la chasteté (« Chacun ! », comme disaient les paysans dans mon enfance), mais parce qu'à force de jouer sur les mots, de leur donner un double sens, de jouer sur les deux tableaux, celui de la morale et celui de sa critique, on finirait par croire que le sage qui vit dans l'amour vit... vraiment dans ce que le commun des mortels nomme l'amour !

Or il n'en est rien, car cet amour, en réalité, est tout intellectuel. Mes amis spinozistes sont friands de formules sublimes : « Toute vie humaine est désir, tout désir est de joie, toute joie est d'amour », etc. On se prendrait à y croire tant la proposition est lyrique. On aurait tort : ces paroles sont à double sens, le sens philosophique n'ayant qu'un rapport très lointain avec le sens commun, le désir, par exemple, n'ayant, comme les jeunes soixante-huitards qui boivent les paroles de Deleuze le découvrent avec effroi, qu'un lien infiniment ténu et fragile avec l'amour auquel ils songeaient. Si toute vie était vraiment joie et amour, ça se saurait ! La vérité est que le malheureux sage, aux antipodes de cette prétendue joie, privé de sexe pour l'éternité, vit plutôt dans la tension négative et permanente en direction d'un idéal dont nous venons de voir qu'il est d'autant plus culpabilisant qu'il est radicalement impossible à atteindre...

Pourquoi le spinozisme tend à se transformer en nihilisme

J'ai souvent entendu des penseurs spinozistes développer le thème selon lequel, si les hommes sont malheureux, c'est leur faute, c'est par manque de courage, c'est parce qu'ils « n'osent pas le bonheur ». Ah les ignorants ! Leur enfant vient de mourir d'un accident ? Et ils pleurent, les nigauds ! Au lieu de se réjouir de ce qui advient par la nécessité et qui est ontologiquement parfait, au lieu d'accueillir dans la joie et la sérénité tous les événements du monde comme ils viennent, ils en restent au point de vue de l'imagination et de la connaissance du premier genre, au point de vue des possibles, des remords et des regrets, bref, des passions tristes. Les benêts ! Que ne sont-ils un peu plus courageux, un peu plus fermes et audacieux, ils se réjouiraient comme le sage authentique en toute circonstance, vivant pleinement dans la joie, dans l'intensité de la vie et l'amour intellectuel de Dieu !

Si le nihilisme, selon Nietzsche, consiste dans l'invention d'un idéal dont on se sert pour déclarer que le réel n'est pas bon, qu'il ne vaut rien *(nihil)*, au lieu de pratiquer l'amour de ce qui est, la réconciliation avec le présent, le « oui » à la vie – ce que Nietzsche, en pensant du reste à Spinoza nomme l'*amor fati*, l'amour du destin, de ce qui est là, devant nous – alors il faut bien convenir que le spinozisme représente l'apogée du nihilisme. Ce qui est aussi le comble du paradoxe : alors que le spinozisme prétend être un réalisme absolu, une philosophie de l'immanence, de la réconciliation avec ce qui est, un hymne à l'amour du monde tel qu'il va, il apparaît en réalité comme reposant sur l'idéal le plus inaccessible et le plus culpabilisant qui soit dans toute l'histoire de la philosophie : il nous invite à nous identifier à un point de vue, celui de Dieu et de la rationalité parfaite, avec lequel, comme le reconnaît André Comte-Sponville, il est en réalité totalement impossible de jamais parvenir à coïncider !

À cet égard, la doctrine de l'*amor fati* m'a toujours semblé proprement insensée. Personne ne peut y croire une seconde, et comme je l'ai souvent fait remarquer à nombre de mes amis qui se disent spinozistes ou nietzschéens, je n'ai pas encore rencontré un seul disciple de Nietzsche ou de Spinoza qui soit capable de réfuter sérieusement le fameux « argument du bourreau » que Clément Rosset, fidèle lecteur de Spinoza lui aussi, entend pourtant discréditer sans, à mon sens, y parvenir le moins du monde. Voici l'argument en question : si nous devons aimer le réel tel qu'il est, le réel en totalité, quelle que soit la tête qu'il a, si j'ose dire, ainsi commence le raisonnement, alors, cela signifie qu'il faut aussi aimer les bourreaux qu'il compte inévitablement en lui. Ce qui suppose, en effet, que l'on dise « oui » à la vie, même quand elle inclut l'horreur absolue, pas seulement les malheureux moustiques ou les tremblements de terre, mais aussi bien les génocides qui emportent vers la mort vos proches qu'on assassine sous vos yeux.

On me dit que non, que ce n'est pas du tout ça, que je n'ai rien compris, que l'*amor fati* aime aussi la lutte contre les méchants, que ce combat fait lui aussi partie du réel. Soit, mais alors en quoi l'impératif d'aimer ce qui est en totalité se distingue-t-il de la vision ordinaire de tout un chacun, et pourquoi plaider avec tant de force pour un « oui » total, pour une adhésion sans faille au réel, si ce réel inclut en lui… le refus du réel ? Je ne vois pas, franchement, où ces sophismes nous conduisent, sinon à faire au final comme tout un chacun : à ne pas aimer le monde quand il n'est pas aimable et à l'aimer quand il l'est, bref, à résister au méchant et au bourreau comme n'importe quel partisan d'une philosophie du libre arbitre – conclusion de bon sens, à vrai dire, mais qui n'a nul besoin de tout cet attirail conceptuel sophistiqué.

Je n'ai jamais rencontré aucun spinozo-deuleuzo-nietzschéen capable de répondre si peu que ce soit à cette objection autrement qu'en la déclarant banale – ce qui, au demeurant, est parfaitement exact, mais ne la rend nullement fausse pour autant. Une proposition peut être banale, sans cesser d'être vraie. C'est même le cas le plus courant : rien de plus banal que 2 + 2 = 4 et cependant quoi de plus juste ?

Du coup, l'impératif de l'*amor fati* s'avère être de peu de secours – à vrai dire d'aucun –, parce que totalement impraticable : qu'on me montre une seule personne au monde aimant le réel quand il est mortel, et je veux bien être pendu sous un fraisier ! Pis encore : en réintroduisant un idéal, une « idole » au sens que Nietzsche donne à ce mot, le spinozisme finit par ressembler comme deux gouttes d'eau à ce que Nietzsche déteste le plus : une injonction permanente à se conformer à des exigences idéales, irréelles et impossibles, qui culpabilisent l'individu et réintroduisent les passions tristes à leur plus haut niveau d'efficacité. Vous n'êtes pas heureux ? C'est votre faute, c'est que vous manquez de courage, de lucidité, de sagesse ! Ainsi parle aujourd'hui le nietzschéen mâtiné de spinozisme. Faisant son intéressant, il prétend, lui, avoir la force du bonheur tandis que vous, pauvre débile, vous vivez dans la peur et le malheur au prétexte que votre fils vient de mourir, que votre femme ou votre amant vous a quitté. Pleurnichard médiocre, incapable de ce « gai savoir », de cet amour intellectuel de Dieu qui conduit le véritable sage à danser sur l'océan scintillant de la vie. Cette nouvelle figure de la culpabilisation prêterait à rire si elle n'avait rendu Nietzsche lui-même aussi tragiquement malade, le malheur qui accompagne tous les âges de sa vie, avec les femmes et ses amis comme avec le reste du monde, étant le seul trait réellement saillant de sa misérable et sinistre existence.

Voilà pourquoi, devant l'affirmation du non-sens de la vie, je suggère d'abandonner les idéologies de l'*amor fati*, qui ne mènent nulle part et reviennent aussi vite qu'elles l'avaient quitté au simple point de vue de la conscience commune : après avoir professé de manière grandiose le culte héroïque du « oui » au réel et de l'amour du monde tel qu'il va, on fait le tri comme le premier venu : on aime le bien et les gentils, on n'aime pas le mal ni les salauds...

Mais laissons la critique – nous y reviendrons encore en fin de parcours – et venons-en au deuxième grand thème de la pensée spinoziste : la sagesse entendue comme doctrine du salut, comme victoire sur la peur de la mort, voire comme voie d'accès au sentiment de l'éternité. C'est là un point que Gilles Deleuze a particulièrement souligné comme crucial dans l'œuvre de Spinoza.

De la philosophie comme victoire sur la mort : le sage et la question de l'éternité

Pour comprendre l'idée spinoziste selon laquelle le sage parvient au sentiment de l'éternité et, par là même, à une victoire sur les peurs qui entourent la mort chez l'homme ordinaire, il faut relier la question du salut, la sotériologie laïque, aux trois genres de connaissance qu'identifie Spinoza, c'est-à-dire aux trois niveaux qui s'élèvent de la conscience commune, plongée dans les illusions de l'imagination, à la conscience du sage, qui entre dans l'amour intellectuel de Dieu et saisit la perfection, la parfaite rationalité du monde.

En quoi consistent donc ces trois genres de connaissance, exposés dans la deuxième partie de l'*Éthique* (proposition 40 et suivantes) ?

Le *premier niveau*, la *connaissance du « premier genre »*, est le niveau le plus bas, celui de l'opinion fausse, de la *doxa*, des croyances illusoires de l'imagination. C'est la connaissance « *ex singularibus* » et « *ex signis* » dit Spinoza : à partir des choses singulières (donc de la réalité purement empirique) et à partir des signes et des images. Voyons ce que cela signifie. Il y a en vérité deux types de connaissance à l'intérieur du premier genre :

— d'abord la connaissance qu'on pourrait nommer connaissance par « ouï-dire ». Pour prendre des exemples d'aujourd'hui : on m'a dit qu'il fallait tourner le bouton pour allumer mon poste de télévision, tourner la clé de ma voiture pour mettre le moteur en route, décrocher le téléphone quand il sonne et dire « allô », mais de tout cela, je n'ai en réalité aucune connaissance véritable : ce sont des choses que je crois plus que je ne sais, car je n'ai aucune idée scientifique adéquate de la manière dont tous ces appareils fonctionnent. Dans la plupart de nos actions quotidiennes, nous sommes englués dans ce type très inférieur de (pseudo) connaissance.

— vient ensuite le raisonnement par induction, qui va un peu plus loin, mais qui appartient encore à la connaissance du premier genre : j'ai constaté cent fois que l'eau bout autour de cent degrés, que le jour succède à la nuit, le beau temps à l'orage, etc., alors je me mets à croire que ça arrivera toujours. Mais là aussi, j'ignore tout des causes du phénomène que j'ai observé : j'en reste donc au niveau des signes, des images, de la croyance et de l'opinion.

Ce qu'il faut noter – et là, on touche un thème essentiel chez Spinoza – c'est qu'à chaque niveau de connaissance correspond une attitude éthique, un niveau de sagesse. À ce premier stade, tout plein de fausseté, les hommes ne connaissant pas les causes des phénomènes qu'ils observent, ils sont naturellement plongés dans l'illusion des possibles, dans l'illusion du libre arbitre, c'est-à-dire dans ce « délire », comme dit Spinoza, qui nous fait croire à la contingence des événements, qui nous fait imaginer que les choses pourraient être autres qu'elles ne sont. Du coup, l'ignorant est inévitablement livré aux « passions tristes » : regrets, remords, culpabilités, mais aussi jugement moral, blâmes, colère, honte, indignation, etc., qui le plongent dans le malheur. Si l'on y réfléchit soigneusement, on verra que toutes ces passions sont liées à l'illusion des possibles et de la contingence, à la conviction que les choses pourraient ou auraient pu être autres qu'elles ne sont, conviction qui disparaît chez le sage, dès lors qu'il comprend que tout est nécessaire, que tout advient par les causes, bref, que le réel est parfait. Mais pour cela, justement, il faut s'élever jusqu'à la connaissance du deuxième et même du troisième genre. Où l'on voit à nouveau l'intellectualisme de Spinoza, cette conviction que les degrés de sagesse ne dépendent que des degrés de connaissance.

Venons-en donc au *second degré*, à la *connaissance du deuxième genre* que Spinoza définit comme une connaissance par « notions communes et idées adéquates ». Ici, on commence à connaître par les causes et les démonstrations, de sorte que la notion de contingence et, avec elle, de libre arbitre et de possibles, va commencer à disparaître. Ici, nous entrons dans le domaine de la connaissance vraie, de la connaissance scientifique – le deuxième genre correspondant, pour l'essentiel, aux sciences positives, à la physique et aux mathématiques (mais on verra dans un instant que c'est un peu plus compliqué) : on pourrait dire que la connaissance du premier genre, c'est le règne de l'opinion, le deuxième genre, celui de la science, le troisième, celui de la philosophie véritable – en quoi il va falloir bien comprendre par où sciences et philosophie se distinguent exactement. Nous allons y venir. Disons pour le moment qu'à ce deuxième niveau, je comprends par exemple sans risque d'erreur, grâce à la physique mathématique, que le soleil est plus grand qu'il ne m'apparaît dans l'expérience visuelle sensible. Je sais aussi sans risque de me tromper les mécanismes de la règle de trois, et de bien d'autres démonstrations mathématiques, etc.

Alors, pourquoi cette connaissance vraie, scientifique, n'est-elle pas encore parfaite ? Réponse : parce qu'elle ne s'élève pas encore jusqu'au niveau des essences, niveau que seule la philosophie authentique (la connaissance du troisième genre) va permettre d'atteindre. Qu'est-ce à dire ?

Prenons un exemple simple, celui de n'importe quelle démonstration mathématique. Dans toute démonstration, il faut, par définition même, commencer par des termes non définis et des propositions non démontrées : c'est ce qu'on appelle les postulats ou les axiomes, par opposition aux théorèmes, qui eux sont justement des propositions démontrées. Pour saisir dans leur vérité les propositions initiales, il faut donc remonter encore plus haut que la démonstration, il faut atteindre le niveau des essences qui sont en Dieu : tel est l'objet de la connaissance du troisième genre. Au fond, la connaissance du troisième genre correspond au point de vue de Dieu ou de la science achevée, au point de vue de quelqu'un qui comprendrait enfin que tout est rationnel, que tout est déterminé à partir de cette cause première, cause d'elle-même *(causa sui)*, qu'est l'Être suprême. Ce serait ce que Hegel appelle le « savoir absolu », l'intelligence parfaite de la nécessité, intelligence qui entraînerait la sagesse et le bonheur, une « éternité de joie » puisque nous serions enfin délivrés des passions tristes liées à l'illusion des possibles, de la contingence et du libre arbitre.

Pour bien comprendre en quoi elle consiste, il faut rappeler deux préalables :

— le premier, c'est que la formule selon laquelle Dieu est « cause de soi » doit être comprise chez Spinoza comme une reformulation de l'argument ontologique, cette fameuse « preuve » de l'existence de Dieu selon laquelle l'essence de Dieu, sa définition même, implique son existence – en quoi il est bien cause de lui-même. Dieu est conçu nécessairement comme un être qui possède tous les attributs, une infinité de qualités (même si nous n'en connaissons que deux : la pensée et l'étendue). Or l'existence est un attribut, donc Dieu existe forcément : son essence, sa définition même, implique son existence ;

— le second élément qu'il faut avoir présent à l'esprit, c'est que, dans ces conditions, Dieu se confond avec le monde, avec la totalité de ce qui est. C'est ce qu'on appelle le panthéisme, que la célèbre formule spinoziste, « *deus sive natura* » – Dieu, c'est-à-dire la nature – exprime au mieux. Il faudra donc distinguer dans la nature, comme nous distinguons en Dieu l'essence et l'existence, deux moments (bien qu'ils soient évidemment ontologiquement identiques : le spinozisme est un monisme à tous les étages) : l'essence de la nature ou « nature naturante », et la réalité existante de la nature, ou « nature naturée », préformée en quelque sorte par la première.

La *connaissance du troisième genre* est justement celle qui va s'élever jusqu'à la connaissance de Dieu ou de la nature par les essences et non par les choses singulières et les signes *(« ex singularibus et signis »)*. Au niveau de la connaissance du troisième genre, le sage est censé connaître le monde comme Dieu le connaît (ou presque), il connaît la nature naturée (les choses singulières, empiriques) à partir de leur essence (de la nature naturante) et, du coup, il voit que tout est nécessaire et parfait, qu'il faut entendre par « perfection » et par « être » la même chose, comme nous avons vu que Spinoza dit lui-même. Comme il n'y a plus de contingence à ce niveau, donc plus de libre arbitre ni de possibles, il n'y a plus non plus aucune passion triste. Mais qui plus est, comme les essences sont éternelles, le sage comprend que l'essentiel de lui-même, même s'il meurt au sens où son corps se dissout dans la nature, est éternel. CQFD !

Comme y insiste Deleuze à juste titre, les trois genres ou trois niveaux de connaissance sont intrinsèquement liés à trois niveaux d'individualité, à trois approches de ce qui forme la singularité des êtres, et notamment des êtres humains, seul le troisième niveau permettant de distinguer clairement entre ce qui, en nous, va mourir, appartenir à l'ordre de la finitude, et ce qui, au contraire, touche à l'éternité et s'inscrit dans l'ordre du divin, de l'impérissable, de l'essentiel et non plus de l'accidentel. À ce niveau, on comprend ce qu'est la mort, et en quoi la philosophie peut permettre, par rapport au défi qu'elle constitue, de « réussir sa vie » (Deleuze emploie cette expression dans un de ses cours sur la mort et l'éternité chez Spinoza) en dépassant la peur qu'elle suscite chez l'ignorant.

Pour Spinoza, en effet, la mort vient toujours du dehors (le suicide lui-même n'est jamais un choix libre – du reste, comment le serait-il puisqu'il n'y a ni choix ni libre arbitre ?) : la mort, c'est seulement le moment où les parties extensives qui se reliaient sous une certaine forme d'organisation caractéristique de mon individualité vont se situer sous d'autres rapports, entrer dans d'autres combinaisons avec d'autres corps. En clair, la chair de mon corps retourne à la terre. Mais les essences, c'est-à-dire les forces organisatrices elles-mêmes, les degrés de puissance ou « quantités intensives », elles, ne meurent pas. Si donc je parviens à m'élever jusqu'au troisième genre de connaissance, à faire de moi-même, comme d'une sculpture, un être, si j'ose dire, du troisième type, alors au moment de ma mort, qui est inévitable, très peu de ce que je suis mourra. Entendons-nous bien : ce que *j'ai* (les parties extensives qui sont situées sous mon rapport caractéristique) s'en ira, et c'est bien ce que l'on entend par la mort ; mais ce que *je suis*, à savoir une essence singulière, un degré de puissance (de perfection) ou une quantité intensive, ne mourra pas, parce que les essences, c'est-à-dire les degrés de puissance, sont éternelles.

C'est du reste dans cette perspective qu'il faut comprendre ce que Spinoza nomme la joie et la tristesse et qui, en effet, annonce Nietzsche : la joie est toujours liée au sentiment de vivre intensément, d'être plus vivant, plus puissant ; la tristesse, c'est l'inverse, le sentiment d'être moins vivant, moins intense, moins puissant, d'être plus proche, en somme, de la mort. Voilà pourquoi, tout en critiquant radicalement l'idée ordinaire (platonico-chrétienne) d'immortalité, Spinoza peut affirmer que le sage « sent et expérimente » dès à présent qu'il est éternel (*cf.* *Éthique*, V, 23, scolie) en tant qu'essence singulière elle-même située en Dieu selon une vision théologique proche de celle des stoïciens.

D'où le paradoxe que développe longuement Deleuze : celui qui meurt très jeune (à la limite, le bébé mort-né) meurt, en ce sens, beaucoup plus que celui qui meurt tard, à condition bien entendu que ce dernier ait eu le talent, l'énergie et la sagesse de sculpter sa vie pour l'élever à la connaissance du troisième genre. Car le premier étant tout entier dans le premier genre de connaissance, lorsque ses parties extensives s'en vont voir ailleurs, il meurt pour ainsi dire tout entier : il n'était encore que dans l'avoir, pas dans l'être, et cet avoir lui échappe de part en part. Mais le second, qui a eu le temps d'élever sa vie jusqu'au niveau des essences singulières, jusqu'à la connaissance du troisième genre, qui est donc presque tout entier dans l'être plus que dans l'avoir, ne perd que très peu de lui lorsque ses parties extensives s'en vont vivre leur vie sous d'autres rapports caractéristiques d'autres êtres. Le bébé, de ce point de vue, meurt beaucoup plus que le vieillard, comme l'ignorant ou le fou meurt plus que le sage. C'est en quoi la philosophie nous sauve : elle seule nous permet d'accéder à la sagesse, c'est-à-dire, c'est tout un, à l'éternité ici et maintenant[1].

J'ai bien conscience que toute cette dernière séquence est terriblement abstraite, très difficile à comprendre pour qui n'a pas une idée claire de ce que sont les « parties extensives » et les « quantités intensives », les intégrales et les essences singulières, etc. Examinons donc l'exemple particulièrement imagé et concret que Deleuze donne dans le cours sur Spinoza qu'on a déjà évoqué pour faire comprendre les trois thèmes, intimement liés entre eux, que nous venons brièvement d'examiner : les trois niveaux d'individualité, les trois niveaux de connaissance, et ce que

1. On notera au passage que l'immortalité est, dans sa version classique, un concept impensable car il suppose un avant et un après de la vie, en même temps que l'immortalité proprement dite. Du coup, personne ne parvient à penser ce que je suis *après* ma mort… en tant qu'être immortel ! La formulation même montre combien le thème est contradictoire. En revanche, avec l'éternité spinoziste, j'accède à l'immortalité ici et maintenant : de là la formule spinoziste selon laquelle je « sens » ou « j'expérimente » ici et maintenant que je suis, en tant qu'essence singulière, éternel (bien que mes parties extensives soient appelées à aller vivre un jour sous d'autres rapports que le mien actuel).

c'est que la mort (le fait que les parties extensives qui composent mon corps sous un certain rapport passent sous un autre rapport). Le texte est d'ailleurs assez drôle, dans un genre quelque peu célinien (je rappelle qu'il s'agit d'un cours, retranscrit de façon brute, avec son style oral non policé[1]) :

> Dans les oppositions entre individus, il s'agit toujours de savoir sous quel rapport, finalement, vont entrer tels ensembles finis de parties extensives. Imaginez la triste situation suivante : je me bats avec un chien pour manger une espèce de pâtée. Bon. Spectacle horrible. Comment le raconter ce spectacle ? Il s'agit de quoi ? Vous avez trois termes : la nourriture, le chien et moi. Alors je mords le chien pour m'emparer de son aliment (rires dans la salle de cours !). Le chien me donne un coup de patte. Qu'est-ce qui se passe ? C'est quoi ça ?
>
> Vous avez un ensemble infini de parties extensives sous le rapport « viande ».
>
> Vous avez un ensemble infini de parties extensives sous le rapport « chien ».
>
> Vous avez un ensemble infini de parties extensives sous le rapport « moi ».
>
> Et tout ça tourbillonne et tout ça s'entrechoque. À savoir : moi, je veux conquérir les parties extensives de la viande pour me les assimiler, c'est-à-dire leur imposer mon rapport, faire qu'elles n'effectuent plus le rapport « viande », mais qu'elles viennent effectuer un de mes rapports à moi. Le chien, il veut pareil. Le chien, je le mords, c'est-à-dire que je veux le chasser. Lui, il me mord, etc. On n'en sort plus ! C'est le domaine des oppositions. L'opposition, c'est l'effort respectif de chaque existant pour s'approprier les parties extensives. Qu'est-ce que veut dire « s'approprier les parties extensives » ? C'est-à-dire qu'elles

1. Une partie de ce cours a été publiée sous forme de CD audio chez Gallimard.

effectuent le rapport qui correspond à tel individu. En ce sens, je peux toujours dire : je suis détruit par plus fort que moi. Et en effet, tant que j'existe, c'est le risque de l'existence. Bon. Et le risque de l'existence, ça ne fait qu'un avec ce qu'on appelle la mort. Encore une fois, qu'est-ce que c'est que la mort ? C'est le fait, que Spinoza appellera « nécessaire », au sens d'inévitable, que les parties extensives qui m'appartenaient sous un de mes rapports caractéristiques cessent de m'appartenir et passent sous un autre rapport qui caractérise d'autres corps. C'est inévitable en vertu même de la loi de l'existence. Une essence rencontrera toujours une essence plus forte qu'elle sous des conditions d'existence qui font que, dès lors, l'essence plus forte détruit, détruit quoi ? Littéralement : détruit l'appartenance des parties extensives à la première essence.

Quelques remarques :

1. Si le chien me mord tellement qu'il me tue et me mange avec la pâtée : alors, mes parties extensives, celles qui forment mon corps parce qu'elles sont placées sous ce que Deleuze appelle un « certain rapport », c'est-à-dire une certaine organisation qui fait mon individualité (organisation qui est une intégrale au sens mathématique : une sommation ou une intégration de quantités extensives, c'est-à-dire de parties infiniment divisibles, donc infiniment petites) – donc, reprenons : si ces parties extensives qui forment mon corps passent intégralement sous son rapport à lui (le chien), alors je meurs. C'est ma mort. Si, au contraire, c'est moi qui mords le chien et que je le mange – ça arrive tous les jours en Chine ou en Corée –, eh bien c'est le chien qui meurt au sens où ses parties extensives quittent son rapport pour passer sous le mien (pour « effectuer » le mien comme dit toujours un peu curieusement Deleuze) ;

2. Au niveau de ces oppositions, de ces conflits entre « parties extensives » (entre morceaux de matière ou d'étendue, pour parler plus clairement), je suis dans la connaissance du premier genre, avec toutes les passions tristes et délirantes que cela implique : je ne me situe pas au niveau des essences éternelles, au niveau du troisième genre, de l'amour intellectuel de Dieu, c'est-à-dire d'une compréhension rationnelle de la nature et de sa parfaite et totale nécessité ; je crois donc encore à l'existence de possibles (je me bats contre le chien : est-ce à lui ou à moi que reviendra la victoire ? Tout semble à ce niveau indécidable, contingent, tout paraît possible ; pourtant, du point de vue de Dieu, c'est l'illusion suprême, tout est déjà joué de toute éternité, le temps n'étant qu'une représentation imaginaire et inadéquate). Du coup, j'en reste encore au niveau délirant de la morale : « Salaud de chien, il m'a mordu, tu vas voir ce que je vais lui mettre, etc. » ;

3. Mais si je m'élève à la compréhension de la nécessité, donc au niveau des essences et du troisième genre, alors je comprends aussi que la mort n'est rien pour moi, que je suis, sinon immortel, du moins éternel : « Nous sentons et expérimentons que nous sommes éternels », dit Spinoza. La mort ne concerne que mes parties extensives, qui passent sous un autre rapport, mais mon rapport en soi ou en Dieu, et *a fortiori* mon essence, eux, restent éternels, comme le souligne justement Deleuze dans ce même cours :

> J'expérimente quelque chose qui ne peut pas être sous la forme du temps. Et qu'est-ce que c'est qui ne peut pas être sous la forme du temps ? À savoir qu'il y a deux sens opposés du mot « partie » : il y a des parties que

j'ai, ce sont les parties extensives, extérieures les unes aux autres, et celles-là je les ai sur le mode du temps. En effet, je les ai provisoirement, je les ai dans la durée [...]. Mais lorsque je dis « parties intensives », je veux dire quelque chose de complètement différent. Les deux sens du mot « parties » diffèrent en nature, parce que quand je dis « parties intensives = essence », ce n'est plus une partie que j'ai, ce n'est plus des parties que j'ai, c'est une partie que je suis. Je suis un degré de puissance, je suis une partie intensive, je suis une partie intensive et les autres essences sont aussi des parties intensives. Parties de quoi ? Parties de la puissance de Dieu, dit Spinoza. Il parle comme ça ! Très bien ! Expérimenter que je suis éternel, c'est expérimenter que « parties » au sens intensif coexiste et diffère en nature de « parties » au sens extrinsèque, extensif. J'expérimente ici et maintenant que je suis éternel, c'est-à-dire que je suis une partie intensive ou un degré de puissance irréductible aux parties extensives que j'ai, que je possède, si bien que quand ces parties extensives me sont arrachées = mort, ça ne concerne pas la partie intensive que je suis de toute éternité. J'expérimente que je suis éternel. Mais encore une fois, à une condition, à la condition que je me sois élevé à des idées et à des affects qui donnent à cette partie intensive une actualité. C'est en ce sens que j'expérimente que je suis éternel [...]. Mais si je n'ai pas actualisé mon essence, ni même mes rapports, si j'en suis resté à la loi des parties extensives qui se rencontrent les unes les autres du dehors, à ce moment-là, je n'ai même pas l'idée d'expérimenter que je suis éternel. À ce moment-là, quand je meurs, oui, je perds la plus grande partie de moi-même. Au contraire, si j'ai rendu ma partie intensive proportionnellement la plus grande... eh bien, dans ce cas, non seulement je meurs moins que l'ignorant, que l'enfant ou le fou, mais j'accède à « ce qu'on appelle une vie heureuse, et ça, Spinoza le dit formellement, pour précisément conjurer les morts prématurées. Ça veut dire quoi ? Pas du tout empêcher la mort, mais faire que la mort, lorsqu'elle survient, ne concerne finalement que la plus petite partie de moi-même ».

Où l'on voit comment cette réflexion sur ce qui, en nous, meurt (les parties extensives qui passent sous la coupe d'une autre organisation que la nôtre, que celle de mon individualité personnelle) et ce qui est, au contraire, éternel, conduit inévitablement, comme chez Platon et pour les mêmes raisons exactement, à un éloge de la vie philosophique opposée à la vie ordinaire, en ce qu'elle est la seule et unique voie du salut, de ce qui nous sauve de la peur de la mort.

En effet, Spinoza rejoint ici Platon, non, bien sûr, qu'il reprenne sa théorie des âmes immortelles (chez Spinoza, l'âme n'est que l'idée du corps, pas une substance ou une entité à part), mais parce que, comme Platon, il tient la sagesse pour le seul et unique moyen de communier avec le sentiment d'éternité, sentiment qui seul nous met sur la voie du salut véritable. Voilà pourquoi, chez Spinoza comme chez Platon, celui qui a consacré toute sa vie au monde sensible, à la connaissance du premier genre, meurt tout à fait. Au contraire, celui qui est déjà dans l'éternité des idées et de la raison, celui-là meurt quand même, bien entendu, puisqu'il est aussi un corps, mais presque pas, parce que son degré de puissance a rejoint l'éternité. Écoutez ce que disait déjà Platon dans le même sens :

> Dieu nous l'a donnée [la partie supérieure de l'homme, l'intellect] comme un génie, et c'est le principe que nous avons dit logé au sommet de notre corps, et qui nous élève de la terre vers notre parenté céleste, car

nous sommes une plante du ciel, non de la terre, nous pouvons l'affirmer en toute vérité. Car Dieu a suspendu notre tête et notre racine à l'endroit où l'âme fut primitivement engendrée et a ainsi dressé tout notre corps vers le ciel. Or quand un homme s'est livré tout entier à ses passions ou à ses ambitions et applique tous ses efforts à les satisfaire, toutes ses pensées deviennent nécessairement mortelles, et rien ne lui fait défaut pour devenir entièrement mortel, autant que cela est possible, puisque c'est à cela qu'il s'est exercé. Mais lorsqu'un homme s'est donné tout entier à l'amour de la science et à la vraie sagesse et que, parmi ses facultés, il a surtout exercé celle de penser à des choses immortelles et divines, s'il parvient à atteindre la vérité, il est certain que, dans la mesure où il est donné à la nature humaine de participer à l'immortalité, il ne lui manque rien pour y parvenir. (*Timée*, 90b-c).

4. Du coup, l'accès à la vie bonne dépend tout entier de cette question cruciale : qu'est-ce qui est important dans l'existence, quel est le sens de la vie humaine ? Est-ce, dit Deleuze, « passer à la radio, faire une collection de timbres, avoir une bonne santé » ? Sont-ce là les buts qu'on doit se proposer dans l'existence ? Non, bien sûr ! Ce qui est important, d'un point de vue spinoziste, c'est de s'élever à la connaissance du troisième genre pour comprendre que je ne meurs pas, ou à peine, car le sage ayant actualisé la partie éternelle de lui-même, meurt infiniment moins que le fou. Réécoutons encore Deleuze parlant du sens de la vie humaine :

Ce qu'on appelle une vie heureuse, c'est faire tout ce qu'on peut pour conjurer les morts prématurées. Ça veut dire quoi ? Pas du tout empêcher la mort, mais faire que la mort, lorsqu'elle survient, ne concerne finale-

> ment que la plus petite partie de moi-même... L'idée de Spinoza, très curieuse, c'est que, finalement, sera la plus grande partie de moi-même ce que j'aurais fait durant mon existence comme étant la plus grande partie de moi-même. Alors, si je prends une partie mortelle, si je fais d'une partie mortelle la plus grande partie de moi-même, eh bien, à la limite, je meurs tout entier en mourant, et je meurs avec désespoir.

Précisons que Deleuze, ici, ne fait que paraphraser Spinoza, en particulier ce passage de l'*Éthique* (V, 38) : « Plus nombreux sont les objets que l'esprit comprend par le second et le troisième genre de connaissance, moins il est rendu passif par les affects qui sont mauvais et moins il craint la mort. » Ou encore, ce scolie de la même proposition 38 :

> La mort est d'autant moins nuisible que la connaissance claire et distincte en l'esprit est plus vaste et que, par suite, cet esprit a plus d'amour pour Dieu. En outre, puisque de la connaissance du troisième genre provient la plus haute satisfaction qui puisse être donnée, l'esprit humain a le pouvoir de faire qu'il soit de sa nature que, proportionnellement à cette part de lui-même qui subsiste, la part dont nous avons montré qu'elle périt avec le corps soit insignifiante.

C'est en ce sens et en ce sens seulement qu'en effet, selon Spinoza, « nous sentons et nous expérimentons que nous sommes éternels » (V, 23, scolie) : une telle perspective va directement à l'encontre de la conception chrétienne de l'immortalité, laquelle suppose un rapport au temps, un avant et un après de l'incarnation qui n'ont aucun sens pour qui se place au point de vue de Dieu, de l'éternité ou de la connaissance du troisième genre. Le fait de savoir que promesse m'est faite, si j'entre dans la vie philosophique, de découvrir que je suis éternel à titre de « degré de puissance » ou de « partie extensive de Dieu » suffira-t-il à dissiper toute appréhension face à la mort ? Sera-ce suffisant pour me faire entrer dans la joie du salut ? J'en doute fort. Très peu pour moi. Mais laissons à chacun le soin de se faire son idée. Il ne faut préjuger de rien. Comme le dit joliment un adage populaire : « Les promesses rendent les fous joyeux »...

Reste une question, qui va nous ramener vers les critiques que suscite inévitablement la doctrine de Spinoza, du moins pour qui cherche en philosophie non seulement le salut, mais d'abord et avant tout la vérité et le souci d'un minimum de cohérence réflexive, non dogmatique : la sagesse telle que la pense Spinoza, telle qu'il en fait le but ultime de la vie humaine, est-elle oui ou non un « choix » offert à tous les hommes, comme le laissent penser la plupart des spinozistes, par exemple Robert Misrahi, dans sa belle introduction à sa traduction de l'*Éthique* ?

Conclusion et remarques critiques

Comprenez bien le problème : s'il n'y a pas de possible, comme nous n'avons cessé de le voir par mille biais différents, et corrélativement, s'il n'y a pas non plus de libre arbitre, de possibilité de choisir entre des options différentes, quel sens peut-il encore y avoir à présenter la sagesse, en l'occurrence la connaissance du troisième genre et l'amour intellectuel de Dieu, comme un projet parmi d'autres, comme un idéal, comme un choix entre deux modes de vie possibles, entre deux options, la vie philosophique du sage ou la vie quotidienne des ignorants ? Misrahi, dans la présentation de sa traduction de l'*Éthique*, ne cesse de dire et de répéter que Spinoza étant un type épatant, d'une grande gentillesse, un vrai démocrate, il tiendrait pour assuré que tout le monde peut parvenir à la sagesse, que ce n'est pas réservé à une élite, qu'il y faut seulement du courage et de la fermeté dans les résolutions. Mais que peuvent bien vouloir dire ces formules dans un monde où il n'y a ni choix, ni possibles, et où le courage entendu au sens ordinaire, comme lutte contre la nature au nom d'un idéal, n'a rigoureusement aucun sens ? Si tout est nécessaire, absolument déterminé, comment prétendre sans contradiction manifeste que tout le monde *peut* parvenir à la sagesse ? Que signifie ce « peut » qui suppose bien des possibles dont on n'a cessé d'écarter l'existence ? Ne faudrait-il pas, pour être cohérent, se borner à constater que certains sont sages et d'autres non, et que tout cela est de l'ordre de la nécessité absolue et ne relève d'aucun choix d'aucune sorte ?

Essayons quand même de maintenir le plus longtemps possible, pour tenter réellement de comprendre hors de tout esprit critique, une lecture spinoziste de ce « choix » de la vie bonne, joyeuse, béate, de cette sagesse qui est le salut même, tout en gardant à l'esprit que ce choix n'est évidemment pas un choix, pas plus que le courage n'est vraiment un courage, ces mots étant empruntés au vocabulaire de l'imagination engluée dans la connaissance la plus basse qui soit, celle du premier genre.

Si l'on veut malgré tout donner une lecture spinoziste de ce « choix » « courageux » de la sagesse, une interprétation plausible de ce « choix » qui n'est ni un choix ni l'effet d'une volonté libre, il faut partir d'un principe fondamental, qui n'est au fond qu'une modification, une simple variation du principe de causalité ou de raison suffisante : on ne renonce jamais à un désir sinon au nom d'un désir plus grand, plus tentant. Comme dit Freud, ici parfaitement spinoziste : la libido ne renonce jamais à rien, sinon pour quelque chose de plus, jamais pour quelque chose de moins, c'est-à-dire toujours pour un plaisir plus grand. Comme le dit Misrahi dans sa préface – et ici, voyant bien la difficulté, il s'efforce de retrouver un peu de cohérence :

> Il est important de noter que la volonté n'intervient jamais dans cet itinéraire de libération et dans cette voie d'accès à l'être [...]. D'où provient donc l'énergie indispensable au travail de libération et à la progression de l'itinéraire ? Spinoza répond lui-même : elle provient du désir. « Un affect ne peut être ni réprimé ni supprimé si ce n'est par un affect plus fort que l'affect à réprimer », dit-il en IV, 7. Et c'est le désir de la joie qui est le premier moteur efficace et constant qui permet le passage des affects passifs à l'activité.

En d'autres termes, si l'on veut quitter la vie d'ignorant pour aller vers la sagesse, la béatitude et le salut, ce ne peut être par un libre choix « courageux » qui s'opposerait à ma nature rétive et lui ferait pour ainsi dire violence, mais au contraire, en suivant la logique du désir qui est celle du principe de raison lui-même, c'est-à-dire en allant vers un bien plus grand, c'est-à-dire, puisque le désir est toujours désir de joie et de bonheur, vers une joie plus grande. Or la plus grande joie, c'est celle que procure la connaissance du troisième genre, l'amour intellectuel de Dieu, c'est-à-dire la compréhension du caractère parfait, impeccablement rationnel, du tout dont je suis une partie en tant qu'essence singulière. Lorsque j'aurai atteint cette connaissance, je serai enfin dans la pure joie, débarrassé de toutes les peurs, de toutes les passions tristes, et j'aurai totalement vaincu l'angoisse de la mort puisque je comprendrai, ou pour mieux dire, « je sentirai et j'expérimenterai » enfin que je suis, en tant qu'essence singulière et bien que mortel, cependant éternel (en tant que fragment du tout lui-même éternel et divin). Voilà ce qu'il faut comprendre. CQFD !

Voyons comment, une fois ce principe général posé, Misrahi décrit les voies d'accès à la véritable sagesse. L'itinéraire requis procède selon quelques étapes fondamentales (mais à vrai dire, c'est tout le chemin de l'*Éthique* qu'il faudrait ici parcourir, l'ensemble étant censé se terminer dans la joie pleine et entière du bienheureux qui prétend sans rire avoir totalement vaincu la peur de la mort et vivre enfin sans relâche et sans reste dans la connaissance du troisième genre et l'amour intellectuel de Dieu, l'âme, qui n'est, rappelons-le, que l'idée de son corps, enfin pleinement apaisée). Voici, pour m'en tenir à l'essentiel, les étapes les plus fondamentales, celles qui permettent d'expliquer et de justifier, selon Misrahi, le (pseudo)-choix de cet itinéraire vers la sagesse :

1. On notera d'abord que l'essence de l'homme n'est pas la raison, mais qu'elle est constituée de

deux éléments (qui expriment tous deux la même réalité fondamentale). Comme le souligne Misrahi, « ce qui, en premier lieu, constitue l'essence de l'homme c'est le corps et son idée », c'est-à-dire « l'idée simultanée des affections du corps et des événements du monde médiatisés par des affections du corps ». Rappelons que l'âme n'est pas une substance existant en soi et immortelle, comme chez les chrétiens ou chez Descartes, mais qu'elle est seulement l'idée du corps, la conscience de soi étant elle-même une « idée d'idée » :

> L'essence fondamentale, première, de l'homme, est l'unité corps-conscience, et cette unité est d'emblée activité (certes partielle et limitée) de conscience ; et cette activité est toujours susceptible de devenir activité réflexive (conscience et idée se portant à leur adéquation totalisatrice et à leur vérité). La raison, quant à elle, est précisément le propre de cette activité de conscience lorsqu'elle forge clairement à nouveau ses concepts et leur enchaînement.

Ce que Misrahi décrit là, et c'est pourquoi je le cite, c'est le passage de la conscience inadéquate (premier genre, imagination) à la conscience adéquate (raison), tout le problème étant de savoir par quelle énergie et par quelle motivation on s'élève ainsi vers la sagesse (on notera au passage, en suivant la proposition 39, de la partie V de l'*Éthique*, qu'il est à cet égard crucial d'être bien dans son corps : « Celui dont le corps est doué d'aptitudes nombreuses possède un esprit dont la plus grande partie est éternelle. » Bel éloge du sport, cela dit au passage...) ;

2. Ce qui induit ou peut induire le mouvement qui conduit à la sagesse, c'est le deuxième élément de l'essence de l'homme, à savoir le désir, le fameux *conatus*, qui fonde en vérité le premier (le corps et son idée) ou en tout cas lui est sous-jacent (*cf.* la partie III de l'*Éthique*). Écoutons encore Misrahi : il y a une identité fondamentale, écrit-il, entre

> l'essence d'un individu donné, l'effort en lui pour persévérer dans l'existence et enfin le désir qui rend compte de son activité ou de sa passivité : *essentia*, *conatus*, *cupiditas* sont identiques en l'homme. Seul change le point de vue sous lequel on envisage cette essence individuelle pour la désigner et la comprendre… Les deux aspects de l'anthropologie (spinoziste) sont donc concrets et non rationalistes : d'abord l'homme est par essence l'idée d'un corps, ensuite ce lien conscient avec le corps est en lui-même un effort existentiel qui est désir.

3. C'est ce lien intime entre les deux volets de l'essence de l'homme (le lien corps/esprit, et le désir) qui explique le trajet vers la sagesse comme objet suprême du désir qui suppose à la fois la plus grande intelligence et la plus grande force (l'essence n'est au fond qu'un degré de puissance et la joie est l'intensification de cette puissance comme la tristesse est son oppression) : « Le problème du passage de l'ignorance à la sagesse devient simple à formuler. Puisqu'on ne renonce à rien, qu'un désir ne peut être chassé que par un autre plus grand, tout le problème revient à savoir comment installer un "nouveau désir", qui ne soit plus celui de l'ignorant, mais un désir de sagesse. » Ce n'est donc pas sur je ne sais quel libre arbitre illusoire que se fonde la quête de la sagesse, mais

> c'est sur la théorie même du désir que s'appuie non seulement le désir d'une autre existence, mais la possibilité même d'entreprendre le travail réflexif qui seul conduira à cette autre existence du désir. Le *conatus* est à la fois l'origine de la décision éthique et la condition de possibilité de sa mise en œuvre. C'est sur la base du désir que la conscience désirante peut envisager sa transmutation : le nouvel homme (la nouvelle attitude concrète dans l'action et dans la vie) se construit à partir de l'homme, par l'homme lui-même et pour l'homme. Le *conatus* est bien le fondement de la vertu.

En clair : l'homme qui entrevoit ne serait-ce qu'un instant tout ce que la sagesse apporte, la joie absolue, le sentiment d'éternité, la victoire totale sur les passions tristes et sur la crainte de la mort, ne peut que se lancer dans « l'opération sagesse » ;

4. On notera encore, pour éviter une erreur d'interprétation fâcheuse, la formule célèbre selon (*Éthique*, III, 9, scolie) laquelle ce n'est pas parce qu'une chose est bonne que je la veux, mais parce que je la veux qu'elle est bonne. On pourrait penser qu'une telle formule peut justifier les pires méfaits. Le bourreau veut vraiment tuer sa victime innocente, est-ce bien pour autant ? Pour lui, oui, mais en soi ? En fait, la formule de Spinoza ne vaut que pour le désir parfait, de l'homme parfait, donc pour la totalité du bien : quand je comprends le monde, je ne peux vouloir que le bien total, la sagesse… Seule la connaissance du troisième genre peut définir le bien véritable et à ce niveau-là le sage est toujours dans la bonté et la délivrance à l'égard des passions : il n'a plus de sexualité, il est dans la compassion, l'amour, le désir d'être rejoint par les autres pour qu'ils soient heureux comme lui,

etc. Bref, il pratique la vertu et la moralité chrétiennes les plus parfaites, ce qui, on l'accordera, tombe rudement bien !

Là encore, continuons, pour bien comprendre de l'intérieur la pensée de Spinoza, à mettre tout esprit critique de côté. Car cette question du vocabulaire inadéquat, Spinoza n'hésite pas lui-même à l'aborder. Pourquoi, en effet, doit-on malgré tout maintenir parfois un langage clairement inadéquat, qui renvoie à l'imaginaire, au délire, au finalisme, au libre arbitre, au bien et au mal, aux passions tristes, etc. ? Spinoza se pose bel et bien le problème et il y répond à sa façon, dans la préface de la partie IV de l'*Éthique*. Après avoir rappelé que le vocabulaire du bien et du mal est inadéquat, Spinoza ajoute ceci qui mérite attention et interprétation. En effet, il précise en quel sens, alors que les catégories du bien et du mal n'ont plus aucun sens du point de vue de sa propre philosophie, il faut tout de même les conserver :

> Bien qu'il en soit ainsi, cependant, il nous faut conserver ces vocables (inadéquats). Désirant en effet former une idée de l'homme qui soit comme un modèle de la nature humaine placé devant nos yeux, il nous sera utile de conserver ces vocables dans le sens que j'ai dit. J'entendrai donc par bon, dans ce qui va suivre, ce que nous savons avec certitude qui est un moyen de nous rapprocher de plus en plus du modèle de la nature humaine que nous nous proposons. Par mauvais, au contraire, ce que nous savons avec certitude qui nous empêche de nous en rapprocher. Nous dirons en outre les hommes plus ou moins parfaits suivant qu'ils se rapprocheront plus ou moins de ce même modèle.

On peut donc tranquillement continuer à parler de bien et de mal, ce qui n'a aucun sens *en vérité* (sinon, encore une fois, si l'on confond le bien et le mal avec des degrés de perfection, ce qui est, comme je l'ai montré, une nouvelle incohérence puisque le tout est de toute façon parfait) mais qui s'avère utile dans la vie quotidienne. Notons quand même, qu'avec ces catégories fallacieuses de la morale commune des ignorants, ce sont aussi les catégories du possible, de l'idéal opposé au réel, du courage de le réaliser, du plus ou moins bon selon le degré de réussite qui s'engouffrent dans la porte ainsi ouverte : où l'on retombe sur ses pieds pour retrouver une bonne petite morale bien gentille pour la vie de tous les jours, mais tout ça, bien sûr, « relativement », pas dans l'absolu, pour les ignorants, pas dans la vérité du point de vue de Dieu. Comme nous l'avons déjà vu avec Comte-Sponville : « Il n'y a pas de morale vraie, mais pas d'homme non plus qui n'habite que la vérité… un écart se creuse ici nécessairement entre la théorie et la pratique… »

En effet : à ceci près – et ici l'esprit critique doit retrouver droit de cité – que ce n'est pas un « écart » (un bien joli mot), mais un abîme qui installe au cœur du système une faille immense, une gigantesque et intenable contradiction. Bien comprise, la formule de Comte-Sponville est dévastatrice. Loin de sauver le système, elle vend la mèche, elle prend la forme d'un aveu terrible : la vérité n'est qu'une idée de la raison, pas une réalité vivable par le sujet fini, par l'être humain réel, lequel jamais n'accédera pleinement à la connaissance du troisième genre, une connaissance qui restera à jamais, au sens kantien, sinon une vulgaire fiction, du moins rien de plus qu'un simple idéal régulateur.

Car, à nouveau, de deux choses l'une :

— ou bien, comme l'avoue André Comte-Sponville, il est impossible d'habiter pleinement la vérité et alors la connaissance du troisième genre est, reste et restera à jamais un idéal concevable, certes, mais incompréhensible (non schématisable, dirait Kant, c'est-à-dire non praticable intellectuellement) et dans ce cas, c'est Kant qui a raison contre Spinoza, comme Lucrèce a raison contre Épicure : le point de vue de la vérité, l'absolu, en l'occurrence l'idée de Dieu ou de science achevée n'est pas une réalité mais une simple idée de la raison (ce qui ne permet en rien, rigoureusement en rien, de fonder les propositions et la finalité de l'*Éthique*) ;

— ou bien l'amour intellectuel de Dieu n'est pas un idéal régulateur, une simple asymptote, mais bel et bien un état réalisable par l'être humain, et dans ces conditions, d'une part, on voit mal pourquoi je devrais conserver un langage fallacieux et, d'autre part, pourquoi il ne se trouve aucun exemple réel de sage spinoziste (je n'en ai jamais rencontré et en fait, il ne peut pas y en avoir, puisque nous sommes des modes finis !).

Mais revenons encore à l'intérieur du système, pour essayer autant qu'il est possible de le comprendre tel qu'il devrait être en principe (mais sauf à se situer dans un discours à proprement parler « inhumain », c'est impossible et c'est cela qui rend la lecture de Spinoza si difficile : aucun spinoziste n'a jamais existé en ce bas monde – en tout cas je n'en ai jamais rencontré un seul qui se tienne au niveau du troisième genre plus de quelques secondes, jamais rencontré un seul père de famille, fût-il spinoziste, sabrer le champagne en apprenant la mort d'un de ses enfants, s'empêcher de porter des jugements moraux, ne pas espérer être guéri quand il est malade, etc.).

De son analyse des étapes requises pour parvenir à la sagesse, Misrahi tire encore deux conclusions à mon sens intenables :

1. Voici la première : « Parce que le spinozisme n'est pas un élitisme, tous peuvent accéder à cette plénitude » que constitue la sagesse. Ce n'est, précise Misrahi, qu'une question de courage. Où l'on mesure à nouveau à quel point le spinozisme est un nihilisme au sens de Nietzsche, une vaste entreprise de culpabilisation qui s'opère au nom d'un idéal radicalement inaccessible. Car de toute évidence, d'un point de vue strictement spinoziste, ce genre de phrase appartient sans le moindre doute au registre de l'illusion, du délire imaginaire, au premier genre de connaissance, puisqu'il rétablit l'idée de « possibilité ». Tout homme ne « peut » pas accéder à la sagesse, cela n'a aucun sens pour le spinozisme, puisqu'il n'y a pas de possibles, pas de choix libre au sens d'un choix de la volonté entre divers possibles. Donc, un spinoziste cohérent devrait s'en tenir simplement et définitivement à l'idée que certains hommes, très rares, sont sages et d'autres (l'immense majorité) ne le sont pas, voilà tout ! Mais on culpabilise à merveille en rétablissant le courage et les possibles, la vaillance d'un prétendu « choix » philosophique qui permet de dire aux malheureux qui n'ont pas fait le bon choix qu'ils ont « peur du bonheur », qu'ils sont dans la faiblesse, le ressentiment, les passions tristes, oh les

nuls ! C'est dommage, hein, mais c'est comme ça ! Il ne dépendait pourtant que d'eux d'être heureux, les voies du salut étaient ouvertes, il suffisait d'un peu de courage... Ben voyons ! Le spinozisme rétablit tout ce qu'on déteste légitimement dans le nihilisme dont parle si bien Nietzsche.

2. Mais admettons. Il y a plus :

> Pour que la philosophie soit la joie la plus extrême, il faut évidemment qu'elle soit une philosophie moniste de ce monde-ci et une recherche explicite de la joie en ce monde, mais à un niveau non empirique. Seule une telle philosophie peut conduire à l'adhésion amoureuse et intellectuelle au monde et conduire le sujet à une félicité qui vaille comme un salut.

Adhésion amoureuse et intellectuelle : *amor fati*, j'aime le réel, enfin, parce que je comprends qu'il est nécessaire et qu'il n'y a rien d'autre, aucun possible, aucune alternative. Réconciliation avec ce qui est. Question : que vaut cette phrase, et pour qui vaut-elle, à quel moment, si je la dis à celui qui voit dans un camp d'extermination ceux qu'il aime se faire torturer devant lui et découper vivants en morceaux avant que ne vienne son propre tour ? Comment peut-il être sage, adhérer amoureusement et intellectuellement au réel, et que vaut la philosophie qui plaide pour cette pseudo-sagesse ?

Ici encore, de deux choses l'une :

— ou bien celui qui souffre bêtement, qui n'a pas « le courage du bonheur » manque de sagesse, il n'est pas dans le troisième genre, il est incapable, selon la formule même de Spinoza que nous avons citée, d'accueillir les événements relativement heureux de la même manière que les événements relativement malheureux, et alors cet homme est hélas nul, il a manqué de vaillance, de fermeté, de lucidité, d'intelligence, un *conatus* trop mou, c'est un « faible » au sens de Nietzsche : c'est triste, mais que voulez-vous, comme le disent les dernières lignes de l'*Éthique*, la sagesse est difficile, comme tout ce qui est rare ;

— ou bien on reconnaît que dans un tel cas, aucun être humain ne peut être spinoziste, que la sagesse (cette sagesse-là) reste un idéal régulateur, bon en théorie, mais pas en pratique comme suggère Comte-Sponville, parce que inaccessible aux modes finis que sont les humains, et alors on est non seulement dans le contraire absolu du spinozisme (l'idéal opposé au réel), mais en plus on sombre à nouveau dans le pire des nihilismes : celui qui consiste à vous fabriquer un idéal à jamais éloigné du réel pour vous culpabiliser indéfiniment ! Bref, l'inverse radical de l'*amor fati*. Où est le monisme ? Où est la joie absolue et parfaite ? Comment sont-ils possibles dans ce type de cas (et dans mille autres qu'on pourra imaginer moins tragiques mais tout aussi invivables : mort d'un enfant, maladie, accident, etc.). Le spinozisme est une philosophie pour beau temps : il nous dit comment aimer le monde quand il est aimable, mais pas comment l'aimer quand il ne l'est pas.

Seul un très grand psychotique pourrait vivre dans la sagesse de Spinoza. Quelle différence entre lui et le sage ? Il y en a au moins une : les psychotiques existent, j'en ai rencontré dans les hôpitaux et même parfois en liberté. En revanche, comme je vous l'ai dit, je n'ai jamais rencontré dans la vie réelle un seul sage spinoziste et je suis certain que je n'en rencontrerai jamais parce que, comme le dit si bien Comte-Sponville, mais en aggravant le cas de Spinoza, aucun humain ne vit tout à fait et tout le temps dans la vérité, dans la connaissance du troisième genre, dans l'amour intellectuel de Dieu qui ne reste, hélas ou heureusement, qu'une simple idée de la raison, c'est-à-dire une construction métaphysique sans traduction possible dans la réalité humaine.

Trois critiques du spinozisme pourront encore s'ajouter à celles que j'ai ici évoquées. Elles sont fondamentales à mes yeux, parce qu'elles montrent que ce qu'on a appelé, dès le XVIIIe siècle, la « querelle du spinozisme », n'est pas, comme le pensent trop souvent les spinozistes, une querelle qui opposerait le rationalisme (incarné par Spinoza) à l'irrationalisme : en réalité, il s'agit d'un conflit entre le rationalisme métaphysique et dogmatique de Spinoza et le rationalisme critique, non métaphysique, qui commence avec Kant, mais se poursuivra aussi bien dans la phénoménologie de Husserl que dans l'épistémologie de Karl Popper par exemple.

Je me bornerai à évoquer ces trois critiques, sans les développer – simplement pour inciter ceux qui voudraient en savoir plus à aller y voir par eux-mêmes.

La *première critique* porte sur la notion même de déterminisme telle que Spinoza la formule naïvement, de façon dogmatique et métaphysique. On trouve cette critique déjà développée de manière implacable chez Kant, dans la *Critique de la raison pure*, plus précisément dans le passage consacré aux « antinomies » de la raison dogmatique. Il s'agit pour Kant de montrer, contre les illusions d'un pseudo-rationalisme, que le déterminisme, c'est-à-dire le postulat selon lequel le principe de causalité vaut absolument, y compris hors du temps, hors de l'expérience, jusqu'à nous permettre par exemple, comme le fait Spinoza, de remonter à une définition de Dieu comme « cause de soi », est absurde. Loin d'être, comme le pense Spinoza, le comble de la rationalité, le déterminisme, dès lors qu'il est pris absolument, comme valant pour tout être, y compris hors du temps et de l'expérience réelle, devient contradictoire. Le raisonnement de Kant est en fait assez simple. J'en indique simplement le principe :

— ou bien je remonte indéfiniment des effets vers leurs causes, et de ces causes vers les causes de ces causes, etc., et alors la série des causes étant infinie, on ne parvient jamais à une explication ultime, à une fondation ultime ; il n'y a donc pas de science achevée possible, pas de cause première qui serait cause de soi, et la série étant toujours, par essence même, infinie, donc inachevée, le prétendu déterminisme se retourne en son contraire : loin de parvenir à des explications reposant sur un fondement indubitable, nous restons toujours, *in fine*, dans l'indétermination ;

— ou bien, justement pour arrêter cette régression à l'infini, pour achever une série déterminée, une explication enfin complète, on pose une cause première qui serait cause de soi, mais, par définition, elle est elle-même sans cause, ce qui contredit le principe : arrêter la série en posant un terme ultime lui-même non précédé par une cause, c'est certes poser Dieu, mais un Dieu qui flotte dans le vide. On dira qu'il est tout, qu'il est cause de soi, mais ces formules métaphysiques, qui nous font sortir du cercle de l'espace et du temps, du cercle de l'expérience humaine, sont irreprésentables et, finalement, ce sont des formules vides, totalement dénuées, non seulement de vérité scientifique expérimentable, mais aussi de toute espèce de signification concrète : en parlant comme le fait Spinoza d'un Dieu cause de soi, d'un Dieu prétendument démontré par l'argument ontologique, d'un Dieu qui se confondrait avec la nature *(deus sive natura)*, on se meut dans la théologie métaphysique, pas dans la science ni dans la philosophie rationalistes.

Conclusion : pour être valide, pour posséder tout à la fois une vérité objective, scientifique, mais aussi une signification dans la pratique des hommes réels, le principe de causalité doit s'appliquer aux objets de l'expérience, situés dans l'espace et le temps, pas à ceux de la théologie et de la métaphysique par rapport auxquels il tourne complètement à vide. Du reste, qui peut croire encore aujourd'hui, comme Spinoza, qu'on puisse vraiment démontrer l'existence de Dieu grâce à un tel principe ? Franchement, il suffit d'un peu de bon sens pour avoir l'intuition que si c'était le cas, depuis le temps, ça se saurait…

La *deuxième critique* porte, elle aussi, sur l'usage métaphysique, non scientifique, du déterminisme. On la trouve chez Karl Popper, c'est-à-dire chez un philosophe qui, comme Kant, et dans le même esprit, oppose le rationalisme critique, qui anime le véritable esprit scientifique, au rationalisme métaphysique et dogmatique des cartésiens. Cette critique consiste à montrer – et l'argument me semble imparable – que le déterminisme lui-même, c'est-à-dire le postulat selon lequel le principe de raison ou de causalité vaut absolument, que tout possède une raison d'être, une cause, contrairement aux apparences, contrairement même à ce que pensent parfois spontanément les scientifiques, est une thèse en vérité radicalement illusoire, métaphysique et non scientifique. Pourquoi ? Tout simplement parce que le déterminisme pris en ce sens, absolument et sans limitation comme le fait Spinoza, est une thèse qui n'est, par définition, pas vérifiable dans l'expérience (il faudrait un temps infini pour prétendre la vérifier) ; en outre, et c'est là le point fort de l'argumentation, c'est une thèse qui n'est pas « falsifiable », selon l'expression de Popper, c'est-à-dire qu'elle n'est réfutable par aucune expérience imaginable. Or, comme Popper le montre parfaitement, ne sont scientifiques que les hypothèses et les propositions falsifiables par un test, par une expérience. Pour donner un exemple simple, considérons la proposition « Dieu existe » : elle n'est ni démontrable, ni réfutable non plus, en quoi elle n'est ni vraie ni fausse, mais tout simplement hors du champ de la science. Elle appartient à la métaphysique. De la même manière, si je dis que « rien n'est sans raison », ce qui est la formulation la plus générale du déterminisme, je n'ai aucun risque d'être jamais contredit par aucune expérience imaginable : il s'agit donc, non d'une proposition scientifique, mais d'un postulat métaphysique qui n'a aucune objectivité. Le principe de raison ou de causalité ne devient scientifique – et là, Popper rejoint Kant – que lorsqu'il est appliqué concrètement à des objets de l'expérience, dans le temps et dans l'espace, pas quand il est manié par les métaphysiciens sur des sujets qui, comme Dieu ou l'origine du monde, débordent par essence toute expérience humaine.

Enfin, une *dernière critique* consiste à souligner que le dogmatisme, et tout particulièrement celui de Spinoza qui en est la figure la plus achevée, a, comme le dit si bien Fichte, un disciple de Kant, « bien pensé, mais il n'a pas pensé sa propre pensée ». Le système est une construction cohérente, il semble impeccable, tout y est démontré « *more geometrico* », comme dit Spinoza, à la façon des géomètres (donc l'*Éthique* est écrite du point de vue de la connaissance du deuxième genre, pas du troisième, ce qui souligne encore son caractère inaccessible)... sauf que le dogmatique ne pense jamais sa propre pensée, il ignore totalement l'autoréflexion. Par exemple, il nie le libre arbitre, la liberté de choix, l'existence des possibles et la possibilité de choisir entre plusieurs options. Mais celui qui dit dogmatiquement qu'il n'est pas libre, qu'il n'a pas le choix, le dit-il librement, ou en vertu d'une nécessité de fer qui ne laisse aucune marge de manœuvre ? La non-liberté est-elle affirmée par lui librement ou de manière déterminée ? N'a-t-il aucun autre choix que de dire ce qu'il dit ? La vérité, c'est que dans la discussion avec le spinoziste, à vrai dire dans toute discussion, l'interlocuteur, fût-il spinoziste, ne cesse d'argumenter comme s'il était libre, comme s'il parlait bien à partir de ses choix politiques ou philosophiques, et nullement comme s'il était la pierre qu'évoque la lettre à Schuller que nous avons citée ! Autrement dit, la non-liberté, il l'applique toujours aux autres, mais pour lui-même, il ne peut s'empêcher de se croire libre de ses choix. À preuve, le fait que Misrahi, malgré toute son adhésion au spinozisme, ne peut s'empêcher, comme nous l'avons vu, de présenter la voie de la sagesse comme une possibilité parmi d'autres, comme un choix courageux : mais ce choix, il ne peut pas le penser avec sa propre philosophie, il ne peut pas penser sa propre pensée. Il en va de même lorsque le spinoziste nous explique qu'il n'y a pas de mal et qu'il continue comme tout un chacun à juger tout le monde et son voisin, à penser que Hitler est un salaud et qu'il n'est pas tout à fait comme le moustique qui pique mon doigt ! Que faire de cette conscience commune qu'on ne parvient jamais à éradiquer tout à fait, de cette fichue conscience ordinaire qui ne cesse de résister à la conscience philosophique au point qu'on est obligé de concéder qu'aucun homme ne vit jamais tout à fait dans la vérité ? Là encore, le spinoziste ne parvient pas à se penser lui-même et c'est en cela que réside l'essence même du dogmatisme. Que dire au juge d'une cour internationale qui condamne les criminels de guerre et qui pense que le mal existe et qu'il est possible de ne pas le choisir ? Et s'il n'y a pas de différence entre le réel et le possible : que dire à la mère de famille dont l'enfant est malade et qui fait son possible pour trouver une solution, au politique ou au chef militaire qui suppute les possibles, au militant politique qui voudrait un monde meilleur et qui travaille à réaliser l'idéal et se demande comment l'incarner dans le réel ? Sont-ils tous de grands délirants ?

En vérité, ce n'est pas la conscience commune qui délire, mais le système dogmatique qui a quitté le réel, très précisément en un point où il n'a nulle légitimité à le faire : toute l'*Éthique* tend vers une sagesse qui n'aurait de sens que d'un point de vue, celui de Dieu, censé être plus vrai que celui de l'homme, mais dont on voit mal à quel titre il pourrait relativiser ce dernier. Où nous touchons à nouveau le fond du débat : ou bien on part de Dieu, comme fait Spinoza, on tient son existence pour démontrée par l'argument ontologique autant que par l'usage métaphysique du principe de raison, et on pose que son point de vue est celui de la vérité, celui que l'homme doit essayer de rejoindre par la connaissance du troisième genre et l'amour intellectuel de Dieu... Ou bien on tient au contraire cette tentative pour l'illusion par excellence, ces preuves pour de pseudo-preuves, pour des illusions typiques de la métaphysique dogmatique, parce que, justement, nous sommes des humains, des êtres finis et sensibles, situés dans l'expérience, dans l'espace et le temps, et que cette finitude ne peut pas être dépassée parce qu'elle est la vraie vérité des hommes : alors, le spinozisme apparaît comme un système, superbe certes, mais, au sens propre, délirant. Du point de vue de Spinoza, celui qui en reste au fini délire, du point de vue de la réflexion critique antidogmatique (Kant, Husserl, Popper), c'est le spinozisme qui délire, qui nous a quittés, qui se meut dans une sphère purement conceptuelle où le malheureux individu est obligé en permanence de dire des choses insensées (le moustique, le tremblement de terre et le bourreau sont mis sur le même plan, ce que personne ne pense ni ne pensera jamais, fort heureusement du reste, dans la réalité). Le spinoziste prône des idéaux auxquels il ne peut jamais adhérer parce qu'il essaie de penser comme Dieu alors qu'il n'est ni ne sera jamais Dieu : il fait abstraction de lui-même et cette abstraction de soi, de l'humain comme tel, possède quelque chose d'essentiellement totalitaire : la totalité prétend l'emporter sur l'être fini, Dieu sur l'homme. D'où l'importance, à mes yeux, de lui opposer, malgré une certaine grandeur que je ne lui conteste pas, une résistance, ne fût-ce que sur le plan philosophique, comme j'ai tenté ici de le faire.

10

LA PHILOSOPHIE ANGLO-SAXONNE

Empirisme et utilitarisme

Nous allons aujourd'hui parler de deux doctrines philosophiques un peu à part, il faut bien l'avouer, du moins sur le Vieux Continent : l'utilitarisme et l'empirisme. À part, car elles reflètent plutôt les grandes visions du monde qui traversent l'univers mental, culturel, intellectuel, politique et juridique anglo-saxon. On ne peut rien saisir à la culture américaine ou anglaise si on n'a pas une idée de ce que sont l'utilitarisme et l'empirisme. C'est donc à une sorte d'exercice d'ethnologie philosophique que je vous convie. Un peu comme un ethnologue s'efforce de comprendre les mœurs d'une tribu étrangère, nous partirons cette fois de ces deux doctrines philosophiques pour tenter de comprendre ce qui nous sépare, mais parfois aussi nous relie, à nos amis Anglais et Américains. Ne pas en tenir compte serait comme ignorer pour comprendre les Français ce que représentent l'idée républicaine et la laïcité en France : en faire abstraction serait se vouer à ne rien comprendre non plus à notre tradition intellectuelle, culturelle et politique.

L'utilitarisme et l'empirisme sont malheureusement mal connus chez nous, y compris parfois dans le monde philosophique. Nos universités comptent bien sûr d'éminents spécialistes de ces courants, mais le public, même cultivé, n'en a pas moins la plupart du temps une image très approximative, voire tout à fait erronée.

Les pères fondateurs

Commençons donc par indiquer quelques noms et dates pour fixer des points de repère.

Du côté de la tradition utilitariste, certains auteurs sont de véritables stars aux États-Unis ou en Angleterre, alors même qu'ils sont souvent tout à fait inconnus en France et, plus généralement, sur le continent européen. Cinq grands noms dominent l'histoire intellectuelle de l'utilitarisme – il y en a d'autres, bien entendu, mais ce sont sans doute les cinq plus importants.

Le père fondateur de la doctrine est Jeremy Bentham (1748-1832), un jurisconsulte né à Londres qui publia, en 1789, son *Introduction aux principes de morale et de législation*, un livre qui marquera l'histoire de la pensée philosophique anglo-saxonne au point de devenir la véritable « bible » de l'utilitarisme anglais. Citons ensuite John Stuart Mill, francophile et francophone, grand ami de Tocqueville, né en 1806 et qui mourra d'ailleurs en France, en Avignon, au cours de l'année 1873. Dans les années 1860, Stuart Mill écrit un livre capital, tout simplement intitulé *De l'utilitarisme* et qui, comme l'*Introduction* de Bentham, expose à son tour les grands principes de ce courant de pensée. Le troisième auteur, presque inconnu en France – ce qui fait toujours sourire aux États-Unis où il est enseigné partout, un peu comme Descartes dans nos lycées – s'appelle Henry Sidgwick. Né en 1838, mort en 1900, on lui doit un des ouvrages les plus sophistiqués dans son domaine : *La Méthode de l'éthique*. Quatrième auteur, lui aussi fort important : Henry Salt (1851-1939), dont l'œuvre principale, *Le Droit des animaux considéré dans sa relation avec le progrès social* a également marqué l'histoire de cette vision du monde puisqu'on y voit apparaître un des thèmes fondamentaux de l'utilitarisme anglo-saxon : celui du droit ou, du moins, de la protection des animaux (certains utilitaristes refuseront, en effet, de parler d'un « droit » des animaux, revendiquant plutôt la notion de *Welfare*, de bien-être animal, mais sur le fond, l'idée est la même). Le dernier auteur, Peter Singer, un philosophe australien qui enseigne aujourd'hui aux États-Unis, est notre contemporain. J'ai d'ailleurs eu l'occasion de le rencontrer, de discuter avec lui, puis de faire traduire en français, aux éditions Grasset, son livre majeur, *La Libération animale*, un ouvrage qui sous-tend philosophiquement le Mouvement de libération des animaux (MLA), lui-même calqué sur le MLF, le Mouvement de libération des femmes. Dans un contexte français, associer si peu que ce soit le combat des femmes à celui en faveur des animaux fait au mieux sourire, au pire cela scandalise et pourrait à la limite vous conduire devant les tribunaux. Dans la perspective utilitariste, et d'une manière générale dans le monde anglo-saxon, non seulement cette comparaison ne choque pas, mais elle va presque de soi, nous verrons dans quelques instants pourquoi. C'est du reste un des signes, parmi tant d'autres, des vraies différences entre les deux mondes, la question du droit des animaux ou encore celle de l'euthanasie (que nous évoquerons aussi plus loin) constituant deux bons exemples de ces divergences entre la sensibilité philosophique anglo-saxonne, d'une part et, de l'autre, le républicanisme français ou allemand, très opposés quant aux principes mêmes sur certains points à la tradition anglo-saxonne. Cela dit, l'utilitarisme ne cesse de gagner du terrain en Europe, « impérialisme américain » oblige diront certains, notamment s'agissant de l'euthanasie et du droit des animaux (mais aussi du tabac, de la limitation de vitesse ou du féminisme...) : raison de plus pour s'y intéresser !

Du côté des philosophes empiristes, mentionnons le génial David Hume (1711-1776), un philosophe écossais du XVIIIe siècle, sans conteste le plus grand penseur empiriste. David Hume était aussi un utilitariste, même si d'importantes différences le séparent du père fondateur, Jeremy Bentham. On verra du reste que pratiquement tous les grands empiristes sont, sur le plan moral et politique, des utilitaristes. Dans le domaine de la pensée économique et politique, on retrouve encore un fond philosophique essentiellement utilitariste chez Adam Smith (1723-1790), l'auteur de la fameuse théorie de la « main invisible » qui sous-tendrait la logique du marché. Cette théorie est déjà présente en germe (et même un peu plus qu'en germe) chez Bernard de Mandeville, un auteur passionnant et plein d'humour « british » dont je vous dirai un mot plus loin, qui publia, en 1714, une petite fable d'une quinzaine de pages, à lire absolument : *La Fable des abeilles*. Il s'agit en fait, sous une forme littéraire, de la première version des grandes théories libérales de la « main invisible » ou, pour reprendre l'expression hégélienne, de la « ruse de la raison » (ruse, car elle se sert de son contraire, les passions et les intérêts les plus vils, pour se réaliser). Nous verrons dans un instant pourquoi ce libéralisme économique est directement lié aux théories utilitaristes.

La philosophie utilitariste

Mais entrons maintenant dans le vif du sujet.

Le type idéal de l'utilitarisme

Pour que vous puissiez vous former une idée juste de ce qu'est l'utilitarisme, j'aimerais vous proposer ce que Max Weber appelait un « type idéal ». Je voudrais vous exposer les quatre traits fondamentaux qui me paraissent caractériser au mieux cette doctrine, quatre traits d'ailleurs discutés à l'intérieur même de la tradition qui nous intéresse ici (dont les grands représentants ne sont pas toujours tous d'accord entre eux). Il n'en reste pas moins que ces quatre traits fondamentaux forment, pris ensemble, comme le type idéal ou le modèle de l'utilitarisme. Et ils sont, comme vous le verrez, tous très profonds, bien que parfois choquants pour un républicain français ou un héritier de Kant.

Le sens de la vie ou la quête du bonheur

Commençons par la *première caractéristique*, celle qui fonde véritablement l'utilitarisme, c'est-à-dire par l'idée que la finalité ultime de l'existence réside dans la quête du bonheur. L'utilitarisme est en effet, d'abord et avant tout, ce qu'on appelle un *eudémonisme* : une vision du monde dans laquelle les humains sont d'abord définis comme des êtres qui ont *intérêt* au bonheur. Et le mot « intérêt », ici, est fondamental. Pour les utilitaristes, en effet, les hommes sont essentiellement définis par le fait qu'ils sont les porteurs ou les sujets d'intérêts aussi divers que multiples, mais qui, au fond, reviennent tous à ceci : ils visent tout le temps et toute leur vie le bonheur, ils tendent fondamentalement au plaisir et au bien-être ; inversement, ils ont intérêt à fuir ou à éviter la douleur et la souffrance. En d'autres termes (et on commence déjà à voir en quoi l'opposition va se faire jour avec les morales républicaines, en particulier avec la morale kantienne, mais aussi avec l'héritage du christianisme), *il n'y a pas, chez les humains – jamais – d'actions désintéressées*.

De prime abord, cette conception pourrait paraître triviale, pour ne pas dire d'une grande banalité. Mais en vérité, vouloir fonder une vision morale du monde sur la conviction première que les êtres humains sont toujours des êtres *intéressés* ne va pas de soi. Cela semble même plutôt *a priori* contraire à l'idée que nous nous faisons de la vertu, notion que nous avons spontanément tendance à associer à celle de générosité, pour ne pas dire de désintéressement alors qu'aux yeux des utilitaristes, il n'y a jamais d'acte gratuit. Cela n'existe tout simplement pas. Derrière toutes nos actions, se profile toujours une quête du bonheur, le souci de satisfaire ses intérêts, ses besoins ou ses désirs. Cette quête peut bien entendu s'avérer plus complexe que prévu : par exemple, il existe des plaisirs et des désirs très sophistiqués, très intellectuels, d'autres réputés matériels, vulgaires ou bas. Mais dans les deux cas, selon les utilitaristes, nos actions sont toujours dominées par la logique de l'intérêt et la recherche du bonheur.

D'où vient cette intuition fondatrice de la doctrine ? Pour commencer, du fait qu'elle part d'une analyse du sujet, de la subjectivité humaine, qui considère qu'avant même d'être des êtres de langage ou de raison, nous sommes avant tout des êtres de plaisir et de peine. La quête de la satisfaction de nos intérêts domine donc toute notre vie, qu'elle soit intellectuelle, morale ou matérielle. Ces intérêts peuvent être conscients ou inconscients, certaines actions peuvent paraître désintéressées ou altruistes, certains individus allant jusqu'à sacrifier leur propre vie pour en sauver d'autres, étant secrètement ou inconsciemment déterminés par des intérêts cachés. Peu importe en réalité, car dans tous les cas de figure, le désintéressement n'est jamais qu'une apparence, une illusion : en vérité, ces êtres altruistes, ceux qui sacrifient leur temps ou même leur vie pour les autres, témoignent seulement du fait qu'ils ont, encore et toujours, intérêt au bonheur d'autrui, qu'ils sont soucieux d'autrui, de telle sorte que c'est toujours, en dernière instance, la poursuite de leur intérêt qui les pousse à se sacrifier. Dans cette vision des choses, on peut donc sacrifier sa vie par intérêt pour les autres, parce que nous les aimons par exemple, que leur bonheur fait en ce sens partie du nôtre et que, du coup, leur vie même nous paraît plus intéressante ou plus importante que la nôtre. Le sacrifice n'est jamais désintéressé, même quand il a l'air grandiose, héroïque. À la limite, même celui qui va se pendre cherche encore le bonheur dans la mesure où il fuit une souffrance intolérable. Bref, que les intérêts cachés derrière nos actions soient conscients ou inconscients, avouables ou inavouables, sublimes ou vulgaires, matériels ou intellectuels, peu importe : ce qui compte, au final, c'est qu'aucune action n'est jamais désintéressée.

♦ Des animaux et des hommes : tous ont des « intérêts »

Cette logique de l'intérêt vaut non seulement pour les humains, mais aussi pour les animaux. De ce point de vue, il n'existe pas de différence essentielle, qualitative, entre eux et nous. De même qu'il y a des « droits humains » *(human rights)*, de même les animaux méritent d'être respectés et bien traités. Dans la mesure où, contrairement à ce que qu'affirme Descartes, ils ne sont nullement des machines, des automates insensibles, mais des êtres de plaisir et de peine, capables aussi d'éprouver de la souffrance, on considérera qu'un respect est dû. Comme le dit, ou plutôt le crie littéralement Henry Salt dès la première ligne de son ouvrage majeur, *Les Droits de l'animal dans leur rapport avec le progrès social* (1892), livre qui ne fait du reste, pour l'essentiel, que préciser les thèses de Bentham : « Les animaux ont-ils des droits ? Sans aucun doute si les hommes en ont ! », car des uns aux autres, la continuité est parfaite sur le plan éthique.

Nous verrons ainsi comment l'utilitarisme développera une philosophie du *Welfare* animal, de la protection ou du bien-être des animaux. Et ne croyez pas – car c'est aussitôt l'objection qui vient à l'esprit, notamment dans le contexte français –, que les utilitaristes soient pour autant des rêveurs ou des niais qui ne tiendraient aucun compte des réalités. Ce n'est pas le cas : par exemple, ils ne disent pas que les animaux sont égaux aux humains. Pour évoquer un cas concret et éviter d'entrée de jeu un malentendu, Peter Singer note qu'à l'évidence, une mère souris aura moins d'intérêt à conserver ses petits en vie, qu'une mère humaine à conserver les siens. En d'autres termes, la mort d'un enfant, pour un humain, sera en général beaucoup plus douloureuse que la mort d'un souriceau pour une mère souris. Mais si les utilitaristes maintiennent, ici, une différence, celle-ci se joue seulement au niveau quantitatif, dans ce qu'ils appellent le « calcul des plaisirs et des peines ». Il ne s'agit pas d'une différence essentielle ou qualitative, mais d'une différence en termes de quantité de souffrance – et de ce point de vue aussi, il est clair que la souris éprouve plus de peine à être torturée qu'un caillou ou une plante, voilà tout.

Les utilitaristes ne prétendent donc pas que les souris devraient se voir octroyer des droits égaux aux humains. Ils estiment que si la petite bête ressent une souffrance égale ou supérieure à celle qu'éprouve un humain, il n'est pas absurde d'en tenir compte et même de la protéger autant que l'être humain. Bien sûr, tout cela relève de ce que les utilitaristes appellent une « morale appliquée ». En ce sens, l'utilitarisme peut être essentiellement considéré comme une *éthique concrète*, qui s'attache à la casuistique ou à la jurisprudence, c'est-à-dire à l'examen de cas particuliers. Le droit anglo-saxon, comparé au droit français, accorde au demeurant une place beaucoup plus large à la jurisprudence.

♦ Morale républicaine et morale utilitariste

À propos de ce premier pilier de l'utilitarisme – l'homme est avant tout un être d'intérêt, toujours à la recherche du bonheur –, une remarque s'impose d'emblée, et elle est fondamentale si l'on veut comprendre l'histoire de la pensée moderne.

Au XVIIIe siècle, on voit en effet apparaître en Europe deux grandes éthiques laïques, deux grandes visions morales du monde de nature non religieuse. Ces deux conceptions de l'homme et du monde ne s'enracinent plus ni dans une théologie, ni dans une cosmologie, comme c'était le cas, nous l'avons vu, pour les grandes morales anciennes, la morale chrétienne et les éthiques grecques, celles de Platon, d'Aristote ou des stoïciens. On assiste au contraire à l'apparition de morales enracinées dans l'être humain, dans la subjectivité. Un sujet qui, pour l'utilitarisme, est conçu comme un être de désir, de plaisir, d'intérêt, tendu vers la recherche du bonheur. En d'autres termes, la philosophie du XVIIIe siècle nous fait sortir du cosmologico-éthique comme du théologico-éthique : nous ne sommes plus dans des morales cosmiques ou religieuses, mais dans des morales laïques et humanistes au sens où elles fondent les critères du bien et du mal sur une analyse de la subjectivité humaine et non sur une analyse du cosmos ou de la divinité.

L'apparition de ces grandes morales non religieuses ne signifie évidemment pas que les hommes des Lumières deviennent nécessairement athées : on peut très bien adhérer à une morale laïque et rester croyant, mais cela signifie qu'il n'est plus nécessaire de faire appel à Dieu pour fonder la morale. C'est au fond l'émergence de la laïcité qui est ici en jeu et la laïcité, comme on sait, n'est pas l'athéisme, mais le renvoi de la foi vers la sphère privée, la morale commune et la politique démocratique pouvant se passer de la religion pour être fondées en raison.

Il y aura en ce sens *deux grandes morales laïques*. La première est bien représentée par Kant, en Allemagne, ou par les républicains en France. À peu de chose près, il s'agit des mêmes idées : contrairement à l'utilitarisme, les grandes morales républicaines allemandes ou françaises tiennent que nous ne faisons véritablement le bien, non pas quand nous poursuivons nos intérêts ou quand nous leur donnons satisfaction mais, tout à l'inverse, quand nous sommes capables de les mettre de côté pour agir, justement, de manière désintéressée. L'action vraiment morale, c'est l'action généreuse, celle dans laquelle on met son égoïsme entre parenthèses, ses intérêts particuliers de côté pour se soucier du bien commun, de l'intérêt général. Si je découvre par exemple que quelqu'un est bienveillant avec moi, qu'il me veut du bien, s'occupe et prend soin de ma personne parce qu'il convoite mon héritage, alors toute dimension morale disparaît. Pour les républicains à la française comme pour les héritiers de Kant, toute dimension morale s'évanouit aussitôt qu'on décèle un intérêt caché derrière une action apparemment désintéressée. L'intérêt anéantit la morale. La vraie vertu renvoie toujours, au contraire de ce que prétend l'utilitarisme, au désintéressement. Une action n'est véritablement vertueuse qu'à proportion du désintéressement qui la motive – ce qui suppose une certaine philosophie de la liberté, celle que nous avons vue à l'œuvre chez Pic et Rousseau déjà, une certaine idée de la liberté entendue comme faculté de s'arracher à la nature, de s'émanciper de la seule logique du calcul, de la rentabilité et des intérêts. Dans les *Fondements de la métaphysique des mœurs*, Kant lui-même admet n'être « pas certain qu'une seule action morale ait vraiment existé dans le monde ». Il se peut toujours que des intérêts se dissimulent derrière, mais dans l'idéal, l'action vraiment vertueuse, c'est l'action désintéressée.

Notre Déclaration française des droits de l'homme repose, comme la morale de Kant, sur l'idée que l'être humain mérite d'être protégé et possède des droits *abstraction faite* de son enracinement dans des communautés particulières où il a des intérêts. C'est toujours cette conception, à proprement parler « universaliste » (non communautariste) qui domine le républicanisme, qu'il soit français ou allemand. Avec Kant et les républicains français, on a donc affaire à des *morales de la liberté* et non pas du bonheur. Le bonheur est bien sûr important, mais il reste, au sens propre du terme, secondaire : si l'on doit choisir entre les deux, c'est la liberté qui compte avant tout, la liberté comme faculté de s'arracher à ses intérêts particuliers, de mettre son « cher moi » de côté, comme dira Freud, de façon à agir de manière désintéressée. On voit bien l'idée : seule la liberté permet cet arrachement. Encore une fois, la liberté se définit ici comme faculté d'arrachement à la nature ou, c'est tout un, comme faculté de s'arracher à ses intérêts, à ne pas en être toujours prisonnier, ainsi que nous l'avons vu chez Pic de La Mirandole ou chez Rousseau quand nous avons évoqué la naissance de l'humanisme. C'est dans cette liberté-là que réside la dignité de l'homme. Jamais un républicain français ou un moraliste kantien ne pourra adhérer, comme les écologistes d'aujourd'hui, au slogan « *Lieber rot als todt* », « plutôt rouge que mort » : non, du point de vue des morales de la liberté, le sacrifice de soi, qui suppose qu'on lutte contre ses intérêts au bonheur, est possible. On peut mourir pour défendre la liberté et la dignité humaine.

L'utilitarisme prend le parti résolument inverse. Il se présente d'abord comme une *morale du bonheur*, et ensuite, éventuellement, de la liberté : le bien coïncide avec la satisfaction des intérêts, c'est-à-dire avec le contraire exact d'une action désintéressée. Pour radicalement opposées qu'elles soient entre elles, ces deux morales modernes, le kantisme républicain et l'utilitarisme, reposent sur un socle commun : celui de la laïcité – en quoi elles vont se partager quasi intégralement, au moins jusqu'à la fin du XXe siècle, le monopole du discours moral sur les valeurs.

L'utilitarisme n'est pas un individualisme

L'examen du *deuxième pilier* de la doctrine utilitariste va me permettre de corriger une erreur très répandue, une erreur qui peut-être s'insinue déjà dans vos esprits, celle selon laquelle les utilitaristes confondraient le plaisir et le bien. Les malheureux passeront leur vie à répondre à ce type d'objections : si le bourreau, le tortionnaire nazi, prend plaisir à torturer quelqu'un, est-ce bien pour autant ? Cette objection, on ne manquera pas de la leur opposer sous des milliers de formes différentes. Les utilitaristes ont évidemment une réponse, et c'est là, avec ce deuxième pilier, qu'on approche vraiment de la définition essentielle de la doctrine, du cœur de son type idéal. Jeremy Bentham ne cesse d'y insister : l'utilitarisme n'est pas une théorie qui valoriserait exclusivement la satisfaction des intérêts particuliers et personnels. Contrairement à ce que l'on croit souvent, l'utilitarisme n'est pas une doctrine nécessairement égoïste.

Pourquoi ? Parce que l'utilitarisme soutient une thèse – et c'est là sa proposition proprement fondamentale, sans doute la plus importante de toutes : une action est bonne, non pas quand elle satisfait seulement mes intérêts égoïstes et particuliers, mais quand elle tend à réaliser la plus grande somme de bonheur possible pour le plus grand nombre d'êtres susceptibles de souffrir ou d'éprouver du plaisir. Autrement dit, une action est bonne quand elle *augmente la somme globale de bonheur ou de bien-être dans le monde* et elle est mauvaise quand elle entraîne une diminution de cette somme globale de bonheur et qu'elle augmente par conséquent la somme globale de souffrances pour le plus grand nombre d'êtres concernés par cette action. Il s'ensuit que ce qui compte aux yeux des utilitaristes, c'est bien le souci de l'ensemble, pas seulement celui des particuliers pris isolément, le souci, donc, de la somme globale de bonheur ou de la somme globale de souffrance, et non pas la seule satisfaction de nos intérêts personnels. Par où il s'agit bien d'une doctrine qu'on peut qualifier d'*universaliste* – qui prend en compte le bien commun et l'intérêt général. Autrement dit, l'utilitarisme n'est pas un individualisme.

On verra même que c'est parfois le contraire d'un individualisme, au sens ordinaire du terme, au sens d'un égoïsme. Il peut même parfois s'agir, à certains égards, d'une morale du *devoir* : on *doit* aussi prendre en compte le bien des autres et pas uniquement son intérêt personnel – tout le problème étant bien sûr de savoir si cette idée de « devoir », de dépassement de soi est ici cohérente, si elle possède encore un sens dans la perspective où on pose que toute action est intéressée.

Nous allons y revenir, mais notons déjà qu'on entrevoit d'emblée ici la difficulté : si je n'ai pas d'autre motivation imaginable que de suivre mes intérêts personnels, comment puis-je passer de mon intérêt égoïste et individuel à la prise en compte de l'intérêt des autres ? Telle sera la grande question de l'utilitarisme, et c'est là-dessus, par exemple, que l'œuvre d'Adam Smith va développer une théorie des sentiments moraux d'une réelle profondeur (même si je ne la partage en rien).

Je vais y revenir, mais résumons encore, avant de voir leurs divergences, les deux grands points communs qui relient les morales républicaines (valorisant le désintéressement) et la morale utilitariste (valorisant la satisfaction des intérêts). Nous l'avons dit, il s'agit de morales laïques dans les deux cas et ce point est capital. Toutes ont rompu avec le cosmologico-éthique comme avec le théologico-éthique : ces éthiques ne sont plus enracinées dans une cosmologie ou dans une théologie, mais dans l'être humain – qu'il soit entendu comme être de liberté, de perfectibilité, d'arrachement à la nature chez les républicains (par quoi il se distingue de l'animal), ou comme un être d'intérêt chez les utilitaristes (en quoi, au contraire, l'homme n'est qu'un animal parmi d'autres). Dans les deux cas, on part du sujet humain, et la morale – la distinction du bien et du mal – se fonde sur une analyse de la subjectivité humaine. D'où (premier trait) son caractère humaniste. Le deuxième trait commun tient au fait que nous sommes face à des morales universalistes, à des morales qui plaident pour le bien commun et pour l'intérêt général. On le voit, ce serait commettre une lourde erreur que de réduire l'utilitarisme à une morale de l'intérêt particulier. Cette objection, pourtant fréquente, est infondée. Elle repose sur des erreurs d'interprétation aussi bien que sur la méconnaissance des grandes œuvres.

Reste qu'il y a bien là, comme on va voir dès maintenant, un vrai problème de cohérence.

La théorie des sentiments moraux

Le *troisième pilier* pose, en effet, un vrai problème. Nous venons de l'effleurer, mais cette difficulté se révèle plus profonde qu'il n'y paraît à première vue : en effet, comment passe-t-on, dans la perspective utilitariste, du souci de nos intérêts personnels et égoïstes au souci du bonheur global ? Après tout, si l'être humain n'est qu'un être d'intérêts, pourquoi prendrait-il en compte l'intérêt des autres ? Chez Kant comme chez les républicains français, que j'associe sur ce point, on comprend aisément comment l'hypothèse de la liberté permet le passage de l'un à l'autre – la liberté étant justement conçue comme une capacité de s'arracher aux penchants égoïstes ou, comme l'écrit Kant, aux « inclinations naturelles ». Ma nature, sans doute, est fondamentalement égoïste : si je suis ma pente naturelle, je ne pense qu'à moi. Mais je possède aussi cette faculté de liberté ou de libre arbitre qui me permet de m'arracher à mes passions naturelles, à mon propre intérêt ou à mon égoïsme. Chez Pic de La Mirandole, Rousseau ou Kant, c'est donc par *l'arrachement à soi* qu'on peut passer de l'intérêt particulier à l'action désintéressée, celle qui prend en considération l'intérêt de tous ou du plus grand nombre. Je mets de côté mon moi égoïste ce qui me permet de m'intéresser aux autres. Mais pour y parvenir, il me faut la liberté, laquelle fait en quelque sorte le trait d'union entre l'intérêt particulier et l'intérêt général. C'est d'ailleurs pour cette raison que nous valorisons spontanément, sans même avoir besoin d'y réfléchir, l'action désintéressée : on estime qu'un homme a été grandiose quand il a mis ses intérêts particuliers de côté pour se dévouer à une cause commune, d'utilité publique comme on dit.

D'ailleurs, si on soupçonne toujours les hommes politiques de mentir, c'est bien parce qu'on sait qu'ils ont toujours tel ou tel intérêt à dire ceci ou cela et, qu'au fond, un homme politique, quand il s'exprime en public, agit toujours de manière intéressée. Il ne peut pas faire autrement. Spontanément, nous autres républicains éprouvons donc une méfiance ou un soupçon et, tout aussi spontanément, nous valorisons la liberté comme capacité de désintéressement ou d'arrachement à la nature.

Dans la perspective utilitariste, le désintéressement n'est pas possible, il n'a aucune place dans la doctrine d'ensemble où il paraît même irrationnel, tout simplement contraire au principe de raison qui veut que toute action possède sa cause ou sa raison d'être, l'intérêt étant toujours son mobile. D'où, derechef, la difficulté : comment fera-t-on pour passer de l'intérêt particulier à l'intérêt général, de mon égoïsme foncier, au souci de l'autre, à l'altruisme ? Réponse :

par la théorie des sentiments moraux. Il revient surtout à Adam Smith, même s'il n'est ni le seul ni le premier (je pense à nouveau à l'excellent Mandeville et à sa fameuse *Fable des abeilles*) d'avoir développé avec la sophistication la plus grande cette théorie des sentiments, bien que ses linéaments soient déjà présents aussi chez Bentham et chez Stuart Mill.

L'idée de *sympathie* est ici celle qui joue le rôle le plus fondamental. Je vous en indique le principe, l'analyse des sentiments moraux étant ensuite plus fine et détaillée. Les utilitaristes sont souvent de grands psychologues, qui adorent analyser les replis de l'âme, les méandres de l'égoïsme ou les sentiments inavouables – je vous renvoie à nouveau sur ce point à *La Fable des abeilles*.

Mais allons directement à l'essentiel : la sympathie implique que le bonheur des autres entre tout simplement dans mon bonheur propre. À partir du moment où j'aime mes proches, leur bonheur compte pour moi : je ne peux être heureux s'ils sont malheureux, s'ils sont dans la maladie ou la misère. Il s'agit d'une simple constatation de fait, mais qui permet de relier l'intérêt particulier et l'altruisme : j'ai moi aussi intérêt à ce que les autres soient heureux. D'une manière générale, si je suis un être humain digne de ce nom, normalement constitué, ainsi pensent du moins les utilitaristes, je trouve même un intérêt à ce que l'humanité entière soit heureuse. D'ailleurs, les mouvements utilitaristes sont très souvent des mouvements philanthropiques dans la mesure même où ils estiment que nous avons intérêt à ce que l'humanité vive plutôt dans le bien-être, la paix et même dans la liberté – dans la mesure où, loin d'être sacralisée comme elle l'est chez Kant ou chez les républicains, elle est, tout simplement, un élément du bonheur. À la limite, voir les autres malheureux, du moins quand ils nous sont proches, tend à gâter notre propre bien-être, pour ne pas dire notre confort moral. Il y a certes des gens méchants, mais globalement, l'humanité est plutôt bonne et, comme on dit en anglais, « concernée » par le bonheur des autres. Du coup, et là est l'essentiel, c'est toujours par un *intérêt particulier* qu'on passe de l'intérêt particulier à l'intérêt général.

Inutile ici de développer davantage, l'argumentation est claire. Même dans le règne animal, soutiennent les utilitaristes, nous n'avons pas besoin de supposer la liberté pour expliquer qu'une chatte s'occupe de ses chatons : elle le fait très bien sans s'arracher à sa nature, et si on lui enlève ses bébés à la naissance, elle se mettra à courir en tous sens, manifestement troublée, désorientée. Chez les animaux aussi, on constate donc un intérêt porté à autrui, un souci naturel (et non pas libre) de l'autre : nul besoin, donc, d'invoquer la notion de liberté pour expliquer ce passage de l'intérêt particulier à l'intérêt général. Du moins est-ce ainsi que l'utilitarisme résout le problème. Nous allons voir que ce n'est pas si simple, mais avouons que, dans un premier temps au moins, la solution ne manque pas d'élégance…

L'utilitarisme n'est pas une morale de l'intention

Le *quatrième pilier*, c'est ce qu'on appelle le « conséquentialisme ». Que recouvre ce néologisme un peu barbare ? Il signifie que l'utilitarisme n'est pas une morale de l'intention. Pour Kant, c'est l'intention qui compte et, au fond, on n'est pas responsable des conséquences de ses actes. L'important est d'avoir voulu bien faire, et si on a fait tout son possible, on ne peut pas être tenu pour responsable de ce qui advient. Ce pourquoi la morale de l'intention a pour devise : *Fiat justitia, pereat mundus*, « Il faut que justice soit faite, le monde dût-il en périr ». En quoi aussi, à ses yeux, une injustice demeure à l'évidence infiniment plus grave qu'un désordre. On ne saurait, par exemple, condamner un innocent au prétexte de maintenir la paix sociale. Le capitaine Dreyfus doit être défendu, l'image de l'armée française dût-elle en souffrir ! Le respect des droits de l'homme l'emporte sur le souci du bonheur global. John Rawls, l'auteur de la *Théorie de la justice* (1971), un philosophe américain, mais de sensibilité kantienne, a développé sur ce point une très intéressante critique de l'utilitarisme en montrant que les droits de l'homme sont toujours premiers par rapport à la question du bonheur, qu'ils sont, pour parler comme l'un de ses meilleurs interprètes, Jean-Pierre Dupuy, « lexicographiquement premiers » : quand on regarde à la lettre « A » dans un dictionnaire, on épuise tous les mots de cette section avant de passer à la lettre « B » ; les mots commençant par « Az » viendront toujours avant ceux commençant par « Ba ». De la même manière, les droits de l'homme doivent passer avant toute espèce de considération de paix sociale ou de désordre.

Au contraire, dans la mesure même où le deuxième pilier de l'utilitarisme prend en compte la somme globale de bonheur dans l'univers, il conduit forcément à accepter dans certains cas le sacrifice d'un innocent, l'injustice pouvant dans certaines circonstances entraîner moins de souffrances qu'un désordre. Si c'est seulement le bonheur du plus grand nombre qui compte, il faut parfois savoir sacrifier quelques innocents : question de calcul, de pour et de contre, pas de principe. Aux yeux des utilitaristes, passé un certain seuil quantitatif, un désordre peut être bien pire qu'une injustice, et la devise *Fiat justitia, pereat mundus* devient immorale. On retrouve d'ailleurs cette idée dans de nombreuses scènes de westerns dans lesquelles le shérif fait rempart de son corps pour protéger *jusqu'à un certain point* un prisonnier que la foule s'apprête à lyncher. Jusqu'à un certain point, car au moment où il constate que la ville risque d'être mise à feu et à sang, il laisse, à regret mais quand même en conscience, la foule déchaînée forcer la porte et s'en prendre au malheureux. Le raisonnement utilitariste n'en est pas moins cohérent : si la somme de malheur qu'entraîne la lutte contre l'injustice (la protection de l'innocent) est plus grande – les troubles et la bataille entre les manifestants entraînant plus de malheur que le sacrifice d'un seul individu –, alors il n'est pas absurde de sacrifier l'innocent.

John Rawls reprochera ainsi à l'utilitarisme d'être une doctrine « holiste » (du grec *holos*, « le tout »), une doctrine qui privilégie le tout sur les parties, qui préférera sacrifier l'individu (même innocent) au bonheur général de la cité, puisque ce qui compte, encore une fois, c'est la somme *globale* de bonheur dans l'Univers. L'opposition, comme on voit, est ici totale avec les visions kantiennes/républicaines de l'éthique où l'injustice est considérée par principe, sans discussion possible, comme moralement pire qu'un désordre.

Trois grands thèmes : euthanasie, libéralisme et droit des animaux

C'est donc à partir de ces quatre piliers qu'on va voir se développer dans le monde anglo-saxon une morale appliquée, et ce à travers des centaines, voire des milliers d'ouvrages qui, pour beaucoup tournent autour de trois grands sujets – l'euthanasie, le libéralisme et le droit des animaux. Il y a d'autres thèmes, bien sûr, mais ceux-là sont particulièrement intéressants pour les utilitaristes. On y voit comment ces derniers soutiennent en dernière instance une théorie d'ordre économique : une arithmétique du bien-être, une théorie du calcul des plaisirs et des peines, l'*Homo œconomicus* ou « l'individualisme méthodologique », comme disent les sociologues, se profilant toujours en arrière-fond de leur doctrine. Disons quelques mots de la façon dont ces trois grands sujets de morale appliquée sont en général abordés dans les doctrines utilitaristes.

La légalisation de l'euthanasie

D'abord, l'euthanasie. Les utilitaristes ont toujours été à l'avant-garde des mouvements favorables à la légalisation de l'euthanasie, voire du suicide assisté pour des motifs philanthropiques. Pourquoi ? Parce qu'à partir du moment où la somme des souffrances l'emporte de très loin sur la somme des joies dans l'existence, et dès lors que cette victoire de la souffrance sur la joie est irréversible (quand on sait, par exemple, que l'état du malade ne s'arrangera pas), on doit considérer que la vie ne vaut plus la peine d'être vécue, la joie et les plaisirs qui lui conféraient tout son sens ayant disparu. Si on opte, au contraire, pour une morale de la liberté, il peut en aller tout autrement : vous pouvez considérer que la souffrance n'est pas l'essentiel, que celle-ci ne retire pas toute sa signification à l'existence, ni toute dignité à celui qui souffre. Même très malade, vous pourrez faire quand même du bien aux autres, continuer par exemple à aimer vos enfants, et eux aussi peuvent continuer de vous regarder comme un être humain à part entière. En revanche, si vous estimez, avec les utilitaristes, que seul le bonheur constitue la finalité ultime de l'existence humaine, alors à partir du moment où vous savez qu'il n'y aura plus aucune joie dans votre existence, que vous êtes irrémédiablement cloué au lit, que la maladie vous terrassera dans quelques mois ou dans quelques années sans qu'il vous soit donné de guérir, alors oui, le suicide assisté paraît devoir être autorisé.

On notera au passage qu'en Allemagne, cette vision des choses a été fort mal perçue, l'euthanasie restant largement associée dans les esprits au souvenir des nazis qui n'hésitèrent pas à « euthanasier » plusieurs catégories de la population comme les handicapés, les fous, etc., au sein de l'opération dite « T 4 ». Aussi, quand, dans les années 1980, Peter Singer fit une tournée de conférences outre-Rhin pour défendre l'euthanasie et l'avortement (également interdit en Allemagne pour les mêmes raisons), le malheureux s'est fait littéralement insulter partout où il se présentait, de sorte qu'il fut pratiquement privé d'audience dans les universités, d'où il était littéralement jeté par des mouvements curieusement plutôt de gauche. Où l'on voit à quel point, sur des sujets de cet ordre, les traditions philosophiques peuvent diverger et avoir des effets très concrets sur le plan quotidien mais aussi politique.

La logique libérale ou les abeilles vicieuses de Mandeville

Deuxième grand sujet : la défense libérale de l'*Homo œconomicus*, c'est-à-dire d'une politique de l'intérêt, qui résulte directement de la vision du monde utilitariste, c'est-à-dire de l'idée qu'en économie, il faut laisser les humains rechercher librement leurs intérêts, la poursuite par chacun de ses intérêts particuliers concourant au bien général. Cette conception est au cœur de la théorie libérale du marché, du fameux « laissez faire, laissez passer », au cœur, donc, des théories de la « main invisible ». Elle correspond en sociologie à ce qu'on appelle l'« individualisme méthodologique ». Cela permet au passage de comprendre les raisons philosophiques pour lesquelles le monde anglo-saxon a toujours été culturellement beaucoup plus libéral que la France et, du coup, bien mieux adapté qu'elle à la logique de la mondialisation. Dans la République française, l'honneur de la politique consiste, depuis les jacobins – et peu importe du reste qu'ils soient de gauche ou de droite, gaullistes, socialistes ou communistes –, l'honneur de la politique, disais-je, réside toujours dans le volontarisme, dans l'interventionnisme : il faut que l'État intervienne dans la société civile pour en corriger les défauts. Dans le monde anglo-saxon, au contraire, on part du principe que la libre poursuite des intérêts de chacun dans la société civile contribue au bien commun et que, si elle doit être encadrée par l'État, elle n'a surtout pas à être pilotée par lui.

La Fable des abeilles de Mandeville, ce petit texte plein d'humour anglais, merveilleusement écrit et plein d'intelligence, en fournit l'exemple parfait. Son sous-titre : « vices privés, vertus publiques » donne le ton. Il constitue en fait la première matrice de toutes les théories de la main invisible puisque sa thèse majeure en est le cœur : c'est par les vices privés, par la poursuite des intérêts les plus égoïstes, qu'on arrive finalement au bien commun, à la « vertu publique ». Mandeville commence par décrire une ruche vicieuse, une ruche où les abeilles n'agissent jamais de manière généreuse et gratuite : vicieuses jusqu'au bout de leurs ailes et de leurs pattes, elles ne font que poursuivre leurs intérêts les plus ignoblement égoïstes. Au passage, Mandeville en profite évidemment pour peindre un tableau au vitriol de la société anglaise de son époque, tableau très drôle où l'auteur dresse toutes sortes de portraits – avocats et hommes politiques, banquiers et serviteurs se retrouvant ainsi habillés pour l'hiver. Mandeville les décrit comme des « gens tout à fait comme il faut », comme des êtres, en apparence, pleins de vertu, qui se préoccupent tous du bien commun, mais qui, en vérité, sont de beaux salauds ne veillant jalousement que sur leurs intérêts les plus égoïstes et les plus inavouables ! Du point de vue du tout, de l'ensemble, toutefois, cela marche très bien. Tous ces bourgeois avides de luxe font vivre les drapiers, les tisserands, les domestiques, les commerçants, et même les marins qui vont chercher épices et tissus dans les colonies, sans compter les nombreux ouvriers qui les habillent et dont ils ont besoin. Au bout du compte, cette ruche vicieuse, qui recèle bien sûr de nombreuses inégalités, n'en est pas moins prospère – d'où le sous-titre : « Vices privés, vertus publiques ». Il y a une richesse des nations vicieuses.

Jusqu'au jour où la plus vicieuse des abeilles, la plus hypocrite entre toutes, invoque Jupiter, naturellement par pur souci des faux semblants : « Que ce serait bien, s'écrie-t-elle, si nous étions vertueuses ! », « comme j'aimerais, moi qui suis si vertueuse, que toutes les autres abeilles le soient aussi !, etc. ». Jupiter, qui en a par-dessus la tête de ces abeilles hypocrites, la prend au mot. Il décide alors de la punir… en exauçant son souhait ! Et voilà que, d'un seul coup, toutes ces abeilles vicieuses deviennent des sortes de Sœur Emmanuelle uniquement soucieuses du sort des autres. Que va-t-il se passer ? C'est très simple, la ruche va dépérir et mourir rapidement. Pourquoi ? Vous savez, par exemple, que les ruches ont besoin de garder du miel et de la cire pour l'hibernation, pour que les larves aient de quoi se nourrir dans les alvéoles. Mais par générosité, les abeilles vertueuses ont tout donné, elles ont tout dépensé. Résultat : les larves meurent, mais au passage, les métiers qui vivaient du luxe et de la richesse des bourgeois disparaissent aussi et tout le monde se retrouve au chômage. Pour finir, la ruche ayant dilapidé ses richesses ne passera pas l'hiver et finira par s'éteindre.

Nous voyons là, sous une forme humoristico-ironique, une doctrine qui justifie en fait très sérieusement la doctrine libérale de la non-intervention de l'État, qui disqualifie le gouvernement de la vertu, si cher aux révolutionnaires français, au profit du fameux « laissez faire, laissez passer », de la poursuite des intérêts privés, bref, une doctrine qui constitue la matrice philosophique des théories libérales. À nouveau, on voit sans doute ici une des raisons pour lesquelles les sociétés anglo-saxonnes s'adapteront beaucoup mieux que la France à la mondialisation, leur philosophie politique et leur conception libérale de l'économie étant enracinées dans une vision morale du monde. Il faut avoir cela en tête pour comprendre la puissance de cette vision utilitariste de l'éthique, pour comprendre qu'il ne s'agit pas d'une doctrine parmi d'autres, mais d'une clé de compréhension de cette tribu un peu étrange pour nous qu'est la tribu anglo-américaine.

Le Welfare *animal ou la fin de l'anthropocentrisme*

Dernier point important, déjà en partie évoqué : l'utilitarisme se préoccupera dès l'origine du droit et de la protection des animaux. Ce thème du *Welfare*, du bien-être animal se décompose en quatre idées que je me contenterai ici d'indiquer (je les ai développées plus longuement en 1992 dans mon livre, *Le Nouvel Ordre écologique*) :

1. Le progrès des démocraties consiste non seulement dans l'égalisation des conditions mais aussi dans l'intégration progressive au sein du droit commun d'êtres qui en étaient exclus dans le monde ancien –, un thème développé par Jeremy Bentham, mais aussi par Henry Salt, Stuart Mill et beaucoup d'autres. Je rappelle à cet égard que Stuart Mill était un grand ami de Tocqueville, lequel écrivait d'ailleurs dans sa revue. La notion d'égalisation des conditions est utilisée ici pour soutenir l'idée qu'après l'émancipation des esclaves, après l'octroi progressif de droits aux femmes, aux enfants, aux malades mentaux, aux étrangers, etc., le tour des animaux devrait enfin venir. Voici à tire d'illustration ce qu'écrivait Bentham sur ce sujet :

Peut-être le jour viendra-t-il où le reste du règne animal retrouvera ces droits qui n'auraient jamais pu lui être enlevés autrement que par la tyrannie. Les français ont déjà réalisé que la peau foncée n'est pas une raison pour abandonner sans recours un être humain aux caprices d'un persécuteur. Peut-être finira-t-on un jour par s'apercevoir que le nombre de jambes, la pilosité de la peau ou l'extrémité de l'os sacrum sont des raisons tout aussi insuffisantes d'abandonner une créature sensible au même sort. Quoi d'autre devrait tracer la ligne de démarcation ? Serait-ce la faculté de raisonner, ou peut-être la faculté du langage ? Mais un cheval parvenu à maturité ou un chien est, par-delà toute comparaison, un animal plus sociable et plus raisonnable qu'un nouveau-né âgé d'un jour, d'une semaine ou même d'un mois ? Mais supposons qu'ils soient autrement, à quoi cela nous servirait-il ? La question n'est pas : peuvent-ils raisonner ? Ni : peuvent-ils parler ? Mais bien : peuvent-ils souffrir ?

La logique démocratique consiste, en effet, à intégrer progressivement dans la protection par le droit des sujets qui en furent longtemps exclus. Or, de même qu'on hurlait de rire au XVIIIe siècle rien qu'à évoquer un éventuel droit de vote des femmes, alors qu'aujourd'hui, il nous paraîtrait scandaleux qu'elles en soient exclues, de même, si envisager un droit des animaux fait encore ricaner quelques imbéciles, remarque Peter Singer, il s'imposera comme une évidence absolue avant longtemps. Les animaux souffrent et on ne saurait leur infliger n'importe quelles tortures. Progressivement, l'animal sera donc lui aussi intégré au droit comme le veut la logique démocratique. Cette idée me semble plus profonde qu'il n'y paraît à première vue. Elle se vérifie de jour en jour, pour une large part au moins, dans les pays occidentaux. En Chine, on arrache encore la peau des chiens ou des chats vivants ; en Occident, non seulement cette pratique est proscrite, mais la transgression de cet interdit susciterait un véritable tollé : elle serait à vrai dire passible des tribunaux ;

2. Si l'intérêt fonde la morale, alors la souris, explique Singer, a elle aussi « intérêt » à se voir épargner les coups de pied quand elle traverse un chemin de campagne. Pour le caillou, ce n'est pas grave, mais il en va autrement pour un être sensible, quel qu'il soit. On la traitera donc convenablement, en s'appuyant sur ce principe fondamental de l'égalitarisme cher à l'utilitarisme : un intérêt est un intérêt, quel que soit l'être dont il est l'intérêt ;

3. La troisième idée tient en un mot, calqué sur ceux qui l'ont précédé dans la marche des démocraties : il s'agit de ce que Peter Singer appelle « l'antispécisme », analogue à l'antiracisme et à l'antisexisme. En fait, selon Singer, si nous accordons des droits aux humains et pas aux animaux, c'est que nous privilégions notre espèce, comme on a longtemps privilégié le sexe masculin sur le féminin ou la race blanche sur la race noire. Or, ce privilège accordé aux humains sur les animaux est tout aussi insensé, déraisonnable et immoral. Il ne peut se fonder ni sur l'intelligence, ni sur le langage, par exemple, attendu qu'un chimpanzé adulte est infiniment plus intelligent et plus sociable qu'un nourrisson ou un débile profond. C'est donc bien, selon les utilitaristes, par pur « racisme » humain (par spécisme) que nous continuons de préférer le débile ou le nourrisson au chimpanzé ;

4. D'où l'idée, et c'est le quatrième et dernier point, que nous allons vivre la fin de l'anthropocentrisme, la fin de cette conviction absurde selon laquelle seul l'homme serait un sujet de droit. Nous touchons là

un thème qui a pris une très grande importance dans l'écologie contemporaine avec le mouvement qui vise à accorder des droits aux « animaux non humains », pour reprendre la formule des utilitaristes. L'humain n'est donc plus seul à apparaître comme un sujet de droit puisqu'il existe des êtres de nature, ou considérés comme tels depuis toujours, qui peuvent se voir eux aussi protégés par des lois. On s'achemine ainsi vers une extension du droit à la nature elle-même. Les utilitaristes ne revendiquent pas un droit des arbres (sauf à démontrer qu'ils souffrent, mais la science ne va pas dans ce sens), mais ils le réclament en revanche d'évidence pour les animaux.

Je ne suis guère utilitariste, mais je crois que nous aurions tort, nous Français, de continuer à ignorer presque tout de cette doctrine philosophique aux conséquences si profondes dans le monde anglo-saxon. Elle permet de saisir en retour à quel point il est difficile, pour un Américain ou un Anglais imprégné au biberon de pensées utilitaristes, de comprendre notre conception de la laïcité, de l'idée républicaine ou, plus encore peut-être, de saisir les principes fondamentaux de la morale kantienne. En vérité, nous avons là un très beau débat entre deux visions morales du monde – toutes deux laïques et universalistes –, mais qui s'opposent radicalement sur l'analyse de la subjectivité humaine. Deux visions divergentes de l'humanisme, donc, mais fortes de deux grandes traditions politiques, le républicanisme d'un côté, la démocratie libérale de l'autre. Les points de passage, bien sûr, sont grands entre les deux : nos républiques européennes sont elles aussi, à bien des égards, des démocraties libérales. Reste que les points d'opposition demeurent très forts et que, pour les comprendre, le détour par la philosophie est indispensable.

La philosophie empiriste

Abordons maintenant le deuxième volet de la pensée anglo-saxonne : le volet empiriste. Ce sera un peu plus difficile, car l'empirisme est davantage une théorie de la connaissance qu'une vision morale ou politique du monde – et la connaissance est toujours plus abstraite que l'éthique. Je vais cependant m'efforcer d'être tout à fait clair, en reprenant les choses à la racine. Comme je vous le disais, les empiristes sont, la plupart du temps, des utilitaristes sur le plan moral et politique, même si on relève des différences entre David Hume, le plus grand empiriste anglais (en fait, écossais), et Jeremy Bentham. Corrigeons, une fois de plus, les erreurs de lecture trop souvent commises en France. En effet, on croit volontiers que l'empirisme serait une doctrine « réaliste », relevant du bon sens et que, par comparaison avec tous ces philosophes idéalistes, platoniciens, cartésiens ou kantiens, qui règnent sur le continent, on aurait enfin des penseurs qui ont la main dans la glaise, qui aiment les faits, le pragmatisme de l'expérience, etc. On associe souvent, selon les clichés ordinaires tout au moins, les Anglo-Saxons au goût du « factuel », du « pragmatique », les Français ou les Allemands étant supposés davantage plongés dans la théorie et les idées *a priori*. Nous allons voir qu'à bien des égards, c'est tout l'inverse, et que l'empirisme relève de tout ce qu'on veut, sauf du bon sens : c'est une doctrine qui prend à contrepied presque toutes les idées reçues par la « conscience commune ». L'empirisme conduit souvent à des conclusions sinon délirantes, en tout cas totalement contrefactuelles ou, comme on dit, « contre-intuitives » – prenant à contrepied à peu près toutes nos intuitions premières, notamment lorsqu'il conduit, comme on va voir, vers un idéalisme radical, celui de Berkeley, un immatérialisme ou un scepticisme absolus comme celui de Hume. Les empiristes les plus rigoureux, ceux qui poussent jusqu'au bout la logique de la doctrine, sont à la fois idéalistes et sceptiques. On s'attendait à une belle théorie de la science, factuelle, pragmatique et réaliste ? On obtiendra très exactement l'inverse.

Mais n'anticipons pas et voyons d'abord un peu à qui nous avons affaire.

Les grandes figures de l'empirisme

Un mot rapide, donc, sur les grands philosophes empiristes. Le premier d'entre eux, c'est évidemment John Locke, qui vécut en plein XVIIe siècle (1632-1704), une période qui correspond partout en Europe à la naissance de la philosophie moderne. Locke vient juste après Descartes (il en est, à peu de chose près, le contemporain) et on lui doit un livre qui aura une importance considérable dans la tradition anglo-saxonne, son fameux *Essai sur l'entendement humain*. John Locke fut également un des pères fondateurs de la pensée libérale, en économie comme en politique. L'empirisme est aussi représenté par un évêque, George Berkeley, qui écrivit un célébrissime dialogue entre Hylas et

Philonous, publié en 1703. Hylas signifie en grec « le matérialiste » (de *hylè*, « la matière »), tandis que *Philo-nous* désigne « celui qui aime *(philo)* l'esprit *(noûs)* », l'idéaliste, donc. Ce texte aura une portée considérable, non seulement en Grande-Bretagne, mais sur toute la philosophie continentale autant qu'américaine. Enfin, le plus génial d'entre tous les empiristes reste le philosophe écossais David Hume (1711-1776). Hume publie notamment, en 1739, un livre fondamental, le *Traité de la nature humaine*.

Ces premiers empiristes sont encore aujourd'hui les maîtres à penser de la philosophie anglo-saxonne contemporaine. Au point qu'on retrouve une bonne part de leurs interrogations dans ce qu'on appelle la *philosophie analytique* par opposition à la philosophie dite « continentale », celle-ci renvoyant, pour l'essentiel, à la philosophie allemande et française.

Le présupposé fondamental de l'empirisme

L'empirisme part d'un présupposé fondamental que John Locke a exposé dans son *Essai philosophique sur l'entendement humain*. On le trouve dans la deuxième partie du livre I. Locke y pose ce qu'on peut considérer comme la pierre angulaire de la philosophie empirique : « Supposons, écrit-il, qu'au commencement, l'âme est ce qu'on nomme une table rase » [en anglais *a white paper*, une « page blanche » : la métaphore n'est pas tout à fait la même]. « Supposons qu'au commencement », donc, « l'âme est ce qu'on nomme une pagc blanche, vide de tout caractère [autrement dit : sans lettre imprimée], sans aucune idée, quelle qu'elle soit. Comment en vient-elle à avoir des idées ? » *That is the question !* Telle est la question, en effet : comment, en partant d'une « statue de cire » – se demande, dans le même sens, Condillac (1715-1780), le grand « sensualiste » ou empiriste français du XVIIIe qui prend, lui, l'exemple de la cire, parce que cette dernière va recevoir des caractères, au sens que le mot reçoit dans l'imprimerie des caractères qui s'imprimeront dans la matière molle –, mais reprenons : comment, en partant d'une statue de cire, d'une table rase, d'un papier vierge ou d'une page blanche, va-t-on parvenir à un sujet humain capable d'avoir des idées, de construire des doctrines scientifiques et de réfléchir ? Bref, comment passe-t-on de cette passivité initiale à l'activité de l'esprit ?

Dans les termes de John Locke : cette âme, qui est un *white paper* au départ, « d'où puise-t-elle les matériaux qui sont comme le fond de tous les raisonnements et de toutes les connaissances ? » À cela, il répond d'un mot : « l'expérience ». Pour les empiristes, tout commence avec l'expérience et tout s'y réduit, contrairement à ce que pensait Kant pour qui « tout commence avec l'expérience, mais tout *ne vient pas* de l'expérience ».

D'où, encore une fois, le problème fondamental de l'empirisme : comment expliquer qu'un esprit parfaitement passif au départ gagne de l'activité, acquière la capacité de réfléchir et d'élaborer des théories ? Comment passe-t-on de la passivité de la statue de cire qui, comme l'écrit Condillac, est « odeur de rose » si on pose une rose à côté d'elle, parce qu'elle est envahie par les sensations, comment passe-t-on de cet esprit qui est une terre vierge à un esprit actif ?

Vous allez voir, à travers ses réponses, que l'empirisme tend, d'un côté, vers un *idéalisme total*, du moins chez Berkeley et Hume et, d'un autre côté, vers un *scepticisme absolu*[1]. Philosophie idéaliste et sceptique, donc, mais aussi *déconstructionniste* avant la lettre (ce terme désignant ici la critique des idées métaphysiques). L'empirisme va en effet tenter de *déconstruire* radicalement la tradition métaphysique héritée de Platon et Descartes.

Le type idéal de l'empirisme

Mais entrons vite dans le vif du sujet.

Comme pour l'utilitarisme, je vous présenterai un type idéal de l'empirisme. S'il existe, là encore, des divergences entre ses différents penseurs, ces dernières s'inscrivent toutefois, ici aussi, à l'intérieur d'un type idéal commun. Pourquoi procéder par type idéal ? Parce que cette approche permet justement de situer les débats qui s'installeront au sein d'une même tradition de pensée. Dans ce type idéal de l'empirisme, je distinguerai, comme pour l'utilitarisme, quatre caractéristiques principales, quatre grands traits qui forment un socle commun à partir duquel les divergences elles-mêmes deviennent intelligibles.

Toutes nos idées proviennent de l'expérience

Premier trait caractéristique de ce type idéal, celui qu'on vient d'apercevoir chez John Locke : non seulement tout commence *par* l'expérience mais tout

1. Cette ligne de pensée sera reprise, en Allemagne, par des penseurs importants de la tradition sceptique comme Gottlob Ernst Schulz, un disciple de Hume, qui écrit un ouvrage, au demeurant plus que talentueux, intitulé l'*Ænesidème*, du nom d'un ancien sceptique, ou encore Jacobi, lui aussi passionné par la pensée de Hume. Les travaux de David Hume connaîtront ainsi une véritable postérité outre-Rhin.

provient aussi *de* l'expérience. Tel est donc le défi que les empiristes entreprennent de relever (défi à mon sens impossible, on verra pourquoi plus tard, mais essayons dans un premier temps de le comprendre). Contre Platon et Descartes, l'empirisme soutient que l'esprit ne recèle à l'origine aucune idée « innée », aucune faculté ou disposition naturelle originelle, bref aucune activité propre précédant l'expérience qui, ne fût-ce que sous forme embryonnaire, pourrait se développer par la suite. La thèse fondamentale consiste ici à affirmer que nous n'avons ni faculté ni disposition originaire susceptible de contenir les germes d'une activité de l'esprit, rien qui ressemble à ce que Kant nommera « les concepts *a priori* ». Pour les empiristes, l'esprit est une terre vierge, une feuille blanche dépourvue de facultés, au sens où Kant parle de facultés telles que la raison, l'entendement, l'imagination, etc. Les empiristes veulent montrer que toute activité de l'esprit provient de l'expérience. Voilà précisément pourquoi l'empirisme se présente d'abord comme une déconstruction, comme une critique des illusions de la métaphysique platonicienne, cartésienne ou, plus tard, kantienne. Une déconstruction que l'on retrouvera encore aujourd'hui dans la philosophie analytique anglo-saxonne, mais aussi chez des philosophes comme Richard Rorty (1931-2007) qui s'est efforcé de faire la synthèse entre le déconstructionnisme européen (celui de Heidegger tel que Derrida l'a popularisé dans les universités américaines) et le déconstructionnisme d'origine empiriste.

Deuxième caractéristique : non seulement il n'y a pas d'idées innées, mais il n'y a pas, de toute façon, d'idées générales. Les idées prétendument générales – l'idée de triangle, de chien, de table en général – sont de pures fictions. C'est ce qu'on appelle le *nominalisme*. Pourquoi ? Parce que la thèse des empiristes (on la rencontre chez Berkeley aussi bien que chez Hume) tient que les idées générales ne sont que des *noms* vides. Prenons tout de suite un exemple concret. Essayez donc de vous représenter un chien en général, vous m'en direz des nouvelles : c'est impossible ! Chaque fois que vous essaierez de le faire, soit vous aurez un nom vide, tout à fait flou, le simple mot « chien » sous lequel on ne se représente rien de précis, soit, dès que vous tenterez de vous représenter quelque chose d'un peu concret sous ce nom vague, vous y mettrez un chien particulier, un caniche, un épagneul, un labrador de telle taille, telle couleur, etc. que vous emprunterez à vos souvenirs. Plus vous l'imaginerez précisément, plus vous donnerez du corps à l'idée générale, et plus vous vous apercevrez qu'il ne s'agit pas du tout d'une idée générale, mais d'une image tout à fait particulière. De même pour l'idée de triangle ou de table : vous ne pouvez pas vous représenter un triangle en général, mais uniquement un triangle de telle dimension, de telle configuration, isocèle, rectangle, etc. Ce point est capital pour comprendre la théorie empiriste de la connaissance.

Prétendre qu'il n'existe pas d'idée générale, qu'est-ce à dire au juste ? Premièrement, qu'il n'y a que des idées particulières, précises, concrètes, empiriques.

Deuxièmement, qu'il n'y a que des idées situées dans le temps, puisqu'elles sont toutes incarnées dans ma conscience, elle-même toujours plongée dans le temps. Si vous y réfléchissez bien, vous comprendrez qu'affirmer que toutes nos idées sont à la fois particulières et temporelles conduit tout droit au scepticisme. Kant ne manquera d'ailleurs pas de le relever, car cela signifie tout simplement qu'il n'y a pas d'idée qui vaille universellement, *en tout temps et en tout lieu*. Si les idées sont toujours particulières, s'il n'y a pas de loi ou d'idée générale valables pour tous les êtres humains et s'il n'y a pas d'idée qui vaille en dehors du temps, puisqu'elles sont toutes situées dans le temps de ma conscience, alors toutes les prétendues lois de la science ne sont jamais que subjectives, relatives au sujet particulier et temporel qui les énonce.

On voit donc déjà par quel biais les empiristes vont s'acheminer vers une théorie sceptique selon laquelle toutes les lois scientifiques étant par définition situées dans le temps et la particularité du sujet qui les pense, elles ne sauraient en aucun cas prétendre à valoir pour tout le monde, en tout temps et en tous lieux : il n'y a pas de loi universellement valable, pas de vérité qui transcende le temps et l'espace, pas de loi qui vaille pour l'humanité tout entière, mais seulement des représentations relatives à des sujets toujours particuliers et immergés dans l'histoire. On peut certes croire que ces idées ou ces lois existent, mais c'est justement une pure croyance, pour ne pas dire une illusion. La déconstruction de cette illusion doit être au cœur du travail philosophique.

Le monde se réduit
à nos représentations : l'immatérialisme

Troisième caractéristique : de même que l'empirisme conduit au scepticisme là où l'on aurait pu s'attendre à ce qu'il débouche sur une justification de la science, de même, loin d'être réaliste (il prétend pourtant partir de l'expérience, du réel), l'empirisme tend toujours vers un *immatérialisme* – vers l'idée qu'il n'y a pas de choses en soi, rien qui existe en dehors de mes représentations. Pour les empiristes les plus radicaux, le monde, à la limite, n'existe pas : il n'y a que des représentations, toute la question étant justement à expliquer l'illusion de la matière.

L'argumentation, développée par Berkeley dans son dialogue entre Hylas (le matérialiste) et Philonous (l'ami de l'esprit, l'idéaliste) est assez simple à comprendre, mais curieusement bien plus difficile à réfuter qu'on ne le croit d'ordinaire. Essayons d'en préciser le sens, et d'abord, qu'est-ce, au juste, qu'une représentation ? Ce peut être une idée, un concept, une image, un souvenir, une perception (du chien, de la table), peu importe. Ce qui importe, en revanche, c'est que dans tous les cas de figure, une représentation désigne un état de conscience, elle désigne la chose telle que nous l'avons, si je puis dire, « dans » notre esprit, « dans notre tête ». Je peux, par exemple, imaginer un chien alors même qu'aucun chien ne se trouve dans cette pièce. J'ai néanmoins l'image du chien en tête, certes plus ou moins précise ou concrète, mais elle est en quelque sorte « en moi ». Il m'est également possible d'avoir l'idée du chien, soit la définition du chien, une bête à quatre pattes qui aboie, etc. Je peux donc me former une image ou une idée du chien. Je peux aussi le percevoir : si un chien entrait dans la pièce, je m'en apercevrais. Il n'en serait pas moins toujours un « chien pour moi », un chien « dans » ma représentation, dans ma perception en l'occurrence. Il m'est même possible d'avoir la sensation du chien : s'il sent mauvais (ce qui est généralement le cas, pardon aux propriétaires de chien), il halète, il aboie, fait du bruit en marchant : cela ne m'échappera pas non plus, mais continuera d'être si l'on peut dire « dans mon esprit » sous formes d'états de conscience. Nous avons donc des représentations. Et dans toutes ces représentations, qu'il s'agisse d'idées, d'images, de souvenirs, de perceptions ou de sensation, il y a toujours deux moments : la conscience d'objet et la conscience de soi.

♦ La conscience d'objet et la conscience de soi

La *conscience d'objet*, c'est la conscience que j'ai du chien sous forme d'idée, d'image, de perception, de sensation, etc., peu importe : j'ai conscience de « l'objet chien », de la table, de la lampe, etc. (sous les formes que je viens d'évoquer et quelques autres encore) ; mais en même temps que la conscience du chien, de l'objet dont je me forme une représentation, j'ai toujours aussi conscience de moi-même comme par surcroît – conscience de moi ayant conscience du chien. Quand je pense à un chien, je sais (en plus) que je pense à lui. Il y a donc conscience d'objet et conscience de soi, mais tout cela n'en reste pas moins toujours à l'intérieur de ma représentation. La conscience que j'ai de moi-même et la conscience que j'ai de l'objet (du chien, en l'occurrence) sont en quelque sorte englobées dans cette représentation. Celle-ci forme comme une bulle à l'intérieur de laquelle il y a « l'objet pour moi » (ce que Kant appellera le « phénomène ») et aussi « le moi pour moi », si je puis dire, ou la conscience de soi (le sujet pour moi, le sujet pour lui-même).

On demeure toujours dans le *pour soi*, la conscience d'objet et la conscience de soi étant pour ainsi dire enfermées au sein de cette bulle qu'est la représentation. Une bulle dont, selon Berkeley, on ne sort jamais : impossible de sortir de ma représentation, de sauter au-dehors pour aller voir comment se porte le chien « en soi », le chien en dehors de la représentation que j'en ai ; impossible de savoir à quoi il ressemble hors de celui qui l'observe. Par définition, je ne vois jamais le chien en soi. Jamais. Chaque fois que j'y pense, chaque fois que je le perçois, le sens ou l'imagine, il reste un chien pour moi. Je vois le phénomène, l'objet pour moi, dans ma représentation, jamais la chose en soi. Par définition même.

Voici maintenant la conclusion « immatérialiste » ou, si l'on veut, idéaliste, que Berkeley tire de cette analyse de la représentation. Il le dit d'une formule restée célèbre dans l'histoire de la philosophie : « *Esse est percipi, aut percipere* », « Être, c'est percevoir ou être perçu ». L'existence se réduit à la conscience. Être, c'est percevoir : je perçois le chien, donc je suis. Être, c'est être perçu : le chien est perçu dans ma représentation, mais, au fond, seules mes représentations ou mes états de conscience existent.

L'énigmatique sentiment du réel

D'où le *quatrième pilier* de l'empirisme, qui va en fait consister – pardon pour le côté Pierre Dac de la formulation – en une série d'interrogations (drôle de pilier…). Comment expliquer le sentiment du réel ? Comment rendre compte de ce qu'on appellera la « passivité » de la représentation, c'est-à-dire du fait que je ne crée pas le contenu de mes représentations ? Quand j'ouvre les yeux sur le monde et que je vois un chien ou une table, ce n'est pas moi qui crée le chien ni la table. Du coup, ne faut-il pas qu'il y ait tout de même quelque chose en soi, une cause extérieure, pour expliquer le contenu de la représentation ? Même si on affirme que nous ne pouvons voir l'objet en soi, au moins pourrait-on accepter que quelque chose de réel a dû forcément être là pour produire la représentation que j'en ai, fût-elle déformée ?

♦ La thèse réaliste et la monadologie

À partir de cette problématique empiriste, deux possibilités vont se faire jour.

La première, c'est le *réalisme*, c'est-à-dire l'idée que des choses en soi produisent comme un choc sur notre conscience et sont, en quelque sorte, l'origine ou la cause de nos représentations. Problème : cette hypothèse conduit de toute façon au scepticisme puisque, dans cette perspective-là (on l'a vu notamment en analysant la théorie cartésienne de la garantie divine), vous ne pourrez jamais sortir de la représentation pour comparer le chien « pour vous » et le chien « en soi ». Pour parler simplement, vous ne saurez jamais si ce que vous voyez coïncide avec la réalité en soi, donc si vos jugements sont vrais ou non.

La seconde possibilité aura la préférence de Berkeley comme de Leibniz : la passivité de nos représentations ne prouverait pas l'existence d'un monde extérieur de choses en soi bien réelles, mais elle marquerait seulement la limite entre les divers esprits qui peuplent le monde, une forme, en quelque sorte, d'intersubjectivité. C'est ce qu'on appelle une *monadologie*. Sans entrer dans les détails (cette théorie étant, chez Leibniz comme chez Berkeley, terriblement compliquée), disons seulement que, pour Berkeley, la nature, c'est-à-dire ce qu'on tient d'ordinaire sans y réfléchir pour le monde extérieur, n'est rien d'autre que le langage de Dieu. Celui-ci aurait peuplé le monde de monades ou d'esprits dotés de représentations, et ce que nous ressentons comme une extériorité par rapport à nous ne serait que la limite entre deux subjectivités. Il n'y a pas de choses en soi, mais des représentations qui, pour ainsi dire, se touchent entre elles et nous donnent ainsi, à l'intérieur même de notre subjectivité, un sentiment de passivité et d'extériorité. En vérité, il ne s'agit pas de l'extériorité des choses en soi, mais de simples représentations se limitant les unes les autres – un peu comme dans le système du droit libéral où on pose que ma liberté s'arrête là où commence celle d'autrui.

Aux yeux de Berkeley, il n'y a donc pas de matière et la nature n'existe point comme un réservoir d'objets en soi. C'est ce qu'on appelle, on l'a vu, l'*immatérialisme*. Le monde est une monadologie composée d'une pluralité de sujets, d'esprits, qui se limitent les uns les autres et qui, du coup, se donnent réciproquement le sentiment qu'un monde matériel existe hors de nous. Il s'agit pourtant d'une illusion : rien n'existe matériellement dans tout cela, hormis cet univers de subjectivités qui entretiennent entre elles des relations d'action réciproque dans un système monadologique.

Je vous le disais : l'empirisme conduit à des thèses contre-intuitives, voire à des thèses qui, honnêtement, peuvent paraître un peu délirantes.

Ce côté délirant posera d'ailleurs un problème à Berkeley lui-même, comme l'a très bien vu Martial Guéroult, un de nos grands historiens de la philosophie. Dans son beau livre sur Berkeley, Guéroult montre en effet que notre évêque catholique avait été lui-même effrayé par les conséquences de sa propre doctrine : il avait bien compris que sa théorie allait trop loin. Il avait notamment pris conscience qu'en supprimant l'objet en soi, il supprimait aussi le *sujet en soi*, c'est-à-dire l'âme, ce qui, pour un évêque, peut s'avérer délicat. Les chrétiens, même empiristes, sont malgré tout attachés à l'idée de l'immortalité de l'âme. Or, à faire du sujet un simple objet de la conscience de soi, à nier l'existence substantielle d'un sujet en soi, il s'ensuit qu'en mourant, nos représentations disparaissant, le sujet disparaît lui aussi. En un mot, l'immortalité de l'âme en prend, si j'ose dire, un sacré coup ! De même qu'il faut expliquer l'illusion selon laquelle il y aurait des choses réelles en dehors de nos représentations, de même le malheureux Berkeley se voit obligé, pour préserver la doctrine chrétienne, de rendre compte de l'existence d'un sujet-substance derrière nos représentations. Mais, à cet égard, la doctrine empiriste s'avère être un obstacle insurmontable...

Du sujet passif au sujet actif : la solution de Hume

Reste, enfin, l'interrogation la plus importante de toutes, celle que nous avons évoquée au début et sur laquelle je reviens maintenant : comment passe-t-on de la statue de cire passive, de la fameuse page blanche, à un sujet actif, capable d'élaborer des réflexions, des pensées, des jugements et même des lois scientifiques ? Au départ, comme on l'a dit, la statue de cire (ou la feuille vierge) n'est pas active : elle ne peut ni parler, ni écrire, ni réfléchir. Voyons comment Hume propose une solution à cette question apparemment (et à mon avis réellement) insoluble en élaborant sa fameuse *théorie de la causalité*. Cette théorie est au cœur de la pensée empiriste et elle apparaît chez Hume – à mon sens, le plus profond de tous les empiristes – à son meilleur niveau. Il s'agit donc de savoir comment on passe du sujet vide et impressionné, imprimé par des caractères qui lui viendront de l'expérience, à un sujet capable d'activité intellectuelle autonome.

La théorie de la causalité

Chez Hume, le modèle de solution se trouve dans la causalité, car c'est elle qui permettra justement de dépasser activement les représentations et, en quelque sorte, d'en sortir. De quelle manière ce modèle fonctionne-t-il ?

Dans sa *Logique de la découverte scientifique*, Karl Popper présente le raisonnement empiriste avec beaucoup de profondeur, avant, il faut le dire, d'en faire une critique radicale. L'idée fondamentale est la suivante : le raisonnement scientifique fonctionnerait par *induction*. Cela veut dire qu'on commence par observer. La statue de cire, donc, observe (je ne sais pas trop comment, d'ailleurs, car il me semble que pour observer, il faut déjà de l'activité, mais enfin supposons par hypothèse qu'elle puisse observer). En observant le monde (ou ce qu'il en reste dans l'empirisme), elle constate des répétitions, des séquences d'événements qui se suivent et se répètent, qui s'associent entre eux régulièrement : le jour succède ainsi à la nuit (sauf quand une éclipse survient, mais le phénomène est rare). De même, l'eau se met la plupart du temps à bouillir autour de cent degrés (si on est dans les Alpes, il peut certes en aller un peu différemment à cause des variations de la pression de l'air, mais globalement, les observations se suivent et se confirment). Bref, on observe des répétitions. La doctrine empiriste est une doctrine de l'association des représentations. À force de lier progressivement le fait qu'il y ait du feu sous la bouilloire au fait que l'eau se mette à bouillir, on finira par associer les deux phénomènes, on finira par penser que la chaleur *cause* une eau bouillant, en gros, à cent degrés. On procède ainsi à des associations et, à force de répétition, la notion de causalité va s'insinuer dans l'esprit et susciter l'apparition d'une forme de « croyance » qu'on appelle la science : je vais me convaincre qu'il y a une loi derrière la répétition, une loi telle, par exemple, que l'eau bout à cent degrés, de sorte que je vais attendre l'effet qui doit suivre la cause, je vais me mettre à *croire* que si la cause est là, l'effet doit suivre.

Dans cette perspective, la science n'est donc jamais, selon les empiristes les plus rigoureux, comme l'est Hume, qu'une forme de *croyance* parmi d'autres. J'allume le feu sous la bouilloire et, à cause des répétitions observées au fil de l'expérience, je suis persuadé (croyance) que l'eau va se mettre à bouillir. C'est d'ailleurs toujours ce qui se passe.

On voit, à travers cet exemple, comment le principe de causalité permet de sortir de la représentation : nous allons nous attendre à un événement qui n'est pas contenu dans la représentation initiale elle-même, nous allons la dépasser en quelque sorte par la croyance qui porte sur la suite des événements de la séquence déjà observée. Cela revient à dire que nous sortons bel et bien de la représentation par le principe de causalité, mais sous une forme très particulière : la croyance. Je crois que l'eau va se mettre à bouillir. Il ne s'agit pas d'une certitude puisque j'ignore pourquoi, je l'ai simplement observé. Nous raisonnons, en cela, par induction : ayant observé mille fois que l'eau bouillait autour de cent degrés ou que le jour succédait à la nuit, j'attends tout naturellement que le phénomène se reproduise. Il s'agit bien d'une expectative, d'une attente. J'attends que les mêmes causes produisent les mêmes effets.

C'est ainsi en vertu du principe de causalité que nous anticipons, que nous associons la cause « feu » à l'effet « bouillir ». Et ainsi nous créons une loi scientifique. Voyez bien l'idée, profondément sceptique, de Hume : la loi scientifique selon laquelle le feu est la cause de cet effet qu'est le bouillonnement relève en réalité du registre de la croyance. La science n'est qu'une forme de religion parmi d'autres. Les disciples allemands de Hume traduiront le terme « croyance » par le mot *fürwahrhalten*, « tenir pour vrai ». Au fur et à mesure de mes observations, je finis par « tenir pour vrai » que l'eau boue à cent degrés, voilà tout.

Voyez, là encore, à quel point l'empirisme aboutit à une critique du sens commun et de ses convictions habituelles, à une vision du monde profondément déconstructionniste, par où nous avons affaire à une pensée très étonnante. En plein XVIIIe siècle, à l'époque des Encyclopédistes, oser déclarer que la science est une croyance parmi d'autres exige une audace certaine. Alors que les représentants des Lumières françaises ou de l'*Aufklärung* allemande tentent à tout prix de séparer les Lumières et la Science de la religion et de la superstition, il y faut même une certaine dose d'ironie : voilà qu'un sceptique vient annoncer qu'il existerait une religion de la science ne valant guère mieux que les autres croyances ! Position d'autant plus surprenante que le mot « empirisme » laissait *a priori* supposer qu'on allait enfin tenir une bonne et solide doctrine scientifique.

Karl Popper (à qui je consacrerai un prochain chapitre) donnera justement un nom – le *vérificationnisme* – à cette conception de la causalité liée au raisonnement par induction (j'induis que l'eau va se mettre à bouillir parce que j'ai vu le phénomène se « vérifier » cent fois). Le vérificationnisme, dont Popper va montrer qu'il est totalement illusoire, repose sur l'idée que la science coïncide avec la quête de la vérité, qu'elle recherche toujours des vérifications. Selon Popper, c'est une très grave erreur, une représentation tout à fait fausse de la véritable nature de l'activité scientifique. En réalité, la science authentique ne consiste nullement à accumuler des probabilités, encore moins des certitudes. Au mieux, celles-ci ne fourniront jamais, Hume a tout à fait raison sur ce point précis, même s'il se trompe sur la vraie nature de la science, qu'une pseudo-croyance. Hume avait vu juste à cet égard en tirant de sa propre théorie des conclusions sceptiques. Si on fonde la science sur le raisonnement par induction, alors, en effet, la conclusion sera forcément sceptique. Mais, poursuit Popper, la science ne fonctionne pas ainsi : elle procède, selon la formule qui donne son titre à l'un de ses principaux ouvrages, par « conjectures et réfutations » : le scientifique formule des hypothèses (des conjectures), puis il invente des tests ou des expériences, non pas du tout pour essayer de les vérifier, mais tout au contraire, de les réfuter.

Prenons un exemple tout simple, un exemple que Karl Popper donne lui-même : je peux avoir observé des cygnes blancs cent mille fois, cette observation ne prouvera jamais que la proposition selon laquelle « tous les cygnes sont blancs » est vraie. Là, on est typiquement dans la logique du vérificationnisme. Je peux toujours accumuler des observations, cela ne prouvera jamais rien *stricto sensu*. En revanche, il suffit que j'aperçoive un seul cygne noir pour savoir que la proposition « tous les cygnes sont blancs » est fausse. Il y a ici une dissymétrie entre la vérité et l'erreur : si on n'est jamais sûr de la première par des observations, on peut en revanche être tout à fait certain de la seconde. D'où l'idée poppérienne selon laquelle la science ne procède pas par induction, mais par *falsification*, par la réfutation progressive des hypothèses de départ : pour qu'une idée scientifique soit validée, il faut que l'expérience soit à même de la réfuter. Une théorie infalsifiable par l'expérience n'est jamais, par définition, scientifique.

Par exemple, la proposition « Dieu existe », n'est pas une proposition scientifique, non pas du tout parce que je ne peux pas prouver qu'elle est vraie, mais tout au contraire, parce que je ne pourrai jamais imaginer une seule expérience qui puisse prouver qu'elle est fausse !

Ainsi, je dirai que la philosophie empiriste tend à la fois vers l'immatérialisme, l'idéalisme absolu (la négation du réel en soi) et le scepticisme. Elle va dans le sens d'une déconstruction radicale des illusions du sens commun. Il s'agit en cela d'une doctrine tout à fait originale dans son époque qui, aujourd'hui encore et malgré toutes les critiques qu'on peut lui adresser légitimement, n'en représente pas moins une sorte de défi permanent pour la pensée.

11

KANT ET LES LUMIÈRES

La fondation des sciences, de la morale et de l'esthétique modernes

Nous allons aujourd'hui parler d'Emmanuel Kant (1724-1804). Il est le plus grand philosophe des Lumières, peut-être même le plus grand philosophe tout court. C'est en tout cas ce que pensaient Heidegger et sa principale disciple, Hannah Arendt. Kant est à l'histoire de la philosophie ce que Bach est à l'histoire de la musique ou ce que l'Everest est à l'alpinisme : son œuvre est à la fois fort difficile à gravir et impossible à égaler. J'ai mis au moins cinq ans à lire véritablement et en entier son œuvre principale, la *Critique de la raison pure*, et je crois bien n'avoir guère rencontré dans ma vie plus de quatre ou cinq personnes qui l'avaient vraiment lue et comprise de bout en bout – une œuvre d'une profondeur abyssale, dont le moins qu'on puisse dire est qu'elle mérite le détour. Aujourd'hui, j'ai bien l'intention de vous donner les clés nécessaires pour y entrer, et je prends le pari que, même si vous n'avez jamais lu une ligne de Kant, vous allez réellement comprendre de quoi il parle, quels sont les enjeux philosophiques qui sont les siens et les principales idées qu'il avance.

Kant est l'auteur de trois ouvrages majeurs, les trois *Critique*, le mot n'étant pas à entendre ici au sens négatif, mais au sens ancien, au sens grec. En grec, « critique » vient du verbe *krinein* qui veut dire « séparer », « trier » : et il s'agit bien dans ces trois ouvrages de séparer le bon grain de l'ivraie, le vrai du faux, le connaissable et l'inconnaissable, le bien du mal, le beau du laid, les différentes facultés de l'esprit entre elles. Il y a d'abord sa fameuse *Critique de la raison pure*, qui date de 1781. Il s'agit tout à la fois d'une philosophie des sciences (d'une théorie de la connaissance, si on veut), mais aussi d'une critique de la métaphysique dogmatique et d'une ontologie, d'une théorie de l'être. En 1788, il publie son deuxième grand livre, la *Critique de la raison pratique*, que j'ai eu le privilège de traduire et d'annoter dans la Pléiade en même temps que ses principaux textes consacrés à la philosophie politique et à l'histoire. Cette œuvre majeure constitue le volet moral de sa philosophie. Elle est capitale dans l'histoire de la pensée et on peut dire, sans exagération, qu'elle fonde l'essentiel de la philosophie morale moderne, notamment toute la morale républicaine dans laquelle nous baignons encore aujourd'hui. Enfin, Kant publie en 1790 la *Critique de la faculté de juger*, une réflexion sur l'esthétique, sur les critères et sur la théorie du Beau, mais aussi sur l'organisme et sur l'être vivant.

Kant est le philosophe des Lumières par excellence, celui qui a incarné dans l'histoire des idées la rupture avec le monde ancien – avec le monde grec, mais aussi avec l'Ancien Régime –, son œuvre consacrant ainsi l'avènement de la modernité. Une rupture d'ordre à la fois moral, théorique (touchant la théorie de la connaissance et la philosophie des sciences), mais aussi politique (Kant est un des fondateurs de la pensée républicaine et, à ce titre, il aura une influence majeure en France, non seulement au moment de la révolution de 1789, mais tout au long de l'histoire de la IIIe République).

De quelle façon Kant a-t-il incarné cette révolution des Lumières, inséparable de la naissance de l'humanisme moderne ? Pour saisir toute la portée et le sens de ce tournant, nous allons essentiellement nous concentrer sur la *Critique de la raison pure*.

UNE RUPTURE RADICALE AVEC LE MONDE ANCIEN

Comprendre la nouveauté et la profondeur des interrogations formulées par la première *Critique* suppose que l'on revienne un instant sur ce avec quoi elle rompt, à savoir la cosmologie grecque. On se souvient que dans le monde ancien, dans l'univers des Grecs – des stoïciens, mais aussi de Platon et d'Aristote –, l'idée largement dominante[1] est que l'Univers est un *cosmos*, un ordre comparable à ce qu'un biologiste ou un médecin observe quand il ouvre le ventre d'un

1. Encore et toujours, il faut préciser qu'il y a aussi dans l'Antiquité grecque une espèce de « contre-culture », ou de contre philosophie anticosmologique, incarnée par les atomistes, les épicuriens et les sophistes. C'est donc à dessein que je parle de « vision dominante » en évoquant Platon, Aristote et les stoïciens...

lapin ou d'une souris et qu'il examine à quoi ressemble un organisme vivant. Ce médecin découvre exactement ce que les Grecs appelaient un « cosmos », c'est-à-dire un ordre magnifique et merveilleusement bien fait. Un ordre que les Grecs désignaient comme divin, comme *theion*, les organismes vivants étant considérés comme supérieurs, dans leur organisation, à toutes les machines, à tous les artefacts dus aux inventions humaines. Aux yeux des Grecs, pour le dire de façon très schématique, l'Univers tout entier était à l'image d'un grand organisme vivant, possédant une âme, parfaitement organisé et harmonieux.

Le vrai, le juste et le bien : des Grecs à Kant, ou des Anciens aux Modernes

Cette représentation du monde comme d'un gigantesque être vivant, comme d'un immense organisme juste, beau et bon, leur permettait de résoudre les trois problèmes que Kant va reposer à nouveaux frais, en termes tout à fait neufs, dans ses trois *Critique* : le problème de la connaissance, le problème de la morale et le problème de l'esthétique ou des critères du Beau.

Sur le plan de la théorie de la connaissance, d'abord, souvenez-vous que la *théôria*, chez les Grecs, renvoie étymologiquement à l'expression « *theion orao* », « *ta theia orao* », « je vois les choses divines », « je vois la divinité du monde ». Qu'est-ce que cela signifie ? Pour l'essentiel, que la tâche de la science (qui ne se sépare pas de la philosophie) consiste avant tout à *découvrir*, au sens propre du terme, c'est-à-dire à *lever le voile sur le caractère divin du monde* : faire une découverte, c'est lever le voile sur un ordre qui préexiste, sur une harmonie déjà inscrite dans les choses mêmes et, en quelque sorte, déjà « substantielle ». La théorie consiste donc à « voir le divin », à contempler cette divinité du monde, cette merveille non créée par les hommes, qui précède toute activité intellectuelle. L'ordre harmonieux de l'Univers est déjà là, inscrit dans les choses, bien avant nous. Il est déjà présent, indépendamment de l'activité du savant, qui est essentiellement contemplative.

Pour parodier une phrase de Gaston Bachelard, un épistémologue (philosophe des sciences) français de la première moitié du XXe siècle, on peut dire que, pour les Grecs, « tout est donné, rien n'est construit ». Nous allons voir dans un instant que pour Kant, et il fonde en ce sens la philosophie moderne des sciences, c'est exactement l'inverse : rien n'est donné, tout est construit. C'est une véritable révolution par rapport au monde ancien pour lequel l'ordre que la science découvre – l'ordre du monde – est toujours déjà là : la science ne le construit pas, elle ne l'invente pas si je puis dire, mais elle le découvre au sens où elle se contente de le voir et de le donner à voir. À cet égard, cette représentation de l'Univers comme cosmos permettait de considérer la connaissance comme une simple activité de dévoilement. Elle ne consiste pas à mettre de l'ordre dans un chaos mais, au contraire, à mettre en évidence une harmonie déjà présente.

Dans le même esprit, si l'on considère maintenant, non plus la théorie, mais le problème moral (la distinction du bien et du mal, du juste et de l'injuste), la philosophie grecque dominante, celle qui va de Platon aux stoïciens en passant par Aristote, tient que l'être humain doit d'abord, pour être juste, s'*ajuster* à l'harmonie du *cosmos*, à l'harmonie de l'Univers, de la nature. Dans ces conditions, le problème moral sera relativement facile à résoudre, au moins sur le principe : pour agir moralement, il faut prendre pour modèle cette harmonie qui préexiste aux hommes. On voit d'ailleurs, dans la *République* de Platon (que nous avons déjà analysée), comment la cité juste est celle qui imite, dans l'ordre juridique et politique, l'harmonie du cosmos, la hiérarchie naturelle des êtres qui forme le fond essentiel de l'idée aristocratique. Dans cette optique, il est bon que les meilleurs par nature soient en haut, qu'ils occupent les places supérieures (pour Platon, ce sont les philosophes qui doivent diriger la cité), que les moyens par nature se trouvent au milieu (ce sont les soldats, les gardiens) et que les moins bons par nature (artisans, ouvriers ou esclaves) restent au bas de l'échelle. Voilà la cité hiérarchisée qui imite l'ordre naturel du monde et qui, d'une certaine manière, continuera de dominer la vie politique européenne de la féodalité jusqu'à la Révolution française. Au sein du monde féodal, en effet, on considère encore qu'il est bon que les meilleurs par nature, les aristocrates, soient en haut de l'échelle sociale, les moyens au milieu et les mauvais (les serfs) en bas. La morale et la politique ne se conçoivent guère que comme la réplique d'un ordre naturel hiérarchisé. Pour être moral, dans cette perspective, il convient de se mettre soi-même en harmonie avec l'harmonie du monde. Le juste, c'est ce qui est ajusté à l'ordre du monde. C'est l'accord avec l'accord, l'harmonie avec l'harmonie.

S'ajuster à l'ordre du monde

Souvenez-vous que nous avions évoqué les exercices de morale préconisés par les premiers stoïciens, par exemple celui qui consistait à traîner un poisson mort sur la place du marché d'Athènes. Le jeune homme promenant son poisson au bout d'une laisse, tel un petit chien, sur la place du marché, se voyait aussitôt moqué par la foule, tourné en dérision, traité de fou, victime de tous les quolibets. La sagesse, ici, consistait à apprendre à se moquer du « qu'en-dira-t-on », à se détourner des artifices et des conventions « bourgeoises » pour porter le regard vers ce qui compte, c'est-à-dire vers l'ordre naturel, vers l'ordre cosmique, afin de faire en sorte qu'en le regardant (et cette contemplation s'appelle justement *théôria*), on parvienne à s'y ajuster. La morale, le juste, dans cette perspective ancienne, c'est l'ajustement, l'ajointement à un ordre harmonieux préexistant.

Il en va de même à propos de la troisième question, celle de l'esthétique, des critères du beau. Il y a une objectivité du beau pour les Grecs : le beau, c'est l'harmonie. L'objet beau est comme un microcosme, un cosmos en plus petit, et l'œuvre d'art, par exemple une belle statue, représentera de manière sensible et visible un aspect de l'harmonie cosmique tout entière. La statue grecque est un microcosme qui imite le macrocosme en ce qu'elle met en scène le trait essentiel du cosmos, à savoir l'harmonie, en l'occurrence les proportions justes du corps humain ou du visage. On possède donc un critère objectif du beau, qui n'est autre que l'harmonie même du monde.

Dans les trois cas, que ce soit pour la science, la morale ou l'esthétique, il existe des critères objectifs du Vrai, du Bien et du Beau – *objectifs* au sens où ils sont inscrits dans l'ordre des choses.

« Du monde clos à l'Univers infini » : élaborer un ordre humain

Avec la révolution des Lumières dont Kant est tout à la fois l'artisan sur le plan philosophique et l'héritier sur le plan scientifique, avec, donc, la révolution scientifique des XVIIe et XVIIIe siècles, avec la physique de Galilée, le principe d'inertie de Descartes et la physique de Newton un peu plus tard, on passe, pour reprendre l'heureuse formule d'Alexandre Koyré, « du monde clos à l'Univers infini », de l'ordre cosmique des Grecs à la physique moderne.

C'est une véritable révolution, l'analogue, sur le plan intellectuel, de ce que va être bientôt la Révolution française sur le plan politique. Dans ce monde nouveau, l'espace et le temps sont désormais infinis, à l'opposé, donc, du monde clos, du cosmos des Anciens, et la nature, loin d'être représentée comme un ordre, une harmonie ou un organisme vivant, apparaît au contraire comme un chaos. Ce sont les fameuses « lois du choc » de la physique moderne. Or, ce chaos est dénué de vie comme de sens *a priori*, et il l'est d'autant plus que l'Univers est infini. C'est dire combien l'être humain ne possède plus de « lieu naturel », pour reprendre le mot d'Aristote : il n'y a plus de cosmos, de coin d'univers à habiter, plus de niche douillette dans laquelle l'homme est comme invité, tel Ulysse cherchant à rejoindre son Ithaque, à trouver la place qui lui revient. L'homme moderne évolue désormais dans un monde infini et chaotique où le sens fait défaut. En cela, il se trouve logé à la même enseigne que ce libertin de Pascal que « le silence des espaces infinis effraie ».

Alexandre Koyré a très bien retracé le sens de ce passage du monde ancien, celui des Grecs, qui est aussi un monde politique – c'est déjà le monde féodal, en tout cas le monde aristocratique –, à la physique moderne où la nature n'est plus une harmonie, mais un chaos. Qu'on me permette ici de citer un court passage de son livre *Du monde clos à l'univers infini* (1957), qui restitue cette transition de manière juste et profonde :

> La révolution scientifique engendre la destruction de l'idée de cosmos, la destruction du monde conçu comme un tout fini et bien ordonné, dans lequel la structure spatiale incarnait une hiérarchie des valeurs et de perfection et la substitution, à celui-ci, d'un univers indéfini et même infini, ne comportant plus aucune hiérarchie naturelle, et uni seulement par l'identité des lois qui le régissent.

L'harmonie est désormais détruite et les grands esprits du XVIIe siècle furent littéralement bouleversés par l'émergence de cette nouvelle vision du monde, comme en témoignent ces vers célèbres du poète John Donne, écrits en 1611 :

> La philosophie nouvelle [c'est-à-dire la physique nouvelle, la physique issue de la révolution scientifique], rend tout incertain. L'élément du feu est tout à fait éteint, le soleil est perdu, et la terre. Personne aujourd'hui ne peut plus nous dire où chercher celle-ci. [...] Tout est

en morceaux, toute cohérence a disparu, il n'y a plus de rapport juste, rien de s'accorde plus.

Voilà ce qui effrayait le libertin de Pascal, et il est vrai qu'on ne mesure plus, aujourd'hui, combien les esprits de l'époque furent marqués par l'effondrement de la représentation du monde comme cosmos, et à quel point ils se sentirent perdus. Voilà donc la révolution scientifique à partir de laquelle Kant entreprend de reposer les trois grandes questions qui animaient l'essentiel de la philosophie grecque et que l'on retrouve au cœur même de ses trois *Critique*.

De la connaissance comme activité de l'esprit

Commençons par examiner comment la première question, celle de la théorie, celle de la connaissance, se pose en termes neufs dans la *Critique de la raison pure*.

S'il n'y a plus d'harmonie du monde à découvrir et à contempler, si le monde est un chaos, il s'ensuit que pour mettre de l'ordre dans ce chaos, il va falloir désormais l'introduire de l'extérieur, par nous-mêmes, à partir de notre propre subjectivité – c'est ce renversement de perspective par rapport aux anciens que Kant appelle la « révolution copernicienne ». Du même coup, l'activité du savant change radicalement de sens et de statut : la science ne consiste plus dans la contemplation passive d'un ordre déjà là, elle devient au contraire une *pratique*, une *activité* de l'esprit, pour ne pas dire un *travail* qui, dans ce non-sens absolu qui nous entoure, consistera à introduire presque de force, en tout cas de l'extérieur, des liaisons sensées et cohérentes entre les choses, entre les événements. Et ce, notamment à l'aide du grand principe de la science moderne : le principe de causalité. On reliera des causes et des effets afin de produire des explications rationnelles des choses, et c'est l'homme qui, sur un mode actif, reliera entre eux les phénomènes. La pensée devient alors un travail. L'esprit n'est plus cette sorte de boîte noire où les idées seraient disposées comme des petits pois : l'esprit se fait *praxis*, il prend la forme d'une *activité* vouée à relier les choses entre elles. L'historien, confronté à une guerre, s'interrogera sur ses causes : il prendra la guerre comme un effet dont il s'efforcera d'identifier les origines. Il se livre, en ce sens, à une activité qui consiste avant tout à *relier* entre eux des événements, comme le biologiste ou le physicien qui veut comprendre les causes d'une maladie ou d'une éclipse de lune.

De là l'interrogation qui ouvre la *Critique de la raison pure*, interrogation de prime abord aussi étrange que décevante pour qui commence à étudier la philosophie, surtout si on vous explique qu'il s'agit là peut-être bien du plus grand livre de toute l'histoire de la pensée humaine : « Comment les jugements synthétiques *a priori* sont-ils possibles ? » Mon Dieu, quelle horreur ! Que peut bien signifier cette question d'une abstraction folle ? Qu'est-ce donc qu'un « jugement synthétique *a priori* » et surtout, quel intérêt ? Alors que le jeune homme ou la jeune fille qui s'ouvre pour la première fois à l'étude de la philosophie espèrent trouver des réponses à la question du sens de leur vie ou du moins à celle de l'éthique, voire de la politique, voilà que les malheureux tombent sur une interrogation parfaitement byzantine, un pur problème de logique formelle apparemment dénué de tout enjeu existentiel. Tâchons malgré tout d'y voir un peu plus clair en considérant d'abord l'étymologie du mot « synthèse », en grec *synthesis*, qui veut dire « poser ensemble », en l'occurrence, poser ensemble les événements, les relier entre eux à l'aide, notamment, de ce fameux principe de causalité.

La question « Comment des jugements synthétiques *a priori* sont-ils possibles ? » n'est pas, en vérité, une question technique, byzantine, réservée aux logiciens. Elle surgit en réalité de cette gigantesque révolution dans la pensée qu'on vient d'évoquer, celle qui va séparer le monde moderne du monde ancien. Elle signifie ceci : comment relier entre eux, « poser ensemble » *(syn-thesis)* les phénomènes et les événements du monde, qu'il s'agisse d'événements historiques ou naturels ? Comment y introduire ainsi de l'ordre et du sens, alors même que ces événements se présentent au premier abord comme un chaos dénué de toute signification ? Et comment les relier *a priori*, c'est-à-dire à l'aide de ce qu'on appellerait en logique des « connecteurs » – ce que Kant nomme, lui, des *catégories* (dont celle de causalité) ?

Pour paraphraser à nouveau Bachelard, si, dans la perspective moderne, « rien n'est donné, tout est construit », alors la science est d'abord et avant tout, non pas simple découverte des lois de la nature, mais *construction* de lois. Elle élabore ces dernières en reliant les phénomènes entre eux pour tenter d'introduire de la rationalité, la causalité n'étant qu'un des visages du principe de raison suffisante : rien n'arrive sans raison, pense le savant, il n'y a pas de mystère irréductible dans la nature : il faut donc essayer de relier entre eux les choses ou les événements pour leur donner du sens, pour leur conférer une cohérence, une intelligibilité, une rationalité. Du coup, la science va introduire l'ordre de l'extérieur. Encore une fois : « Rien n'est donné, tout est construit » et c'est justement ce principe nouveau, ce tournant révolutionnaire que Kant entreprend de penser et d'éclairer dans sa *Critique de la raison pure* à travers cette question en apparence seulement technique.

Nous allons y revenir dans un instant, mais disons avant encore un mot de la morale et de l'esthétique, qui reposent fondamentalement sur la même révolution.

Une révolution morale

Le problème, en effet, est le même dans la *Critique de la raison pratique*, du côté de la philosophie morale : s'il n'y a plus de nature à imiter, comment allons-nous penser le Bien et le Mal ? Aussi longtemps que le Bien et le Juste renvoyaient à l'idée d'un ajustement à un ordre du monde préexistant, l'éthique était relativement facile à penser. Mais si cet ordre n'est plus, et si la nature est un chaos, l'idée que la morale consisterait à s'ajuster au monde vole elle aussi en éclats. Il va donc falloir fonder la morale tout à fait autrement.

Voyez que sur le plan éthique, ce changement majeur est aussi important que la révolution scientifique dans le domaine théorique, dans le domaine de la connaissance de la nature. Quand un Moderne, à la différence d'un Ancien, ouvre les yeux sur la nature, il ne voit plus du tout un ordre, un organisme harmonieux, mais au contraire un chaos. Sur le plan moral, cela signifie que la nature ne m'apparaît plus *a priori* comme juste et bonne. Elle n'est plus un modèle, mais à vrai dire plutôt un contre-modèle, un repoussoir. Au XVIIIe siècle, elle apparaît plutôt, cette fichue nature, sous les espèces du fameux tremblement de terre de Lisbonne, survenu en 1755, l'événement qui à l'époque frappa au plus haut point savants et philosophes. Et qu'en pensent-ils, justement, ces grands esprits ? Le célèbre séisme dévasta intégralement la ville basse et fit sans doute entre 50 000 et 100 000 morts, en tout cas davantage que les 30 000 victimes évoquées par Voltaire dans *Candide*. Pour les plus grands esprits du temps (à l'exception de Rousseau, le premier grand adversaire des Lumières), la nature, c'est l'ennemi ! Les Anciens étaient décidément trop optimistes. Le savant du XVIIIe constate, lui, que la nature est catastrophique, qu'elle nous envoie des désastres et qu'il s'agirait avant tout de la dompter et de la maîtriser. La conception de la nature change alors de façon radicale. Pour Voltaire ou pour Kant, imiter la nature, c'est-à-dire le chaos et le désordre, mais aussi l'inégalité et la loi du plus fort (dans la nature, les gros poissons mangent les petits, les faibles sont éliminés, etc.), ce serait l'horreur absolue. Qui voudrait prendre le tremblement de terre de Lisbonne ou les animaux sauvages comme modèle moral à imiter ?

Et si je regarde maintenant en moi-même et non plus au-dehors, que vois-je ? Pas davantage qu'à l'extérieur, je ne perçois dans ma nature intérieure quoi que ce soit dont je pourrais m'inspirer moralement. Décidément, la nature, loin d'être un idéal, est aussi mauvaise au-dehors qu'au-dedans. Car, en moi, je perçois deux traits de caractère fort naturels, en effet, mais fort peu éthiques : l'égoïsme et la paresse. Tels sont les éléments les plus caractéristiques de la nature humaine aux yeux des Modernes. Non pas l'harmonie, la beauté et la justesse, mais l'égoïsme le plus foncier et la paresse la plus indécrottable. Comme on le voit aisément chez nos enfants, la civilité et la politesse, pas plus que la moralité ou la citoyenneté ne sont des prolongements de la nature, mais toutes sont au contraire des conquêtes d'une bonne volonté qui lutte courageusement contre la naturalité en soi. La vérité, c'est que si j'écoute ma nature, je pense d'abord à moi et les autres peuvent toujours courir ! La voilà, la nature, ce « cher moi » dont parlera Freud, mais dont Kant parle déjà quand il évoque « le bois tordu dont l'humanité est faite ». Cette courbure dont l'homme est fait est une métaphore de l'égoïsme[1] : naturellement, je ne pense qu'à moi. Quant à l'altruisme, la civilité, voire la citoyenneté, il s'agit de qualités qui n'ont rien de naturel, qui ne sont nullement données chez l'enfant, mais conquises à force d'éducation. Si je regarde en moi-même plus profondément encore, ce que je vois, au-delà même de l'égoïsme, c'est la paresse, un penchant profond à ne pas travailler. La nature, considérée objectivement, ne nous incite certainement pas à la générosité, au travail et au souci des autres.

Bref, où que je regarde dans cette perspective moderne influencée par la révolution scientifique, la

1. Comme l'a montré Alexis Philonenko dans un livre admirable, publié chez Vrin et consacré au commentaire de *Théorie et Praxis*, un essai de Kant sur la politique et l'histoire (*Théorie et praxis dans la pensée morale et politique de Kant et de Fichte en 1793*, Paris, Vrin, 1968).

nature ne fait plus modèle. Il va donc falloir inventer (et là aussi, la découverte ne suffit plus) un monde moral, un nouveau cosmos en quelque sorte, mais cette fois-ci tout à fait artificiel, construit par les hommes et pour les hommes, non pas donné par le réel : ce sera le monde du droit moderne, un univers républicain idéal où on va essayer de faire en sorte que les diverses libertés en présence se limitent réciproquement de sorte que « ma liberté puisse s'arrêter là où commence celle des autres ». Mais voyez bien que, là aussi, sur le plan éthique et politique comme dans l'ordre de la science, rien n'est donné au départ, tout reste à construire, à inventer artificiellement.

LA RÉVOLUTION ESTHÉTIQUE OU LES CRITÈRES DU BEAU

Si je me tourne maintenant du côté de l'esthétique, de la *Critique de la faculté de juger*, le constat est analogue : l'ordre du monde étant chaotique, il ne saurait être *a priori* tenu pour beau. Oui, bien entendu, il y a des beautés naturelles, mais elles sont ponctuelles, plutôt l'exception que la règle et l'œuvre d'art elle-même n'est plus ce microcosme qui viendrait imiter le macrocosme. Le Beau devient lui aussi subjectif, il est « affaire de goût », comme on va le décréter à satiété à partir du XVIIe siècle, le goût, c'est-à-dire ce qui est le plus subjectif en nous, devenant par excellence la faculté de juger du beau et du laid. C'est là ce que ne cessent de souligner les fameux lieux communs qui fleurissent à son sujet dès cette époque : « À chacun son goût », « des goûts et des couleurs, on ne discute pas », le

« beau est subjectif », etc. Par voie de conséquence, le problème majeur de l'esthétique moderne portera sur les critères du jugement esthétique. En effet, si le goût est parfaitement subjectif, une nouvelle question va se poser, analogue à celle de la science et de l'éthique modernes : comment expliquer le consensus qui règne autour des grandes œuvres d'art ou des beaux paysages – ce que Kant appellera le *sensus communis* (le sens commun) ? Si l'adage « à chacun son goût » est vrai, comment expliquer que l'on continue à plébisciter les grandes œuvres, par exemple celles d'Homère ou de Bach, comme on plébiscite aussi certains paysages, la beauté des couchers de soleil sur la mer ou sur les glaciers ? Si on part de la subjectivité, comme dans le domaine de la science ou de la morale, qu'est-ce qui rend compte du consensus autour des valeurs, qu'elles soient de l'ordre du vrai, du bon ou du beau ?

Dans le domaine moral, le problème consistera à construire, comme je viens de le suggérer, un nouveau cosmos, un nouvel ordre artificiel et non pas naturel – un ordre *humain*. C'est ce qu'on appellera le constructivisme avec cette idée typiquement moderne que l'ordre humain doit se construire à partir de la volonté des hommes, pourvu que la liberté de chacun s'arrête là où commence celle d'autrui. Le monde moderne va ainsi inventer un nouveau cosmos, et c'est là, du reste, tout le sens de la Déclaration des droits de l'homme de 1789. La démocratie incarne ce nouvel ordre, lequel n'est plus naturel, mais construit pour et par la volonté des humains : on invente les institutions démocratiques, par exemple l'Assemblée nationale. Un humanisme politique voit ainsi le jour au sein duquel les lois seront, elles aussi, conçues par les humains et pour les humains au sein des parlements (et non plus dérivées de textes religieux ou de la hiérarchie naturelle des êtres supposée inscrite dans le cosmos). Cet ordre juste, démocratique et républicain, qui inclut l'ordre du droit, représente une sorte d'analogue de ce qu'était l'ordre naturel pour les Grecs, si ce n'est qu'il repose cette fois-ci sur le projet volontaire et non plus naturel de construire un monde meilleur, capable de corriger les méfaits chaotiques, égoïstes, inégalitaires et paresseux de la nature.

LES TROIS GRANDS MOMENTS DE LA *CRITIQUE DE LA RAISON PURE*

Ce paysage général étant décrit à grands traits, revenons maintenant à la *Critique de la raison pure*.

Le plan de cette œuvre monumentale est très intéressant, très significatif en lui-même. Je commencerai par le commenter car c'est un excellent fil conducteur pour vous faire comprendre le sens le plus profond de la *Critique de la raison pure.* Elle comporte trois grandes parties.

La première s'intitule « L'esthétique ». Le terme est trompeur : en l'occurrence, il ne doit pas être entendu comme désignant la théorie du beau. Il vient du grec *aisthèsis*, qui signifie la « sensibilité », la « sensation ». L'esthétique, dans la *Critique,* c'est d'abord la théorie de la sensibilité, de ce que Kant nomme les « intuitions » au sens où nous parlons aujourd'hui de ces perceptions sensibles qui nous donnent accès à la réalité empirique, aux objets concrets situés dans l'espace et dans le temps. La deuxième grande partie, « L'analytique des concepts », est consacrée à l'étude de cette faculté que Kant nomme l'« entendement » *(Verstand)*, soit la faculté scientifique par excellence, celle qui élabore et construit les lois de la nature à l'aide des concepts, des connecteurs tels que le concept de causalité que nous avons déjà évoqué. Enfin, la troisième partie consiste en une analyse de la Raison *(Vernunft)* définie comme la faculté de ce que Kant appelle les « Idées », les Idées en question désignant les illusions de la métaphysique que Kant va s'attacher à déconstruire, ouvrant ainsi la voie à la philosophie contemporaine de Schopenhauer et Heidegger notamment.

Trois parties, donc : (1) une théorie de la sensibilité, dont nous allons voir dans un instant pourquoi elle va essentiellement porter sur l'espace et le temps, ces deux dimensions au sein desquelles tous les objets réels nous sont donnés ; (2) une théorie de l'entendement et des concepts (théorie de la science comme fabrication de lois avec des concepts) ; et (3) une théorie de la raison, cette faculté des idées illusoires de la métaphysique dont la critique par Kant se présente comme l'une des plus grandes critiques de la métaphysique jamais élaborée.

Reprenons ces trois parties une à une pour voir de plus près ce qui s'y cache, le but de cette leçon, comme de toutes les autres d'ailleurs, étant de vous donner des clés pour aborder les grandes œuvres – des clés que j'aurais bien voulu avoir avant de commencer ma lecture et dont certaines me furent heureusement données par un professeur extraordinaire, Jacques Rivelaygue, que j'eus la chance de rencontrer plus tard au cours de mes études et auquel cet exposé d'aujourd'hui doit beaucoup...

L'espace et le temps, ou les cadres de l'expérience sensible

Commençons donc par la première partie de la *Critique*, par la théorie de la sensibilité, cette théorie des « intuitions » ou, comme nous dirions dans le langage d'aujourd'hui, de la perception.

La démarche de Kant, très représentative de la révolution scientifique du XVIIIe siècle, consiste à partir de l'expérience réelle, c'est-à-dire de la finitude humaine – ou, pour parler plus simplement encore, du fait que nous sommes toujours déjà jetés dans un monde par lequel nous sommes limités dans l'espace (un monde d'objets s'oppose à moi dans l'espace, il me fait face dès que j'ouvre les yeux sur lui dans toute son opacité sensible) mais aussi dans le temps (non seulement tous les objets sont situés dans le temps, mais nous aussi, nous savons que le temps nous est compté, que nous allons mourir). En ce sens, l'espace et le temps sont, de façon toute simple, les marques premières et essentielles de notre finitude, de notre limitation, ce qui sépare le point de vue de l'homme de celui de Dieu (qui, selon la théologie classique, n'est limité ni dans l'espace ni dans le temps, puisqu'il est à la fois infini, omniscient et éternel).

Qu'est-ce que cela veut dire philosophiquement ? Kant part du constat – car c'est bien d'abord un constat – que l'accès au monde ne nous est donné que par l'*expérience*. Or, cette expérience passe par la voie des sensations et des perceptions, des « intuitions sensibles » qui constituent le seul moyen d'accéder aux objets singuliers, aux objets perçus. Qu'est-ce qui caractérise ces intuitions sensibles ? Tous objets qui nous entourent et les perceptions qui nous sont données – dès que j'ouvre les yeux sur le monde, je vois des objets sensibles –, sont inévitablement situés dans deux cadres : l'*espace* et le *temps*. Impossible de faire autrement ou d'en sortir. Essayez un instant d'imaginer un objet sensible qui ne serait pas donné dans l'espace et dans le temps – une table, une chaise, un arbre, un chat, un lapin, tout ce que vous voudrez –, vous vous apercevrez vite que vous n'y parvenez tout simplement pas ! Les objets qui nous environnent ont tous cette caractéristique très particulière d'être toujours situés *a priori* dans l'espace et dans le temps. Ils occupent tous un certain volume et tous ont aussi une certaine durée de vie, fût-elle très longue. Et voilà pourquoi Kant désigne l'espace et le temps comme les cadres « a priori », c'est-à-dire précédant toute donation d'un objet réel, de la perception, comme les cadres de toutes nos « intuitions empiriques », de toutes nos intuitions sensibles concrètes. C'est en ce sens que l'espace et le temps sont comme la « forme de l'intuition » ou de la perception, toute réalité nous étant nécessairement donnée dans ces deux cadres qui en ce sens « précèdent » pour ainsi dire toute donation d'un objet réel quel qu'il soit.

À première vue, cette observation peut paraître triviale, sinon banale. Ce qui se profile derrière représente pourtant une véritable révolution, notamment au regard de la vision qui prédominait encore chez Descartes et les cartésiens et, d'une manière générale, dans la philosophie du XVIIe siècle où l'on commençait par Dieu et son infinité pour penser ensuite la finitude humaine comme un manque, un défaut par rapport au divin, ainsi qu'on le voit très clairement, par exemple, dans l'*Éthique* de Spinoza.

Spinoza, comme Descartes ou Leibniz, part de Dieu, de l'être infini, éternel et omniscient, un être suprême pour lequel le monde entier serait transparent, tout intelligible. Comme dans la théologie chrétienne, « Dieu sait tout », sa connaissance n'est pas, comme la nôtre, limitée dans l'espace et dans le temps. On part donc de Dieu comme de l'Être suprême, absolu, à proprement parler infini et éternel, dont la connaissance n'est pas limitée par la sensibilité, autrement dit par l'espace et le temps : Dieu voit tout, il sait tout, il est tout-puissant. Quant à la finitude humaine, aux limitations qui sont les nôtres, elles ne sont plus alors qu'un manque par rapport à cette absoluité primordiale, une imperfection par rapport à cette perfection divine située hors l'espace et le temps. Notre statut d'êtres finis est donc pensé, toujours dans un second temps, comme un défaut, un manque par rapport à l'absolu qui est premier : nous ne sommes ni omniscients ni tout-puissants, ni éternels, ni absolument bons, mais ignorants, faillibles, faibles, mortels et plein de péchés en tout genre : l'erreur et la faute caractérisent tous les humains, y compris les meilleurs et la marque même de ce manque, de notre finitude, n'est autre que la sensibilité dont l'espace et le temps sont les deux cadres. Dieu n'est ni sensible, ni spatial ni temporel (il est dans l'éternité et dans la vision parfaite de toute chose). Donc, chez les cartésiens, on commence toujours par Dieu, pas par l'expérience humaine, pas par la finitude, et l'homme est pensé simplement comme moindre par rapport à Lui.

Partir de l'expérience, c'est-à-dire de la finitude humaine

Kant renverse de fond en comble ce schéma essentiel à la métaphysique classique. En cela, il symbolise la révolution qui va opposer le XVIIIe siècle, ce siècle antimétaphysique de l'observation et des sciences expérimentales, au XVIIe : il faut, à l'inverse des cartésiens, partir de l'expérience, de l'humain, de sa finitude, qui est notre vérité première car, en tant qu'être humain, et à la différence de Dieu (si tant est qu'il existe et qu'il soit plus qu'une idée de la raison), je suis fini au sens où je suis limité dans le temps (destiné à mourir) et dans l'espace (quand j'ouvre les yeux, je suis limité par l'opacité d'un monde spatiotemporel qui n'a rien de transparent). Pour moi, en tant qu'humain, il y a toujours de l'opacité, de l'inintelligible, de l'inconnu. Je ne suis pas omniscient, mes yeux ne traversent pas la table qui se trouve devant moi, elle reste opaque, sensible, et je ne saurai jamais tout, tout ne sera jamais intelligible pour moi. Je me vois opposer un monde irrationnel, un monde que je ne comprends pas et que je ne maîtrise pas. Bien sûr, la science progresse, mais elle ne saurait jamais s'achever et le savoir absolu de la métaphysique est une pure illusion. Or, c'est là précisément ce qu'on appelle la finitude. Finitude dans le temps (je meurs tandis que Dieu, lui, est éternel) et limitation de ma connaissance (je suis limité par le monde sensible, spatiotemporel, lequel n'est jamais parfaitement transparent, parfaitement intelligible pour mon esprit). Voilà pourquoi la Critique commence par une analyse de l'espace et du temps comme marques si l'on peut dire « absolues », indépassables », « a priori » dit Kant, de la finitude humaine. C'est là, comme on va voir, qu'est la véritable révolution kantienne, révolution qui va conduire à une critique radicale de la métaphysique, notamment du cartésianisme.

Avant Kant, on commençait donc par Dieu, par l'absolu, et Kant renverse complètement ce schéma : avec lui, on commence par la finitude, on commence par observer la finitude humaine – ce pourquoi la *Critique de la raison pure* commence, à la différence de l'*Éthique* de Spinoza, non par un chapitre consacré aux caractéristiques du divin, mais tout au contraire par l'analyse de l'espace et du temps, c'est-à-dire des cadres de notre limitation. Et Kant pose que cette finitude est indépassable : je ne peux m'évader des cadres de l'espace et du temps ni sauter par-dessus ma sensibilité. Il faut partir de la vérité de l'homme. Et c'est à partir de cette vérité sensible que Kant développera sa critique de la métaphysique. Une critique qui le conduira, entre autres, à remettre en cause l'argument ontologique, cette fameuse preuve de l'existence de Dieu si prisée par les cartésiens, en même temps qu'elle le conduira à faire de Dieu une idée de la raison humaine, et non plus une vérité objective.

Autrement dit, on assiste avec Kant à un renversement total de perspective par rapport à la métaphysique classique, cartésienne : on part du relatif et non de l'absolu (je multiplie à dessein les différents vocables qui disent au fond la même chose), de la finitude et de l'expérience humaine… pour relativiser Dieu ! C'est radicalement l'inverse de ce qui avait lieu dans la métaphysique classique : Kant ne part plus de Dieu pour relativiser l'humain, il part de l'humain pour relativiser le divin, éventuellement accessible par la foi, mais pas par la raison ! C'est donc bien ce qu'on appelle une révolution. Kant est croyant, il est chrétien et protestant, mais il ne cessera de dire que nous ne pouvons accéder à Dieu que par la foi (on a toujours le droit de croire), pas par la raison, pas comme chez les cartésiens, par des prétendues « preuves de l'existence de Dieu », à commencer par le fameux argument ontologique (dont nous reparlerons plus loin). Kant va ainsi déconstruire les pseudo-preuves de l'existence de Dieu (franchement, si on pouvait démontrer son existence, ça se saurait !) précisément parce que, de la finitude, on ne sort pas ! Elle est indépassable. Elle est *a priori*. La *Critique de la raison pure* pose que l'espace et le temps sont les cadres de toute notre connaissance : impossible de s'en émanciper, de s'en évader, telle une colombe qui croirait voler mieux dans le vide. Il s'agit d'une métaphore que Kant emploie au début de la *Critique de la raison pure* : la colombe s'imagine qu'elle volerait mieux dans le vide à l'instar de cette métaphysique qui prétend qu'en s'affranchissant des cadres de la sensibilité (des cadres de l'expérience spatiale et temporelle), l'homme pourra accéder aux idées pures. C'est l'illusion par excellence, puisqu'on ne saurait dépasser l'expérience. Telle est la première étape de la *Critique de la raison pure*, en quoi cette œuvre représente le symbole même de ce XVIIIe siècle dominé par la critique de la métaphysique et la découverte des sciences expérimentales.

Une nouvelle théorie de l'objectivité

Le deuxième étage de la fusée, c'est l'analyse de l'entendement. C'est avec lui que nous allons entrer dans la théorie de la science et de l'objectivité qui va faire apparaître tout le génie de Kant. Car derrière cette toute nouvelle théorie de l'objectivité, on va découvrir aussi, comme Heidegger l'avait compris, une ontologie, une définition de l'être, de ce qui *est* vraiment. Qu'est-ce qu'un objet et qu'est-ce qui fait vraiment l'être d'un objet ? Dans la réponse que Kant apporte à cette question, une rupture, là encore, va se produire par rapport au monde ancien, par rapport à la philosophie grecque, mais aussi à Descartes, Leibniz et Spinoza. Je vais vous donner maintenant les clés indispensables pour comprendre cette révolution dans la théorie de l'objectivité qui est donc à la fois une révolution dans la conception des sciences mais aussi dans celle de la métaphysique. Ce n'est pas facile, mais on peut à coup sûr y parvenir si on laisse un peu de côté le jargon.

L'entendement et les concepts « empiriques »

Pour Kant, l'entendement est la « faculté des concepts », et il faut noter d'entrée de jeu qu'il y a deux types de concepts. Il y a d'un côté les concepts empiriques et, de l'autre, les concepts « purs » ou « a priori », notamment ceux que Kant appelle les « catégories ». Rassurez-vous, je vais clarifier ces formules à première vue fort abstraites mais qui recouvrent des réalités intellectuelles tout à fait essentielles et compréhensibles.

Commençons par les concepts empiriques, par exemple le concept de table ou de chien et, plus généralement tous les concepts des objets qu'on perçoit autour de nous dans l'expérience. Ces concepts empiriques sont très exactement comparables à ce qu'on appellerait aujourd'hui un « ensemble » dans la théorie mathématique des ensembles. Qu'est-ce qu'un ensemble ? Qu'est-ce qu'un concept ?

Deux traits fondamentaux les caractérisent. Il y a d'abord la *définition* – la « propriété *p* » comme on dit dans la théorie des ensembles, ce que les logiciens de l'époque de Kant appellent aussi « la compréhension » du concept. Si je considère, par exemple, le concept de table, cette « compréhension » est tout simplement la définition de la table – soit, en gros, « un plateau soutenu par un ou plusieurs pieds » : voilà ce que l'on nomme la « compréhension » du concept, c'est-à-dire la définition des choses, des objets qu'il regroupe en lui.

Ensuite, et c'est le deuxième trait caractéristique des concepts empiriques, il y a ce que les logiciens appellent « l'extension » du concept, c'est-à-dire les *éléments réels* que le concept « ramasse » en lui. Les éléments, dans notre exemple, ce sont donc les tables réelles, ces objets donnés dans l'expérience réelle dont on a vu qu'ils n'étaient accessibles que par des perceptions situées dans l'espace et dans le temps (les fameuses « intuitions sensibles »).

Résumons-nous : un « concept empirique », dans le vocabulaire kantien, renferme ainsi deux traits caractéristiques : la définition d'un côté, les éléments réels de l'autre. Or, vous voyez bien que les tables réelles ne peuvent être données par la définition. C'est une évidence, on ne peut pas déduire logiquement les éléments réels de la compréhension ou de la définition du concept : si précisément que je définisse le concept de table, cela ne fera jamais exister aucune table pour autant ! Pour accéder à l'existence de la table concrète, j'ai besoin de la perception, située dans l'espace et dans le temps. Voilà pourquoi Kant ne cesse de dire que les « concepts sans intuitions sont vides » ou encore, ce qui revient exactement au même et veut dire la même chose : l'être n'est pas déductible du concept, il n'est pas un prédicat ou un attribut du concept. Gardez cette argumentation à l'esprit, car on y reviendra plus loin à propos de la critique de la métaphysique. C'est elle, en effet, qui permettra à Kant de critiquer la plus fameuse preuve de l'existence de Dieu, celle qu'utilisent Descartes, Leibniz et Spinoza, ce fameux argument ontologique avec lequel on prétend déduire l'existence de Dieu de son concept, de sa définition même : la compréhension du concept de Dieu impliquerait, ainsi va l'argument ontologique, que Dieu possède toutes les qualités, tous les attributs ; or l'existence est une qualité, et même éminente ; donc Dieu existe ! Voyez, on tente ici de déduire l'existence réelle de Dieu de son concept, l'extension du concept de Dieu de sa simple définition, de sa « compréhension ». Nous allons y revenir, mais voyez déjà que, derrière ces distinctions abstraites de logicien, on va rencontrer en vérité une discussion séculaire sur la métaphysique et la théologie… Mais revenons encore un instant à nos concepts de l'entendement.

Les concepts « purs »
ou les catégories de l'entendement

Je vous ai dit qu'un deuxième aspect de l'activité de l'entendement renvoyait à ce que Kant appelle les concepts « purs » ou « a priori », notamment à ces

« catégories de l'entendement[1] » qui, comme le principe de causalité, sont les principes fondamentaux de toute activité scientifique : Kant en dresse la liste (c'est la fameuse « table des catégories ») au cœur de la *Critique de la raison pure* et c'est toujours pour le lecteur débutant le passage le plus difficile à comprendre.

De quoi s'agit-il, si on va à l'essentiel ? Il s'agit avant tout d'observer que notre esprit est doté de ce que les logiciens d'aujourd'hui appellent des « connecteurs », c'est-à-dire des principes purs de la pensée qui permettent de relier entre eux d'autres concepts ou des événements (des « phénomènes ») réels, situés dans l'espace et dans le temps. Je n'en évoquerai pour l'instant qu'un seul (j'en donnerai un autre exemple un peu plus tard) : le connecteur de la causalité, sans doute le plus aisé à comprendre bien que les onze autres (il y a douze catégories) soient également passionnants si on entrait dans le détail.

Ce connecteur, on le trouve aussi bien dans la logique formelle ou dans les mathématiques que dans les sciences expérimentales, comme la physique et la biologie. C'est ce que Kant nomme une « fonction de synthèse », c'est-à-dire, au sens grec (*syn-thésis*, nous l'avons vu, veut dire littéralement : « poser ensemble », « associer »), une fonction de liaison soit des concepts entre eux, soit des événements réels entre eux.

La structure logique des liaisons causales est la suivante : il s'agit de la fameuse structure logique du « si A… alors B », c'est-à-dire : si la cause est donnée, alors l'effet suit. Nous avons affaire ici tout simple-

1. Il y a des concepts purs qui ne sont pas les catégories, notamment les concepts mathématiques.

ment à des variations sur le « principe de raison suffisante » : rien dans le monde n'arrive sans raison, tout effet possède une cause, tout est donc explicable par la science pourvu qu'on parvienne à relier convenablement les effets et les causes. L'essentiel, à ce stade, est de comprendre que le principe de causalité est un principe de liaison, une « fonction de synthèse » comme dit Kant, du type « si A… alors B ». Si vous voyez un effet, alors vous en rechercherez la cause, l'explication rationnelle, vous vous efforcerez de relier l'effet à une raison qui l'explique et, quand vous aurez réussi, vous aurez introduit de l'intelligibilité dans le monde. Mais, vous voyez bien que ce principe lui-même, le principe de raison ou de causalité, est *a priori* exactement comme l'étaient l'espace et le temps : il sert à relier les phénomènes empiriques entre eux, mais lui-même ne nous est pas donné par l'expérience, c'est un cadre de pensée qui la précède toujours puisqu'il permet de la relier.

L'activité intellectuelle ou scientifique va dès lors consister dans une activité de liaison, dans un travail intellectuel qui consiste à *relier* entre eux des phénomènes, les événements réels situés dans l'espace et le temps, grâce à des connecteurs tels que le principe de causalité. Il s'agit donc toujours de synthèse au sens grec du terme *synthesis* – « mettre ensemble », « relier » (ce qui explique de mieux en mieux la fameuse question initiale portant sur les jugements synthétiques).

On devine déjà de quelle façon cette conception nouvelle de la science permettra de définir l'objectivité autrement que ne le fait Descartes. Contrairement à Descartes, Kant cesse en effet de définir l'objectivité comme la mise en relation de nos représentations avec une « chose en soi », avec des objets qui seraient en dehors de la représentation. On se souvient que Descartes opérait ce lien grâce à la fameuse notion de « garantie divine », Dieu me garantissant que l'objet pour moi ressemble bien à l'objet en soi. Chez Kant, on va voir apparaître une conception tout autre de l'objectivité scientifique : ce qui va désormais la définir, c'est le fait que les liaisons qu'opère le savant valent non seulement pour lui, subjectivement, mais aussi pour tous les autres – en quoi l'intersubjectivité et la discussion scientifiques vont se trouver au cœur de l'objectivité, et non plus la seule relation à un objet extérieur, à une chose en soi. Est objectif ce qui vaut pour tous les hommes, en tout temps et en tout lieu. Ce qui définit l'objectivité d'une loi scientifique, ce n'est pas son rapport à l'en soi, c'est son universalité et cette universalité tient d'abord au fait que le principe de causalité a été correctement appliqué, au fait que les liaisons de causes et d'effets que propose le savant ne sont pas seulement subjectives, ne sont pas seulement les siennes, mais qu'elles sont vérifiables ou falsifiables par les autres savants. L'idée de communauté scientifique va ainsi se trouver au cœur de la définition de l'objectivité. La voilà, la révolution kantienne !

Essayons de bien comprendre ce point essentiel.

L'objectivité n'est plus un rapport à une chose en soi,mais elle est ce qui vaut universellement

Vous vous souvenez peut-être que, pour Descartes, la question de l'objectivité se formule de la façon suivante : il s'agit de se demander si les représentations que j'ai des objets, par exemple de la table qui est devant moi, si l'idée que je m'en fais est objective au sens où elle correspond, ou non, à la table *en soi*, c'est-à-dire à la table telle qu'elle existe hors de ma représentation. Et chez Descartes, le passage de l'un à l'autre s'opère, comme je viens de le rappeler, *via* la « garantie divine » : Dieu serait trompeur si l'idée que je me fais de la table ne correspondait pas à la table en soi, à la chose en soi, c'est-à-dire à la table telle qu'elle existe « objectivement », en dehors du regard que je pose sur elle. Cette conception « réaliste » de l'objectivité est d'ailleurs celle que nous avons tous plus ou moins spontanément : mon jugement sur tel ou tel objet serait « objectif » quand il correspond bien à l'objet en soi. Une idée, une image ou une perception sont objectives dès lors qu'elles sont semblables à l'objet tel qu'il serait « vraiment », hors de moi. C'est le vieux principe de l'*adequatio rei et intellectus*, de l'adéquation de la chose en soi et de l'image que je m'en forme dans l'intellect.

Kant va bouleverser de fond en comble cette théorie de l'objectivité. Il a lu les empiristes anglais, connaît très bien Berkeley et Hume, et il sait que si l'on pose la question de l'objectivité en termes de rapports à la chose en soi, cela ne tient pas debout : je ne pourrai jamais vérifier que l'objet pour moi – ce que Kant nomme le « phénomène », la chose telle qu'elle m'apparaît – correspond bien à l'objet en soi, et ce pour une raison de fond : je ne peux jamais sortir de ma représentation pour voir l'objet en soi. Par définition, c'est toujours un objet « pour moi », je ne peux pas faire abstraction de mon regard sur le monde, de ma connaissance du monde, et si je définis l'objectivité par un rapport à l'en soi, alors il n'y a plus d'objectivité. Descartes s'en tire par la garantie divine : Dieu étant bon, il me garantit que l'image que je me fais de la table correspond bien à la table en soi, mais cette fameuse garantie n'a rien elle-même d'objectif, elle n'a rien de scientifique (à commencer par le fait qu'elle ne vaudrait, de toute façon, que pour les croyants, que pour ceux qui ont foi en l'idée d'un dieu bon et non trompeur). Kant va donc définir l'objectivité non plus comme une relation entre l'objet pour moi (le phénomène) et l'objet en soi (la chose en soi), mais comme un dépassement de la subjectivité : l'objectif, c'est, si on me permet cette lapalissade seulement apparente, ce qui n'est pas subjectif, ce qui ne vaut pas « que » pour moi, mais aussi pour les autres (universalité).

L'objectivité entendue en ce sens, ce n'est pas l'adéquation à l'en soi, mais le contraire de la subjectivité, au sens de ce qui vaudrait simplement pour moi. Pour prendre un exemple tout bête, mais qui vient de Hume, ce grand empiriste dont Kant dit qu'il l'a « tiré de son sommeil dogmatique », si j'associe la souffrance que j'éprouve quand je me pique le doigt avec une aiguille au fait qu'il y a une lumière au fond de la cour (et non pas à l'aiguille), je me trompe de cause. Il s'ensuit que la liaison entre l'effet et la cause supposée n'est pas bonne : il s'agit d'une mauvaise liaison, purement subjective, qui ne vaut que pour moi. Le fou se livre constamment à de mauvaises liaisons entre les choses au sens où les associations qu'il opère sont purement subjectives. En revanche, si j'associe convenablement l'effet à la bonne cause, la douleur à l'aiguille et non à la lampe au fond de la cour, la liaison vaudra non pas simplement pour moi, mais pour tous les autres (universellement).

Prenons un autre exemple, cette fois-ci un exemple scientifique bien réel, attesté dans l'histoire des sciences. Lorsque Claude Bernard raconte, dans son œuvre majeure, *Introduction à l'étude de la médecine expérimentale*, comment, en observant la présence du sucre dans le sang des lapins, il s'est posé la question de savoir d'où il provenait, qu'elle en était l'origine, il applique bel et bien le principe de causalité : le sucre étant un effet constaté, le savant en cherche la cause, c'est-à-dire qu'il cherche à relier le sucre (il s'agit toujours d'une liaison, d'une synthèse au sens kantien) à une cause qui ne soit pas seulement valable pour lui, mais valable objectivement. Voyons comment il va procéder pour parvenir à une loi vraiment scientifique, c'est-à-dire universelle, objective.

Relier les choses entre elles : l'application du principe de causalité

Comment procède, en effet, un scientifique comme Claude Bernard ? C'est toute la question de ce que Kant appelle le « schématisme », le passage réputé le plus difficile de la *Critique de la raison pure* – réputation fallacieuse, car, à la vérité, la fameuse théorie du schématisme, c'est-à-dire de l'application à l'expérience des concepts purs tels que le concept de causalité, est tout à fait compréhensible et même d'une grande élégance intellectuelle. Oublions le jargon, oublions même le mot savant de « schématisme » et revenons à la chose même.

Quand Claude Bernard s'interroge sur la provenance du sucre dans le sang des lapins, il procède comme tout bon scientifique : il va rechercher la bonne liaison en isolant les différentes variables susceptibles d'expliquer cet effet. C'est la méthode expérimentale. Il va donc se demander si ce sucre vient des aliments (première variable possible), par exemple des carottes que mange le lapin. Après tout, il s'agit d'un aliment sucré et l'hypothèse est plausible. À moins qu'il ne vienne au contraire d'un organe interne au lapin (deuxième variable). Claude Bernard isole alors ces deux variables – l'hypothèse des carottes d'un côté, l'hypothèse interne ou organique de l'autre. Comment s'y prend-t-il ? Il met dans une cage des lapins auxquels il ne donne aucun aliment sucré. Dans ce premier groupe, les malheureux lapins sont donc à la diète. Dans une autre cage, il place des lapins auxquels il donne des aliments extrêmement sucrés. Ensuite, et en leur faisant à tous une prise de sang, il s'apercevra que le taux de sucre est le même, que les lapins soient ou non au régime. D'où le choix de la deuxième hypothèse : le sucre serait fabriqué par le lapin lui-même.

Pour aller à l'essentiel : Claude Bernard découvre finalement que le sucre est fabriqué par le foie. C'est ce qu'on appelle la « fonction glycogénique » du foie. Le savant a ainsi procédé en reliant des phénomènes entre eux (méthode expérimentale : ce que Kant nomme le schématisme, c'est-à-dire les connecteurs, les catégories, déployées et appliquées dans le temps du travail intellectuel de la recherche). Notons au passage en quel sens on perçoit bien, à travers cet exemple, la différence d'avec le monde grec, avec la *théôria* contemplative des Anciens. Le scientifique moderne, en effet, introduit de l'extérieur de la rationalité dans le monde, en l'occurrence dans le monde des lapins et, ce faisant, il produit une loi (la loi sur la fonction glycogénique du foie). En introduisant de la liaison entre les représentations grâce à un connecteur logique (la causalité), il produit par son propre travail intellectuel de l'intelligibilité. Il ne s'agit plus seulement de « voir » le monde (ce à quoi renvoie l'idée ancienne de théorie), mais il s'agit d'en produire activement l'intelligibilité.

Où l'on voit encore en quel sens et pour quelle raison la *Critique de la raison pure* commence par la question, en apparence byzantine, en réalité fondamentale en termes de théorie de la connaissance : « Comment des jugements synthétiques *a priori* sont-ils possibles ? » On voit que ce problème, qui n'a en vérité rien de formel, revient à se demander comment et avec quoi nous relions entre eux les phénomènes ou les faits observés. Réponse kantienne : à l'aide de connecteurs qui sont situés *a priori* dans notre esprit au sens où ils ne sont pas donnés par l'expérience. Ils sont en quelque sorte inhérents à l'esprit lui-même, ils sont à la science ce que les règles d'un jeu, par exemple le jeu d'échecs, sont aux parties réellement jouées.

Les règles du jeu

Poursuivons la métaphore du jeu d'échecs et revenons à la table des catégories, ce fameux moment de la *Critique de la raison pure* prétendument si aride et si difficile à lire. On pourrait dire que Kant y expose en quelque sorte les règles du jeu de la science. Il observe d'abord comment fonctionne la physique de Newton ou encore la logique formelle, laquelle consiste toujours à relier des concepts entre eux, à enchaîner des raisonnements. Un syllogisme est toujours fait de liaisons entre des propositions logiques. En observant le fonctionnement de la science, Kant pourrait être comparé à quelqu'un à qui on soumettrait la difficulté suivante : dégager les règles du jeu d'échecs sans y avoir jamais joué et sans les connaître au préalable. Il s'agit, comme Champollion, de chercher à déchiffrer les codes d'une langue inconnue. Un être intelligent, à condition d'être attentif, finira au bout d'un certain temps par comprendre que le fou se déplace en diagonale, la tour de manière perpendiculaire, etc. Un peu comme Champollion déchiffrant les hiéroglyphes va finir par découvrir le code, les règles du jeu...

Kant ne fait pas autre chose dans la *Critique de la raison pure* : il cherche à découvrir les connecteurs ou les règles *a priori* de ce jeu très sérieux qu'est la science, les principes qui servent à relier entre eux les phénomènes ou les événements pour leur donner du sens. Voilà la tâche principale de cette première *Critique* qui, dans le même temps, ouvre une perspective d'une extraordinaire profondeur sur l'ontologie – perspective dont partira plus tard Heidegger pour poursuivre dans la voie d'une critique radicale des illusions de la métaphysique, notamment de la métaphysique cartésienne. Il s'agit en effet de définir l'objectivité de l'objet, ou comme l'écrit Heidegger dans son jargon, « l'étantité de l'étant ».

En fait, cette question renvoie à un débat qui eut lieu en Suisse, à Davos, à la fin des années 1920, entre Heidegger et un autre grand penseur, Ernst Cassirer. Cassirer était juif et kantien, et il savait déjà que Heidegger allait s'engager du côté du nazisme, ce qui rendait leur débat particulièrement tendu. Levinas, qui assistait en tant que jeune étudiant de Heidegger à cette discussion qui allait devenir l'une des plus célèbres de la philosophie contemporaine, m'a raconté l'événement en détail. Lui-même était du côté de Heidegger et, à l'époque, il s'est moqué de Cassirer comme le faisaient les étudiants – qui organisaient des parodies de leurs professeurs lors de cérémonies qu'on appelait des « revues ». Levinas m'a dit qu'il avait beaucoup regretté, plus tard, d'avoir choisi Heidegger contre Cassirer, qu'il avait eu tort, mais c'est une autre histoire…

Quelle était la question en discussion ? C'était au fond celle de savoir si la *Critique de la raison pure* est avant tout une philosophie des sciences, comme le disait Cassirer, ou une ontologie, comme le prétendait Heidegger. En fait, comme Cassirer était d'ailleurs tout disposé à l'admettre, la *Critique* est indissolublement les deux. Voyez pourquoi : la théorie de l'objectivité que je viens d'évoquer est tout à la fois une théorie des sciences, une « épistémologie », et en même temps une définition de l'Être, de ce qui fait l'objectivité d'un objet. L'espace et le temps, mais aussi les catégories telle que la catégorie de la causalité, sont des éléments qui définissent *a priori* ce que Heidegger appelle « l'étantité de l'étant » et Kant « l'objectivité de l'objet ». Voyez bien pourquoi, ce n'est pas difficile à comprendre : pour être un objet, tout objet quel qu'il soit doit occuper un espace, être situé dans le temps, et posséder une cause : sans ces trois critères, et quelques autres qui figurent dans la table des catégories, une chose ne peut pas exister, elle ne peut pas être une chose. Ces éléments définissent donc bien ce que Heidegger appelle une « précompréhension ontologique », c'est-à-dire une définition *a priori* de ce qui fait qu'un objet est un objet, un étant un étant… Ce qui n'empêche pas, tout au contraire, que la *Critique* soit, d'un même mouvement, aussi une théorie de la science.

Le principe de substance

Considérons une autre règle, un autre connecteur, pour ne pas en rester à la seule causalité et pour que vous ayez une idée quand même un peu plus complète de cette fameuse table des catégories : prenons le principe de substance. De quoi s'agit-il ? Si vous regardez la tour Eiffel d'en bas et de près, vous ne pourrez en voir que successivement les différentes parties : si vous levez les yeux lentement, vous verrez au fur et à mesure des morceaux de tour puis, quand vous arriverez en haut, vous ne verrez plus le bas, et quand vous arriverez en bas, vous n'apercevrez plus le haut. La tour Eiffel, pourtant, ne forme qu'un seul bloc, elle constitue un tout, un ensemble. En fait, nous ne voyons successivement que des fragments de ce tout, mais nous associons, nous relions entre eux ces moments successifs de la perception.

Même chose quand vous êtes tout près d'un mur très long ou d'un autre monument très haut : c'est grâce au principe de substance (connecteur ou règle *a priori* de synthèse, c'est-à-dire de liaison entre les phénomènes) que vous mettrez ensemble toutes leurs parties et que vous posez ainsi que l'objet existe en vérité, objectivement sinon subjectivement, dans sa permanence, dans la simultanéité, hors de la succession de vos perceptions. Le principe de substance, c'est le principe de la simultanéité, de la permanence des choses dans le temps. Par où l'on retrouve au passage le grand principe newtonien de la permanence de la quantité de forces dans l'Univers par opposition à la variabilité des mouvements.

Dans mon exemple, pour nous, c'est-à-dire subjectivement pour celui qui est tout proche et tout en bas de la tour, la tour Eiffel existe seulement dans la succession, en quelque sorte au fur et à mesure que vous levez les yeux. Mais en réalité – c'est-à-dire non plus subjectivement, mais objectivement –, toutes ses parties coexistent, elles constituent un objet cohérent, qui existe non pas dans la succession des perceptions, mais si je puis dire, d'un seul tenant, dans la simultanéité, dans la permanence dans le temps. Pour *réaliser* cet objet qu'est la tour Eiffel, pour poser ensemble, relier toutes ses parties entre elles, il nous a fallu, même si nous n'en avons pas conscience, utiliser un principe de liaison, en l'occurrence le principe de substance.

Tout le propos de Kant est là : dégager ces connecteurs, ces catégories de la science, ces fonctions de synthèse ou de liaison qui viennent de l'esprit humain et permettent, en reliant les phénomènes, de résoudre la question : « Comment les jugements synthétiques *a priori* sont-ils possibles ? », c'est-à-dire : comment les lois scientifiques et objectives sont-elles possibles ? À nouveau, rien n'est donné, tout est construit : nous sommes bien là aux antipodes de la pensée ancienne (stoïcienne, platonicienne ou aristotélicienne), mais aussi aux antipodes de la pensée classique, cartésienne.

Nous disions plus haut que la question de l'objectivité allait se résoudre, non plus par rapport à la chose en soi (par référence, donc, à un dehors de la représentation), mais à l'intérieur même des représentations. C'est ce que la phénoménologie de Husserl, au XXe siècle, appellera, dans son idiome à elle, « la transcendance dans l'immanence ». Cela signifie que l'objectivité des lois scientifiques transcende ma subjectivité personnelle, mais sans que je sorte pour autant de mes représentations, sans que je fasse référence à une chose en soi. C'est parce que la liaison des représentations ou des phénomènes observés est bonne, bien faite selon des règles communes à l'esprit humain, que le fait scientifique (par exemple, la fonction glycogénique du foie) dépasse ou transcende la subjectivité de M. Claude Bernard. Et cela vaut pour tous les biologistes, la loi scientifique s'appliquant universellement et non de manière particulière seulement pour un sujet isolé. La loi scientifique est universelle et nécessaire – elle vaut en tout temps et en tout lieu –, elle n'est ni subjective ni particulière.

Pour bien comprendre cette nouvelle théorie de l'objectivité, il est indispensable de voir plus en profondeur encore en quoi elle s'oppose autant à la tradition cartésienne qu'à la tradition empiriste. C'est là justement tout l'objet de la théorie du schématisme, que nous avons évoquée au passage, mais pas encore suffisamment exposée : et, comme vous allez le voir, elle constitue vraiment le cœur du cœur de cette nouvelle théorie de l'objectivité.

Le schématisme : solution du conflit entre cartésiens et empiristes

Nous avons déjà étudié Descartes, Berkeley et Hume. Pour ceux qui n'en auraient pas le souvenir, tâchons de reprendre, fût-ce très brièvement, les choses à partir de zéro afin que tout le monde comprenne bien ce qu'est « la théorie du schématisme », de prime abord d'autant plus difficile qu'elle se trouve ramassée en trois ou quatre pages, il est vrai à peu près incompréhensibles, dans la *Critique de la raison pure*. Cette théorie est pourtant très puissante et très claire.

Nous venons de voir qu'une loi scientifique est une loi qui s'arrache à la subjectivité, qui n'est donc pas particulière et ne dépend pas de ma seule conviction personnelle. Du coup, elle s'arrache pour ainsi dire aussi au temps, en ce sens qu'elle vaut non seulement pour tout le monde, mais aussi pour toujours : dans la géométrie euclidienne, par exemple, les cas d'égalité des triangles sont encore aujourd'hui enseignés à l'école comme à l'époque d'Euclide. Les vérités scientifiques ont traversé l'histoire et les cultures, elles sont en ce sens atemporelles. Et c'est cela qui va faire problème, qui demande explication. En fait, trois explications différentes vont être proposées : celle de Descartes, celle des empiristes, et celle de Kant, qui va réfuter et dépasser les deux premières.

Les cartésiens, eux, entreprennent de rendre compte du caractère extra-temporel de la vérité en affirmant que Dieu a mis en nous des « idées innées ». Ainsi des idées mathématiques qui font que nous tombons d'accord pour admettre, par exemple, que le plus court chemin d'un point à un autre, c'est la ligne droite, ou que la somme des angles d'un triangle est égale (du moins en géométrie plane classique, non sphérique) à cent quatre-vingts degrés. Et nous pensons, c'est d'ailleurs un fait, que ces vérités transcendent le temps, qu'elles traversent les époques. Selon Descartes et ses disciples, si nous avons des idées universelles et nécessaires qui échappent au temps comme aux aléas de notre subjectivité, c'est grâce à ces fameuses notions communes (ou idées innées) que Dieu aurait créées et qu'il aurait placées dans notre esprit comme dans tous les autres esprits humains (c'est la fameuse théorie cartésienne de la création des vérités éternelles).

L'opposition des empiristes aux cartésiens est totale. L'empirisme forme avec le cartésianisme ce que Kant nomme une « antinomie », une opposition radicale entre deux thèses. Leur principale objection consiste à faire valoir qu'on ne peut pas se représenter des idées « en général » et en dehors du temps. Toutes nos représentations, en effet, tous nos états de conscience, quels qu'ils soient, sont forcément situés en nous, donc dans une conscience tout à la fois particulière et plongée dans le temps. Essayez donc d'imaginer un triangle en général ou de vous représenter un concept général de table ou de chien, vous m'en direz des nouvelles ! C'est impossible ! Nos idées sont forcément subjectives et temporelles puisqu'elles sont dans « ma » conscience, et qu'elles ne peuvent pas être ailleurs. Si j'imagine un triangle, il est « dans ma tête », et il aura forcément une forme et une taille particulières. Pareil pour la table ou le chien : ce sera un chien-loup, un cocker, un épagneul, etc., mais certainement pas un « chien en général », notion vague qui est parfaitement irreprésentable. Pour les empiristes, il n'y a donc de représentations qu'immanentes à ma conscience subjective, laquelle est toujours particulière et située dans le temps. Par conséquent, « mon » triangle est forcément dans le temps, puisque ma pensée l'est également (ce que Kant appelle « le sens interne »).

Kant pense que les empiristes ont évidemment raison, du moins sur le plan psychologique, sur le plan de la description réelle du fonctionnement de l'esprit. Mais, cela pose un fameux problème, celui du scepticisme : car dans ces conditions, si toutes nos idées sont à la fois particulières et temporelles, comment prétendre encore qu'il existe des lois universelles, des lois scientifiques dépassant le temps et la subjectivité pour accéder à l'objectivité ? Si ces lois ne sont nulle part ailleurs que dans une conscience humaine particulière, dans la conscience de Claude Bernard ou de Kant, comment peuvent-elles prétendre à la vérité universelle ? Accorder l'objection empiriste, n'est-ce pas concéder qu'elles sont nécessairement particulières, subjectives et temporelles, et, dans ces conditions, n'est-ce pas aussi accepter les conclusions sceptiques auxquelles finissent toujours par parvenir les empiristes pour lesquels la science n'est qu'une croyance subjective parmi d'autres ?

Le schématisme comme solution de l'opposition entre cartésiens et empiristes

Comment résoudre ce problème, lequel conduit tout droit au relativisme sceptique puisque, du coup, tout serait subjectif et rien ne serait universel ni objectif (chez Hume, comme je viens de le rappeler, même la science est une croyance parmi d'autres : comme on a observé cent fois que l'eau se met à bouillir autour de cent degrés, on attend qu'elle en fasse autant à chaque fois, mais cette attente n'est qu'une croyance empirique, purement subjective, sans fondement certain) ? Kant va résoudre cette antinomie entre cartésiens (nos idées sont innées) et empiristes (nos idées sont purement subjectives, particulières et temporelles), par la théorie du schématisme.

Qu'est-ce que le schématisme ?

C'est la théorie selon laquelle les concepts – et cela renvoie à ce que je vous ai exposé dès le début de ce chapitre –, ne sont pas des images passives, des « idées », mais tous, sans exception, des *pratiques* intellectuelles, des *activités de l'esprit*, et non pas des états de conscience au sens où il s'agirait de représentations générales, comme si le concept de table ou de chien était une idée vague : une table un peu floue ou un chien un peu général – on voit d'ailleurs assez mal ce que cela pourrait vouloir dire (en quoi les empiristes ont évidemment raison).

Mais de quelle activité de l'esprit s'agit-il au juste ? Et comment peut-on, grâce à cette conception nouvelle de l'esprit comme pratique, comme travail, dépasser le scepticisme de Hume et des empiristes ?

Le schématisme, c'est justement la mise en action, la mise en pratique intellectuelle de ces connecteurs qui, on l'a vu avec le concept de causalité comme avec celui de la substance, permettent de relier entre eux les événements.

Reprenons, sous cet angle, l'exemple du principe de causalité et tout va enfin devenir clair. Ce dernier ne renvoie nullement à une idée de la causalité en général et, sur ce point, encore une fois, Kant donne raison aux empiristes : c'est impossible mentalement, psychologiquement, il n'y a pas plus de cause en général que de chien ou de table en général. Non, le concept de causalité renvoie en réalité à une pratique, à un travail, à un travail intellectuel, dans notre exemple, à la pratique de Claude Bernard dans son laboratoire, à l'activité scientifique très concrète d'un individu particulier qui place des lapins dans des cages, leur donne à manger, fait des prises de sang, bref, isole des variables et met pour ainsi dire en actes la méthode expérimentale. En d'autres termes, la recherche scientifique est bien une activité particulière, concrétisée dans le temps et dans l'espace. C'est cela, le principe de causalité transformé en schème, mis en œuvre et en acte. On peut, bien sûr, le formuler abstraitement, de même qu'on peut abstraire les règles du jeu d'échecs pour les écrire dans une notice explicative. On peut donc affirmer : le principe de causalité est ce principe selon lequel tout effet a une cause. Ou encore : le fou, sur l'échiquier, se déplace en diagonale. Mais la vérité, c'est que les règles ne sont alors, sous cette forme, que des abstractions et, dans la réalité, il n'existe rien d'autre que des parties d'échecs particulières se déroulant dans le temps et dans l'espace. De même, le principe de causalité n'existe-t-il nulle part ailleurs que sous forme de « schème », c'est-à-dire de pratique du scientifique qui se livre à une expérience concrète.

Prenons un autre exemple, qui sera peut-être plus parlant encore : le concept de triangle. Le concept de triangle n'est pas, contrairement à ce que croient les cartésiens, une idée innée, une sorte d'image générale, du reste impossible même à se représenter. Encore une fois, les empiristes ont raison sur le plan psychologique du fonctionnement de l'esprit humain : dès que je pense à un triangle, je m'en fais forcément une image particulière et temporelle – celle d'un triangle isocèle, rectangle, etc., de telle taille, et qui est situé dans le temps de ma conscience. Le schème, c'est tout autre chose, c'est le concept en quelque sorte très concrètement mis en pratique dans le temps. Qu'est-ce que cela veut dire ? Tout simplement ceci, qui est tout à fait clair : le concept de triangle mis en pratique, c'est-à-dire le « schème » du triangle, ce n'est pas une image générale et floue, mais la suite des opérations auxquelles je me livre dans le temps, au fil, donc, d'une activité particulière qui consiste à se saisir d'une règle, d'un crayon et d'un compas pour tracer un triangle concret sur une feuille de papier. C'est bien moi qui le fais et personne d'autre : les opérations et les actes au fil desquels je parviens à construire le triangle, à en tracer l'image sur ma feuille de papier, se déroulent bien dans le temps et dans la particularité de ma conscience. Et le triangle que je dessine est bien un triangle particulier et situé lui aussi dans le temps : les empiristes ont raison. Mais ce qu'ils ne voient pas, c'est que, pour autant, les règles de construction du triangle, de tous les triangles, sont, elles, bel et bien universelles : elles sont les mêmes pour tous les êtres humains, en tout temps et en tout lieu ! Ce sont ses règles elles-mêmes qui échappent au temps, comme les règles du jeu d'échecs valent pour toutes les parties d'échecs particulières et temporelles ! Ce sont elles qui donnent aux vérités scientifiques leur universalité, ce sont elles qui nous permettent d'échapper au scepticisme de Hume. En ce sens, le concept de triangle n'est ni une idée générale (Descartes) ni une image particulière (Hume), mais c'est un *schème*, c'est-à-dire une règle ou une méthode de construction des lois scientifiques valable pour tous les hommes, en tout temps et en tout lieu et pour tous les triangles. Cette méthode de construction, qui n'est pratiquée que dans l'espace et le temps par la subjectivité du savant, n'en est donc pas moins universelle, nécessaire et hors du temps : toute construction de triangle obéira aux mêmes règles, mais elle aboutira toujours à la construction d'un triangle particulier, situé dans le temps et dans la subjectivité d'un mathématicien (fût-il, comme nos élèves, un mathématicien en herbe). Même chose pour le jeu d'échecs : toutes les parties jouées dans la réalité sont situées dans l'espace et le temps, et elles sont toutes particulières, différentes les unes des autres, mais les règles qu'elles mettent en pratique sont les mêmes pour tous, en tout temps et en tout lieu. CQFD !

Pour me résumer encore une fois, les concepts ne sont ni des idées innées, ni des images particulières, mais des connecteurs mis en œuvre pratiquement : penser, c'est agir intellectuellement et c'est là l'essence de la révolution kantienne, qui ouvre l'espace de la modernité. Il n'y a pas de différence entre théorie et praxis. La « raison pratique » est derrière la « raison théorique », ne cesse de dire Kant : la pensée est une praxis de l'intelligence. Mais les liaisons qu'opère le savant entre les phénomènes et les événements vaudront, quant à elles, pour tous les autres et en tout temps (si elles sont bien faites, évidemment). C'est en ce sens très profond que rien n'est donné, que tout est construit. De la même manière, il n'y a que des parties d'échecs particulières et temporelles, mais les règles du jeu d'échecs, elles, sont identiques pour tous les joueurs. Lorsque Kant écrit : « le schème, c'est le concept + le temps » ou « la catégorie + le temps », évidemment, on ne comprend guère à première vue de quoi il retourne. Dis comme ça, ça semble très abstrait, dénué de sens. Mais une fois qu'on comprend comment la théorie du schématisme résout l'antinomie du cartésianisme et de l'empirisme, on voit très clairement ce que cela veut dire, à savoir que le schème désigne un concept (une catégorie ou un connecteur) mis intellectuellement en pratique et appliqué dans le temps – comme c'est le cas de Claude Bernard appliquant la méthode expérimentale avec ses lapins ou du mathématicien traçant son triangle sur une feuille. La règle ou la méthode de construction du triangle n'en restent pas moins, elles, universelles et ne relèvent pas de leur subjectivité : elles sont les mêmes pour tous les mathématiciens.

Voici donc comment Kant entreprend de fonder une nouvelle théorie de l'objectivité. Cette théorie permet à la fois de répondre à l'exigence cartésienne selon laquelle la loi scientifique échappe au scepticisme et au relativisme : elle vaut hors du temps, pour tous les êtres humains. Une fois une vérité découverte, dira Bachelard, elle est « sanctionnée », elle sort de l'histoire, d'une certaine manière. Et quand on la remet en cause, c'est toujours pour en conserver un aspect. Quand Einstein remettra en cause la physique de Newton, il ne la détruira pas : la physique de Newton sera intégrée dans la mécanique relativiste, conservée à un certain niveau, au niveau macro-physique. Dans le même temps, la théorie kantienne de l'objectivité répond aussi à l'objection des empiristes : la science et les lois scientifiques, universelles et nécessaires, n'existent que dans la pratique particulière et temporelle du savant. C'est par abstraction ou par réflexion qu'on les « sort », en quelque sorte, de cette pratique temporelle, comme on sort les règles du jeu d'échecs pour les mettre noir sur blanc, les transmettre aux autres et publier des travaux savants sur leur maniement.

Voilà comment le problème de l'objectivité est résolu par Kant. La formule de Husserl – la « transcendance dans l'immanence » –, se révèle à cet égard bien choisie puisque la transcendance de l'objectivité se trouve ici fondée dans l'immanence à la subjectivité. La loi scientifique vaut pour tous, elle me transcende : que la ligne droite soit le plus court chemin d'un point à un autre n'est pas une affaire de goût ou de préférence personnelle, sujette à discussion. Dans le même temps, cette proposition n'est inscrite nulle part ailleurs que dans ma conscience. Ce n'est pas en usant d'un argument d'autorité qu'on obtient une loi scientifique, c'est en la pratiquant soi-même et en la soumettant à la discussion publique, au dialogue entre les savants.

La théorie des idées et la critique de la métaphysique

Abordons maintenant la troisième partie de la *Critique*, le troisième étage de la fusée : la théorie des idées, c'est-à-dire des illusions de la métaphysique. Nous avons vu comment l'objectivité se fondait sur la synthèse des représentations données par les intuitions sensibles. Ainsi que le remarque Kant, si les concepts sans intuitions sensibles sont vides, les intuitions sans concept sont aveugles : sans ces connecteurs qui vont les relier entre elles et donner du sens à ce que nous percevons, elles ne nous livreraient qu'une poussière d'images, qu'un chaos dénué de sens (et non un cosmos, comme chez les Anciens). Comment la critique de la métaphysique, qui est sans doute le passage le plus profond de la première *Critique*, celui qui va marquer définitivement la philosophie contemporaine, via Schopenhauer et Heidegger notamment, va-t-elle s'articuler avec cette nouvelle conception de la science et de l'objectivité ? Et d'abord, qu'est-ce, selon Kant, qu'une Idée de la raison, et pourquoi est-ce à ses yeux toujours une illusion ?

Autant les *concepts de l'entendement (Verstand)* permettent de construire un discours objectif et scientifique, autant les Idées, produites par cette étrange faculté qu'est la *raison (Vernunft)* nous mènent dans les illusions métaphysiques les plus fallacieuses. À première vue, on pourrait même dire que les Idées paraissent totalement absurdes, et que la métaphysique semble si folle qu'elles en sont presque incompréhensibles.

Voyons pourquoi en reprenant l'exemple du débat sur les prétendues preuves de l'existence de Dieu.

Le débat sur la preuve « ontologique » de l'existence de Dieu

Le principal argument métaphysique en faveur de l'existence de Dieu, c'est bien sûr ce fameux « argument ontologique », dont la formulation remonte à saint Anselme mais que l'on retrouve sous différentes formes chez tous les cartésiens. Cet argument consiste, comme je l'ai indiqué déjà plus haut, à tenter de déduire l'existence de Dieu de la simple analyse de son concept.

Comme l'explique Descartes (qui confère à cette pseudo-démonstration sa formulation moderne), j'ai l'idée d'un être infini et absolu, d'un être qui possède par conséquent, puisqu'il est infini, toutes les qualités, tous les attributs ou, comme disent les logiciens, tous les prédicats. Or, l'existence est sans conteste possible une qualité éminente ; j'ai donc en mon esprit le concept d'un être qui, ayant toutes les qualités, a aussi, forcément, celle d'exister. CQFD !

Voyez qu'en ce sens, l'argument prétend bel et bien déduire l'existence de Dieu de la simple analyse de son concept, de sa seule définition. Kant tient que cet argument – dont nous allons voir qu'il va bien au-delà d'une simple preuve de l'existence de Dieu, mais qu'il structure en vérité toute la métaphysique classique – est absurde, totalement illusoire et ce pour une raison simple : on ne saurait jamais déduire d'un concept l'existence de quoi que ce soit. Vous pourrez définir autant que vous voudrez le concept de chien, cela ne fera jamais exister le moindre chien pour autant ! Pour accéder à l'existence, il faut toujours passer par une expérience réelle, il faut passer par l'intuition sensible, par la perception – pas moyen de faire autrement. Or Dieu, par définition, n'est pas un objet d'expérience, il ne peut pas être donné par une perception sensible.

Les partisans de l'argument ontologique lui répondront en substance qu'ils sont d'accord pour le chien, mais pas pour Dieu. L'argument de Kant leur paraît évidemment valide pour les concepts empiriques : en effet, on peut définir un chien ou une table aussi bien qu'on voudra, ça ne les fera certainement pas exister : l'existence n'est pas, en l'occurrence, déductible du concept. Mais pour Dieu, c'est différent, c'est l'exception qui confirme la règle, car c'est le seul être qui comprend toutes les qualités, parmi lesquelles l'existence, d'où il s'ensuivrait que Dieu existe.

Nous nous trouvons ici dans un parfait dialogue de sourds. Pour vous dire à quel point c'est bien le cas, je me souviens qu'un de mes professeurs à la Sorbonne, Ferdinand Alquié, un grand cartésien, trouvait l'argument ontologique bel et bon et fort mauvaise la critique kantienne. Je pense évidemment l'inverse et, même si je n'avais pas en tête l'argumentation kantienne, dont vous allez voir qu'elle est à l'évidence implacable, j'aurais quand même un doute sur l'idée de preuve de l'existence de Dieu et ce pour une raison de bon sens : si on pouvait vraiment prouver qu'il existe, depuis le temps, ça se saurait ! Au demeurant, les religions n'auraient plus besoin de la foi, ce qui serait leur faillite assurée : on n'a, par définition, pas besoin de croire en ce qui est démontré de sorte que si on démontrait vraiment l'existence de Dieu, le cœur de la religion, à savoir la foi, serait liquidé.

Mais voyons en quoi consiste plus précisément la critique kantienne de ce pseudo-argument qui sous-tend secrètement toute la métaphysique classique et fonde toutes ses illusions. Kant concède volontiers aux cartésiens que, oui, nous avons bien l'idée d'un Dieu et même celle de son existence. D'ailleurs, personne ne le conteste, tout le monde a l'idée de Dieu, y compris les athées. La preuve ? Ils ne seraient pas athées s'ils n'avaient pas l'idée de Dieu ! Quand je dis « Dieu n'existe pas », c'est bien que j'en ai l'idée. Kant concède même volontiers que dans l'idée de Dieu, il y a bien aussi celle selon laquelle il possède, en tant qu'être infini, toutes les qualités, tous les attributs et parmi eux, bien évidemment aussi, l'existence. Oui mais, ainsi poursuit Kant, entre l'idée d'un être qui existe nécessairement et l'existence de cet être, il y a un abîme qui s'appelle justement l'existence elle-même ! Le fait que je possède l'idée d'un être qui existe nécessairement ne veut pas dire pour autant qu'il existe bel et bien nécessairement, car cette nécessité reste elle-même tout idéelle. Nous avons certes l'idée d'un être qui existe nécessairement, mais l'accent, ici, tombe sur le mot « idée », pas sur le « nécessairement ». Une existence nécessaire en pensée n'est toujours pas une existence nécessaire en réalité.

Ainsi fonctionne la *Critique de la raison pure* : on commence par la finitude, par l'expérience, et on ne peut jamais en sortir. Ainsi que Kant le répète à satiété, nous ne pouvons pas avoir de connaissances qui dépassent le cadre de l'expérience spatio-temporelle : l'existence n'est jamais déductible d'un concept, fût-il celui de Dieu. Seule l'expérience nous donne accès à l'existence de sorte que, même s'agissant du concept d'un être nécessaire, il est tout aussi impossible de tirer son existence d'une simple définition que de tirer un lapin d'un chapeau – pourtant, comme dans le cas de la métaphysique, le magicien donne l'illusion que ça marche et c'est cette illusion qu'il faut percer à jour, comme on apprend à démonter les tours d'un prestidigitateur...

Déconstruire les illusions de la métaphysique

Quelle sera alors l'étape supérieure ? Kant se livre à une entreprise intellectuelle que je tiens pour réellement géniale, sans doute la plus puissante de toutes celles avancées dans la *Critique de la raison pure*. Il s'agit de la déconstruction de la métaphysique. Kant entreprend, dans cette dernière partie de l'œuvre, de déconstruire les trois grandes illusions, les trois grandes idées de la métaphysique classique : d'abord le *cogito* cartésien, c'est-à-dire l'idée illusoire d'un sujet absolu qui serait parfaitement transparent à lui-même ; puis l'idée de savoir absolu, de connaissance complète ou de science achevée (omniscience), idée qui anime la métaphysique, notamment quand elle prétend parvenir à des certitudes sur les principes premiers et derniers de l'Univers, sur l'origine du monde ou sur la fin de l'Histoire (on retrouve aujourd'hui encore de telles illusions quasiment intactes dans certains commentaires de la théorie du Big Bang) ; enfin, la troisième illusion, la troisième idée illusoire est celle de Dieu, l'Être suprême constituant la synthèse des deux premières idées, celle du sujet absolu et celle de l'omniscience : Dieu serait l'être absolu, le sujet ultime qui aurait tout compris et tout rationalisé, qui disposerait de la science achevée – ce que Hegel appellera le « savoir absolu ».

On voit ici de manière concrète, appliquée à la déconstruction des illusions de la métaphysique, comment, au nom de l'expérience (puisque nous partons toujours de la finitude humaine), Kant relativise l'absolu : il déconstruit les Idées illusoires de sorte qu'en fin de parcours, ce n'est plus l'homme qui est, comme chez les cartésiens, relativisé par rapport à Dieu, mais c'est Dieu qui est relativisé par rapport à l'homme : l'Être suprême se réduit à n'être plus qu'une idée de la raison, une représentation de la subjectivité humaine, et rien de plus. Cela n'empêche du reste pas Kant d'être croyant, bien au contraire : c'est parce qu'il démontre que Dieu n'est pas démontrable que ce dernier peut redevenir pleinement objet de foi. Reste que sa déconstruction de la métaphysique est à l'origine de toutes celles qui vont suivre et, dans sa radicalité, elle n'a rien à envier à celles des philosophes contemporains comme Schopenhauer, Nietzsche et Heidegger. Car la démarche de Kant va à la racine de l'illusion métaphysique. Sa déconstruction part des structures de la finitude (l'espace et le temps, la sensibilité) dont il démontre le caractère indépassable. Ce n'est d'ailleurs pas pour rien que Heidegger consacrera son premier grand livre à Kant, notamment à travers ce qu'il appelle « l'analytique de la finitude », c'est-à-dire l'analyse des structures indépassables de la finitude humaine que constituent l'espace et le temps. Et quand même nous aurions une pensée de l'infini, ce qui est le cas s'agissant de l'idée de Dieu, cette pensée se trouve relativisée par les cadres de la finitude : elle n'est jamais qu'une idée, pas un concept scientifique objectif. Que Dieu devienne une simple idée de la raison implique aussi qu'il faudra passer par la foi pour qui veut lui donner une réalité.

Quand les idées métaphysiques conservent malgré tout un sens

Mais Kant ne s'arrête pas là et il apporte un complément grandiose à la déconstruction qu'il met en place, complément qui fait, à mes yeux, toute la profondeur de sa pensée, y compris si on la compare aux déconstructions de la métaphysique opérées plus tard par Nietzsche ou Heidegger.

En effet, une fois les idées métaphysiques déconstruites et réduites au rang d'illusions de la raison (illusion d'un sujet absolu, illusion du savoir absolu, illusion d'une preuve de l'existence de Dieu), les idées n'en conservent pas moins, sinon une vérité objective, du moins une signification. Certes, nous dit Kant, elles n'ont aucune vérité objective. Mais si l'idée de Dieu, par exemple, n'est qu'une simple idée de la raison, elle conserve néanmoins un sens pour penser deux grands problèmes humains, à la manière d'une sorte d'arrière-plan ou, pour reprendre la formule de Kant, de « foyer imaginaire » ou de « principe régulateur » pour la réflexion.

Ces deux grands problèmes sont ceux du progrès scientifique et des critères de la beauté. Pourquoi ? À première vue, ils n'ont pourtant aucun lien avec l'idée de Dieu et pourtant, comme on va voir, ils ne cessent de l'évoquer sans même s'en rendre compte.

Il s'agit d'abord de résoudre l'antique question que pose le progrès scientifique : où sont les vérités quand on ne les a pas encore découvertes ? Il y a toutes sortes de vérités restant à découvrir, mais où sont-elles logées en attendant que le savant ne les découvre ? Sans y prendre garde, on ne peut pas s'empêcher de penser un point de vue vers lequel tendent toutes les connaissances : le point de vue d'un système complet ou d'une science achevée. Raison pour laquelle Kant parle de « foyer imaginaire ». L'idée de progrès scientifique signifie bel et bien que nous avons « progressé », donc avancé en quelque façon vers un terme ultime. Mais réfléchissons : vers quoi progresse-t-on, sinon vers un idéal – l'idéal de la science achevée, du savoir absolu, de l'omniscience, de la réconciliation de toutes les théories scientifiques ? Quand on oppose la théorie ondulatoire à la théorie corpusculaire de la lumière, ou la mécanique quantique à la mécanique d'Einstein, on imagine toujours qu'une théorie supérieure sera un jour découverte, qui permettra de réconcilier les thèses en vigueur à un moment donné, ce qui constituera effectivement une avancée. En quoi le progrès scientifique ne peut être pensé comme tel, comme progrès, que par rapport à une idée, l'idée de Dieu, l'idée d'un savoir absolu au sein duquel toutes les théories scientifiques se trouveraient réconciliées entre elles dans une systématicité harmonieuse.

Kant annonce ici un thème fameux, repris plus tard par Nietzsche et Heidegger, selon lequel il y a toujours une dimension métaphysique dans la science : le savant a toujours, cachée quelque part en lui, l'idée de Dieu, même quand il est radicalement athée ! Il y a en quelque sorte une « métaphysique spontanée des savants » qui explique pourquoi la fameuse question « Dieu et la science » revient sans cesse, et ce n'est pas un hasard, sur le devant de la scène. Bien entendu, le croyant dira : « Voyez comme le progrès scientifique confirme ma croyance ! », ce qui est à la limite absurde, car par définition, le savoir ne peut jamais confirmer une croyance (s'il la confirmait, elle cesserait d'exister comme telle pour devenir une certitude). Il faut, par méthode, rester complètement agnostique en matière de science : aucune science ne prouvera jamais l'existence de Dieu (Kant a raison), mais dans le même temps, on ne peut justement pas être scientifique sans avoir, en arrière-fond, non pas la croyance en Dieu, mais l'idée de Dieu. Sans cette idée, on ne pourrait pas même penser la notion de progrès des connaissances, idée qui suppose en filigrane celle d'une science achevée, d'un savoir absolu, c'est-à-dire une certaine représentation du divin, même si l'on sait pertinemment que ce savoir est illusoire.

C'est un des aspects fondamentaux de la recherche scientifique que d'être constamment au bord de la métaphysique. Ainsi, quand un biologiste dogmatique prétend avoir découvert les « fondements naturels de l'éthique », il croit être dans la science. En vérité, il est en plein dans la métaphysique, car il ne cherche rien d'autre qu'un fondement ultime à nos valeurs (fondement matérialiste qu'il ancre dans des processus biologiques) et qui, en l'occurrence, jouera exactement le même rôle que Dieu dans la théologie cartésienne. On fera jouer ici à la structure neuronale le même rôle qu'à Dieu dans la théologie de Descartes ou de Leibniz. Kant pointe donc très bien cette tentation métaphysique de la science dont il montre à la fois l'illégitimité en termes de vérité objective (la science ne prouvera jamais l'existence de Dieu, elle ne trouvera jamais aucun fondement ultime) et la légitimité en termes de signification (oui, il y a bien un sens à faire référence, non pas à l'existence de Dieu, mais à l'idée de Dieu ou à l'idée de fondation ultime dans le travail scientifique). La profondeur de cette déconstruction des illusions métaphysiques ne doit pas nous échapper : elle revient à dire que si les idées de la métaphysique sont bien des illusions (elles n'ont aucune vérité), elles conservent néanmoins un sens *après leur déconstruction.*

Penser la beauté

En quel sens, et c'est là le deuxième problème que j'évoquais tout à l'heure, l'idée de Dieu nous sert-elle à penser, non pas seulement le progrès scientifique, mais l'expérience de la beauté ? Pour le comprendre, il faut garder à l'esprit le fait que dans l'entendement divin, dans l'esprit de Dieu – si tant est qu'on puisse parler d'une telle entité –, la sensibilité et le concept seraient enfin parfaitement réconciliés.

Selon la théologie classique, Dieu est omniscient. Il voit et il sait tout, ce qui veut dire qu'il n'y a plus, pour lui, de sensibilité opaque et incompréhensible : de son point de vue, le monde est de part en part intelligible, Dieu n'est pas limité par l'espace et par le temps, par l'opacité du monde. Dieu serait celui en qui sensibilité et entendement, sensible et intelligible, esprit et matière, forme et contenu, etc. seraient par conséquent pleinement réconciliés, fondus pour ainsi dire l'un dans l'autre.

Or, l'œuvre d'art n'est rien d'autre qu'une sorte de réconciliation quasi miraculeuse du sensible et de l'intelligible. Quand j'écoute un prélude de Chopin ou un choral de Bach, c'est un peu comme si une histoire était racontée à un enfant : il y a un début, un développement et une fin, il y a manifestement des idées et des émotions, une sorte de logique du phénomène musical, ce que les musiciens appellent le « phrasé ». On sent bien que la mélodie est triste ou joyeuse, vivante ou au contraire mortelle, qu'il s'agit d'une prière ou d'un chant d'amour. Pourtant, la musique ne véhicule pas de concepts à proprement parler, elle ne comporte que du sensible, du matériel, des vibrations sonores, mais tout se passe comme si ce sensible, ce matériel, faisait signe de lui-même vers de l'intelligible, comme s'il faisait sens : c'est cette étrange réconciliation du sensible et de l'intelligible qui évoque en nous l'idée du divin.

C'est ainsi que, comme le savant, l'artiste est toujours en contact avec Dieu, même quand il l'ignore et qu'il est athée. L'art incarne la réconciliation du sensible et de l'intelligible, une conception que reprendront, après Kant, les grands romantiques allemands. L'œuvre d'art est une sorte de présentation *(Darstellung)* de cet idéal que représenterait le divin en termes d'harmonie du sensible et de l'intelligible. Elle est indissolublement sensible et intelligible, elle donne du sens, de l'intelligible, alors qu'elle n'est pourtant que matérielle et sensible. L'exemple de la musique est sans doute le plus parlant, mais il en va de même dans les autres arts, par exemple pour la peinture : il ne s'agit jamais que d'un pur matériau, de la croûte de couleurs posées sur une toile, mais le moins qu'on puisse dire est que l'art pictural ne cesse, lui aussi, de mettre en scène des idées. Là encore, nous avons, sans concept, du sensible qui se fait de lui-même intelligible. Le Beau est ce qui plaît universellement sans concept, écrit Kant. Si nous n'avions pas en nous l'idée de Dieu, le plaisir qu'on éprouve à la contemplation d'une œuvre d'art ne serait pas le même.

Qu'est-ce que les Lumières ?

Un mot, pour conclure, sur ce basculement civilisationnel que représente la révolution des Lumières.

À la question « Qu'est-ce que les Lumières ? », Kant répond, pour l'essentiel, qu'elles consistent à nous faire sortir de l'enfance, de l'« état de minorité », de l'obscurantisme et des fausses sciences qui asservissent les humains et les maintiennent dans une espèce d'infantilisme. Par-delà cette première approche, les Lumières représentent un projet de civilisation et un immense dessein politique (au sens non politicien du terme) : derrière la lutte contre l'animisme du Moyen Âge, la superstition, l'alchimie, bref, derrière le combat contre l'obscurantisme auquel renvoie la métaphore des Lumières, il y a l'audace de l'adulte qui, enfin libéré, « ose savoir » – *sapere aude*, lui dit Kant ! Les penseurs des Lumières ne prétendent pas simplement apporter un progrès dans l'ordre de la connaissance. L'idéal qui les anime vise à rendre aussi les hommes à la fois plus *libres* et plus *heureux* : liberté et bonheur, émancipation et bien-être de l'humanité, voilà ce vers quoi tend l'idée de progrès qui anime en profondeur le XVIIIe siècle. Plus libres intérieurement, parce que bientôt débarrassés des chaînes de la superstition ; et plus libres extérieurement, parce que capables de maîtriser la nature et de l'utiliser pour la soumettre aux fins de l'humanité – à l'époque, on n'est guère écologiste : la nature, c'est l'ennemi, c'est le tremblement de terre de Lisbonne qui, en 1755, fait entre 50 000 et 100 0000 victimes.

Toute la politique moderne, droite républicaine et gauche démocratique confondues, communiera dans cet optimisme du progrès. Il faudra attendre une catastrophe majeure dans le cours de l'histoire occidentale – le nazisme – pour ouvrir véritablement une brèche dans cette conviction. L'image du nazi cultivé qui torture sa victime en écoutant Schubert ou Beethoven soulèvera en termes inédits la question du progrès, elle fera peser un terrible soupçon sur les Lumières : le progrès de la raison, des sciences et des techniques renvoie-t-il véritablement à un progrès dans la civilisation ? La barbarie recule-t-elle forcément parce que les Lumières avancent ? La nation la plus civilisée du monde, l'Allemagne, n'apporte-t-elle pas un démenti terrible à cet optimisme ? Dans le même sens, hélas aussi, les fanatiques religieux contemporains comptent moins de « damnés de la terre » que d'individus munis d'un doctorat ou sortis des universités américaines.

La philosophie contemporaine sera donc plus pessimiste, plus tragique, davantage animée par la problématique de l'absurde ou de l'angoisse. L'écologie viendra y ajouter sa critique de l'idée de progrès, de sorte que l'optimisme des Lumières, avec ses belles idées indissolublement républicaines et scientistes, pour sympathique qu'il puisse paraître, nous semble aujourd'hui un peu lointain. Peut-on vraiment établir un lien indissociable entre progrès des connaissances et progrès de la civilité, progrès des sciences et progrès de la morale et de la politique ? Telle est sans doute la plus grande question philosophique, encore non résolue, qu'adresse la fin du XXe siècle à l'héritage des Lumières. À vrai dire, il n'y a aucune raison véritable de céder au pessimisme. Simplement, nous ne vivons plus au temps de Kant. Nous entrons aujourd'hui, je tenterai de vous expliquer comment et pourquoi, dans un nouvel humanisme, qui n'est plus celui des Lumières, du droit et de la raison, si grandiose fût-il, mais qui apporte des valeurs nouvelles et qui, lui aussi, mais pour d'autres raisons, nous invite à ne pas désespérer de l'être humain, quels que soient ses côtés obscurs.

12

ROUSSEAU ET TOCQUEVILLE

L'invention de la démocratie moderne

Nous allons aborder aujourd'hui les œuvres de deux philosophes politiques majeurs que je tiens pour les deux plus grands penseurs de la démocratie moderne : Jean-Jacques Rousseau et Alexis de Tocqueville. Rousseau est né en 1712 et il est mort en 1778 : c'est, comme nous allons le voir, un intellectuel tout à fait à part parmi les autres grands philosophes du XVIIIe siècle, ce siècle des Lumières optimiste et progressiste au sein duquel il constitue une exception. Tocqueville, lui, appartient au XIXe siècle, mais tous deux vont élaborer des analyses qui nous parlent encore aujourd'hui, qui sont même à mes yeux tout à fait indispensables à la compréhension du temps présent.

ROUSSEAU ET LA DÉMOCRATIE DIRECTE

Commençons par Rousseau, qui occupe une place très particulière au siècle des Lumières par la dimension paradoxalement tout à la fois hypermoderne et pourtant déjà antimoderne de son œuvre. Hypermoderne, parce qu'il fut un des pères spirituels de la Révolution française ; antimoderne, parce qu'il deviendra un des grands inspirateurs du romantisme qui s'est développé en réaction à la Révolution et aux Lumières. Le mot « romantisme » est à entendre ici, non pas au sens ordinaire où on parle d'une « histoire d'amour romantique » pour désigner une aventure sentimentale, mais au sens philosophique et politique, comme la première réaction d'hostilité au monde moderne, démocratique et industriel – réaction animée par une volonté proprement nostalgique de retourner en arrière, vers un âge d'or, vers des paradis perdus par la modernité. Le romantisme en politique et en philosophie, ce n'est pas l'éloge de la passion amoureuse, mais plutôt l'esprit « réactionnaire », l'esprit de la « Restauration ».

Rousseau représente donc un paradoxe à lui seul, lui qui fut un des penseurs les plus éminents de ce qu'on appellerait aujourd'hui la « démocratie participative », un partisan de la démocratie directe contre le régime représentatif ou libéral et, en même temps, par certains côtés à tout le moins, un des maîtres à penser de cette réaction contre la modernité philosophique et politique portée notamment par les romantiques suisses et allemands. Rousseau, il ne faut jamais l'oublier, est d'abord un Suisse protestant, un citoyen de Genève qui s'est converti par accident au catholicisme mais qui restera toute sa vie protestant de cœur. Il préfère infiniment la nature sauvage à la ville, la campagne à Paris. À la différence de Voltaire, son frère ennemi, son contre-modèle, il déteste la vie parisienne, avec son luxe et sa civilité, son esprit de cour et ses vanités. C'est aussi en ce sens qu'il est bien l'un des premiers romantiques et nous allons voir que sa conception de la démocratie, même si elle influença ces Modernes que sont les révolutionnaires français, porte très largement l'empreinte du monde ancien, de la démocratie directe telle qu'elle fut conçue en Grèce, singulièrement dans l'austère cité de Sparte.

Allons plus loin : Rousseau pose, à travers toute son œuvre, une question d'une ampleur inédite, une question qu'il est le seul à poser à son époque et qui resurgira, au XXe siècle, de manière profonde et tragique, avec le nazisme : les progrès des mœurs, des Lumières, de la raison et de la Civilisation avec un grand « C », celle dont on pense au XVIIIe siècle qu'elle se réduit d'évidence à l'Europe, vont-ils véritablement de pair avec le progrès moral et politique ? Aux yeux de Rousseau, déjà, rien n'est moins certain...

Les progrès de la Civilisation mis en doute

En 1750, dans son *Discours sur les sciences et les arts*, qui souleva une violente querelle, Rousseau formule l'idée selon laquelle tout ce qu'a développé la civilisation moderne – les mondanités, le luxe et la richesse, en passant par les avancées des sciences et des arts (des techniques) –, ne constituerait pas un progrès spirituel, mais au contraire une régression morale. Il reprend ce thème dans un petit essai de 1758, sa fameuse *Lettre à d'Alembert sur les spectacles*, très largement dirigée contre Voltaire et les philosophes des Lumières, où il fustige en particulier le théâtre – genre littéraire en quoi il voit un spectacle servile, tout entier conçu à l'image de la monarchie, les spectateurs, séparés les uns des autres dans un « antre obscur », ne communiquant jamais directement entre eux mais seulement par l'intermédiaire d'un troisième terme, sorte de symbole du pouvoir royal : la scène (nous reviendrons dans la suite de notre exposé sur cette interprétation du théâtre comme analogue d'un absolutisme monarchique qui sépare les citoyens).

Premier théoricien à entreprendre de penser le côté obscur des Lumières, à percevoir leur part d'ombre, Rousseau incarne une sorte d'exception au sein de son époque. Tandis que ses pairs, à commencer par les encyclopédistes, baignent dans une espèce d'optimisme de la raison, il est le premier à s'interroger sur les méfaits potentiels du « progrès », le premier à mettre en doute, comme le fera plus tard Nietzsche, la dimension morale de la science, de la « volonté de vérité » – un aspect de son œuvre qui en fera d'ailleurs l'un des lointains ancêtres de l'écologie politique contemporaine.

En un sens, Rousseau, qui est sans aucun doute un des plus grands écrivains de langue française – certaines pages du *Discours sur l'origine de l'inégalité* mêlent avec une harmonie sans égale le style classique et le style romantique, et son grand roman, *La Nouvelle Héloïse* fut à l'époque un « best-seller » sans équivalent – est l'opposé parfait de Voltaire, le symétrique inverse de celui qui aimait le luxe et la vie parisienne, le théâtre, l'argent, les jeux de l'esprit et les mondanités. Il est celui qui, à la fois, ferme la grande période du classicisme français, y compris sur le plan esthétique, et ouvre sur cette ample critique de la modernité qu'a représentée le romantisme. Ce Suisse protestant, dont la conversion provisoire au catholicisme ne viendra jamais ni du cœur ni de l'esprit, sera toujours, sur le plan culturel et moral, finalement plus proche de l'Allemagne et de sa tradition romantique que de la France.

Je vais maintenant vous proposer d'examiner les lignes de force de sa pensée – puissante mais complexe et parfois contradictoire, au moins en apparence – de façon assez systématique pour en faire justement ressortir la cohérence. J'organiserai cette présentation autour de quatre grands thèmes qui, chez lui, s'enchaînent les uns aux autres de manière aussi puissante que profonde. Je commencerai par celui qui est à coup sûr le plus fondamental dans sa pensée, par la définition que Rousseau propose de l'être humain (ce qu'on pourrait appeler, au sens étymologique du mot, une « anthropologie ») dans le *Discours sur l'origine de l'inégalité parmi les hommes* (1755), un essai qui fera lui aussi scandale, comme presque toutes les œuvres de Rousseau, mais qui connaîtra également un succès retentissant.

De la différence entre l'homme et l'animal

En fait, nous avons déjà vu les prémices de cette anthropologie lorsque nous avons étudié la naissance de l'humanisme avec Pic de La Mirandole. Mais il nous faut y revenir ici plus en profondeur, parce que c'est sans nul doute Rousseau qui va donner toute leur ampleur aux intuitions de Pic. Il s'agit véritablement du point nodal de sa pensée, de la pierre angulaire sur laquelle repose tout le reste de l'édifice.

Depuis Descartes au moins, la question cruciale de l'humanisme naissant est posée : qu'est-ce qui fait, au fond, la différence spécifique entre l'homme et l'animal ? À cette question, Rousseau apporte, comme nous allons le voir, une réponse qui renouvelle les arguments jusque-là avancés au sein de la tradition philosophique – une réponse destinée à marquer l'histoire de la pensée jusqu'à Sartre, Husserl et Heidegger en passant par Kant et l'idéalisme allemand. Pour Rousseau, en effet, les critères d'ordinaire avancés dans la tradition philosophique pour différencier l'homme de l'animal – la raison, le langage, la sociabilité – ne sont pas les bons. Voyons brièvement en quoi.

D'abord, la différence fondamentale entre l'humain et l'animal ne tient pas à la raison, contrairement à ce que soutient par exemple Aristote lorsqu'il définit l'homme comme un « animal rationnel » ou raisonnable. D'évidence, il y a une intelligence animale et, à la limite, certains animaux sont sans doute plus intelligents que certains humains. La différence, à cet égard, reste essentiellement quantitative, et non pas qualitative. Question, en somme, de degrés.

Cette différence tiendrait-elle alors à l'affectivité, à la sociabilité, au langage ? Là encore, Rousseau écarte l'hypothèse : il n'est pas douteux que certains animaux sont plus aimables et plus sociables que certains humains, et s'ils ne parlent pas notre langue, reste qu'ils communiquent bien avec nous quand il le faut. On notera au passage que l'éthologie contemporaine donnera raison à Rousseau : les grands singes, à commencer par les bonobos, une espèce particulièrement intelligente de chimpanzés, sont capables, grâce aux ordinateurs, de maîtriser très convenablement plusieurs dizaines de mots et, de toute évidence aussi, leur affectivité et leurs capacités de communication sont très développées. L'idée cartésienne selon laquelle les animaux ne seraient que des machines, des automates particulièrement compliqués mais cependant dépourvus de toute capacité d'éprouver du plaisir et de la peine, est si manifestement fausse qu'elle ne vaut guère la peine d'être réfutée.

La différence spécifique entre humain et animal ne repose donc essentiellement ni sur l'intelligence, ni sur la sociabilité ou l'affectivité. Sur ces deux plans, nous ne divergeons que par le degré, quantitativement et non qualitativement. Ce qui fait l'essentiel, aux yeux de Rousseau, la différence spécifique[1] comme disent les logiciens, c'est ce qu'il appelle la « perfectibilité ». Cette idée, dont nous avons vu comment elle est déjà présente en germe chez Pic de La Mirandole, renvoie à une définition de la liberté très précise et très particulière à laquelle Rousseau va cependant donner une dimension nouvelle dans l'histoire de la philosophie. La liberté, Rousseau la définit comme la capacité de s'arracher au déterminisme de la nature et de l'histoire, aux instincts naturels qui dominent la vie des animaux comme aux traditions qui emprisonnent si souvent celle des humains. Quand Rabaut Saint-Étienne s'écriera, pour caractériser la Révolution française, « notre histoire n'est pas notre code ! » – autrement dit : nous ne sommes pas prisonniers de l'Ancien Régime, nous pouvons nous en arracher par un acte révolutionnaire –, il met pour ainsi dire en acte la pensée rousseauiste de la liberté.

Mais voyons cela de plus près.

1. On cherche en effet une différence de nature, pas une différence contingente ou anecdotique comme il en existe des milliers : les animaux ne s'habillent pas, ne fument pas la pipe, ne portent pas de lunettes ni ne conduisent des voitures, etc. : on pourrait en effet trouver une infinité de différences non pertinentes, car ce qu'on cherche, c'est une différence qui ouvre sur l'essence de l'être humain, et notamment, sur sa capacité, à la différence des animaux, de distinguer le bien et le mal. Pourquoi l'homme éprouve-t-il le besoin de s'interroger sur l'éthique ?

La liberté et l'histoire comme critères de différence entre humanité et animalité

À la différence des humains, les animaux semblent de part en part déterminés par leur instinct et régis par la nature. Si l'on y réfléchit bien, on comprendra que c'est là la raison pour laquelle ils se ressemblent tous et n'ont pas ou très peu d'histoire. Rien ne ressemble plus à un petit chat qu'un autre petit chat, alors que l'être humain, lui, est capable, jusqu'à un certain point, de s'arracher à la nature : il possède une capacité de distanciation ou d'*écart* par rapport à celle-ci qui lui permet de se différencier d'autrui. Pour bien comprendre l'idée fondamentale de Rousseau, lisons ou relisons attentivement ce passage, aussi limpide que profond, du *Discours sur l'origine de l'inégalité* :

> Je ne vois dans tout animal qu'une machine ingénieuse, à qui la nature a donné des sens pour se remonter elle-même, et pour se garantir jusqu'à un certain point de tout ce qui tend à la détruire ou à la déranger. J'aperçois précisément les mêmes choses dans la machine humaine ; avec cette différence que la nature seule fait tout dans les opérations de la bête, au lieu que l'homme concoure aux siennes en qualité d'agent libre. L'une choisit ou rejette par instinct, et l'autre par un acte de liberté : ce qui fait que la bête ne peut s'écarter de la règle qui lui est prescrite, même quand il lui serait avantageux de le faire, et que l'homme s'en écarte souvent à son préjudice. C'est ainsi qu'un pigeon mourrait de faim près d'un bassin rempli des meilleures viandes, et un chat sur des tas de fruits ou de grains, quoique l'un et l'autre pût très bien se nourrir de l'aliment qu'il dédaigne, s'il s'était avisé d'en essayer. C'est ainsi que les hommes dissolus se livrent à des excès qui leur causent

la fièvre et la mort parce que l'esprit déprave les sens, et que la volonté parle encore quand la nature se tait. [...]

Mais quand les difficultés qui environnent toutes ces questions laisseraient quelque lieu de disputer sur cette différence de l'homme et de l'animal, il y a une autre qualité très spécifique qui les distingue, et sur laquelle il ne peut y avoir de contestation : c'est la faculté de se perfectionner, faculté qui, à l'aide des circonstances, développe successivement toutes les autres, et réside parmi nous tant dans l'espèce que dans l'individu ; au lieu qu'un animal est au bout de quelques mois ce qu'il sera toute sa vie, et son espèce au bout de mille ans ce qu'elle était la première année de ces mille ans. Pourquoi l'homme seul est-il sujet à devenir imbécile ? N'est-ce point qu'il retourne ainsi dans son état primitif et que, tandis que la bête, qui n'a rien acquis et qui n'a rien non plus à perdre, reste toujours avec son instinct, l'homme reperdant par la vieillesse ou d'autres accidents tout ce que sa *perfectibilité* lui avait fait acquérir, retombe ainsi plus bas que la bête même ?

L'oiseau ou le chat sont tellement programmés, tellement déterminés par leur instinct de granivore ou de carnivore qu'ils n'ont aucune liberté, aucune capacité d'écart par rapport à la règle de la nature. À l'inverse, là est l'intuition fondamentale de Rousseau, l'homme est si peu programmé par sa nature qu'il peut commettre des excès jusqu'à en mourir – voilà le fameux écart, cet *excès par rapport à soi* qui constitue le signe même de la liberté. Et c'est précisément cet écart qui permet aux hommes d'entrer dans ce qui fait le propre de l'humanité, la caractéristique qui les distingue vraiment de l'animalité, à savoir l'histoire.

La capacité d'avoir une double histoire

En fait, l'être humain possède une double historicité[1], il entre, pourrait-on dire, dans deux grands processus historiques.

Le premier se confond avec l'histoire individuelle, et cela s'appelle l'*éducation*. Les animaux, eux, n'ont guère d'éducation. Ainsi des tortues marines qu'on nous montre dans les documentaires animaliers : les petites, à peine sorties de l'œuf, savent déjà tout faire, marcher, nager, se nourrir ou trouver seules la direction de l'océan sans avoir aucunement besoin de l'aide de leurs parents – là où le petit d'homme reste volontiers à la maison jusqu'à vingt-cinq ans ! Pourquoi ? Parce que la petite tortue est totalement programmée par un instinct naturel qui suffit à la guider, au lieu que le petit humain, lui, étant très insuffisamment programmé par la nature, est incapable de vivre sans l'aide des adultes, sans une éducation qui parfois est fort longue. Cette historicité de l'éducation (la capacité à peser sur le cours de son histoire ou de l'orienter selon son éducation) est, comme on voit dans les exemples pris par Rousseau, liée au fait que l'être humain est libre, qu'il n'est pas entièrement déterminé par ce programme naturel qui, dans le règne animal, régit de part en part les spécimens appartenant à une même espèce. L'homme n'est donc pas voué à répéter toujours les mêmes gestes, les mêmes comportements inscrits de toute éternité dans une nature. Comme dira plus tard Sartre dans le même sens que Rousseau, il n'y

1. Comme l'avait bien vu Alexis Philonenko, dans sa remarquable introduction aux *Réflexions sur l'éducation* de Kant.

a pas de « nature humaine », car l'homme n'est pas, ou en tout cas pas entièrement (car il est *aussi* un animal), enfermé dans un « logiciel » déterminant (pour parler un langage d'aujourd'hui). Or, cette non-programmation, c'est sa liberté même. C'est cet écart, par lequel l'homme peut prendre une distance par rapport à la règle naturelle, qui lui permet d'opter pour le Bien ou pour le Mal et, en tout état de cause, de devenir l'acteur de son destin. C'est aussi une des raisons pour lesquelles Rousseau écrira, en 1762, le livre qui deviendra un classique de la pédagogie moderne, l'*Émile,* en posant une question, à son époque, tout à fait inédite, en rupture avec les pédagogies traditionnelles : quelle est l'éducation qui convient à un être libre, étant entendu qu'il ne peut plus s'agir du « dressage », lequel convient aux animaux mais point aux petits d'homme ? Comme on voit, la question est parallèle à celle de la politique qui pourrait, par analogie, se formuler de la façon suivante : quel mode de gouvernement convient à un peuple libre, un peuple formé d'êtres doués de cette liberté fondamentale qu'ignore le monde animal ?

Aux méthodes actives proposées dans l'*Émile,* va correspondre la démocratie, proposée dans le contrat social – où l'on voit en quel sens l'anthropologie, la définition de l'homme, est bien la pierre angulaire de tout l'édifice philosophique de Rousseau, de sa théorie pédagogique, comme de sa théorie politique.

Mais voyons encore ce qu'il en est de la seconde historicité, également liée au fait que l'être humain est libre (qu'il n'est pas entièrement programmé par la nature) : nous ne sommes plus ici dans la sphère individuelle de l'éducation mais dans celle, collective, de la culture et de la politique. Nous avons donc deux historicités, une historicité (ou une histoire) individuelle, celle de l'*éducation*, et une historicité (ou une histoire) collective, celle de la *culture* et de la *politique* : là où les sociétés animales sont sans histoire, comme les termitières, les fourmilières ou les ruches dont l'organisation reste identique durant des millénaires, les grandes villes humaines changent de décennie en décennie, de siècle en siècle, et si l'on passe d'un millénaire à l'autre, elles sont carrément méconnaissables. Et pourquoi changent-elles ? C'est qu'à la différence des termitières, des ruches ou des fourmilières, les sociétés humaines sont plongées dans une logique de changement incessant qui tient au fait que l'humain est liberté, écart par rapport à la nature. Il suffit d'y réfléchir un instant pour le comprendre : si nous étions intégralement programmés par la nature, comme les tortues, les abeilles, les termites ou les fourmis, nos sociétés ou nos grandes villes ne connaîtraient pas cette transformation permanente qui les caractérise au plus haut point. Elles seraient stables, ou, pour être plus précis encore et n'être point contredit par les biologistes : le rythme de leur évolution serait le rythme de l'histoire des espèces, celui de la théorie de l'évolution qui est, comme on sait, infiniment plus lent que celui de la culture et de la politique.

Voilà en quel sens Rousseau écrit, la même année que l'*Émile*, son livre politique majeur, *Du contrat social* (1762) – deux œuvres où il invente la pédagogie moderne d'un côté (les méthodes actives) et la politique moderne (démocratique), de l'autre : dans les deux cas, il s'agit de s'interroger sur l'organisation politique ou pédagogique qui convient à des êtres doués de cette liberté définie comme capacité d'arrachement à la nature et à l'histoire. Dans les deux cas aussi, Rousseau va avoir une influence incomparable sur la naissance de l'humanisme moderne. Voyons comment, à partir de cette anthropologie nouvelle, se mettent en place sa philosophie de l'éducation et sa philosophie politique.

La philosophie politique de Rousseau

Commençons par la philosophie politique. Rousseau l'expose dans deux œuvres capitales, merveilleusement écrites et, qui plus est, sans jargon. Malgré cette clarté apparente, elles n'en sont pas moins fort difficiles à comprendre et à interpréter, comme le montrent les milliers d'articles, de thèses de doctorat et d'ouvrages savants qui leur furent consacrés.

D'abord, dans le *Discours sur l'origine de l'inégalité parmi les hommes*, publié en 1755, Rousseau décrit non pas ce qui devrait être, mais ce qui est : non pas l'idéal, mais la réalité de la vie politique de son siècle telle qu'il l'a comprend. Comment en est-on arrivé, se demande-t-il, à un tel système d'inégalités et d'injustice ? Ce *Discours* inspirera d'ailleurs assez largement la pensée de Marx et, d'une manière plus générale, la pensée socialiste. Dans la seconde œuvre, le *Contrat social*, écrit sept ans plus tard, Rousseau décrit non plus ce qui est, mais ce qui devrait être ou ce qui aurait pu être si l'on avait pris la bonne direction, c'est-à-dire l'idéal démocratique qui devrait (ou aurait pu) remplacer l'organisation actuelle. En quoi Rousseau va figurer parmi les pères fondateurs d'une certaine tradition de pensée révolutionnaire, notamment celle qui s'exprimera chez les jacobins les plus favorables à un régime de démocratie directe et les plus hostiles au régime représentatif et libéral.

La fiction de l'état de nature

Commençons donc par ce fameux *Discours sur l'origine de l'inégalité* où Rousseau développe notamment sa conception de l'état de nature. Qu'est-ce que l'état de nature en général et que signifie-t-il chez Rousseau en particulier ? Le thème, inconnu dans l'Antiquité grecque, fait véritablement son apparition chez les jurisconsultes du XVIIe siècle, notamment chez Grotius (1583-1645) et chez Pufendorf (1632-1694). On le retrouve bien sûr dans l'œuvre de Thomas Hobbes, l'auteur du *Léviathan* (1651) que Rousseau connaît parfaitement. D'où vient cette notion bizarre d'un « état de nature » que l'humanité aurait connu à ses débuts, un état dans lequel il n'existerait pas encore de société civile ni d'institutions politiques ? Les sociologues, en particulier Émile Durkheim, se sont gaussés de cette idée naïve des philosophes selon laquelle il aurait existé un état non politique et non social, comme si les êtres humains avaient longtemps pu vivre hors de la société. Et les mêmes sociologues ont fait valoir, en partisans du réalisme, que cet état n'avait de toute évidence jamais existé puisque, pour autant qu'on puisse le savoir, les humains se seraient organisés en sociétés politiques depuis la nuit des temps.

Pourquoi, alors, inventer cette fiction de l'état de nature ? S'agit-il vraiment d'une naïveté de philosophes irréalistes et idéalistes, comme le pensent Durkheim et la plupart des sociologues ? Ou bien la notion recouvre-t-elle quelque chose de plus profond, quelque chose qui aurait échappé aux catégories un peu balourdes de la sociologie, la naïveté n'étant pas forcément où l'on croit ? Notons pour commencer que Grotius et Pufendorf, qui ne sont guère stupides, pas plus que Rousseau ou Hobbes, savent parfaitement qu'il s'agit d'une fiction. Le début du *Discours sur l'origine de l'inégalité* s'ouvre du reste sur cette phrase par avance antisociologique, que j'ai toujours trouvée aussi pleine d'humour que d'audace : « Commençons par écarter tous les faits » ! Si Rousseau reprend à son compte la fiction de l'état de nature, c'est en pleine connaissance de cause, et pour une raison qui échappe à Durkheim, mais qui n'en est pas moins aussi légitime que profonde. Il s'agit en réalité de poser la question de l'origine du pouvoir : sur quoi le pouvoir politique est-il fondé ?

Une question qui peut s'entendre en deux sens. On peut d'abord la comprendre comme une question de fait : sur quoi le pouvoir s'est-il *de facto* fondé, sur quoi s'est-il appuyé historiquement parlant, dans les différentes sociétés existantes ? Sur ce point, le *Discours* tente de décrire ce qui s'est passé ou, du moins, ce qui a pu se passer pour que s'installe un pouvoir monarchique et inégalitaire. Rousseau décrit alors ce qu'il croit être la réalité de son temps et l'histoire qui a pu y conduire. Mais la question peut aussi s'entendre en termes de légitimité : sur quoi *faudrait-il* fonder le pouvoir politique pour qu'il soit juste, dans quels principes devrait-il s'enraciner pour posséder une autre légitimité que celle de la simple loi du plus fort – laquelle, en vérité, n'en possède aucune ? C'est ici toute la question de la justice, de la légitimité du pouvoir politique qui est en jeu.

Or, pour être en mesure de la poser – qu'est-ce qu'un pouvoir légitime ? Que devrait-il être dans l'idéal ? –, il faut précisément élaborer la fiction d'un état non politique ou prépolitique, l'hypothèse fictive d'un état de nature antérieur à l'apparition de la société policée, seul moyen d'imaginer quelle pourrait être la transition vers un gouvernement fondé sur un contrat, c'est-à-dire sur la volonté des hommes, que ce contrat soit réel et injuste, et là on est plutôt dans la sociologie et dans l'histoire, ou qu'il soit légitime et idéal (et c'est là plutôt l'affaire de la philosophie politique) – question qui revient à se demander ce que pourrait être, ou ce qu'aurait pu être – car Rousseau est assez pessimiste, il n'est pas certain que ses idées pourront s'appliquer : il est peut-être bien trop tard, étant donné la corruption des mœurs des pays civilisés – un régime politique qui ne bafoue pas les droits d'un peuple libre, la réponse étant bien entendu à trouver selon lui dans l'idéal démocratique.

L'amour de soi, la pitié et la perfectibilité

Ces deux grandes interrogations correspondent donc, pour l'essentiel, aux deux grandes œuvres de Rousseau, le *Discours* (qui, partant de l'hypothèse fictive de l'état de nature, ne s'en place pas moins pour autant sur le plan historique de la description de l'état réel de la monarchie de son temps) et le *Contrat social* (qui se situe sur le plan idéal ou utopique et tente de décrire une démocratie parfaite). Poursuivons donc l'analyse du *Discours*, avec sa célèbre description des origines : à l'état de nature, quelles sont les caractéristiques de l'être humain ?

Selon Rousseau, dans l'état de nature, les humains vivent seuls ou presque. Ils se croisent de temps à autre pour s'accoupler, mais globalement, ils vivent séparés les uns des autres. Dans cet état originel, ils sont dotés de trois caractéristiques fondamentales.

La première, c'est ce que Rousseau appelle l'« amour de soi », qu'il ne faut surtout pas confondre avec l'amour-propre. L'amour-propre renvoie déjà à un stade ultérieur de civilité que Rousseau désigne sous le nom d'« état barbare », une situation intermédiaire dans laquelle l'homme a déjà quitté l'état de nature pour céder à la volonté d'être supérieur aux autres, au souci de la distinction et de la vanité qui lui font désirer être plus riche, plus beau, plus puissant, etc., que ses semblables – un sentiment que le philosophe place à l'origine de l'appétit pour le luxe ou la richesse dont Voltaire incarne à ses yeux le prototype parmi ses contemporains. Ce qui domine l'état de nature, ce n'est nullement l'amour-propre, mais l'*amour de soi*, c'est-à-dire l'instinct de conservation. L'être humain est doté, comme les animaux d'ailleurs, de cet amour de soi qui l'incite à « persévérer dans son être », comme le dit Spinoza, à vouloir se conserver en vie. Voilà pourquoi l'amour de soi constitue l'embryon de l'intelligence, car cette dernière va devoir être sollicitée et mobilisée en vue de cette conservation de l'existence. D'où le fait que l'être humain, à l'état de nature, devient chasseur, qu'il fabrique des armes pour se défendre, des outils pour faire du feu, des vêtements pour s'abriter de la pluie, du froid ou du soleil, etc. L'amour de soi est donc à l'origine de l'intelligence humaine, conçue comme faculté d'adaptation aux innombrables difficultés que les hommes rencontrent dans l'univers naturel.

Leur deuxième caractéristique à l'état de nature, c'est la *pitié* – thème qui va hélas donner lieu, une fois caricaturé par Voltaire, au fameux mythe du « bon sauvage » qu'on reprochera tant à Rousseau – mythe qu'on formulera, jusque dans nos manuels de littérature d'aujourd'hui, sous la forme caricaturale d'un slogan selon lequel « l'homme est bon par nature, mais rendu mauvais par la société ». En fait, Rousseau est, comme toujours, bien plus profond que ses commentateurs. Ce qu'il veut dire, c'est qu'à l'état de nature, de même qu'il possède l'embryon de l'intelligence, l'homme possède aussi les prémices de la moralité, du souci de l'autre, et ce par l'intermédiaire d'un sentiment très puissant : la pitié. Schopenhauer reprendra l'idée. Naturellement, les êtres humains sont plutôt portés à la compassion, ils sont attristés de voir un autre souffrir ou mourir. Bien qu'ils vivent seuls, ils sont peut-être plus attentifs, plus authentiquement soucieux des autres à l'état de nature que dans cet état de luxe et de vanité qui définit la vie moderne, où le plus souvent, le souci de l'autre relève de l'hypocrisie. Dans le monde moderne, ainsi pense Rousseau non sans profondeur, l'homme est seul quand il est avec les autres, mais avec eux quand il est seul : quand il est avec les autres, en effet, il n'est que compétition et vanité, mais quand il retrouve la solitude, en rentrant chez lui le soir, après un dîner dans un salon, il pense avec amertume, envie, jalousie ou orgueil à ces « autres » qu'il vient juste de quitter.

La troisième caractéristique, que nous avons déjà évoquée, n'est autre que la perfectibilité ou *la liberté*. Soit la capacité qu'a l'homme de s'arracher à la nature et de construire par l'histoire un monde artificiel, éventuellement maléfique et mauvais (celui du luxe, de la vanité, des inégalités), mais qui pourrait ou à tout le moins aurait pu aussi être un monde meilleur, voire bien meilleur que l'état de nature. Ce sera tout l'objet du *Contrat social*. Rousseau est convaincu que si nous étions capables de construire une société politique ou une société civile parfaite (du moins telle qu'il la conçoit idéalement), cette dernière serait bien supérieure à l'état de nature. Ne lui faisons pas dire que l'état de nature est forcément supérieur à l'état civil, alors qu'il ne cesse de dire l'inverse. L'état de nature, pour Rousseau, est certes préférable à un état civil mauvais, inégalitaire et injuste, mais il ne vaut en aucun cas – comme il le dit d'ailleurs on ne peut plus explicitement dans le livre I du *Contrat* – la démocratie idéale qu'il tente de définir et appelle de ses vœux.

L'apparition des inégalités, de l'injustice et de l'oppression

Alors, si l'homme est plutôt intelligent, bon et libre au départ, comment naissent les inégalités ? Comment expliquer l'apparition d'une société fondée sur un marché de dupes, sur un mauvais contrat social et un pouvoir politique illégitime où les pauvres se font sans cesse berner par les riches et les faibles par les puissants ? Que s'est-il donc passé pour qu'on en arrive là, à cet absolutisme qui réduit des hommes nés libres à l'état de servitude ?

Il s'est passé qu'au bout d'un certain temps, les hommes ont fini par se rencontrer, par nouer des liens, par exemple par tomber amoureux, si bien que la démographie augmente. Du coup, des formes de sociabilité nouvelles commencent à s'installer, de sorte que les hommes vont entrer dans ce fameux « état barbare », un état intermédiaire entre l'état de nature (où l'homme vit plutôt seul) et l'état civil et politique (où il vit en société). L'état barbare constitue ce moyen terme où les êtres humains sont de plus en plus en contact avec les autres, d'où l'apparition de cette dimension bien funeste de l'humanité : l'amour-propre, la vanité, ce que les sociologues appelleraient aujourd'hui le souci de la « distinction », la volonté de se distinguer des autres par la beauté, la force, les possessions, le luxe… et finalement l'argent.

Bien évidemment, derrière toute cette description, c'est une critique de la société des Lumières qui se dessine : là où Voltaire pense qu'une société qui développe le raffinement du luxe, les mondanités et la civilité ne saurait être entièrement mauvaise, Rousseau, lui, élabore une des premières grandes critiques du monde moderne. À bien des égards, il rejoint les pensées que Lucrèce et Pascal avaient déjà formulées à propos du « divertissement ». La critique de Rousseau s'enrichit toutefois d'une connotation nouvelle avec l'accent mis sur la distinction sociale, cette idée que ce sont l'orgueil, l'arrogance et la vanité qui dominent la quête du luxe, et non pas, comme le pense Voltaire, la quête du progrès, des Lumières et de la civilisation. Rousseau, lui, refuse de voir dans le luxe une forme de civilité préparant pour ainsi dire à la moralité. Rousseau y voit au contraire une des origines de l'hypocrisie et de l'inégalité parmi les hommes. Pourquoi ? Parce que la quête du luxe conduira certains humains à vouloir être plus puissants et plus riches que les autres. D'où le développement de ces deux grandes activités humaines que sont la métallurgie et l'agriculture : celui qui nous a fait passer de la hache de pierre à la hache de fer est le véritable inventeur de l'inégalité sociale ! Pourquoi ? Parce que avec cette fichue hache de fer, on pourra travailler beaucoup plus et, du coup, amasser plus de biens que nécessaire, et gagner beaucoup plus d'argent aussi. Grâce aux outils en fer que les hommes, à la recherche du luxe, vont fabriquer, la métallurgie et l'agriculture vont contribuer à l'apparition du clivage social le plus fondamental qui soit : celui qui oppose, avec l'apparition de la division du travail, le petit nombre des riches à la masse des pauvres.

Avec la division du travail, c'est la différence entre riches et pauvres qui s'installe définitivement : grâce au développement de la métallurgie et de l'agriculture mécanisée, les riches accumulent tellement de richesses qu'ils sont bientôt en mesure d'asservir les pauvres et de les amener à travailler pour eux – c'est la naissance du salariat. Du coup, que vont faire les plus puissants ? Ils vont inventer un système politique qui garantit la pérennité de leur domination. On retrouvera quasiment la même idée chez Marx, pour qui la classe politique n'est rien d'autre que la superstructure de la classe économique, l'instrument de domination mis en place par la classe dominante. Cette idée est déjà présente chez Rousseau : les riches vont mettre sur pied un mauvais contrat social, un contrat social inégalitaire de façon à mettre les pauvres à leur service et ajouter ainsi la domination politique à la domination économique. C'est ce mauvais pacte qui caractérise encore au plus haut point son époque de monarchie absolue.

La démocratie directe ou l'idéal politique selon Rousseau

Un peu plus tard, en 1762, Rousseau entreprend donc de décrire, non plus l'origine de cette société du luxe corrompue, oppressive et inégalitaire, mais ce qui devrait être, ou plutôt ce qui *aurait pu être* s'il n'était pas déjà trop tard pour corriger les méfaits de l'histoire réelle. Comme l'a montré Alexis Philonenko, l'un de nos plus grands historiens de la philosophie, il est probable que Rousseau a pensé tout son contrat social sur le mode de l'irréel du passé : pessimiste, il n'est pas certain, loin de là, que la démocratie directe puisse encore véritablement prendre forme dans nos sociétés civilisées. Il y voit plutôt un système susceptible de fonctionner dans de petites nations encore quelque peu semblables aux cités grecques. Ce type de démocratie, qui fonctionne sans représentants, pourrait éventuellement s'envisager en Corse, peut-être à Genève. Au sein de grandes nations comme la France, en revanche, Rousseau a tendance à penser que c'est fichu, que c'est trop tard. De toute façon, en admettant même que les citoyens ne soient pas totalement corrompus par la civilisation moderne du luxe et de la vanité, les grands pays se prêtent par définition mal à la démocratie d'assemblée qui suppose des communautés restreintes, plutôt des cités que des nations.

Cette présentation du système politique idéal tourne autour de quatre idées fondamentales – il y en a beaucoup d'autres, mais je pense que ce sont les quatre plus importantes.

La première, je l'emprunte à un écrit de Benjamin Constant, *De la liberté des Anciens opposée à celle des Modernes*, un texte court, d'inspiration libérale, très critique à l'égard de Rousseau, que Constant écrit en 1819 et qui sur ce point contient cependant une bonne lecture de Rousseau. Constant explique dans ces pages, aussi brèves que puissantes, en quel sens il existe deux conceptions de la liberté et, avec elles, deux conceptions de la démocratie : une démocratie directe, à l'ancienne, comme chez les Grecs, et une démocratie moderne, adaptée aux grandes nations, qui ne peut bien évidemment être que représentative et libérale.

La démocratie grecque repose sur ce que Constant appelle la « liberté des Anciens ». Tous les citoyens, en tout cas les hommes libres, participent directement à l'élaboration de la loi. Il n'y a ici ni représentation nationale, ni Chambre des députés ni Parlement – (le système représentatif moderne, débarrassé de ce qu'on appelle encore durant les états généraux de 1789 le « mandat impératif », c'est-à-dire l'obligation faite aux représentants des baillages et des ordres d'être, comme des ambassadeurs, liés par des instructions impératives données par leurs mandants, n'apparaîtra en Europe qu'après la Révolution française). Avec les Grecs anciens, nous sommes donc dans une démocratie d'assemblée, qui se réunit sur l'Agora, la place publique où les lois sont élaborées et votées directement par les citoyens (du moins par les « hommes libres »).

À quoi doit ressembler, par contraste, la « liberté des Modernes » ? Selon Constant, sa logique est inverse puisqu'il s'agit de déléguer à des représentants le pouvoir de « fabriquer » les lois : nos parlementaires, députés ou sénateurs élus, sont chargés par nous – le peuple – de concevoir et d'élaborer les lois. Ils sont nos délégués, presque nos employés, comme le facteur qui est chargé d'acheminer nos courriers dit Constant. De là la distinction qui caractérise toutes les sociétés libérales entre souveraineté nationale et souveraineté populaire. Quant à nous, les citoyens, nous ne nous occupons plus directement de la loi : nous sommes entrés dans le régime d'une démocratie qui n'est plus participative, mais représentative.

Rousseau rejette de toute son âme ce régime libéral, représentatif, que Constant et Tocqueville tiennent au contraire pour bien supérieur à la démocratie directe à l'ancienne. Le système que Rousseau présente dans son *Contrat social* s'apparente largement, sur ce point Constant voit juste, à la démocratie antique (mais, à bien des égards, on le retrouvera dans les utopies conseillistes, autogestionnaires, qui refleuriront notamment en Mai 68) : il implique que l'ensemble des citoyens participe à l'élaboration de la loi, qu'ils ne se dessaisissent jamais de l'exercice de la liberté politique qui réside d'abord et avant tout dans le corps législatif. Dans une démocratie véritable, le corps législatif, ce n'est pas le Parlement, c'est le peuple tout entier.

La théorie rousseauiste de la loi

C'est là la deuxième idée fondamentale, qui se trouve développée dans la *théorie de la loi*. Rousseau souligne un aspect, essentiel à ses yeux, de la véritable liberté démocratique, à savoir que quand le peuple s'occupe de concevoir et de voter une loi, il est à la fois actif (quand il élabore la loi) et passif (quand il accepte de s'y soumettre lui-même et de la respecter). Pour formuler les choses autrement : il est à la fois libre et contraint. Il est actif et libre dans la mesure où il conçoit la loi, la vote et l'institue. En cela, il est le « législateur » – et on peut dire que le peuple, en démocratie directe calquée sur le modèle grec, est tout entier le législateur. Il est passif et soumis dans la mesure où, quand la loi est adoptée, elle s'applique aussi à lui-même. Le peuple est donc *souverain* (au sens où il est à l'origine de la loi) et *sujet* (au sens où il est dans la sujétion, où il se soumet librement à l'autorité de la loi). C'est là toute la signification de cette fameuse sentence tirée du *Contrat social* selon laquelle : « La liberté, c'est l'obéissance à la loi qu'on s'est prescrite. »

Car cette contrainte de la loi, on le voit, n'est pas une négation de la liberté, puisqu'il s'agit bien d'une loi qu'on a choisie par soi-même et qu'on s'applique volontairement à soi-même. D'où une conception de la démocratie où le souverain n'est plus le roi ou l'État, mais le peuple tout entier qui est, en même temps, pris sous un autre angle, son propre sujet. L'idéal démocratique réside donc à proprement parler dans l'*auto-nomie*, au sens étymologique du terme, c'est-à-dire dans le fait de se donner à soi-même *(auto)* sa propre loi *(nomos)*.

La troisième idée est liée au fait que le peuple, malgré tout, doit bien en quelque façon être aidé pour concevoir les lois, il faut qu'il soit à cette fin conseillé et éduqué. Ce sera précisément le rôle du *législateur*, ce personnage un peu mystérieux qui occupe une place très particulière dans le dispositif conçu par Rousseau. Il est en quelque sorte chargé de proposer, voire de suggérer délicatement au peuple les bons contenus législatifs, la bonne politique à mener dans le cadre de la loi.

Quant à l'exécutif, ses magistrats doivent être liés au peuple par ce fameux « mandat impératif », qui, aux yeux des libéraux comme Constant et Tocqueville, renvoie à nouveau à des figures anciennes, voire archaïques de la démocratie. Autrement dit, le chef de l'exécutif de Rousseau serait un peu face au peuple comme un de nos actuels ambassadeurs face à l'Élysée : un « magistrat » (dans la langue de Rousseau), qui peut être démis de ses fonctions à tout instant et qui n'a en aucun cas le droit de prendre des libertés avec les instructions qu'on lui a données. Dire que le gouvernement est en permanence lié au peuple par un mandat impératif signifie qu'il est révocable à chaque seconde et qu'il n'a aucun droit de s'évader des instructions qui lui sont données par le peuple, autrement dit par le corps législatif tout entier.

De la fête comme métaphore de la démocratie

Voilà pourquoi Rousseau voit dans la fête, par opposition au théâtre, la métaphore ou le symbole même de son idéal démocratique.

Cette quatrième idée, il la développe dans sa *Lettre à d'Alembert sur les spectacles* que nous avons déjà mentionnée. Écrite en 1758, elle est en grande partie dirigée contre Voltaire qui souhaitait qu'on créât un théâtre à Genève, projet auquel Rousseau s'oppose de toutes ses forces. Quel rapport avec l'idée démocratique ? Pour Rousseau, le théâtre représente le symbole par excellence de la royauté et de l'absolutisme. Pourquoi ? Parce que dans le théâtre, les spectateurs – si l'on poursuit la métaphore : les citoyens – ne sont ni actifs, ni reliés directement entre eux. Enfermés dans un « antre obscur », comme dit Rousseau, ils sont plongés dans le noir, ils sont passivement assis, soumis à un spectacle qu'ils n'ont pas créé eux-mêmes et qu'on leur impose de l'extérieur. Seuls les acteurs, comme leur nom l'indique, sont actifs. Les spectateurs ont tous le regard tourné vers la scène éclairée, tandis qu'ils sont relégués au second plan, ce que symbolise cette ombre où ils sont tenus de rester silencieux. Ils ne sont reliés entre eux que par un troisième terme, à savoir ce qui se passe sur la scène, justement, en quoi l'on peut voir l'équivalent du roi, de cet absolutisme qui prétend unir une nation de citoyens passifs de l'extérieur.

Au théâtre, spectacle monarchique, Rousseau oppose la fête, symbole de la démocratie. Dans la fête règne l'intersubjectivité : les citoyens ne regardent pas dans une direction extérieure à eux, mais ils se regardent les uns les autres. Il n'y a plus ni troisième terme, ni passivité, ni second plan, ni spectacle extérieur : nous sommes dans l'intersubjectivité directe et non médiatisée indirectement par ce qui se déroule sur une scène. Et voilà pourquoi elle représente, aux yeux de Rousseau, l'image même de la démocratie. Là, les citoyens, spectateurs d'eux-mêmes, sont enfin en pleine lumière, car ils sont l'essentiel. On ne fait pas la fête sous la pluie, mais plutôt autour d'un feu ou, si possible, au soleil. Rousseau pense que le soleil est un élément important dans la démocratie directe qui implique qu'on puisse se réunir (comme dans la fête), qu'on puisse se retrouver sur la place du village, comme à Sparte sur l'Agora, et qu'on puisse, dans cette sorte d'intersubjectivité directe, discuter et élaborer ensemble la loi – en quoi il y a bien chez Rousseau comme une espèce de soixante-huitard avant la lettre.

Résumons-nous : quand il définit l'humain par sa perfectibilité, c'est-à-dire par sa liberté entendue comme faculté de s'arracher aux déterminismes de la nature et de l'histoire, il a donc deux grandes questions en tête : quelle éducation et quelle politique correspondent à un peuple formé d'êtres libres ?

Pour ce qui concerne la politique, la réponse, on vient de le voir, c'est la démocratie directe. Voyons maintenant ce qu'il en est du côté de la pédagogie...

Une philosophie de l'éducation

C'est Kant qui le premier, dans ses *Réflexions sur l'éducation*, a tenté de tirer de manière systématique les conséquences de la pensée rousseauiste en matière de pédagogie. Kant y présente la pensée de Rousseau de manière à la fois profonde et juste : on peut donc sans hésiter le prendre comme guide pour retracer les lignes de force d'une philosophie de l'éducation qui allait marquer toute la modernité.

L'idée centrale de cette nouvelle pédagogie, c'est que ce qui convient à un enfant, qui n'est pas un petit animal, c'est-à-dire à un être libre et non pas à un être de nature qu'on va simplement dresser, c'est l'éducation par les choses et non l'éducation par les hommes. Ce qui est bon pour l'enfant, c'est la dépendance des choses et non la dépendance des hommes. Qu'est-ce que cela signifie ? Pour comprendre la formule, il faut se souvenir qu'il existe déjà à l'époque de Rousseau et de Kant trois conceptions[1] de l'éducation, trois visions de l'enfance qui commencent à s'affronter entre elles.

Trois conceptions de l'éducation, trois philosophies politiques : le jeu, le dressage et le travail ; l'anarchisme, l'absolutisme et la république.

À un extrême, on trouve la *pédagogie du dressage* : c'est l'éducation à l'ancienne, celle qui correspond aux yeux de Rousseau, sur le plan politique, à l'abso-

1. Là encore, il faut se référer à la belle introduction de Philonenko aux *Réflexions sur l'éducation* de Kant.

lutisme. Pour Rousseau comme pour Kant, l'éducation par le dressage part du principe que l'enfant est semblable à un animal : on le traitera donc comme un être intégralement passif, comme une statue de cire que l'on va contraindre, presque de force, à emmagasiner les connaissances qu'on va déverser d'en haut dans sa tête, à coups d'autoritarisme magistral. Cette éducation ne convient en vérité qu'aux animaux. Comme dans l'absolutisme, l'être humain y est traité comme un pur sujet, il est « dressé » comme un être de part en part plongé dans la sujétion, dans la soumission, dépourvu de toute liberté.

À l'autre extrémité, il y a, formant comme une antinomie avec l'idéologie du dressage à laquelle elle s'oppose point par point, la *pédagogie par le jeu*. Sur le plan politique, elle correspond à l'anarchie. Les premières théories anarchistes apparaissent, elles aussi, au XVIIIe siècle. À l'inverse de la pédagogie du dressage, la pédagogie du jeu considère que l'enfant est un être si totalement libre qu'on ne doit rien lui imposer. Par exemple, on n'enseignera plus les mathématiques : on les remplacera par des jeux intelligents, comme le jeu d'échecs ou le whist, des jeux de société ou de cartes sophistiqués. L'enfant ne sera plus obligé de faire des exercices mais il construira librement ses propres savoirs.

De même que l'absolutisme et le dressage nient la liberté, la pédagogie du jeu et l'anarchie nient l'ordre. D'un côté nous avons la liberté sans l'ordre ; de l'autre, nous avons l'ordre sans la liberté.

Comment faire la synthèse ? Par la *pédagogie du travail*. Il faut bien comprendre que cette troisième conception est l'analogue parfait de la théorie républicaine de la loi élaborée par le *Contrat social*. Je disais tout à l'heure que, dans l'élaboration de la loi, le peuple est à la fois souverain et sujet, actif et passif. C'est en ce sens que l'analogue de la loi, dans le domaine de la pédagogie, ce sera le travail, l'activité qui consiste à résoudre des « problèmes », comme on dit à l'école. Lorsqu'un enfant doit résoudre un problème, il est à la fois libre et contraint, actif et passif : libre parce qu'on lui demandera de résoudre librement le problème qu'on lui pose, de le faire par lui-même, activement. Le maître lui met, si je puis dire, des obstacles « dans les pattes » qui conviennent à son âge, en proportion des difficultés qu'il est capable de surmonter. Le bon maître est celui qui donne à l'élève des problèmes qui sont à son niveau et c'est en surmontant librement ces difficultés par le travail qu'il va se former.

Dans le travail comme en démocratie, nous sommes donc à la fois libres et contraints, actifs et passifs, exactement comme dans la théorie rousseauiste de la loi où nous sommes à la fois souverains et sujets. Le travail est ainsi au cœur de la pédagogie républicaine, au cœur de l'idée de citoyenneté. À l'opposé de l'univers aristocratique, on voit apparaître chez Rousseau l'idée qu'un homme qui ne travaille pas n'est pas seulement un homme pauvre, parce qu'il risque de ne pas avoir de revenus, de quoi vivre, mais c'est surtout un pauvre homme, parce qu'il ne se cultive pas et qu'à la limite, il ne s'humanise pas. Si l'homme est liberté, c'est en transformant le monde qui l'entoure qu'il devient vraiment homme, c'est en travaillant qu'il s'enrichit dans tous les sens du terme. Le lien que Rousseau dévoile ici entre l'idée républicaine et le travail est d'une profondeur abyssale. Il restera gravé dans l'histoire de l'école de la République jusque dans ses petits détails, ses « bons points », ses bonnets d'âne et ses « peut mieux faire ! »...

Dans l'*Émile* de Rousseau, on trouve évidemment beaucoup d'autres considérations de toutes sortes, depuis le fait d'emmailloter des bébés jusqu'à l'idée que la lecture est inutile, parce qu'elle ne remplace pas l'observation directe des choses, de la nature, bref des vues diverses avec lesquelles on peut être parfois d'accord, parfois en désaccord. Il n'en reste pas moins que l'idée fondamentale selon laquelle ce qui convient à un être libre, c'est d'un côté la démocratie républicaine, de l'autre la pédagogie du travail, idée qui sera développée par les nombreux disciples de Rousseau, notamment par Pestalozzi, Fichte et Kant, aura une influence capitale sur la naissance de l'école moderne.

L'esthétique de Rousseau

Quelques mots encore sur la théorie esthétique, c'est-à-dire sur la quatrième grande idée qui domine la pensée de Rousseau (après la théorie de la liberté humaine (1), celle de la démocratie (2) et celle de la pédagogie (3). Sa théorie esthétique (4) apparaît aujourd'hui encore comme tout à fait géniale. Rousseau lui-même est musicien, il écrira d'ailleurs un traité de la notation et plusieurs œuvres musicales, dont un opéra, *Le Devin du village*, monté à Fontainebleau en octobre 1752. Ce n'est peut-être pas un grand opéra, mais Rousseau est tout de même un musicien qui connaît l'analyse et la composition. Son système de notation musicale, trop compliqué, n'a pas été retenu, mais son existence même prouve qu'il s'est intéressé sérieusement à la question. Rousseau, amoureux de la nature sauvage, va développer une esthétique qui se présente déjà comme une esthétique romantique, une esthétique du cœur, du sentiment et de la délicatesse, plutôt qu'une esthétique classique, de l'harmonie mathématique et de la raison cartésienne.

La « querelle des Bouffons »

Cette esthétique du sentiment s'exprimera notamment, entre 1752 et 1754, à l'occasion d'une querelle musicale d'une ampleur considérable : la querelle « des bouffons ». Pourquoi cette curieuse dénomination ? Parce que « bouffe », mot qui vient directement de l'italien *bufo,* signifie « qui prête à rire », « qui est grotesque », connotation que l'on retrouve d'ailleurs dans les usages contemporains du mot, un « bouffon » étant en principe quelqu'un qui fait rire. La querelle porte donc sur l'opéra-comique, sur l'opéra-bouffe, dont les compositeurs italiens sont alors les représentants les plus illustres. Elle va mobiliser tout ce que Paris compte de mélomanes et de musiciens, à commencer par Rameau, mais aussi plusieurs grands intellectuels, dont d'Alembert, Grimm et Diderot. Elle fut d'une violence inouïe : on en viendra aux mains et Rousseau lui-même sera bastonné ! La querelle tourne autour d'une question de prime abord un peu byzantine, mais qui recouvre en réalité toute l'opposition entre l'art classique français d'un côté, centré sur la raison cartésienne – ce classicisme qui domine le XVIIe et le XVIIIe siècle – et, de l'autre, la naissance de l'esthétique romantique, plutôt pascalienne et centrée sur le cœur, la « délicatesse » et le sentiment.

La controverse est déclenchée par la représentation d'un opéra de Pergolèse, *La serva padrona*, le 1er août 1752 à l'Académie royale de musique (qu'on n'appelle pas encore l'Opéra de Paris). L'œuvre de Pergolèse fait scandale et oppose deux clans : d'un côté, le « camp du roi », des partisans de la musique française qui se rangent derrière leur chef de file, Rameau ; de l'autre côté, le « camp de la reine », des partisans de la musique italienne qui se regroupent sous la bannière de Rousseau. Quel est l'enjeu de la querelle ? Elle dresse en apparence, de façon disais-je un peu byzantine mais en réalité très profonde, les partisans de la mélodie (Pergolèse/Rousseau) contre ceux de l'harmonie (Rameau et le classicisme français).

Qu'est-ce, en effet, que la mélodie ? Elle est, dans cette perspective, censée être la traduction directe, le reflet des élans du cœur, des passions. Ce dont il s'agit dans cette controverse, nous l'avons dit, c'est de l'opéra-comique. Mais ce dernier ne vise pas seulement l'humour : il est aussi animé par la volonté plus profonde de rendre, par la mélodie ou par la voix, les passions humaines et les mouvements du cœur. Au lieu que, dans la tradition du classicisme français représentée par Rameau, qui défend l'harmonie plutôt que la mélodie, il s'agit au contraire de composer une musique mathématique, une musique « naturelle » au sens cartésien du terme, c'est-à-dire une musique de la raison et des proportions. Ce qu'on appelle les « harmoniques », en musique, ce sont des rapports mathématiques entre les notes : la tierce, la quinte, la quarte, etc. Et Rameau, dans son *Traité d'analyse*, est convaincu qu'on peut mathématiser la musique et, en quelque sorte, la fabriquer scientifiquement. Il est à l'opposé de ce déferlement de sentimentalité, de ces élans du cœur que la mélodie de Pergolèse tente, au contraire, de traduire.

On comprend qu'en réalité se met ici en place toute l'opposition entre la conception rousseauiste et la conception cartésienne de l'esthétique (où l'œuvre d'art est, comme le jardin à la française, en quelque sorte la présentation sensible d'une idée de la raison, en l'occurrence l'idée mathématique). L'équivalent de la musique de Rameau, en effet, c'est le jardin à la française, un jardin lui aussi mathématique, où les arbres sont taillés en triangle, en losange, en sphère ou en rectangle. L'idée, comme chez Rameau, c'est que la vraie nature, ce n'est pas la nature vierge, sensible, sauvage, celle qu'on saisit par les sens, mais c'est celle qui est saisie par l'intelligence, notamment par les mathématiques, un peu comme on dirait aujourd'hui que la formule chimique H_2O est la vraie « nature » de l'eau. Non pas l'eau dans laquelle on plonge la main, l'eau chaude ou froide, liquide et sensible, mais l'eau saisie par l'entendement, par la science. Comme dans les comédies de Molière, l'art classique français privilégie avant tout l'esprit, il cherche toujours à atteindre des essences idéales, des grands types humains par exemple, pas ce qui se voit ou se touche seulement par les organes des sens, mais ce qui ne peut être saisi que par l'intelligence et qui est caché derrière les apparences sensibles : c'est la nature humaine, au sens de l'essence de l'homme, que cherche Molière quand il décrète qu'il faut « peindre d'après nature », lorsqu'il nous décrit des types idéaux : le misanthrope, l'hypocondriaque, l'hypocrite, le Don Juan ou les snobs (les précieuses)…

De même que l'art des jardins à la française mathématise la nature pour en saisir l'essence intellectuelle, Rameau, lui aussi, dans son *Traité d'analyse*, entend présenter une musique mathématique. Du coup, c'est l'harmonie qui est privilégiée. Au contraire, Rousseau préfère le jardin anglais qui met en scène la nature foisonnante, celle qui sent bon, qui bruisse et ondule, qui ressemble à la nature sauvage. On trouve, là encore, une critique de la Civilisation avec un grand « C » puisque Rousseau lui préfère toujours la nature originaire. La nature géométrisée des Français lui paraît comme torturée au sens où l'on torture les troènes ou les peupliers en les taillant pour en faire des figures mathématiques. Derrière cette querelle, d'une extrême violence, et pas seulement verbale, on perçoit déjà cette volonté de revenir à l'*Ur-Natur*, à la nature originaire, comme diront les romantiques allemands, jugée de loin préférable à une nature civilisée et humanisée –, celle, justement, qui a les faveurs de Rameau, Voltaire et, d'une manière générale, de tous les représentants des Lumières et du classicisme français.

Où l'on retrouve à nouveau en filigrane cette opposition, chère à Rousseau, entre la belle nature, la nature sauvage, et la nature humanisée au nom de cette civilité parisienne du luxe qui s'accompagne des inégalités sociales. Dans cette civilité parisienne, Rousseau y revient sans cesse d'une formule que nous avons déjà évoquée, mais qu'il faut citer ici encore : l'homme est seul quand il est avec les autres, et il est avec les autres quand il est seul. Il est seul quand il est avec les autres, car il est dans la vanité, dans la logique de la distinction, dans la recherche de la supériorité artificielle et arrogante, dans cette espèce de compétition que la société capitaliste est d'ailleurs en train de généraliser. Mais il est avec les autres quand il est seul au sens où, quand il rentre chez lui et ne cherche plus à briller dans les salons, il ne cesse de penser aux autres, au regard qu'ils ont sur lui, aux jugements, admiratifs ou malveillants, qu'ils portent sur sa petite personne.

Tocqueville : de la démocratie comme processus d'égalisation des conditions

Venons-en maintenant à la pensée de Tocqueville. Que reprend-il de la vision rousseauiste de la démocratie, que va-t-il en rejeter et, surtout, que va-t-il y ajouter ? C'est ce que nous allons voir dans un instant. Notons tout d'abord une grande divergence avec Rousseau : alors que ce dernier est un partisan de la démocratie directe, Tocqueville ne défend que la démocratie représentative. Tocqueville est, par excellence, un penseur de la tradition libérale, dans le sillage de Sieyès (1748-1836) et de Benjamin Constant (1767-1830). Quatre caractéristiques, qui toutes s'opposent à la démocratie directe telle que la conçoit Rousseau, vont ainsi définir, à ses yeux, la démocratie libérale. Elles sont tout à fait fondamentales. Je les indique brièvement pour mieux vous faire comprendre la nature exacte de cette première grande divergence.

Les quatre caractéristiques du système représentatif ou démocratie libérale

Première caractéristique : il existe des *droits individuels inaliénables*. Pour Tocqueville, on ne saurait en effet les aliéner à la société comme Rousseau y invite dans sa théorie de la loi où, finalement, chaque citoyen doit tout donner à la collectivité. Rousseau a beau affirmer qu'on est à la fois actif et passif face à la loi et que, dans ces conditions, on retrouve aussitôt tout ce qu'on a donné au corps social, il y a néanmoins un moment où on aliène à son profit l'ensemble de ses droits. Or, pour les libéraux, une telle opération est illégitime : il y a des droits individuels inaliénables et indiscutables (le droit à la sécurité, à la liberté d'expression, etc.), bref, ce que l'on appellera bientôt les droits de l'homme. Ils sont inaliénables car il s'agit de droits *naturels*, inhérents à l'essence même de l'homme et par là même destinés à rester hors du jeu politique.

Du coup – deuxième caractéristique qui se déduit de la première –, l'État libéral est limité, pour ne pas dire réduit à ses seules fonctions régaliennes, ce que le socialisme « interventionniste » reprochera toujours aux libéraux. Pourquoi ? Parce que l'État est justement limité par ces droits inaliénables qu'on vient d'évoquer et qui en constituent pour ainsi dire les bornes. Il faut évidemment se souvenir du contexte dans lequel naît la pensée libérale : il s'agit de rompre avec l'absolutisme d'Ancien Régime, avec un État qui n'a pas de bornes, justement, et qui se permet d'intervenir sans cesse dans la vie privée des individus. C'est avec cela qui s'agit de rompre, y compris s'il le faut par la révolution. Or les droits de l'homme définissent justement la limite entre l'État et la société civile, une limite que l'État ne peut ni ne doit franchir sans devenir un État policier. C'est donc, chez les libéraux, le souci de la protection des droits inaliénables de l'individu contre les excès d'un État qu'on dira plus tard « totalitaire » qui constitue une borne à son intervention. D'où le fait que les libéraux seront toujours de grands défenseurs de l'autonomie de la société civile, aussi bien sur le plan économique et commercial que sur le plan des libertés, notamment la liberté de la presse (tandis que tous les États issus du « socialisme réel » mettront aussitôt la presse à leur service). Aux yeux des libéraux, l'État interventionniste rappelle l'absolutisme. Il faut toujours bien voir que quand les libéraux critiqueront, à partir de 1848, les socialistes, c'est qu'ils pensent que ces derniers sont porteurs d'un retour à l'Ancien Régime (à un État qui intervient dans la société civile).

La troisième caractéristique du libéralisme réside justement dans l'idée que la société civile ou société des individus « tient ensemble toute seule », si je puis dire, dans la conviction qu'elle possède une consistance en dehors de l'intervention de l'État. Nul besoin que l'État s'en mêle pour que la société civile tienne la route. La preuve ? Elle réside dans l'exemple du commerce, qui ne cesse de créer des liens solides entre les humains. Le « commerce », du reste, s'entend aussi au sens de la civilité, des échanges intellectuels ou des débats d'idées. Même quand un homme fait la cour à une femme dans un salon (ou l'inverse, rêvons un peu...) cette civilité-là commence à voir le jour, nous parlons d'un « commerce des âmes ». C'est peu de dire que ces relations intersubjectives possèdent leur cohérence et leur consistance en dehors de l'intervention de l'État. Dans *La Plaisanterie*, le roman de Kundera, on voit au contraire comment l'État totalitaire se mêle de la vie privée des individus en prenant la plaisanterie d'un jeune homme amoureux pour une déclaration politique subversive. L'État est certes là pour permettre à la société civile d'exister, mais pas au sens où il la *ferait* exister : au sens seulement où il garantit les règles fondamentales de sécurité et de justice tout en s'abstenant d'intervenir dans les affaires privées.

La quatrième caractéristique est particulièrement intéressante[1]. C'est l'idée que la bonne loi, pour les libéraux, sera plutôt celle qui consacre la réalité de la société civile et de l'évolution de ses mœurs, pas celle qui prétend sans cesse intervenir pour les corriger. Il s'agira d'une loi qui, sur le modèle anglo-saxon de la jurisprudence, va de bas en haut, du particulier vers l'universel, des individus vers l'État plutôt que l'inverse. Prenons un exemple contemporain : la loi Veil sur l'avortement. Elle est parfaitement libérale en ce sens qu'elle constate que des centaines de milliers d'avortements sont pratiqués chaque année en France. Continuer à les interdire apparaît donc absurde, contraire à la réalité des mœurs, du « commerce des âmes » dans la société civile : il faut que le droit se mette en accord avec cette évolution d'individus, en l'occurrence de femmes, qu'il devient aberrant de continuer à tenir pour des criminelles. La bonne loi vient ainsi de la société civile (du particulier et des particuliers), l'État, lui, se bornant en quelque sorte, comme un notaire, à l'enregistrer, à la consacrer. Le pouvoir politique, ici, est, pour reprendre une formule de Marcel Gauchet, un « pouvoir effet » plus qu'un « pouvoir cause ».

Dans la perspective absolutiste, au contraire – une perspective que les socialistes, selon les libéraux, ne

1. Marcel Gauchet l'a bien analysée dans sa présentation des œuvres politiques de Benjamin Constant.

feront que reprendre et prolonger –, l'État intervient constamment pour corriger les méfaits réels ou supposés de la société civile. Lisez ou relisez dans cette optique les textes de Robespierre ou de Saint-Just sur le gouvernement révolutionnaire par la vertu et vous en verrez l'origine : la société civile y est constamment soupçonnée d'être un lieu de vice, de corruption, que le gouvernement de la vertu doit surveiller, contrôler et corriger en intervenant de haut en bas.

De ce point de vue, Tocqueville s'oppose donc à la démocratie directe de Rousseau, convaincu qu'elle équivaut à une espèce d'absorption totalitaire de la société civile par l'État. Je vous laisse méditer ce débat, sans le trancher ici, attendu qu'à bien des égards, il est encore présent dans la vie politique contemporaine...

De la démocratie comme dynamique des sociétés modernes

L'autre grande différence avec Rousseau – celle où s'exprime le mieux l'originalité de Tocqueville –, tient dans l'idée que la démocratie n'est pas seulement un régime politique, mais la réalité de l'histoire des sociétés modernes, une histoire qui tend de manière inéluctable et continue vers ce que Tocqueville appelle l'*égalisation des conditions*. Là est véritablement sa grande idée, l'intuition fondamentale qui fonde toute sa pensée politique : la démocratie ne se réduit pas à une forme de gouvernement, mais elle s'identifie à la dynamique de l'égalité qui est la dynamique d'ensemble des sociétés modernes. Ce n'est pas avant tout une forme de gouvernement, mais un processus historique global, à vrai dire une véritable lame de fond. Voilà donc le grand thème que Tocqueville développe dans ses deux livres majeurs, *De la démocratie en Amérique*, suivi de *L'Ancien Régime et la Révolution*. Il faut garder à l'esprit que né en 1805, Tocqueville est issu d'une famille d'aristocrates sauvée de la guillotine par le 9 thermidor, c'est-à-dire par l'exécution de Robespierre et de Saint-Just. C'est en 1835 qu'il publie sa *Démocratie en Amérique*, après quoi il est nommé, en 1849, ministre des Affaires étrangères (on peut être à la fois ministre et écrivain...). *L'Ancien Régime et la Révolution* paraît quelques années plus tard, en 1856.

En quoi la démocratie se distingue-t-elle de l'Ancien Régime ?

La démocratie, entendue comme dynamique de l'*égalisation des conditions*, s'oppose à tous égards à l'Ancien Régime, comme le monde de l'égalité s'oppose à celui de la hiérarchie. On peut aisément identifier cinq points fondamentaux d'opposition entre la démocratie et l'Ancien Régime, cinq points qui forment l'essentiel de la théorie tocquevillienne de la démocratie et qui restent totalement pertinents aujourd'hui encore pour comprendre cette passion de l'égalité qui s'empare des Français et, d'une manière générale, des peuples démocratiques chaque fois qu'ils en ont l'occasion.

Quels sont ces cinq grands traits qui distinguent essentiellement la démocratie de l'Ancien Régime (il y en a d'autres, bien entendu, mais ce sont certainement les plus fondamentaux) ?

Le *premier*, que nous avons déjà évoqué au passage, mais qu'il faut approfondir, réside dans le fait que la société féodale est non seulement hiérarchisée, mais hiérarchisée au sens d'une hiérarchie *naturelle* des êtres, la cité juste imitant en principe cette hiérarchie censée être inscrite dans l'ordre même des choses. La démocratie libérale restera, bien entendu, elle aussi, une société hiérarchisée, mais pas *naturellement* hiérarchisée. Elle reposera sur l'idée de méritocratie républicaine, c'est-à-dire sur l'idée qu'en principe au moins, tout le monde peut accéder à tous les postes. Pour prendre un exemple simple : tout le monde peut prétendre, au moins en droit, devenir président de la République, tout le monde ne peut pas prétendre être roi : le « poste », si l'on peut dire, est réservé aux seuls membres d'une dynastie héréditaire, définie par la nature et non par le talent ou le mérite.

Dans l'Ancien Régime, il y a donc des aristocrates par nature et des serfs par nature, conformément au principe aristocratique, au lieu que dans les hiérarchies modernes – qui opposent par exemple les riches ou les puissants au reste du peuple –, ces différences ne sont pas considérées comme naturelles, comme intangibles et inscrites pour l'éternité dans l'ordre des choses : les cases sont vides *a priori*, chaque Français pouvant devenir riche ou puissant s'il en a la chance, le talent ou l'énergie. Depuis la fameuse nuit du 4 août 1789, il n'y a plus de privilèges : on ne fixe plus *a priori* qui va être un seigneur, qui aura des terres et des châteaux. Il ne faut donc pas confondre la hiérarchie aristocratique, qui se veut naturelle, et la hiérarchie républicaine qui tient à la chance, au talent et au mérite.

Deuxième point : dans le monde aristocratique, le tout est plus important que les parties. C'est ce qu'on appelle le *holisme* (du grec *holos*, qui désigne la totalité) par opposition à l'*individualisme*. Le holisme, c'est l'idée que la société globale est bien supérieure, non seulement aux individus pris isolément, mais même à la somme des individus. Ce qui domine les sociétés holistes, par opposition aux sociétés individualistes, c'est la conviction que la notion de *corps social* est à prendre au sens quasi biologique ou organique de l'expression : si l'on poursuit la métaphore, les individus en sont des *membres*, semblables aux organes d'un organisme, ils n'ont donc aucune autonomie et s'il le faut, pour protéger le tout, il faut savoir sacrifier les parties, comme le chirurgien coupe un bras atteint par la gangrène. Une injustice est ici bien préférable à un désordre et la nation France, par exemple, étant bien plus importante que la somme des Français qui la composent, on n'hésite pas à sacrifier les individus à la patrie – comme en témoigne, au moins jusqu'en 1914, la façon dont les guerres furent conduites, le plus souvent sans le moindre souci des individus transformés en véritable chair à canon.

Dans les sociétés démocratiques, individualistes, la situation se renverse et le désordre nous apparaît comme moins grave que l'injustice : l'honneur du capitaine Dreyfus doit être défendu parce qu'il est innocent, l'image de l'armée dût-elle en souffrir. Selon Tocqueville, la dynamique de l'égalité démocratique pousse nos sociétés sans cesse davantage loin du holisme, en direction de l'individualisme entendu en ce sens profond, non pas, ou du moins pas seulement comme un repli égoïste sur la sphère privée, sur l'individu roi, autonome, mais comme une émancipation progressive par rapport aux structures et aux corps traditionnels...

La *troisième grande différence* avec l'Ancien Régime est, elle aussi, cruciale : alors que ce dernier instaure une société d'*hétéronomie*, c'est-à-dire, au sens étymologique, une société où la loi est donnée de l'extérieur aux citoyens qui ne la fabriquent ni de près ni de loin, la démocratie repose tout entière sur l'idéal de l'autonomie. C'est en ce point que, Tocqueville, malgré toutes les différences qu'on a déjà indiquées, apparaît en quelque façon comme un héritier de l'idée démocratique à la Rousseau : il est évidemment favorable à l'autonomie, c'est-à-dire au fait que l'on se donne à soi-même sa loi, fût-ce indirectement, par l'intermédiaire de députés, de représentants qui, bien qu'à l'écart des simples citoyens, n'en sont pas moins reliés à eux par le biais de l'élection – de sorte que la représentation nationale n'est jamais tout à fait séparée de la souveraineté populaire. Si, chez les libéraux, les citoyens se donnent à eux-mêmes leur loi par l'intermédiaire de leurs représentants, on reste donc tout de même dans un régime d'*auto-nomie*. Dans le régime féodal ou aristocratique, au contraire, la loi vient du dehors – elle est « de droit divin », elle est enracinée dans des traditions remontant à un passé immémorial. Les hommes n'élaborent donc pas la loi : l'humanisme politique n'est pas encore né.

Il s'ensuit *(quatrième point)* que les sociétés traditionnelles en général, et l'Ancien Régime en particulier, sont bien davantage animées par le passé que par l'avenir, par la conservation de ce qui est, des traditions et des coutumes, plutôt que par l'invention d'un futur audacieux, réformiste, encore moins révolutionnaire. Comme le montrent encore aujourd'hui les travaux des ethnologues contemporains, une société traditionnelle est par définition hostile à l'innovation : elle est structurellement organisée à partir du respect du passé, et je dirais même, à partir de l'interdiction de l'avenir. De la même manière, les sociétés d'Ancien Régime sont des sociétés à proprement parler conservatrices, qui deviendront réactionnaires lorsque la Révolution française leur posera la question du « retour en arrière », de la Restauration au sens politique du terme. Ce sont également des sociétés – et ce thème est très cher à Tocqueville – au sein desquelles l'envie et la jalousie ont peu cours. Le point est essentiel, il mérite qu'on s'y arrête : c'est peut-être bien ici que la clairvoyance tocquevillienne est la plus profonde et la plus frappante.

Pour Tocqueville, en effet – c'est le *cinquième point* d'opposition fondamentale entre démocratie et aristocratie –, les passions démocratiques, la peur, la colère, l'indignation mais avant tout peut-être l'*envie* et la *jalousie* jouent un rôle essentiel dans la vie sociale et politique moderne. Pourquoi l'envie et la jalousie occupent-elles en démocratie une place à part, inconnue des sociétés traditionnelles, hiérarchisées et aristocratiques ? La réponse de Tocqueville est d'une réelle profondeur – elle sera du reste reprise et développée avec beaucoup de pertinence par un philosophe contemporain, John Rawls : elle tient au fait que, dans une société formée d'ordres séparés les uns des autres, chacun vit pour ainsi dire dans son compartiment, dans sa classe ou dans sa caste, sans jamais chercher à en sortir (du moins tant qu'une période de révolution n'est pas ouverte).

Les aristocrates et les puissants évoluent dans leur monde et les autres n'en sont pas. Or, tant qu'on est enfermé dans sa classe sociale, tant qu'on pense que cette hiérarchie, en vérité sociale, est naturelle, inscrite dans l'ordre des choses, voire dans l'ordre cosmique, on ne songe pas à en sortir. Il n'y a donc pas de jalousie : chacun est à sa place, voilà tout !

Il en va tout autrement dans l'univers de l'égalité et des droits de l'homme où les humains naissent en principe « libres et égaux en droit » : les inégalités de nature et de principe, les privilèges, apparaissent alors comme insupportables, comme non seulement illégitimes, mais illégaux. En quoi cette passion puissante et profondément enracinée qu'est la jalousie apparaît comme directement liée à cette autre passion qu'est l'égalitarisme qui tendra à se déchaîner aussitôt qu'une tête dépasse. Dès qu'un individu sort du lot, l'*Homo democraticus* tend à s'insurger, il se demande de quel droit, pour quelles raisons, et il ne manque jamais d'inventer des réponses qui le rassurent tout en abaissant l'autre : si ce dernier a « réussi », s'il est plus riche ou plus célèbre, c'est qu'il était « pistonné », qu'il n'a pas hésité à recourir à des procédés immoraux, inavouables, qu'il appartient à un lobby puissant, etc. Les motifs ne manquent jamais pour rassasier la jalousie et l'indignation qui, se développant sur fond de la dynamique démocratique de l'égalité, apparaissent d'autant plus fortes que les individus sont proches les uns des autres : c'est dans son propre parti politique, dans la même branche de métier, que les inimitiés jalouses sont les plus vigoureuses. On connaît du reste la célèbre définition de la confraternité qui règne dans le monde des avocats : une « haine vigilante »...

Vers un totalitarisme mou ? L'atomisation du social et la puissance étatique

La tendance historique de cette dynamique de l'égalité possède encore aux yeux de Tocqueville une conséquence d'une ampleur considérable : l'atomisation du social (il n'emploie pas encore cette expression, que j'emprunte à la sociologie contemporaine, mais la chose est omniprésente dans son analyse). La dynamique de l'égalité transforme les peuples en sociétés d'individus, en masses formées d'atomes, de monades, de petites cellules qui se ressemblent de plus en plus. D'où, justement, leur propension à tomber d'autant plus facilement sous la férule gigantesque d'un État de plus en plus centralisé. Tel est, pour Tocqueville, le risque principal de cette atomisation du social. D'où les deux mouvements qui caractérisent, selon lui, l'espace politique et social démocratique : l'*atomisation* d'un côté, la *centralisation* de l'autre. Atomisation des individus de plus en plus semblables et égaux entre eux, du moins dans leurs mœurs, leurs façons de vivre, de s'habiller, de se cultiver, de consommer… La *centralisation*, voire la concentration de tous les pouvoirs dans un État qui pour n'être pas un despotisme à l'ancienne, n'en constitue pas moins un risque pour la liberté. La démocratie comporte certes des inégalités économiques, mais Tocqueville pensait, c'est sans doute là du reste une des principales faiblesses de ses analyses[1], qu'elles n'étaient pas si considérables, qu'elles

1. Comme l'avait bien vu Raymond Aron dans son excellent livre, *Les Grandes Étapes de la pensée sociologique*, chez Gallimard.

étaient en outre relativement fragiles, n'étant justement pas inscrites dans la nature et dans le droit (contrairement aux privilèges du monde aristocratique). L'essentiel, à ses yeux, est ailleurs : il réside dans le fait que les individus, dans leur immense majorité, étant de plus en plus égaux, un pouvoir immense, tutélaire et centralisé, pourra s'installer dans une espèce de face-à-face avec cette masse (je vous renvoie aux extraits de textes cités plus loin qui illustrent à merveille cette idée).

Voici ce qu'il écrit dans *De la démocratie en Amérique* directement à ce sujet :

> Je pense donc que l'espèce d'oppression dont les peuples démocratiques sont menacés ne ressemblera à rien de ce qui l'a précédée dans le monde ; nos contemporains ne sauraient en trouver l'image dans leurs souvenirs. Je cherche en vain moi-même une expression qui reproduise exactement l'idée que je m'en forme et la renferme ; les anciens mots de despotisme et de tyrannie ne conviennent point. La chose est nouvelle, il faut donc tâcher de la définir puisque je ne peux la nommer.
>
> Je veux imaginer sous quels traits nouveaux le despotisme pourrait se produire dans le monde : je vois une foule innombrable d'hommes semblables et égaux, qui tournent sans repos sur eux-mêmes pour se procurer de petits et vulgaires plaisirs, dont ils remplissent leur âme. Chacun d'eux, retiré à l'écart, est comme étranger à la destinée de tous les autres, ses enfants et ses amis particuliers forment pour lui toute l'espèce humaine ; quant au demeurant de ses concitoyens, il est à côté d'eux, mais il ne les voit pas ; il les touche et ne les sent point ; il n'existe qu'en lui-même et pour lui seul, et s'il lui reste encore une famille, on peut dire du moins qu'il n'a plus de patrie.
>
> Au-dessus de ceux-là, s'élève un pouvoir immense et tutélaire, qui se charge seul d'assurer leurs jouissances

et de veiller sur leur sort. Il est absolu, détaillé, régulier, prévoyant et doux. Il ressemblerait à la puissance paternelle si, comme elle, il avait pour objet de préparer les hommes à l'âge viril ; mais il ne cherche, au contraire, qu'à les fixer irrémédiablement dans l'enfance, il aime que les citoyens se réjouissent, pourvu qu'ils ne songent qu'à se réjouir. Il travaille volontiers à leur bonheur, mais il veut en être l'unique agent et le seul arbitre ; il pourvoit à leur sécurité, prévoit et assure leurs besoins, facilite leurs plaisirs, conduit leurs principales affaires, dirige leur industrie, règle leurs successions, divise leurs héritages ; que ne peut-il leur ôter entièrement le trouble de penser et la peine de vivre ? » (*De la démocratie en Amérique*, II, 4e partie)

De là aussi la disparition progressive des corps ou des espaces intermédiaires : contrairement à ce qui a lieu dans l'Ancien Régime, entre la masse atomisée d'un côté, une masse composée d'une collection d'individus isolés les uns des autres dont chacun cherche son bonheur privé et, de l'autre, un État extraordinairement puissant et tatillon, il n'y a plus rien, plus de corps intermédiaires tels que les parlements et les nobles de province pouvaient en constituer dans l'Ancien Régime. La menace de voir émerger ce que l'on pourrait appeler un « totalitarisme mou » – Tocqueville parle d'un « pouvoir tutélaire », pas d'un pouvoir despotique à l'ancienne, mais d'un État prévoyant et doux qui s'occupera de tout à notre place et nous épargnera jusqu'à la peine de penser par nous-mêmes… – se profile donc à l'horizon. Il n'y a guère de mots pour le décrire, note Tocqueville dans un texte qu'on lira plus loin, car il s'agit moins d'une tyrannie classique, moins un État policier ou totalitaire, dirions-nous aujourd'hui, que ce que nous appellerions peut-être l'État providence.

Cette situation propre à l'univers démocratique comporte évidemment un très grand risque à ses yeux : la perte de la passion politique, le mépris de la chose publique, l'apathie d'individus repliés sur leur sphère privée et confiant totalement à l'État la prise en charge de la sphère politique. Le risque, ici, est bien de voir disparaître la liberté politique, cette liberté des Anciens dont parle Constant, cette dimension de la vie publique à laquelle Rousseau était si attaché, en quoi, ici encore, Tocqueville n'est pas si éloigné de Rousseau qu'on pourrait le penser à première vue…

La théorie des révolutions et l'interprétation de 1789

Qu'est-ce que la Révolution française, si on la replace dans cette perspective générale ? Qu'est-ce qu'une révolution ? On voit apparaître chez Tocqueville une interprétation politique de la période révolutionnaire qui s'oppose, sans le savoir ni le vouloir, à l'interprétation marxienne des révolutions en termes essentiellement économiques. Rappelons que Tocqueville et Marx, bien que contemporains, ne se connaissent pas, ne parlent jamais l'un de l'autre, mais au même moment, tous deux produisent une interprétation grandiose de la Révolution de 1789. Il est tout à fait intéressant de les comparer entre elles. Pour schématiser, mais nous allons nuancer et approfondir le propos, on pourrait dire que tandis que Marx part des conflits économiques, Tocqueville, lui, donne des révolutions une interprétation essentiellement sociale et politique.

Cette lecture est admirablement développée dans un bref essai de 1834, intitulé *Sur l'état social et politique de la France*. Sur ce sujet, c'est avant tout ce texte-là qu'il faut lire. Un texte remarquablement synthétique, qui résume à la fois les thèses de la *Démocratie en Amérique* et celles de *L'Ancien Régime et la Révolution*. Tocqueville y présente pour la première fois de façon ramassée sa théorie des révolutions. Initialement écrit pour son ami John Stuart Mill, il sera aussi traduit en anglais. Tocqueville y développe l'idée que l'égalisation des conditions, autrement dit la dynamique de la démocratie, commence déjà sous l'Ancien Régime : en vérité, elle est en marche, et ce de façon inéluctable, depuis le XIe siècle. Pourquoi ? Parce que dans notre société française et dans les sociétés modernes en général, tout concourt à l'égalité... même quand on n'en veut pas. Sans le savoir ni le vouloir, les rois, par exemple, ont constamment contribué à égaliser les conditions, les uns en élevant le peuple, les autres en abaissant l'aristocratie. Quand ils ont été très bons, comme Louis XIV ou Louis XI, ils ont travaillé à élever le niveau de la masse, à la cultiver et ils l'ont ainsi rapprochée des classes supérieures. Quand ils ont été très médiocres, comme Louis XV, et qu'ils se sont abaissés dans la poussière, ils se sont aussi, en un autre sens, rapprochés du peuple et ont ainsi contribué sans le vouloir à l'égalisation des conditions. L'aristocratie elle-même (ou la classe supérieure), déchirée par ses propres conflits internes, s'est ainsi rapprochée du peuple, soit en l'élevant, soit en s'abaissant elle-même (je vous renvoie, là aussi, aux extraits que je vous propose de lire plus loin et qui sont particulièrement brillants sur ce thème).

De leur côté, les couches supérieures du peuple roturier, les bourgeois, les industriels, les financiers se sont élevés et enrichis. Il en va de même pour les lettrés, les philosophes du XVIIIe siècle, les Voltaire et les Diderot : les classes que l'aristocratie considérait naguère encore comme inférieures sont devenues parfaitement semblables aux classes supérieures. Elles s'habillent de la même manière, lisent les mêmes livres, ont le même goût du luxe. D'ailleurs, les bourgeois deviennent souvent plus riches, voire plus cultivés et plus raffinés que les aristocrates, si bien qu'au bout du compte, ces deux grands groupes ont fini par devenir parfaitement semblables. Qu'est-ce qui les sépare encore ? Restent les fameux privilèges, autrement dit, ni l'économie ni les mœurs et les manières, mais le droit et la politique, c'est-à-dire le fait que les aristocrates ont leurs tribunaux, leurs rentes, leurs châteaux, brefs, leurs privilèges d'État.

Dans ces conditions, la révolution est inévitable ! La célèbre nuit du 4 août, qui marque l'abolition des privilèges, est le symbole parfait, pour ainsi dire l'essence même de la Révolution française : lorsque les classes sociales sont devenues très semblables, que les individus se sont mis à se ressembler jusque dans leurs manières et leurs modes de vie, mais qu'en revanche, le système politique et juridique continue de consacrer des différences essentielles, des différences de nature, alors un « clash » se produit inévitablement : une période révolutionnaire s'ouvre pour mettre en quelque sorte le droit et la politique en harmonie avec les mœurs. Dans toutes les révolutions, on constate ce rapprochement des mœurs, dû à la dynamique de l'égalité, qui fait exploser un vieux système juridique et politique qui, lui, maintient les inégalités de manière absurde.

Voici un texte, extrait de l'introduction à *De la démocratie en Amérique*, qui résume admirablement le propos de Tocqueville :

> Les rois se ruinent dans les grandes entreprises ; les nobles s'épuisent dans les guerres privées ; les roturiers s'enrichissent dans le commerce. L'influence de l'argent commence à se faire sentir sur les affaires de l'État. Le négoce est une source nouvelle qui s'ouvre à la puissance, et les financiers deviennent un pouvoir politique qu'on méprise et qu'on flatte.
>
> Peu à peu, les lumières se répandent ; on voit se réveiller le goût de la littérature et des arts ; l'esprit devient alors un élément de succès ; la science est un moyen de gouvernement, l'intelligence une force sociale ; les lettrés arrivent aux affaires.
>
> À mesure cependant qu'il se découvre des routes nouvelles pour parvenir au pouvoir, on voit baisser la valeur de la naissance. Au XIe siècle, la noblesse était d'un prix inestimable ; on l'achète au XIIIe ; le premier anoblissement a lieu en 1270 et l'égalité s'introduit enfin dans le gouvernement par l'aristocratie elle-même.
>
> Durant les sept cents ans qui viennent de s'écouler, il est arrivé quelquefois que, pour lutter contre l'autorité royale ou pour enlever le pouvoir à leurs rivaux, les nobles ont donné une puissance politique au peuple.
>
> Plus souvent encore, on a vu les rois faire participer au gouvernement les classes inférieures de l'État, afin d'abaisser l'aristocratie.
>
> En France, les rois se sont montrés les plus actifs et les plus constants niveleurs. Quand ils ont été ambitieux et forts, ils ont travaillé à élever le peuple au niveau des nobles ; et quand ils ont été modérés et faibles, ils ont permis que le peuple se plaçât au-dessus d'eux-mêmes. Les uns ont aidé la démocratie par leurs talents, les autres

par leurs vices. Louis XI et Louis XIV ont pris soin de tout égaliser au-dessous du trône, et Louis XV est enfin descendu lui-même avec sa cour dans la poussière. [...]

Si, à partir du XIe siècle, vous examinez ce qui se passe en France de cinquante en cinquante années, au bout de chacune de ces périodes, vous ne manquerez point d'apercevoir qu'une double révolution s'est opérée dans l'état de la société. Le noble aura baissé dans l'échelle sociale, le roturier s'y sera élevé ; l'un descend, l'autre monte. Chaque demi-siècle les rapproche et, bientôt, ils vont se toucher.

De là la conviction que la logique démocratique est une logique nécessaire puisque tout concourt à la renforcer – Hegel parlait dans le même sens d'une « ruse de la raison », Tocqueville, lui, évoque la Providence. Comme si l'histoire était providentielle, dit-il, comme si elle était guidée par la main de Dieu. Mais il n'est évidemment pas théologien et la notion de Providence fait ici figure d'image.

Deux évolutions possibles : la française et l'américaine

D'où la question qui vient immédiatement à l'esprit, surtout si l'on songe que Tocqueville est un libéral : quelle marge de liberté nous reste-t-il dans cette affaire ? Il reste, selon Tocqueville, une certaine marge de manœuvre, à vrai dire, un choix entre deux évolutions possibles.

La première est l'évolution à la française. Les Français sont tellement passionnés par l'égalité qu'ils entrent de plain-pied dans la logique funeste de l'atomisation du social, de cette collection d'individus égaux centrés sur leur vie privée qui se retrouvent démunis face à un immense pouvoir centralisé. De fait, en France, la royauté elle-même avait déjà concouru à la centralisation du pouvoir depuis des siècles, bien avant les jacobins et la Révolution. C'est, par exemple et pour évoquer un moment particulièrement fort, tout le sens de l'édification de Versailles, de Louis XIV travaillant sans relâche à l'affaiblissement des contre-pouvoirs, des nobles et des parlements de province, en centralisant le pouvoir dans un somptueux palais qui symbolise la puissance du roi. Les jacobins ne feront à la vérité que poursuivre cette œuvre de centralisation. D'où l'éventualité que cette égalisation des conditions s'avère finalement nuisible à la liberté, que la démocratie ne se perde au profit d'un État despotique – doux, mais despotique quand même.

L'autre évolution possible, c'est l'évolution américaine, que Tocqueville décrit avec une certaine admiration dans son grand livre sur l'Amérique. À la différence des Français, les Américains ont réussi à concilier égalité et liberté et ce pour une raison de fond : ils sont parvenus à reconstituer des contre-pouvoirs susceptibles de contrecarrer la puissance de l'État, laquelle, au demeurant, n'est pas centrale, mais fédérale. Ces contre-pouvoirs, ce sont par exemple les associations – les Américains sont passionnés par les clubs de toutes sortes –, mais ce sont aussi les syndicats, ces fameuses « *unions* », qui sont si puissantes aux États-Unis. Mais il y a plus, l'État étant fédéral, les gouvernements de province sont un peu l'équivalent des baillages dans le monde féodal, l'analogue moderne de ce qu'étaient les noblesses et les parlements de province sous l'Ancien Régime. Où l'on retrouve le cœur de la pensée libérale : une défense des contre-pouvoirs contre la centralisation étatique.

La grande question de Tocqueville sera donc aussi de savoir ce que les Français seront capables de constituer comme contre-pouvoirs par rapport à la centralisation de l'État. C'est du reste une des raisons pour lesquelles il y aura en France une tradition tocquevillienne de gauche, incarnée notamment par ce qu'on a appelé la « deuxième gauche », une gauche soucieuse de reconstituer des contre-pouvoirs par rapport à l'État, soucieuse de décentralisation et de favoriser un syndicalisme authentique, c'est-à-dire réformiste et non fanatiquement politisé. La deuxième gauche sera toujours favorable à la société civile et hostile à la gauche archaïque selon laquelle l'État doit intervenir en permanence pour corriger les méfaits supposés d'une société civile qu'elle tient *a priori* pour corrompue par le commerce et la libre entreprise. Nul hasard, à cet égard, si cette deuxième gauche se verra taxée par la première de « gauche américaine » – ce qui s'éclaire si l'on a présente à l'esprit l'analyse de Tocqueville et notamment cette idée fondamentale qu'il y a deux évolutions possibles pour la démocratie : la centralisation à la française ou la décentralisation à l'américaine, riche en contre-pouvoirs.

La démocratie comme horizon indépassable de l'humanité

Je vous proposerai, en guise de conclusion, trois éléments de réflexion.

Le *premier*, c'est que Tocqueville a raison : la passion démocratique pour l'égalité n'a cessé de croître dans l'univers démocratique moderne. Elle s'empare sans cesse davantage des peuples si bien qu'en période de crise, elle s'exacerbe et devient la passion dominante. Aussi les politiques auraient-ils intérêt à lire Tocqueville pour comprendre à quel point tout ce qui remet en question l'attachement à l'égalité reste explosif. Dans ce monde dominé par l'égalisation des conditions, on ne peut plus se permettre de faire des politiques injustes et inégalitaires. N'oublions jamais qu'avec la laïcité, la passion de l'égalité reste la première passion française. De ce point de vue, Tocqueville est donc dans le vrai : il a prévu l'évolution de notre monde avec une clairvoyance sans égale.

Deuxième remarque : Tocqueville pose au passage une question d'une portée considérable, celle de la platitude démocratique. À partir du moment où l'univers démocratique est de part en part construit par des humains et pour des humains, le grandiose y est-il encore possible – et ce, y compris dans le domaine esthétique, littéraire et philosophique, bref, dans l'univers de la pensée ? Si la grandeur est toujours liée à l'incarnation d'une transcendance, à l'incarnation de principes extérieurs et supérieurs à l'humanité (par exemple le cosmos des Grecs, le divin des croyants, ou encore la Nation des républicains), si un individu est grand à proportion du fait qu'il réussit à incarner ces valeurs transcendantes, c'est-à-dire supérieures et extérieures aux hommes, alors l'univers démocratique qui, pour reprendre le titre d'un livre de Léon Blum, est « de part en part à l'échelle humaine », peut-il encore comporter et produire du grandiose ? Grande question : la platitude, la médiocrité au sens ancien du mot, c'est-à-dire le culte de la petitesse ne sont-elles pas ce qui menace nos démocraties sur le plan politique comme sur le plan esthétique ? Voici ce qu'en disait un passage célèbre de la *Démocratie en Amérique* :

> S'il vous semble utile de détourner l'activité intellectuelle et morale de l'homme sur les nécessités de la vie matérielle et de l'employer à produire le bien-être ; si la raison vous paraît plus profitable aux hommes que le génie ; si votre objet n'est point de créer des vertus héroïques, mais des habitudes paisibles ; si vous aimez mieux voir des vices que des crimes, et préférez trouver moins de grandes actions, à la condition de rencontrer moins de forfaits ; si, au lieu d'agir dans le sein d'une société brillante, il vous suffit de vivre au milieu d'une société prospère ; si, enfin, l'objet principal du gouvernement n'est point, suivant vous, de donner au corps entier de la nation le plus de force ou le plus de gloire possible, mais de procurer à chacun des individus qui le composent le plus de bien-être et de lui éviter le plus de misère ; alors égalisez les conditions, et constituez le gouvernement de la démocratie.

Voyez le général de Gaulle : il incarnait encore l'idée de nation, une vision de la France éternelle bien supérieure à ses yeux aux Français, aux individus qui la composent, donc en quelque façon encore une transcendance. La Nation est certes une idée humaine, ni cosmique ni religieuse, mais il y avait pourtant encore de la sacralité dans cette idée, la nation étant considérée comme une entité supérieure aux hommes, excédant la somme des individus qui la composent. À la mort du général de Gaulle, plusieurs journaux, y compris de gauche, ont titré à la une : « La France est veuve. » De quel homme politique pourrions-nous dire encore la même chose sans prêter franchement à rire ? Je ne suis nullement déclinologue et je ne suivrais pas totalement Tocqueville dans cette voie. Reste que la question de la platitude démocratique, aussi bien dans le domaine de la politique que dans celui de la culture, mérite à tout le moins d'être posée. Personnellement, je suis convaincu, à la suite des peintres hollandais du XVIIe siècle, qu'il y a une grandeur de l'humain comme tel, que l'homme, comme disait Pascal, passe infiniment l'homme, qu'il y a en lui du divin (et du malin), bref, de la transcendance qui peut s'incarner dans la politique comme dans l'art sans qu'on ait besoin nécessairement de faire appel aux principes anciens – le cosmos, le divin, la nation. Il n'empêche : face aux dérives de la politique moderne, face à celles aussi de l'industrie culturelle, il est bien difficile de ne pas être parfois saisi par le doute.

La fin de l'histoire

Enfin, ma troisième remarque portera sur le débat qui eut lieu, voici déjà un peu plus d'une vingtaine d'années, à propos de la question de « la fin de l'histoire ». Francis Fukuyama, l'auteur de cette thèse, un philosophe américain d'origine japonaise et grand admirateur de Tocqueville, fit ricaner (bien à tort) à peu près tout ce que la France comptait alors d'intellectuels. On se gaussa, à vrai dire sans avoir beaucoup réfléchi ni l'avoir vraiment lu, de cet Américain qui, naïvement, croyait l'histoire terminée au motif que le communisme venait de s'effondrer en Union soviétique.

Encore aujourd'hui, face aux révolutions qui secouent le monde arabe, certains croient tenir une nouvelle réfutation de sa thèse. Citant Aron, qui aimait lui-même à citer Toynbee : *History is again in the move*, « l'histoire est à nouveau en marche », ils s'imaginent que la formule règle définitivement son compte à la fameuse thèse de la « fin de l'histoire ». Et de fait, à l'évidence, nul n'avait prévu les révolutions qui ont bouleversé, c'est indéniable, la donne dans le monde arabe. De là le sentiment que l'histoire, loin d'être finie, ne laisse pas de nous surprendre, à l'image d'un génie prodigieusement inventif dont nul n'anticipe les prochaines créations.

Pourtant, malgré l'apparence, la thèse de Fukuyama, inspirée largement par Tocqueville, s'avère plus perspicace que jamais, pourvu du moins qu'on fasse l'effort de la comprendre. Que disait-il, en effet, lorsque le bloc soviétique s'effondrait ? Non pas qu'il ne se passerait plus rien, qu'il n'y aurait plus d'histoire événementielle, de crises, de conflits ou de guerres, mais, ce qui est tout différent, qu'à portée de vision humaine, il paraissait impossible après la chute du mur de Berlin, *ne serait-ce que d'imaginer un principe de légitimité politique qui fût tout à la fois nouveau, à visée universelle, et cependant autre que celui de nos démocraties occidentales*.

Malgré toute l'horreur qu'il représentait pour ceux qui en vivaient la réalité à l'Est, comme pour ceux qui, à l'Ouest, avaient eu la lucidité d'en saisir la véritable nature, le communisme constituait bel et bien une alternative plausible à la démocratie libérale : au même titre qu'elle, il pouvait prétendre à l'universel, au progrès et à l'émancipation du genre humain tout entier – en quoi il trompa son monde, notamment dans les milieux intellectuels. Lorsque la révolution iranienne installa son régime totalitaire, à vrai dire une théocratie d'un type, sinon inédit, du moins inattendu à la fin du XXe siècle, on opposa aussitôt à Fukuyama qu'il s'était lourdement trompé, que loin d'être heureuse, la nouvelle donne mondiale s'ouvrait sur un nouveau conflit, aussi grave sinon plus que celui dont nous venions de sortir : ce « fameux choc des civilisations » que son collègue Samuel Huntington voyait se profiler désormais à l'horizon.

Avec le recul, il apparaît que Fukuyama, en bon lecteur de Tocqueville, avait en réalité doublement raison. D'abord, parce que le fondamentalisme, à la différence du communisme, ne représente en rien une alternative à la démocratie : explicitement enraciné dans des particularismes, dans des communautarismes jaloux et agressifs, il n'a, contrairement à l'idéal révolutionnaire hérité de Marx, aucune vocation à l'universalité. Ensuite parce que les révoltes qu'il suscite dans le monde arabo-musulman se font bel et bien au nom des valeurs de la démocratie et de la liberté. Même si les situations sont très différentes, ce qui advient dans cette partie du monde rappelle ce que nous avons connu dans l'Amérique latine à la fin du XXe siècle : une chute des régimes autoritaires et une victoire, difficile sans doute, mais néanmoins bien réelle, des valeurs démocratiques.

Ce qui est frappant en cette fin de XXe siècle/début du XXIe, c'est que les valeurs démocratiques s'imposent chaque jour davantage comme les seules légitimes, bien plus : comme les seules imaginables. À cela, il est une raison de fond, essentielle ou structurelle, qui échappe aux aléas de l'histoire : la démocratie n'est pas occidentale, elle est humaine ; elle n'est pas particulière, elle est universelle, tout simplement parce qu'elle est le seul mode de gouvernement qui convienne à des peuples adultes, tout autre régime faisant figure de régression. De Santiago à Tunis en passant par Moscou, l'histoire moderne tourne à l'avantage du principe démocratique. Donnant raison à Hegel et Tocqueville, il n'est pas impensable qu'elle tende vers sa véritable fin.

À cet égard, ce n'est pas le marxisme, comme l'avaient cru nombre d'intellectuels français, mais bel et bien la démocratie qui s'avère être « l'horizon indépassable de notre temps ». Bien plus, elle semble être l'horizon indépassable de l'humanité. Telle est, en tout cas, la conviction profonde qui se dégage des œuvres de Rousseau et de Tocqueville, quelles que soient par ailleurs les divergences qui les séparent. On peut assurément perfectionner les régimes démocratiques et les améliorer par mille biais, il n'en reste pas moins que c'est sous la forme politique démocratique que l'humanité est désormais vouée à évoluer.

Table

11355

Composition
NORD COMPO

Achevé d'imprimer en Espagne
par CPI *(Barcelone)*
le 3 mars 2017

Dépôt légal décembre 2015
EAN 9782290123959
OTP L21EPLN001421C002

ÉDITIONS J'AI LU
87, quai Panhard-et-Levassor, 75013 Paris

Diffusion France et étranger : Flammarion